Christine Brückner • Mein schwarzes Sofa

Christine Brückner

Mein schwarzes Sofa

Aufzeichnungen

Ullstein

Verlag Ullstein GmbH · Berlin · Frankfurt/M. · Wien

Satz: Fotosatz Otto Gutfreund, Darmstadt
Druck und Binden: May & Co Nachf., Darmstadt
Printed in Germany 1981
ISBN 3 550 06467 5

Erste Auflage September 1981
Zweite Auflage April 1982
Dritte Auflage Januar 1988

Meinen Lesern gewidmet, vor allem aber Irmgard Schlarb

›Am Ende ist doch jedes Buch nur für Teilnehmer, für Freunde, für Liebhaber des Verfassers geschrieben.‹
(F. W. Oelze an Gottfried Benn)

Aus meinem Elternhaus, dem ›eigenen Haus‹, konnten, nachdem es (1943) von mehreren Phosphorbomben getroffen wurde und abbrannte, nur wenige Möbelstücke gerettet werden. Unter diesen befand sich das Sofa, das im Studierzimmer meines Vaters gestanden hatte, damals noch mit graublauem Leinenbezug; es ging dann, nach dem Tod meiner Mutter, in meinen Besitz über; ich ließ es schwarz beziehen. Mein Vater las und schrieb, liegend, auf diesem Sofa. Ich nenne es ›das Meditiersofa‹, man kann darauf lesen, schreiben, nachdenken, nur ausruhen kann man sich darauf nicht.

Wenn es beim Schreiben eine Moral für mich gibt, dann ist es die, glaubwürdig zu sein; nichts zu schreiben, was ich nicht bereit wäre, auch zu leben. Man darf mich beim Wort nehmen.

›Dieses Dorf ist mein Nährboden, dort ist mir Urvertrauen zugewachsen, das nur ein anderes Wort ist für Gottvertrauen.‹ Mit diesem Satz endet die Lebensgeschichte meines Vaters, die ich vor einigen Jahren geschrieben habe; er war Pfarrer in einem waldeckschen Dorf, in dem schon sein Vater Lehrer gewesen war.

Der Satz gilt weiterhin. Ich wohne heute fünfzig Kilometer von jenem Dorf entfernt. Hin und wieder zeige ich mein Geburtshaus vor, es ist mehr als 200 Jahre alt; daneben die Kirche; der Pfarrgarten mit Lauben und Grotten; der Bach, an dem ich gespielt habe. Dort habe ich laufen und sprechen und schreiben gelernt: das Wichtigste.

Man wurde zu Hause geboren, wurde zu Hause gepflegt, wenn man krank war; man starb zu Hause, die Nachbarn trugen die Toten zu Grabe. Ich sprach Plattdeutsch in den

Bauernhäusern, Hochdeutsch im Pfarrhaus. Ich kannte die Flurnamen, holte die Kühe zum Melken, half beim Kartoffellesen, war fast in jedem Haus: Zuhause. Ein Kind vom Lande. Aber bald schon war in meinem Dorf kein Platz mehr für einen Pfarrer der ›Bekennenden Kirche‹; Schatten liegen seither auf der Idylle. In den Grabstein der Großeltern, die ebenfalls dort begraben liegen, ist der Stern Davids eingemeißelt. Ich kenne Bäume, in deren Rinde nicht ein Herz zwei Namen verbindet, sondern das Hakenkreuz, verzerrt, um einen Meter in die Höhe gewachsen. Keine Frage: Das ist meine Heimat, ein Dorf mit nur 400 Einwohnern, wenige Kilometer von der ehemaligen Residenzstadt Arolsen entfernt. Der Erbprinz Josias hatte das SS-Regiment ›Germania‹ dorthin geholt, es trug den Totenkopf als Schmuck. Das Lebenswerk von Großvater und Vater zunichte gemacht.

Schreibend kehre ich oft zurück in mein Dorf; meine Größen- und Zeitmaße stammen von dort. Ein Morgen Land, ein Tagewerk, die Kanne Milch, der Laib Brot. Eierlaufen zu Ostern, zu Pfingsten die jungen Birken neben den Haustüren, alle sieben Jahre Schützenfest. Damals ein armes Dorf, heute wohlhabend, das Auto in der Scheune, Fernsehgerät und Kühltruhe; die Frauen nicht mehr von der Feldarbeit ausgemergelt, sondern beleibt. Manche kennen mich noch, sagen ›du‹ zu mir. Wir sprechen von früher, der Vergleich zum Heute geht zugunsten des Gestern aus; Armut vergißt sich im Wohlstand rasch. Wenn ich behaupte, ich wolle mir später am Waldrand – am Hellenberg – ein Haus bauen, ist das nur halb ernst zu nehmen. Ich gehöre nicht mehr in dieses Dorf, ich fühle mich auf einer griechischen Insel oder in den Straßen Roms wohler; Klima, Vegetation und die Spuren der antiken Welt sind mir gemäßer. Für die Dauer von einigen Wochen oder Monaten suche ich mir meine Heimat aus. Die Sonne geht mir hinter Salamis unter, ohne daß ich mich fremd fühle. Die Erfahrungen eines Astronauten, der die Sonne hinter Afrika untergehen sah und den ganzen Planeten Erde als ›Heimat‹ empfand, kann ich nachvollziehen. Wenn ich unterwegs etwas vermisse, dann ist es die deutsche Sprache, mein Lebenselixier.

Als ich den Atlantik und dann den nordamerikanischen Kontinent überquert hatte, am Pazifik stand und der ›Osten‹ im Westen lag, habe ich gesagt: Was tue ich hier, ich stamme doch aus Waldeck! Denselben Satz sagt in den ›Poenichen-Romanen‹ die Heldin Maximiliane, nur daß sie ›Poenichen‹ sagt, ein Dorf in Hinterpommern, auf dem die Quindts mehr als 300 Jahre ansässig gewesen sind. Die Heldin, eine Mutter Courage des Zweiten Weltkriegs, erkennt, dazu braucht sie allerdings Jahrzehnte: Der Mensch ist kein Baum, sonst hätte er Wurzeln und keine Beine.

Unvorstellbar, daß ich in meinem Heimatdorf leben, schreiben und sterben sollte! Heimat halte ich für ein Gefühl, einen Gedanken, mit dem ich mich auseinandersetzen muß; ein Begriff, der mir das Herz erwärmt, aber nicht den Kopf verwirrt. Ich habe mich mit dem Thema ›Heimatvertriebene‹ jahrelang befaßt, ebenso wie mit jenem ›Osten‹, den wir gewohnheitsmäßig ›deutsch‹ nannten. Ich gestatte mir Heimatgefühle, aber ich halte sie unter Kontrolle; Nationalgefühle gestatte ich mir selten. ›Deutsch‹ ist kein Wertbegriff. Eine Heimat zu haben ist kein Verdienst, sondern ein Geschenk. Eine Heimat für andere zu schaffen, das wäre eine Aufgabe.

Eine neue Schreibmaschine! Wieder das Gefühl der Treulosigkeit. Auf der vorigen habe ich zahlreiche Bücher geschrieben, unzählige Briefe, viele Aufsätze. Nun geht es elektrisch weiter, wie bei der Eisenbahn. Die Maschine summt, auch wenn mir nichts einfällt. Ich bin irritiert, schalte sie aus; wenn ich weiterschreiben will, vergesse ich, sie einzuschalten. Sie heißt ›electric MX‹, ich nenne sie ›Elektra‹; nicht Preussen-Elektra, nichts mit Tantalus und den Atriden. Hessen-Elektra.

Wie möchte ich sterben? Nicht mit vollem Mund! Will sagen: vorbereitet, getrost. Nicht unvermutet. Ich will nicht draufgehen. Ich will nicht vor die Hunde gehen. Ich will nicht umkommen. Ich will meinen Tod auch nicht verschlafen.

Man kann nicht immer Sonne sein; zeitweise ist man nur Mond, und auch dann nur abnehmend.

Mein Körper stand auf meiner Seite: Ich steckte mich nicht an, ich wurde nicht krank.

Eine hochbegabte Amsel übt viele Stunden lang. Sie sitzt, in Ermangelung einer Fernsehantenne, auf dem Dachfirst wie zu alten Zeiten. Wir stellen fest, wie viele – unzählige! – Variationsmöglichkeiten sie bei ihrem Gesang hat.

Unser Garten hat sich längst emanzipiert. Hier blüht, was blühen will. Der Garten verwirklicht sich selbst. Überall ist Platz für Veilchen. Der Birnbaum blüht, bald werden die Birnen immergrün am Baum hängen und auch in diesem Herbst nicht reif werden. ›Gräfin von Paris‹, der Name ist das Beste daran. Ich sehe ›das Gras, wie's wächst‹, zitiere Ernst Jandl, statt den Rasen zu mähen. Jelängerjelieber, das wilde Geißblatt, blüht; als Kind sagte ich: ›Jemehrdestobesser.‹

Die Nachbarn sind seit November, seit die Bäume ihr Laub abgeworfen haben, wieder sichtbar geworden. Der Garten ist nun monatelang durchsichtig; wenn ich nach dem Stand der Dinge, der Höhe der Schneeglöckchen, dem Umfang der Knospen am Kirschbaum, schaue, bin ich fremden Blicken ausgesetzt. Ich bin kein guter Nachbar. Gesprächen über den nicht vorhandenen Zaun suche ich zu entgehen. In vielem ähnele ich dem alten Quindt: ›Kinder müssen sein...‹ Ich versuche, nicht kinderfeindlich zu sein. Wieso darf jedes zeugungsfähige Paar sich vermehren, ohne Kenntnis von Säuglingspflege und Kindererziehung? Ich meine auch nicht, daß jeder Bürger wahlfähig ist, nur weil er ein bestimmtes Alter erreicht hat. Er müßte vorher eine Staatsbürgerprüfung ablegen.

Traum: Ingeborg Bachmann, Ilse Aichinger und Marie Luise Kaschnitz saßen beieinander und schwiegen. Und dann sagte Marie Luise Kaschnitz, das Schweigen zusammenfassend: ›Wir haben keine andere Wohnung als das Wort Haus.‹

Ich erwachte und behielt diesen Satz, vergaß ihn auch in den folgenden Tagen nicht und schrieb schließlich einen Brief an

Frau Kaschnitz, um ihr den Satz, der ja von ihr stammte, zurückzugeben. ›Wir haben keine andere Wohnung als das Wort Haus.‹ Es vergingen zwei Wochen, dann kam der Brief zurück mit dem Vermerk ›Adressat verstorben‹. Zeitungen und Rundfunk hatten mir ihren Tod bereits mitgeteilt. Ich legte den Brief in eines ihrer Bücher und gebe den Satz nun weiter, wie ich es zu tun gewohnt bin: Erdachtes, Erträumtes weiterzugeben an andere.

Am Jahresende räume ich die Bücher jener Autoren, die im Laufe des verflossenen Jahres gestorben sind, in ein anderes Regal; sie kommen zu den Toten, den Klassikern. ›Nekropole‹ nenne ich diesen Teil der Bibliothek, der weit größer ist als die Bibliothek der Lebenden und der sich rasch vergrößert. Ich erinnere mich deutlich an die Ortsveränderungen von Thomas Mann, Bert Brecht, Günter Eich, Ingeborg Bachmann. Und in jenem Jahr also Marie Luise Kaschnitz. ›Lange Schatten‹; ›Beschreibung eines Dorfes‹; ›Orte‹; ›Überallnie‹; ›Wohin denn ich‹ – zu den Toten, zu den Unsterblichen. Ich nahm noch einmal Abschied, las in den Büchern und las daraus vor, wie ich gewohnt bin, abends das vorzulesen, was ich im Laufe des Tages an Wichtigem entdeckt habe, um den daran teilhaben zu lassen, mit dem ich in ständigem Dialog lebe. Von Marie Luise Kaschnitz habe ich gelernt, daß auch der Tod des einen dieses Gespräch zwischen zwei Menschen nicht abbrechen, nicht einmal unterbrechen kann. Sie hat gegen sein Schweigen angeschrieben. Das Zwiegespräch mit ihrem Toten ist mehr und mehr ein Gespräch mit dem Tod geworden. Ihr Mann war der Gegenstand ihrer Liebe und wurde zum Gegenstand ihres Gedichtes. Sie hat ihm ein Stück Unsterblichkeit verschafft, hat gesagt, was unsagbar schien, hat beschrieben, was unbeschreiblich schien. Sie holt ihn mit Worten zurück. Selbst untröstlich, tröstet sie. Sie hat dem Toten den Platz neben sich freigehalten und gewußt, was man nicht wissen kann, daß er dasselbe für sie tun würde. Unwissen und Unglauben bekämpfend. An diesem Vorgang hat sie den Leser teilnehmen lassen, hat ihn in ihren Dialog einbezogen; ihn, den Partner des Dichters, auf dessen Verständnis sie sich verlassen mußte. Mit aller Kraft hat sie die Entfernung zwischen dem Toten und der Lebenden überbrückt, aber auch die Entfernung zwischen dem, der schreibt, und dem, der liest. ›Einer von Zweien‹, was für ein schönes Gedicht!

Als wir vor einiger Zeit auf Juist bei dem Insel-Buchhändler zu Gast waren, hatte dieser sich gerade einen Taschenrechner angeschafft. Er machte sich und den Gästen das Vergnügen, meine Einkünfte in Brötchen umzurechnen, die ich in Zukunft würde essen können. Er kam zu dem Ergebnis: 68000 Taschenbücher müßten verkauft werden, damit ich bis zu meinem 80. Lebensjahr täglich zwei Brötchen essen könnte, das Brötchen zu 12 Pfennigen gerechnet. Jemand warf ein: ›Bei uns kosten die Brötchen sechzehn Pfennige!‹ Ich sagte: ›Ich esse sowieso nie mehr als ein Brötchen.‹ Der Gastgeber rechnete dann aus, wie viele Taschenbücher verkauft werden müßten, wenn ich täglich nur ein Brötchen bis zum 80. Lebensjahr essen wollte...

Bevor ich in die Spalte, die nach der ›Profession‹ fragt, ›Schriftsteller‹ schreiben konnte, habe ich viele und sehr unterschiedliche Berufe erlernt und ausgeübt. Jahrelang habe ich an der ›Basis‹ gearbeitet, wie man das heute nennt: Großküche, Flugzeugwerk, Registratur...

Die Tröstungen eines Leberwurstbrotes, wenn man nachts nicht schlafen kann!

Rückblickend scheint es mir, als sei es in dem Pfarrhaus meiner Kindheit häufiger Karfreitag als Ostern gewesen; die Karwochen dehnten sich aus: Altar und Kanzel unter schwarzem Samt, meine Mutter im schwarzen Samtkleid mit weißem Spitzenkragen. Ich soll als Kind einmal gefragt haben: ›Gibt es auch kreuzglücklich?‹ Das Wort ›kreuzunglücklich‹ werde ich häufig gehört haben.

Wir haben unserem Freund Hermann K. einen Besuch auf dem Wehlheider Friedhof gemacht. Wir gehen zwischen den Gräbern, du singst: ›Wie sie so sanft ruhn, alle die Sterblichen.‹

Wir singen, was wir nicht sagen können.

Es soll das Merkmal der im Zeichen des Schützen geborenen Menschen, vor allem der Frauen, sein, daß sie im Mittelpunkt stehen wollen. Ich bin solch ein Mitmacher und Mitspieler – als Publikum, als Zuhörer schlecht geeignet. Ich falle meinen Gesprächspartnern ins Wort, was man mir oft übelnimmt. Ich muß mich bemerkbar machen, um nicht unterzugehen.

Der Lavendel blüht wie in der Provence, wo er auch herstammt; man hat ihn uns mitgebracht, um uns zu erfreuen, was er nun auch tut, wochenlang.

Ganz allgemein hält man mich für heiter. ›Unbesiegbare Heiterkeit‹, schreibt jemand. Diese Heiterkeit war mir vielleicht in die Wiege gelegt, aber wie sehr ist sie später angegriffen, beschädigt, zerschlagen oder doch fast zerschlagen worden, um sich am Ende als unbesiegbar zu erweisen. Als Kind spielt man unbekümmert ›Himmel und Hölle‹. Die Glücklichen bekommen beides. Aber keiner bekommt wohl sein Stück Himmel, der nicht auch sein Stück Hölle bekäme.

Nach einem Autorenabend in jener kleinen Stadt, in der ich kurze Zeit das Gymnasium besucht hatte: Man zeigte mir Klassenfotos, auf Pappe aufgezogen. Ich erkannte niemanden, wußte den Namen des Lehrers nicht mehr, suchte nach mir; nach mehreren falschen Mutmaßungen fand ich mich schließlich in der letzten, der obersten Reihe, ein kleines Mädchen mit schwarzen langen Zöpfen, im gestickten Waldecker Leinenkittel, ganz niedlich, fand ich. Kühner, mit dem ich verheiratet bin, fand: ein bißchen schmächtig!

So fing es an: Im März 1972, auf dem Weg zu einer Autoren-Lesung, verunglückten mein Mann und ich mit dem Auto auf der B 33 im Hochschwarzwald. Totalschaden. Aber wir blieben am Leben, wie durch ein Wunder. Noch heute stellt das Datum des Unfalls einen Lebenseinschnitt dar: vor dem Unfall, nach dem Unfall. Etwas war anders geworden, ein starkes Lebensgefühl hatte mich, nachdem ich aus der Todesnähe zurückgekehrt war, erfaßt. Es mußte sich lohnen, daß ich weiterlebte. Und ich wollte leben. Das bedeutete in meinem Fall: Ich wollte weiterschreiben. Etwas von dem neuen warmen Lebensgefühl ist wohl in die ›Poenichen-Romane‹ eingeströmt.

Im Sommer 1972 machte ich, gestützt von meinem Mann, die ersten Gehversuche; bei einem solchen Spaziergang im Habichtswald, auf einem Weg, den wir seither den ›Meditierweg‹ nennen, entwickelte ich ihm mein Vorhaben. Die Odyssee einer Frau in unserem Jahrhundert. Eine Simplizia Simplizissima. Eine Frau in Krieg und Frieden. Sie sollte aus dem Osten stammen, aus ihrer Heimat vertrieben werden und fortan eine Heimatlose und Ruhelose bleiben... Kühner begriff meine Absicht und hieß sie gut. ›Es wird Zeit, daß jemand das schreibt!‹ Wir setzten uns auf einen Baumstamm und planten miteinander. Dann beschlossen wir, an dieser Stelle, falls das Buch ein Erfolg werden sollte, ein Fest zu feiern.

Es sollte ein heiterer Roman werden. Ich wollte kein Heldenepos schreiben und auch keine Flüchtlingselegie. Ich hatte mir ein privates Schicksal vorgenommen, aber ›private Schicksale‹ scheint es in unserem Jahrhundert nicht zu geben. Es ist ein Kapitel deutscher Geschichte am Beispiel einer Adelsfamilie aus Pommern geworden. Die Besiedlung ist durch den Adel erfolgt, die Entsiedlung hat die alten Adelsgeschlechter mehr getroffen als die Landarbeiterfamilien, die heute – sagen wir in Leverkusen – Reihenhäuser und Autos besitzen, denen es bessergeht als vor der Vertreibung, als je zuvor.

Meine Studien gingen zurück bis in die Endmoränenzeit. Ich mußte mich, da der erste Teil des Romans auf einem pommerschen Gutshof spielt, um Dinge der Landwirtschaft kümmern, um die Kolonisation des Ostens, an der die Quindts beteiligt waren. Pommersche Geschichte, pommersches Platt, pommersche Gerichte; Meßtischblätter, Bismarckbriefe, Bildbände über die Berliner Olympiade; Studien über Ahnenforschung und Vererbungslehre – der Mann, der sich die sechzehnjährige Heldin als Frau wählte, arbeitete im Reichssippenamt. Noch einmal beschäftigte ich mich ausgiebig mit der Ideologie des Dritten Reiches, deren Folge die Teilung Deutschlands war. Vertriebenenpolitik und Ostpolitik, um die ich mich vorher kaum gekümmert hatte, da sie mich nicht persönlich betrafen.

Monatelange Vorarbeiten, bis ich dann endlich den ersten Satz schrieb: ›Vor wenigen Minuten wurde auf Poenichen ein Kind geboren…‹

Die erste Fassung eines neuen Buches schreibe ich auf die Rückseite des vorigen, also schrieb ich auf die Fahnenabzüge der ›Überlebensgeschichten‹, die 1973 erschienen waren. Die Quindts aus Poenichen erhielten bei uns vollen Familienanschluß; es wurde über sie wie über nahe Verwandte gesprochen. Da ich nie einen Großvater gekannt habe, erfand ich mir einen: den alten Baron Quindt. Der Zustand äußerster Konzentration, verbunden mit lästiger Zerstreutheit, war erreicht. Ich legte die Seife in den Kühlschrank, die Handschuhe ins Brotfach und fühlte mich wie Prometheus. Ich erschuf eine ganze Welt, die Welt von Poenichen in Hinterpommern. Alles geschah nach meinem Willen. Scheinbar. In Wahrheit sind die Möglichkeiten des Autors begrenzt. Wenn er seine Heldin 1918 in Hinterpommern zur Welt kommen läßt, ist ihr Schicksal weitgehend festgelegt. Außerdem hörten meine Figuren bald auf, sich an meine Regie zu halten, sie emanzipierten sich. Meine Heldin bekam ein Kind nach dem anderen, was ich nicht vorgesehen hatte, was aber dem Geist der Zeit und der Ideologie ihres Mannes entsprach, der den künftigen deutschen Ostraum mit Quindts bevölkern wollte.

›Da ist doch vieles biographisch‹, sagten später die Kritiker und die Leser. ›Nur jemand, der selbst aus der Heimat vertrieben wurde, kann das Schicksal der Deutschen aus dem Osten wirklich verstehen!‹ Aber ich bin keine gebürtige Pommerin, allenfalls eine erschriebene. Fünf Jahre lang habe ich das Schicksal der Heimatvertriebenen freiwillig zu dem meinen gemacht. Ich habe es mir zu Herzen genommen, es ist mir an die Nieren gegangen, buchstäblich. Als ich Maximiliane, geborene von Quindt, die 1945 mit ihren vier kleinen Kindern aus Pommern flüchten mußte, endlich heil aus der unmittelbaren Frontnähe herausgebracht hatte – die Vergewaltigung durch einen kirgisischen Soldaten hatte ich ihr nicht ersparen können –, wurde ich krank; an Herz und Nieren. Ich gab mich geschlagen, fühlte mich meinem Projekt nicht gewachsen und beschloß, alle Mappen zu verbrennen. Kühner nahm sie an sich und rettete sie. ›Andere werden krank geschrieben, ich schreibe mich selber krank‹, sagte ich. Die Ironie des Buches drang in unser Privatleben ein. Im freien Beruf erhält man keinen Krankenschein, der berechtigt, im Bett zu liegen; daran muß es wohl liegen, daß wir immer rasch wieder auf die Beine und an den Schreibtisch kommen. Kühner riet zu einer Mutprobe. Bangen Herzens las ich vor der ›Goethe Gesellschaft Kassel‹ das erste Kapitel des Manuskripts. Ich erhielt Zustimmung und Lob. ›Endlich heitere, wenn auch ironische, Töne bei der Brückner‹, hieß es. Der Tag dieser Lesung war mein Geburtstag; es schien mir natürlich, den Abend mit denen zu verbringen, die einen so wichtigen Platz in meinem Leben einnehmen: den Lesern.

In jenem Winter lasen wir uns abends Fontanes Briefe an seine Frau vor. ›Durch mein offenstehendes Fenster strömt der hier, und auch wo anders, ständige Mischgeruch von Jauche und Levkojen ein, erstrer prävalirend, und giebt ein Bild aller Dinge. Das Leben ist nicht blos ein Levkojengarten.‹ Ich hatte das Motto gefunden und den Titel, den ich mir auch von skeptischen Verlagsvertretern nicht ausreden ließ. Vorsorglich säte ich in unserm Gärtchen Levkojensamen aus...

Zum selben Zeitpunkt schloß Kühner ebenfalls einen Roman ab. ›Lebenslauf eines Ungeborenen‹, literarisch interessanter, aber spröder, weniger liebenswürdig als meine Bücher über Poenichen. Ein weiteres Mal erwies sich unsere Autorengemeinschaft als krisenfest; einer ist nicht des anderen Konkurrent, wohl aber sein erster kritischer Leser. In guten und schlechten Jahren heißt unsere Lebensdevise ›bescheiden und frei‹. Vorerst waren noch schlechte Zeiten, es mußte, zum Broterwerb, vieles andere nebenher geschrieben werden. Aufsätze, Buchkritiken, ein kleiner Roman mit linker Hand, Texte zu Bilderbüchern, dazu Buchführung und Steuererklärung, Korrespondenz. Schriftstelleralltag, aus dem ich dann zur Belohnung nach Poenichen zurückkehren durfte.

Der erste Band wurde zum selbstgestellten Termin fertig; Kühner, erfahrener Lektor, redigierte das Manuskript gründlich, und dann trug ich es zur Post. Der Verleger gab sich optimistisch und prophezeite eine Auflage von 15000. Ferngespräche, Eilboten, Korrekturlesen, Klappentext, Buchumschlag – aufregende Wochen, dann trafen die ersten Autoren-Exemplare ein. Ich schrieb Widmungen hinein, verpackte die Bücher, schickte sie an Freunde. Glückliche Tage! Sehr bald trafen Freundeslob und, überraschend schnell, auch Kritikerlob ein. ›Eine Enkelin Fontanes‹, hieß es in einer Rezension. Weitere Auflagen wurden gedruckt, wir feierten das geplante Fest im Habichtswald an unserem Meditierweg, hängten Lampions an die Zweige der Buchen, aßen Poenicher Wildpastete, tranken den Schnaps ›zweietagig‹, wie man es in Pommern tat, sangen Löns-Lieder, wie Maximiliane von Quindt.

Und dann erschien ›Jauche und Levkojen‹, vorerst noch ganz unten, auf den Bestseller-Listen, die ich bisher verachtet hatte. Sogleich änderte ich meine Einstellung. Immerhin standen die Namen von Peter Handke und Max Frisch ganz in der Nähe!

Ich hätte nun, bestärkt durch den Erfolg des ersten Teils, in Ruhe und Sicherheit den zweiten Teil schreiben können, die Mappen waren mit Notizen gefüllt, Bücher zum Nachschlagen standen bereit. Aber Ruhe und Sicherheit scheint es für den Schriftsteller nicht zu geben. Die gleichen Anfangsschwierigkeiten wie bei jedem neuen Roman. Es mußte für die Zeit nach 1945 ein neuer Ton und ein anderes Tempo gefunden werden.

Im Juni 1976 reiste ich stellvertretend für meine inzwischen fast sechzigjährige Heldin mit Kühner ins polnische Pommern und begab mich auf die Suche nach dem verlorenen Poenichen. Wir gingen auf sandigen Waldwegen, ich zog die Schuhe aus, lief barfuß wie Maximiliane, dieses Naturkind, und sang Löns-Lieder. Wir verliebten uns beide in das sommerliche Pommern. Ich sah das Herrenhaus meines Onkels wieder, das mir als Vorbild für Poenichen gedient hatte, drei bemooste Säulenstümpfe als Beweis; dort hatte ich als junges Mädchen Ferien vom Krieg gemacht.

Ein Pole übersetzte den erfundenen Ortsnamen Poenichen in Peniczyn. Mit dem Blick auf dieses Wiedersehen mit der verlorenen Heimat wurden beide Bücher geschrieben, jedes Kapitel, jeder Satz. Wenn Quindt erklärt, daß er der erste Quindt zu sein gedenke, der nicht auf dem Schlachtfeld und nicht bei einem Jagdunfall ums Leben kommt, soll der Leser das Ende Pommerns vor Augen haben; wenn Maximilianes Mutter in zweiter Ehe einen jüdischen Arzt heiratet, dann erschrickt der Leser, weil er weiß, was geschehen wird.

Der Abschluß eines Romans gleicht jedesmal einem Räumungsverkauf. Ich war erleichtert und elend zugleich. Wie würde es den Quindts fortan ergehen? Wie würden die Kritiker, die für Geld Bücher lesen, wie würden die Vertriebenen aus dem Osten, wie würden ›meine‹ Leser den Roman aufnehmen?

Inzwischen ist einige Zeit vergangen. Die Bücher haben jahrelang auf den Bestseller-Listen gestanden, ohne jeglichen Werbeaufwand des Verlags; ich gelte nun als eine Bestseller-Autorin, ein Wort, dem etwas Schimpfliches anhaftet. Die Romane sind für eine Fernseh-Serie verfilmt worden. Ein Millionenprojekt, für das ich nicht zuständig bin, für das ich mich trotzdem verantwortlich fühle. Hohe Auflagen in den Buchgemeinschaften, eine Kurzfassung in ›Reader's Digest‹; Tageszeitungen haben die beiden Bücher in Tagesportionen nachgedruckt; ich werde mehr als früher zu ›Lesungen‹ eingeladen. Bei manchen Anlässen überreicht man mir einen Levkojenstrauß. Mittlerweile weiß ich, daß man in Pommern ›Levkeujen‹ sagte, weiß auch, wie rasch Levkojen welken, wie bald ihr kräftiger Duft in Jauchegeruch übergeht, eine Erfahrung, die wohl auch Fontane gemacht hat.

Vor zwanzig Jahren habe ich schon einmal einen ›Erfolgsroman‹ (›Ehe die Spuren verwehen‹) geschrieben. Jetzt ist es nur noch eine Frage der Biologie, ob ich in weiteren zwanzig Jahren ein drittes Mal mit einem Roman einen solchen Erfolg haben werde.

Ich sehe den Rosen beim Aufblühen zu. Schon auf den Knospen zeigen sich Läuse. Ich erwähne es, weil man mir vorgeworfen hat, die Läuse nie zu erwähnen. Also: Auch unsere Rosen bekommen Läuse. Ich werde sie spritzen und dabei auch die Ameisen vernichten und jedesmal an jene kleine Krxmrx denken, die rote Waldameise, über deren abenteuerliche Weltreise zwischen einem Waldlehrpfad und dem Kongo (und ihre glückliche Heimkehr) ich einmal ein Kinderbuch geschrieben habe...

In Pompeji fand man unter der Asche die Mumien der Frauen gekrümmt und geduckt, die der Männer aufrecht. Man kann von den Männern annehmen, sie hätten sich aufgebäumt, hätten weglaufen wollen, als beim Ausbruch des Vesuvs der Feuerregen über sie kam. Die Frauen haben ihn auf sich niederprasseln lassen, haben sich zusammengekauert. Manchmal wird die aktive und die passive Natur der Geschlechter ganz deutlich. Manchmal sieht man – im Süden – die Frauen noch so: Sie hocken am Wegrand, ein Kind an sich gepreßt, gebückt gegen den Wind, gegen Schicksalsschläge; sie rechnen mit Katastrophen, sind sich ihrer Wehrlosigkeit bewußter.

Was wir aber heute nicht wahrhaben wollen.

Es blüht und duftet mir aus dem Garten; die Nelken blühen ein zweites Mal, die Petunien machen keine Pause im Blühen. Bevor um zwölf Uhr die Kirchenglocken den Mittag läuten, wird es kein störendes Geräusch geben. Sommerstille auch am Telefon. Heute abend werden wir noch lange bei Mondschein draußen sitzen, Wein trinken, Musik hören. Aber Zeitungen und Nachrichten auf dem Bildschirm holen uns unerbittlich zurück. Und unser Vorstellungsvermögen und unser Gewissen benehmen sich wie ein Weltgewissen. Wie sagt Fontane: Das Leben ist kein Levkojengarten.

Ich habe eine Lehrerin kennengelernt, die mit modernen Methoden an die Erziehung der Schüler herangeht. Unter anderem stellt sie Soziogramme her. Sie hat jedes Kind, so berichtet sie, den Namen des Mitschülers, den es am liebsten hat, auf einen Zettel schreiben lassen. Jedes Kind hat sie, dem Sitzplan im Klassenzimmer entsprechend, auf einer graphischen Darstellung durch einen Punkt markiert. Anhand der Namen, die auf den Zetteln stehen, verbindet die Lehrerin nun die Punkte miteinander. ›Sie müssen sich das wie Arme vorstellen!‹ sagt sie. ›Die Linien laufen an wenigen Punkten zusammen, manche Punkte haben keine einzige Verbindungslinie!‹ Dann fügt sie hinzu: ›Das ist sehr lehrreich!‹

›Ja!‹ sage ich und sehe die Kinder vor mir, nach denen sich keine Arme ausstrecken.

Traum: Ich war wieder in Düsseldorf, wo hohe Pappeln den großen Garten abschirmten. Weil der Flugplatz in der Nähe lag, mußten sie immer wieder geköpft werden. Ich stand auf dem Balkon, als ein Flugzeug lautlos und langsam heranflog und sich in den Pappeln niederließ wie ein Vogel. Meine längst verstorbenen Eltern saßen in dem Flugzeug, blickten aus dem Fenster, waren heiter, sagten nichts, blickten sich nur um, stiegen nicht aus. Das Flugzeug hatte keine Türen.

Sie kamen zu Besuch, wie Vögel.

Bei den Indern ißt jeder für sich. Man zieht sich mit dem Eßnapf zurück. Man läßt andere nicht an einem so animalischen Vorgang wie der Nahrungsaufnahme, dem Hineinstopfen von Reis in den Mund, teilnehmen. Man würde den Anblick keinem Zuschauer zumuten.

Kühner vertritt, wenn er schreibt, aber auch in Gesprächen, die Schicksalsbestimmtheit des Menschen, das, was er ›Die Verläßlichkeit der Ereignisse‹ nennt. ›Weil es so geschehen ist, stand es fest, daß es so geschehen wird‹, behauptet er. Ich halte die Möglichkeiten des Menschen, seinen freien Willen, seine Chance, eine Änderung herbeizuführen, für größer. Wir sind nicht immer einer Meinung. Wenn er seine Theorien entwikkelt, wird er mir fremd.

Er erzählt eine Geschichte aus China: Einige Bauern, unter ihnen einer mit Namen Li, wurden bei der Feldarbeit von einem Gewitter überrascht. Sie suchten in einer Hütte Schutz, aber das Gewitter zog nicht ab, es blieb über der Hütte stehen. Da begriffen die Bauern, daß der Blitz einen von ihnen meinte. Aber welchen? Sie einigten sich darauf, daß sie ihre Hüte vor der Hütte an einen Baum hängten; wessen Hut der Sturm als ersten abreiße, der sollte aus der Hütte ins Unwetter gejagt werden, damit nicht alle Schuldlosen wegen dieses einen Schuldigen umkämen. Kaum hingen die Hüte draußen, packte der Sturmwind den Hut des Bauern Li. Die anderen stießen ihn vor die Tür, und während Li hinter seinem Hut herlief, schlug der Blitz in die Hütte.

Ein Gewitter tobte über der Stadt, während er die Geschichte erzählte; unser Haus wurde zur Hütte auf dem Reisfeld. ›Das Gewitter wird abziehen! Wir brauchen unsere Hüte nicht hinauszuhängen‹, sagst du, sagst es zu mir, die sich vor Gewittern fürchtet, die sich mit Elektrizität auflädt, daß sie meint, jeden Blitz anzuziehen.

Immer wieder ist von der ›Odyssee der Maximiliane von Quindt‹ geschrieben worden; auch ich habe diesen Ausdruck gebraucht. Niemand hat mich darauf hingewiesen, daß es sich in diesem Falle um eine Odyssee ohne Rückkehr handelt.

Oft macht jemand seine innerste Dunkelkammer auf, meist am Telefon. Fällt ihm dann wenigstens ein Lichtstrahl hinein, oder wird es nur bei mir dunkler?

Ein Leser schreibt: ›Wenn die Vorhalle (des Herrenhauses der Quindts) von fünf weißen Säulen getragen wurde, stößt jeder, der eintritt, gegen die mittlere Säule! Oder hatte das Herrenhaus etwa zwei Eingangstüren?‹ Ich ärgere mich zunächst über solche Fehler, die von Lesern entdeckt werden, meist lache ich dann darüber. Von Auflage zu Auflage werden Korrekturen angebracht. Nicht die Autorin, nicht die Lektoren haben bemerkt, daß aus den 85000 ›gefangenen‹ Russen, von denen auf Seite 38 die Rede ist, fünf Seiten weiter 85000 ›gefallene‹ Russen geworden sind. Darüber habe ich nicht gelacht.

›Befiehl du deine Wege!‹ Wer Briefmarken mit diesem Choralanfang auf die Briefe klebt, die er mir schickt, tut es wohl in voller Absicht und nicht unbedacht. Befiehl du deine Wege! Leb wohl! Die Wunsch- und die Befehlsform sind sich im Deutschen gleich.

Man teilt mir ›pommersche Lebensregeln‹ mit. ›Ein Mensch ohne Geld ist kein Mensch.‹ Auf meine pommersche Dorfprinzessin traf dieser Grundsatz nicht zu. Ihre Lebensregel lautete: Das brauchen wir nicht.

Die Wasserspülung ist defekt. Der Installateur sagt zu, am Montagmorgen einen Monteur zu schicken. Am Dienstag sagt er: ›Heute kommt er!‹ Am Donnerstag ruft Kühner an und sagt: ›Wir machen uns Sorgen um Ihren Monteur, er ist noch nicht eingetroffen.‹ Eine Stunde später kam der Meister persönlich. Ob Schriftsteller auch wichtiger würden, wenn sie ihre Termine bei den Funkhäusern und Redaktionen nicht einhielten? Schlechte Arbeit lieferten, um bald darauf reparieren zu müssen? Was kann sich ein Handwerker leisten? Was darf sich ein Kopfarbeiter leisten? Aber die Abhängigkeit von der Wasserspülung ist eben doch größer.

Ich lese und lese (für den ›Beirat zur Förderung zeitgenössischer deutschsprachiger Schriftsteller‹). Die Studentenrevolte schlägt sich jetzt in der Literatur nieder. Ich lese von Versagern, Aussteigern, Absteigern. Neulich unterhielt ich mich mit einem jungen Autor, mit dessen Roman ich mich redlich abgemüht hatte. Ich fragte ihn, ob er selbst gerne läse, was er geschrieben habe. Er antwortete: ›Um Gottes willen!‹ Dieser Satz fällt mir oft ein. Ich zitiere ihn auch oft.

Paris. Wo mir Menschen auffielen, waren es immer Paare; manchmal waren sie jung, aber meist waren sie älter als wir oder so alt wie wir. Ein Paar in der Oper, ein Paar im Park von Versailles. Eines im Museum der Impressionisten: Sie lehnten mit den Schultern gegeneinander und betrachteten ein Bild, und das Bild verschönte sich durch die vier Augen, die es ansahen.

Manchmal dreht man sich nach uns beiden um, unsere Zusammengehörigkeit wird von Jahr zu Jahr sichtbarer.

Im vierten Kapitel der ›Wahlverwandtschaften‹ entdecke ich Bleistiftstriche am Rand, unverkennbar von mir angebracht. Aber wann? Wann waren mir diese Sätze wichtig? ›... so wie sein Tag stets dem augenblicklichen Zwecke gewidmet und deswegen jederzeit am Abend etwas getan war.‹ Der Satz war sogar unterstrichen. Sollte ich ihn wie einen Vorsatz gelesen und nicht beherzigt, sogar vergessen haben, weil für mich nicht anwendbar? Und kurz darauf: ›Trenne alles, was eigentlich Geschäft ist, vom Leben. Das Geschäft verlangt Ernst und Strenge, das Leben Willkür; das Geschäft die reinste Folge, dem Leben tut eine Inkonsequenz oft not, ja sie ist liebenswürdig und erheiternd.‹ Geschäft und Leben! In meinem Falle läßt sich das nicht trennen, eins dringt ins andere, durchdringt das andere. Einige Seiten weiter: ›»Es ist schlimm genug«, rief Eduard, »daß man jetzt nichts mehr für sein ganzes Leben lernen kann. Unsre Vorfahren hielten sich an den Unterricht, den sie in ihrer Jugend empfangen; wir aber müssen jetzt alle fünf Jahre umlernen, wenn wir nicht ganz aus der Mode kommen wollen.«‹

Was würde er heute sagen?

Der Lorbeer schlägt wieder aus. Das Pomeranzenbäumchen blüht, gleichzeitig färben sich seine Früchte. Die Erde schlürft und schmatzt nach langer Trockenheit. Ich ernte Lorbeer wie ein sizilianischer Erntearbeiter.

Ein Islandpony benötigt 5000 Quadratmeter Lebensraum. Als Weidefläche genügt das nicht einmal; es braucht eine Ausweichweide, damit das Gras auf der eigentlichen Weide nachwachsen kann.

Und der Mensch? Sein Lebensraum richtet sich nach der Bevölkerungsdichte, ihm wird er als Wohnraum in Quadratmetern errechnet. Aber wie groß ist sein Nährboden? Wo wächst der Orangenbaum, der für ihn Früchte trägt? Ist ein einziger Baum für die Dauer seines Lebens überhaupt ausreichend? Wo liegt sein Weizenfeld? Wo wächst die Baumwolle für sein Bettlaken, für sein Hemd? Wie groß ist das Feld? Wo liegt sein Kartoffelacker? Das alles hatte er einmal bei seinem Haus: Ölbaum und Rapsfeld; die Weide für die Kuh, die ihn mit Milch und Fleisch versorgte; Flachs für das Leinen. Hühner. Kartoffeln. Jetzt holt er sich alles, verpackt und etikettiert, dänischer und algerischer Herkunft, ›made in Western Germany‹ und ›English wool‹, aus dem Selbstbedienungsladen.

Immer wieder habe ich mir vorgenommen, das wenige, das ich von meiner Mutter weiß, aufzuschreiben. Ich verdanke ihr jeden Atemzug, jeden Lebenstag, aber gedankt habe ich es ihr erst lange nach ihrem Tod, als ich alles besser übersehen konnte. Nie hat sie selbst den Versuch unternommen, sich schriftlich über ihr Leben zu äußern, einen kurzgefaßten Lebenslauf zu schreiben – wozu auch, sie hat sich niemals irgendwo um einen Posten bewerben müssen. Schreiben ist ein Vorgang des Vergessens; ich entleere mein Gedächtnis. Ich träume immer wieder: Meine Mutter lebt in einem Altersheim. Diesmal lag es in München, nahe dem Hauptbahnhof. Ich hatte sie wochenlang vergessen und mich nicht um sie gekümmert. Ich dachte – im Traum – mit Angst und Schuld an sie. Wenn ich dann wach werde, halbwach, denke ich jedesmal: Geht es ihr nicht gut, dort, wo sie jetzt ist? Sie hat die letzten fünf Jahre ihres Lebens bei mir gewohnt, oft krank, fast immer leidend, selten klagend. Einige Monate vor ihrem Tod verwirrte sich ihr Geist. Dämonen umlagerten ihr Bett. Sie rief meinen Namen, auch wenn ich neben ihr saß und ihre Hand hielt. Bis ich mit dem gleichen Entsetzen in die Zimmerecke starrte, in die meine Mutter starrte. Aber in den letzten Wochen war ihr Geist wieder ganz klar. Ich saß bei ihr, sang Choräle. Wir lebten in Todesnähe. Wir waren nicht mehr allein in diesem Haus in Düsseldorf, nahe beim Flughafen. Damals habe ich einen kleinen Roman geschrieben. Man merkt ihm nichts an, er ist beinahe heiter geraten. Schreiben, um zu überleben...

Das Wiedersehen eines Toten im Traum trifft uns unvorbereitet, bestürzend. Meine Mutter, die ich auch diesmal vernachlässigt hatte, die ich lange nicht besucht hatte. Ich stieg eine Treppe hinauf, ging durch eine Tür, trat in ein Zimmer, das ich nicht kannte. Meine Mutter saß auf dem Boden, gegen einen Sessel gelehnt, war klein geworden, zart und zierlich. Sie erkannte mich nicht, sie schien heiter und zufrieden zu sein in ihrer eigenen, mir nicht zugänglichen Welt. Ich wollte ihr mein Fernbleiben erklären, spürte aber, daß sie mir nicht zuhörte. Ich wachte betroffen auf: Ich war nicht mehr wichtig...

Ich habe in den letzten Briefen meiner Mutter gelesen, sie war keine geübte Briefeschreiberin; Briefe hatte meist mein Vater geschrieben, erst nach seinem Tod übernahm sie die Korrespondenz. Ihre Hände zitterten, eine Folge der schweren

Bombenangriffe auf Kassel. An manchen Tagen fiel ihr das Schreiben besonders schwer, dann brach ein Brief ab, dann stand unvermittelt unten auf der Seite ›Mutti‹. Wir nannten sie ›Mutti‹, was mir als Briefunterschrift ungeeignet erschien. Der Vater schrieb ›Dein Vater C. Emde‹ unter seine Briefe, von denen keiner gerettet werden konnte. Wenn ich verreisen wollte, brachte ich meine Mutter in ein Sanatorium. Von dort her hat sie mir, ein Jahr vor ihrem Tod, geschrieben: ›Also Dein Roman ist angenommen. Schade, daß ich das Manuskript nicht lesen konnte. Ob ich das fertige Buch noch lesen kann, weiß Gott allein. Wünschen tue ich es nicht, denn meine Kraft ist am Ende.‹ Ich habe auch diesen Brief vernichtet. Es ist genug darüber geweint. Was für dunkle Jahre! Für sie und auch für mich. Aber als ich für meinen ersten Roman einen ersten Preis erhielt – kurz zuvor hatten wir sie aus dem Altersheim zu uns in unsere erste eigene Wohnung geholt –, während sie mit Hexenschuß wie gelähmt zu Bett lag, da belebte sie die Freude über den Erfolg ihrer Tochter. Sie gab mir einen Geldschein und sagte: ›Kauf eine Flasche Sekt!‹ und stand geheilt auf. ›Wie die Tochter des Jairus‹, sagte ich später, wenn ich davon erzählte – in meiner Familie war es üblich, in biblischen Gleichnissen und Bildern zu sprechen. Dieser Preis war ein großes Ereignis. Hätte ich ihn nicht bekommen, hätte ich wahrscheinlich nicht weitergeschrieben. Noch heute bin ich auf Bestätigung angewiesen. Kühner lacht darüber, fragt: ›Hast du heute dein Lorbeerblatt schon bekommen?‹

Ihr häufiges Kranksein und die sich anschließenden Schonzeiten verschafften mir als Kind einen Freiraum, den ich nutzte: Ich verschwand in aller Frühe, wenn es noch still im Haus war, ins Dorf. Der Schweinehirt blies von ferne sein Horn, die Stalltüren öffneten sich, und die Schweine machten sich auf den Weg zu ihrem Hirten, der mit ihnen auf ›die Drift‹ zog. Ich lief zum Stellmacher, zum Schmied, sah in die Schuster-Werkstatt, durfte beim Nachbarn im Stall die Häckselmaschine drehen und kehrte so unbemerkt zurück, wie ich verschwunden war. Ich hatte ein Talent zum Unsichtbarmachen entwickelt. Brachte ich aus dem Dorf ›Wörter‹ mit nach Hause, hieß es: ›Da spricht man nicht von.‹ Auch über Geld sprach man nicht, es stand unter Tabu. (Ich habe später weder das Geld, das ich nicht hatte, noch das Geld, das ich hatte, für wichtig genug gehalten, um darüber zu sprechen, habe mich untergründig für beides, Haben und Nichthaben, geschämt.) Zur Genußfähigkeit hat man mich nicht erzogen.

Keine Bekenntnisse, keine Geständnisse. Fragte meine Mutter mich – als ich erwachsen war – nach irgend etwas, worüber ich nicht reden wollte, sagte ich lachend: ›Da spricht man nicht von!‹, benutzte ihre eigenen Waffen. Von der Scheidung meiner Ehe habe ich sie erst viel später unterrichtet. Kein Vertrauensverhältnis, aber unser Verhältnis war auch nicht lieblos. Vertrauen und Schonung kann man nicht gleichzeitig haben...

›Blamier mich nicht!‹ war ihre Erziehungsdevise. Keine aufgeklärte Mutter würde das heute zu ihrem Kind sagen, aber alle Eltern hätten es wohl gern, wenn ihre Kinder sie nicht blamierten. Ich galt als wohlerzogen, als ›liebes Kind‹. Es ist nicht überliefert, daß ich irgendwann ›bockig‹ gewesen wäre...

Meine Mutter war eine fortschrittliche Frau; sie hätte gewiß Bücher über Kinderpsychologie und Pädagogik gelesen, wenn sie ihr zur Verfügung gestanden hätten. Wir Kinder mußten Kalzan einnehmen; einmal wöchentlich wurden unsere Gelenke kräftig in moorhaltigem Wasser gebürstet. Ich schluckte Eisenpräparate zur Appetitanregung...

In ihrem ›roten Zimmer‹ stand ein eleganter kleiner Bücherschrank mit Romanen von Thomas Mann und Joseph Roth, auch ein Buch, das ›Disteln und Dornen am Wege des Kindes‹ hieß, Richtlinien zur Kindererziehung. Später zitierten wir bei Mißgeschicken und bei Fehlern, die wir gemacht hatten, den Titel in jenem ironischen Tonfall, den wir uns im Umgang mit ihr angewöhnt hatten, gegen den sie machtlos war. Ungezogenheit wurde von ihr mit Liebesentzug bestraft; so nennt man das heute. Ich zweifle nicht daran, daß sie ihre Erziehungsmethode für richtig hielt. Ich habe nie an ihren guten Absichten gezweifelt, tue es auch heute nicht. Sie drohte nicht mit Strafe, sondern führte sie sofort und eigenhändig aus. Man mußte ihr ins ›Reisebüro‹ folgen, so wurde das geräumige Klosett genannt; dort bezog man seine Schläge, dort blieb man, bis man ›wieder lieb sein wollte‹. Einmal erschien mein Vater auf der Treppe, als meine Mutter mich mit sich ins ›Reisebüro‹ zog, und rief: ›Tilla, vergiß dich nicht!‹ Sie strafte im biblischen Sinne: Wer seine Kinder liebt, der züchtigt sie...

Meine Mutter, die mich zur Ordnung ermahnte und anhielt und Unordnung bestrafte – wollte sie eine ordnungsliebende Tochter heranziehen, weil sie selbst gar nicht so ordentlich war, wie ich jahrzehntelang angenommen habe? ›Halte Ordnung, übe sie, Ordnung spart viel Zeit und Müh‹, stand blau auf weiß gestickt überm Küchenherd. In diesem Elternhaus ließen sich häufig Schubladen nicht aufziehen, weil Gegenstände, Küchengeräte oder Bürsten, sich verklemmt hatten. Das kommt in meinem Haushalt nicht vor, was daran liegen mag, daß meine Schubladen nicht so voll sind...

Ich erinnere mich, daß ich als Kind meine Mutter vor Weihnachten bat, sie möchte mir einen Wunsch nennen. Meist sagte sie dann, daß sie sich ›ein liebes Kind‹ wünsche. Ich wollte ihr aber Topflappen häkeln, Nadelkissen sticken. Was soviel leichter ist, als ›ein liebes Kind‹ zu sein...

Woher meine Angst, sie würde mich beim Haarwaschen in der Badewanne ertränken? Sie drückte meinen Kopf weit zurück, ich mußte einen Schwamm vor die Augen pressen, konnte mich daher nicht mit beiden Händen am Rand der Wanne festhalten...

Der ersten Frau meines Vaters wurde das Kindbett zum Sterbebett, sie nahm das Söhnchen mit ins Grab. Als mein Vater nach langen Jahren sich ein zweites Mal verheiratete, schien sich das Unheil zu wiederholen, wieder starb das erste Kind, aber meine Mutter wurde gerettet. Das zweite Kind wurde mit größerer Freude, aber auch in größerer Sorge erwartet; es wurde in einer Klinik geboren, ein Mädchen. Als ich – drei Jahre später – ohne viel Aufhebens geboren wurde, teilten meine Eltern auf Visitenkarten mit, daß ihr Töchterchen eine Schwester bekommen habe, mein Name wurde auf der Anzeige nicht genannt. Ich bin als Schwester meiner Schwester aufgewachsen. Meine Mutter war vierundvierzig, mein Vater fünfundfünfzig Jahre alt, ich hatte Großeltern als Eltern. Ich habe das nie bedauert...

Meine Mutter sah aus wie eine Frau, die geliebt wurde. Blieb sie – geliebt – deshalb so lange schön? Ihr Gesicht zeigte im Alter keine Fältchen, sondern wenige tiefe Falten, ein geprägtes Gesicht. Kurz vor ihrem Tod hatte man ihr das lange schwere Haar abgeschnitten; wer sie besuchte, stellte ihre Ähnlichkeit mit Beethovens Totenmaske fest...

Sie wusch sich mit einem roten Gummischwamm, vor dem ich Abscheu empfand. Wir Kinder hatten unsere Waschläppchen, der Vater wusch sich mit den Händen. Sie benutzte keine Schönheitsmittel. Palmolive-Seife für Körper und Gesicht, Kaloderma-Gelee für die Hände. Das Fläschchen Uralt Lavendel reichte von einem Geburtstag zum anderen...

Ich habe als Kind und auch später, als ich erwachsen war, unter ihrem Schweigen, das sie erzieherisch einsetzte, gelitten. Aber sie selbst wird mehr darunter gelitten haben als ich, die dieses Schweigen jederzeit beenden konnte. Sie war gezwungen zu schweigen, sie war darauf angewiesen, daß das Kind kam und sagte: ›Ich will wieder lieb sein‹, ›Hab mich bitte wieder lieb!‹ Das erlösende Wort! Dann konnte auch sie wieder ›lieb sein‹, konnte wieder reden. Es ging etwas Dunkles von ihr aus, das lag nicht am tiefschwarzen Haar, dem dunklen Teint, den dunklen Augen. Sie breitete in der Karwoche die schwarzen Samtdecken über Altar und Kanzel und legte ihr schwarzes Samtkleid an. Da erstarb alles Lachen...

Immer habe ich sie bewundert, weil sie schön war und weil sie immer wußte, was richtig war und was man tat. Nie, auch heute nicht, zweifle ich daran, daß sie die gebratene Geflügelleber bekommen mußte, die Spargelköpfe, zum zweiten Frühstück das mit Rotwein und Traubenzucker geschlagene Ei. Sie aß die Spargelköpfe und die Geflügelleber aus Pflichtgefühl, nicht um des Genusses willen. Es geriet ihr alles zur Pflicht. Sie war zart, sie mußte geschont werden, weil sie sich selbst nicht schonte und nie gelernt hatte, mit ihren geringen Kräften hauszuhalten. In unregelmäßigen Abständen brachte der Vater sie ins Krankenhaus oder in ein Sanatorium. Jeder Psychologe würde mir nachweisen, daß sie sich in Krankheiten geflüchtet habe. Aber kann man sich in Mittelohrvereiterungen flüchten? Lebensgefährliche Operationen bei Nacht? Typhus, Scharlach, Rheuma, Tuberkulose, Gallenkoliken? Und immer wieder Gastritis und Gemüsebrei und Toast und ein wenig Rauchfleisch. Sie mußte ihr Leben lang Diät essen, Schonkost. Monatelang kam täglich der Arzt und spritzte Bienengift. Alle ihre Hexenschüsse! Zwei Herzinfarkte und jahrelange Angina pectoris...

Morgens, wenn man besorgt fragte: ›Wie hast du geschlafen?‹ oder die Frage abwandelte in ›Konntest du ein wenig schlafen?‹, antwortete sie mit: ›Ach, Kind!‹ Hat sie mir ihre Schlaflosigkeit vererbt? Schlief ich vor ihrem Tod schon schlecht? Auch ich werde, mit Besorgnis und Anteilnahme, gefragt, wie ich geschlafen habe; man kennt meine Schlafschwierigkeiten, ruft mir in der Frühe bereits zu: ›Ach, Kind?!‹ Wiederholungen. Ähnlichkeiten. Manchmal verstumme ich wie sie...

Üblich ist, daß Mütter am Bett ihres Kindes sitzen, bei uns war es umgekehrt. Ich hatte keine zärtliche Mutter, aber ich hatte eine liebebedürftige Mutter. Sie war dankbar, wenn man sie in den Arm nahm, wenn man sie küßte; sie ließ sich küssen...

Sie war eine umsichtige Pfarrfrau, sie kümmerte sich um Kranke und Alte, auch um Verletzte. Sie verband Fleischwunden. Bevor man zum Arzt fuhr, suchte man erste Hilfe im Pfarrhaus. Blutspuren auf der Haustreppe, im Flur. Meine Mutter verband sorgfältig und geschickt die Wunden. Wenn der Verletzte das Haus verlassen hatte, legte sie sich totenbleich auf ihr Bett. Abgehackte Fingerkuppen, Brandwunden, vereiterte Splitter. Sie sorgte dafür, daß Trinker in Trinkerheilanstalten kamen. Einmal bedrohte ein Schwachsinniger sie mit einem Messer; sie konnte ihn zur Ruhe bringen, sie ließ ihn nicht in eine Anstalt einweisen. In den Zeitabschnitten, in denen sie gesund war, war sie doppelt tüchtig, arbeitete bis zum Einbruch der Dunkelheit in den großen Gärten, die zum Pfarrhaus gehörten. Manchmal verließ dann mein Vater seine Studierstube, suchte sie und sagte: ›Mach ein Ende davon, Tilla!‹ Auch diesen Satz zitierten wir oft, zitieren ihn noch heute. Für diese Überanstrengungen rächte sich ihr zarter Körper mit immer neuen, schweren, ernst zu nehmenden Krankheiten, eher als Leiden zu bezeichnen. Ich erinnere mich nicht an gewöhnliche Erkrankungen wie Erkältungen oder verdorbenen Magen. Ich durfte ihr, kaum daß ich zählen konnte, die Arznei auf einen Teelöffel tropfen und reichen. Niemand konnte das Kopfkissen so gut aufschütteln wie ich! Sie lobte, sie war dankbar für alle diese kleinen Hilfen, die sie benötigte. Aber ich habe eine Abneigung gegen Krankheiten zurückbehalten, besonders gegen eigene. Mein Gedächtnis unterscheidet: Sie lag krank im Elternschlafzimmer oder im Fremdenzimmer...

Mein Vater schreibt in seinen Lebenserinnerungen: ›Sie stellt mit ihren leiblichen Heilerfolgen mich, den berufenen Seelsorger, ganz in den Schatten.‹ Aber er liebte den Schatten, er zog sich gern in ihn zurück. Sie erfüllte gewissenhaft alle Pflichten, die sich ihr stellten, solange sie gesund war; genauso gewissenhaft benahm sie sich als Kranke. So wie sie das Leben als Aufgabe nahm, so auch das Gesundwerden. Sie aß Diät, ohne zu klagen, sie legte sich nach den Mahlzeiten mit einer Wärmflasche zu Bett. Sie klagte auch nicht, als ›das eigene Haus‹ im Krieg durch Phosphorbomben ausbrannte und wir heimatlos wurden. Aber ihr schweigendes Leiden war nicht leicht zu ertragen...

Sie war keine ökonomische Natur. Als sie noch viele Pflichten hatte, wurde man weniger gewahr, daß es ihr an Lebensfreude fehlte...

Meine Mutter war eine gute Köchin; sie hatte ein Mädchen aus dem Dorf als Hilfe und eine ›Haustochter‹ – meist die Braut eines Pfarrers –, die sie anlernte. Pfarrfrau, ein Anlernberuf. Sonntags gab es oft gebratene und gefüllte Täubchen zum Mittagessen. Der Vater besorgte das Füttern der Tauben. Vom Dachboden führte eine steile Leiter zum Taubenschlag. Jährlich sechzig oder siebzig junge Tauben. Er drehte ihnen die Köpfchen um, es tropfte Blut. Daran erinnere ich mich und an mein Entsetzen und meine Bewunderung, daß dieser gütige, weltferne Vater ein Tier töten konnte. Aber er stammte vom Land, er war bereit, das Nötige zu tun. Man erntet, was reif ist, den Kohl im Garten und Hühner und junge Tauben. Aber was ging in meiner Mutter vor, dieser schönen jungen Frau aus der Stadt? Sie nahm Gänse aus, was viel Kraft erforderte. War ihr das Schlachtfest zuwider? Das urhafte Schreien der Tiere? Wenn unser Schwein, das ein halbes Jahr lang gefüttert worden war, abgestochen wurde, blieben wir Kinder in den Betten, zogen uns die Decken über den Kopf, um das Quieken nicht hören zu müssen. Hat sie die Schüssel gehalten, in die das Blut floß? Sie hat sich nichts merken lassen, durfte, ihres schwachen Magens wegen, nichts vom Schlacht-Essen zu sich nehmen. Aber der Vater ließ sich eine Portion Kesselspeck in sein Studierzimmer bringen, aß es und wußte dabei, und alle wußten es, daß er es nicht vertragen würde...

Sie klagte über kalte Füße, zog aber keine wärmenden

Pantoffeln an, es wäre ihr nachlässig erschienen; sie ließ sich nie gehen...

Mein Vater hat säuberlich mit der Hand geschriebene Lebenserinnerungen hinterlassen. Mit der Niederschrift begann er im Jahr 1938 in dem Bewußtsein, schreibt er, daß seine Aufzeichnungen nur für seine nächste Familie eine Bedeutung haben würden; das Schreiben, namentlich das Briefeschreiben, sei ihm nie eine Last, sondern immer eine Freude gewesen. Der Name Adolf Hitler fällt auf den 500 eng beschriebenen Seiten nur ein einziges Mal. Vorsicht war geboten. In meiner Familie wurde kein Widerstand geleistet. Es hat aber auch keine Mitläufer gegeben, man stand beiseite. Wäre auch das spätere ›eigene Haus‹ durchsucht worden wie das Pfarrhaus und hätte man die Aufzeichnungen gefunden, so hätte man meinem Vater nichts anhaben können; sogar das Kapitel über den Kirchenstreit zwischen ›Bekennender Kirche‹ und ›Deutschen Christen‹ ist in größter Vorsicht und Zurückhaltung geschrieben...

Die Väter im Dritten Reich, davon hört und liest man zur Zeit ständig; mit ihnen wird – meist erbarmungslos – abgerechnet. Aber die Mütter! Frauen haben eine verhängnisvolle Neigung, aus ihren Männern und Söhnen Helden zu machen, auf die sie stolz sein können. Leidensfähigkeit und Opferbereitschaft als Tugend. Im Ersten Weltkrieg hätte es meine Mutter wohl gern gesehen, wenn mein Vater sich freiwillig als Feldgeistlicher gemeldet hätte, statt dessen nahm er ›in der Heimat‹ die verschiedensten zusätzlichen Aufgaben auf sich. Vor Anbruch des Dritten Reiches hat es im Pfarrhaus politische Auseinandersetzungen gegeben, die sich in der Regel an Rundfunkreden ›des Führers‹ entzündeten. Die Gespräche brachen ab, sobald die Töchter zugegen waren. Wir wurden politisch nicht beeinflußt, aber auch nicht unterwiesen. Zunächst wurden ›Führer-Reden‹ noch angehört; als mein Vater politisch nicht mehr tragbar war und in den Ruhestand versetzt wurde, hörte das auf. Meine Mutter wurde zum Luftschutzhauswart ausgebildet, was viel Anlaß zur Heiterkeit gab. Sie sollte sich bei Luftangriffen eine Leine um die Taille binden und Kontrollgänge auf dem Dachboden machen; an dieser Leine sollte man sie, falls sie bewußtlos würde, herunterziehen...

Meine Mutter hatte an ihren künftigen Mann, der vom Lande stammte, einige Forderungen gestellt: Der ›Hohenzollernmantel‹ mußte durch einen Überzieher ersetzt werden; der dicke rötliche Bart mußte fallen. Mein Vater gibt in seinen Erinnerungen den Trauspruch wieder: ›Seid fröhlich in Hoffnung, geduldig in Trübsal, haltet an am Gebet!‹ An Hoffnung und an Fröhlichkeit hat es meiner Mutter wohl gefehlt, aber nicht an Geduld, und gewiß hat sie nie aufgehört zu beten...

Mein Vater schreibt über meine Geburt: ›Um fünf Uhr setzten die Wehen ein, um acht Uhr tat das Kind bereits den ersten Schrei.‹ Keine Klinik, kein Arzt, nur die Hebamme des Dorfes...

Bis auf die Zähne und die langen schwarzen Zöpfe, die sie um den Kopf gelegt trug, war an meiner Mutter nichts gesund. Zu Beginn des Ersten Weltkrieges erkrankte sie an Tuberkulose, die aber ausgeheilt wurde. Mein Vater: ›Sie hat ihre mannigfachen Beschwerden mit viel Geduld ertragen, tapfer allem standgehalten, was die Ärzte über sie beschlossen, und der Welt auch noch ein heiteres Gesicht gezeigt. Einen starken Willen, gesund zu werden und alles dazu Erforderliche zu ertragen, hatte sie immer, und an diesem Willen, zusammen mit den ärztlichen Künsten, wird es liegen, daß ich sie noch immer habe.‹ Sie, die von Krankheiten Heimgesuchte, überlebte ihren Mann, der im ganzen gesund war, um fast zwei Jahrzehnte. Aber ob sie das auch wollte?...

Nachdem ich noch einmal aufmerksam diese Lebenserinnerungen gelesen habe, weiß ich über die Ehe der Eltern nicht mehr als vorher. Immerhin ein Satz: ›Nächte, in denen sie ihre Kissen nahm und in ein anderes Zimmer zog und weinte und ich sie wieder holte und tröstete...‹

Als mein Vater im Jahre 1901 als Pfarrer in sein Heimatdorf berufen wurde, bat er sich in seiner ersten Predigt aus, daß die jungen Männer, die auf der Empore saßen, die Kirche nicht zum Schlafsaal machen sollten. Er predigte in Bildern, setzte, wie der Fürst der Prediger sagt, ›Fenster in seine Predigten‹ ein. Er schreibt: ›Ein Kirchgänger, der zur Erntezeit ein wenig einnickt, ist besser als ein leerer Platz.‹ Es ist mir nicht schwergefallen, aus meiner Erinnerung an den Vater sein Lebensbild zu entwerfen, obwohl ich knapp achtzehn Jahre alt war, als er starb; er war als Person übersichtlicher als meine

Mutter. Er ist mir im Lauf der Jahrzehnte verständlich geworden, meine Mutter, mit der ich soviel länger zusammengelebt habe, nicht...

Sie, die soviel leiden mußte, behielt ihre schöne glatte Haut, ihr schweres Haar, die gesunden Zähne, die aber kaum etwas zu kauen hatten, da ihr schwacher Magen nichts Schweres vertrug. Lauter Widersprüche...

Sie wusch sich ihr Gesicht lange und gründlich mit jenem roten Gummischwamm, als wolle sie das Alter abwaschen, als erwarte sie, daß ihre Schönheit darunterliege und wieder sichtbar werde. Ihr Eislaufkostüm, ihre Hüte, ihre Sonnenschirme verschwanden in den großen Truhen, die auf dem Dachboden standen, bei Kindergeburtstagen durften wir uns damit ›verkleiden‹...

Der Grabstein, der auf den Gräbern meiner Eltern steht, senkt sich immer wieder, steht dann schief und muß aufgerichtet werden. Warum halten sie sich nicht ruhig? denke ich. Auf welcher Seite des Grabes liegt die Mutter? Auf welcher der Vater? Es ist nicht mehr wichtig, es ist: das Grab der Eltern...

Was war das für eine Frau, die 24jährig in das Pfarrhaus auf dem Lande einzog? Nur einmal in der Woche fuhr eine Postkutsche nach Arolsen, zur Bahnstation; es gab nur zwei Petroleumlampen in dem großen Haus, nur zwei Kachelöfen; das Wasser mußte am Mühlenbrunnen geholt werden. Sie war die Tochter eines Gas- und Wasserwerkdirektors. Dieser beachtliche Großvater war ein Mann der Gründerjahre, nur um seiner acht Kinder willen war er nicht mit einem Segelschiff zur Weltausstellung nach Chicago gereist! Solche Sätze versetzten uns in Staunen. Der Großvater, der seine schöne älteste Tochter mitnahm, wenn er zu Kongressen fuhr, ›die schöne Tilla aus Unna‹. Sie führte auf Messen Geräte vor. ›Koche mit Gas!‹ Anschließend nahm ihr Vater sie mit zu geselligen Veranstaltungen. Er schmückte sich mit seiner Tochter, seine Frau nahm er nicht mit. Und zu Silvester Sekt, ein Dutzend Austern für sich und ein Dutzend für seine Frau! Als er um die Pfarrerstochter aus Thüringen angehalten hat, soll er versprochen haben, sie zur Kommerzienrätin zu machen. Aber er starb früh; unter seinem Tod hat meine Mutter lange gelitten. Seine Besuche während der ersten Ehejahre müssen ihr sehr geholfen haben. Mein Vater hat seinen Schwiegervater verehrt.

Dieser Großvater war das, was man heute einen Aufsteiger nennt. Er ist in einem Waisenhaus in Potsdam, das der Kaiserin unterstand, aufgewachsen. Er war zunächst nur Werkführer, aber wegen seiner Tüchtigkeit schickte man ihn auf das Politechnikum nach Langensalza in Thüringen, dort hat er seine spätere Frau beim Tanz kennengelernt. Mehr konnte ich über ihn nicht erfahren. Er war Landtagsabgeordneter, baute Gas- und Wasserwerke; einmal soll er einen kleinen Sack auf den Eßtisch gestellt haben, die Kinder mußten ihn hochheben, um zu merken, wie schwer er war: ein Säckchen Gold für den Bau eines Gaswerkes. Er war Gutachter bei dem Explosionsunglück in Antwerpen. Er sang im Quartettverein. Er war mit August Klönne befreundet. Wenn ich heute im Rhein-Ruhr-Gebiet an den Baukränen den Namen ›August Klönne‹ sehe, fällt mir ein, was meine Mutter oft erzählte: August Klönne schrieb unter die Rechnungen: ›A. K. z. d. B.‹ (August Klönne zückt den Beutel.) Ich schreibe unter eingehende Rechnungen: ›Q. z. a.‹ (Quindt zahlt alles.) Mein Großvater hat eine Talsperre gebaut. Er hat in Dortmund ein Konstruktionsbüro eingerichtet, aber dann starb er ja früher, als zu erwarten war, ein gutaussehender, tatkräftiger Mann. Jemand, der tüchtig und beliebt war...

Mein Vater schreibt: ›Auf der Insel Amrum in der Nordsee haben die Bewohner die Gepflogenheit, ihren Verstorbenen Grabsteine mit Inschriften zu setzen, die so lang sind, daß sie beinah eine Lebensbeschreibung enthalten. So stand in dem Dorf Nebel auf einem Grabstein des Friedhofs über ein Ehepaar zu lesen: »Sie lebten in einer kinderlosen, aber doch sehr vergnügten Ehe.« Das hätten wir, meine Frau und ich, im ersten Jahrzehnt von unserer Ehe auch sagen können, denn da wollte sich im Pfarrhaus das frohe Kinderlachen nicht einstellen. Aber das Glück und die Freude sind uns nicht aus dem Haus getrieben, obwohl Arzt und Apotheker und Sanatorien eine große Rolle bei uns spielten...‹ Dreizehn Jahre lang hat die Mutter meines Vaters mit im Pfarrhaus gewohnt. Die Wochen, in denen sie bei ihren anderen Kindern zu Besuch weilte, beschreibt er behutsam mit ›Schonzeiten unserer Ehe‹. Es wurde über diese Großmutter nicht gesprochen, sie war die Frau des Lehrers gewesen, war zwei Jahrzehnte lang verwitwet, sie ist fünf Jahre vor meiner Geburt gestorben. ›Sächtelken, sächtelken‹ – kein anderes Wort ist von ihr überliefert. Mein Vater verdankte es ihr, daß er hatte studieren dürfen; diesen Dank hat er zwei Jahrzehnte lang abgetragen. Und meine Mutter auch. Wenn eine solche ›Schonzeit‹ vorbei war und die Mutter des Pfarrers wieder im Pfarrhaus anwesend war, ›merkten wir wieder, daß der Menschen Leben nicht ausschließlich Glück, Freude und Vergnügen sei‹, schreibt mein Vater...

Ich bin nicht in einem Elternhaus, sondern in einem Pfarrhaus aufgewachsen. Der Mittelpunkt des Hauses war oft das Krankenbett der Mutter. Sie war nicht egoistisch, aber Krankheit wirkt sich auf die Umwelt wie eine Abart von Egoismus aus. Ihre Geduld und ihre Tapferkeit bewirkten, daß zum Bedauern auch noch die Bewunderung kam...

Oft vergleiche ich: Als ich vierzig war – als meine Mutter vierzig war; als meine Mutter sechzig wurde – wenn ich sechzig werde...

Sie hat den Beruf der Pfarrfrau mit großer Gewissenhaftigkeit ausgeübt. Sie war eine unbezahlte Gemeindehelferin, sie war im Außendienst tätig und für den scheuen Vater unentbehrlich. Ein erfülltes Leben, so ist es mir immer erschienen. Aber als sie alt war und eine neue Frauengeneration nach Gleichberechtigung verlangte, hat sie gesagt: ›Ich wäre lieber Ärztin oder Juristin geworden.‹ Der Satz hat mich traurig gestimmt, er erschien wie ein Verrat an meinem Vater, dem Pfarrhaus, der Gemeinde, auch an mir...

Wenn ich zurückdenke, war ich mein Leben lang von ›Er wird's recht machen‹ überzeugt. Der Satz stand meinen persönlichen Wünschen oft entgegen, aber in vielen Fällen ist es gut gewesen, daß meine persönlichen Wünsche nicht in Erfüllung gingen. Das habe ich diesem Pfarrhaus zu danken...

Ich hatte keinen Bruder, der meine Beziehung zu Männern hätte bestimmen können; immer nur dieser gütige, etwas ferne Vater, der einen Talar trug, der im Studierzimmer saß und seine Predigten ausarbeitete. Ich habe in Männern nie das ›stärkere Geschlecht‹ gesucht, ihre ›Stärke‹ nie beansprucht...

Sie wollte ein Vorbild sein: der Familie, dem Dorf. Sie wollte christlich leben, das muß sie sich vorgenommen haben, als sie einen Pfarrer geheiratet hat. Manchmal sagte sie: ›Man darf sich den Leuten nicht auf die Zähne hängen!‹ Sie benutzte kräftige waldecksche Ausdrücke. Sie verstand Plattdeutsch, konnte es lesen, sprach es aber nicht. Sie las uns keine Kinderbücher vor, sondern ›Ut mine Stromtid‹ von Fritz Reuter. Wenn ich darin lese, was ich oft tue, kann ich die Stimme meiner Mutter hören...

Das Haus, das die Eltern nach der Pensionierung meines Vaters in Kassel bauten, hieß immer ›das eigene Haus‹. Als es am 22. Oktober 1943 bei jenem Luftangriff zerstört wurde, der die Stadt vernichtete, wurde meine Mutter heimatlos und besitzlos. Wir brachten sie in Pfarrhäusern unter, wo wir Freundschaft erhofften, brachten sie zu ihrem Bruder nach Pommern, dann nach Thüringen zu ihrer Schwester, schließlich nach Marburg. Sie ertrug das eigene und das deutsche Schicksal klaglos. Wir schickten ihr Lebensmittelmarken, und sie schickte uns von ihren Lebensmittelmarken, hilflos, mit dem Willen zu helfen. Einmal schrieb sie, daß sie das Kriegsende geträumt habe. ›Fahnen wehten, Lampen brannten.‹ Als sie dann in Marburg Zuflucht bei ihrer ältesten Tochter fand und in einem eigenen Zimmer zwischen fremden Möbeln lebte, erkannte sie die Traum-Stadt wieder. Das Haus, in dem sie wohnte, wurde von Amerikanern beschlagnahmt, auf einem geliehenen Handwagen brachte man ihre kleine Habe zu anderen freundlichen Leuten. Als ich dann eintraf, im Herbst 1945, lag sie mit siebzehn anderen Frauen in einem Behelfskrankenhaus, monatelang, klaglos. Später fanden wir für sie einen Platz in einem Altersheim, wo sie wieder ›wirken‹ konnte. Sie machte Krankenbesuche, stiftete Frieden, wo Streit ausbrach, suchte im nahen Wald Kienäpfel für ihre Töchter, sparte sich Speisen vom Munde ab, um ihre Töchter bewirten zu können, wenn wir sie besuchten, und wir brachten ihr, was wir für sie gespart hatten...

Ich erinnere mich: Ein vereiterter Zahn war mir gezogen worden, ich ging, halb betäubt und weinend vor Schmerzen, durch die Ketzerbach in Marburg, als mir meine Schwester entgegenkam. Sie dachte, unsere Mutter sei gestorben. Wir lagen uns weinend in den Armen, ich konnte vor Schluchzen nicht sprechen. Immer dachten wir: Sie stirbt, sie wird sterben, diesmal wird sie nicht überleben. Als sie dann starb, schien mir tot zu sein besser als zu leben. Ich lebte damals nicht gern...

Als sie schon sehr alt war, berichtete sie einmal unseren

Gästen von meiner Geburt. ›Ich lag im Fremdenzimmer, um mein Kind zu empfangen –‹ sagte sie. Fröhliches Gelächter, in das sie dann einstimmte. Über körperliche Vorgänge wurde nicht gesprochen. Mein Geburtszimmer wurde ›das Fremdenzimmer‹ genannt, ein großes helles Eckzimmer, nach Süden und Westen gelegen, aber schwer zu heizen. Dort schliefen meine Eltern im Sommer. Das Winterschlafzimmer ging nach Norden, lag über der Küche und hatte einen Dauerbrenner-Ofen. Wenn es kalt war, durften wir abends in den Betten der Eltern liegen. Lebendige Wärmflaschen, die der Vater dann ins Kinderzimmer trug und in die kalten Kinderbetten legte. Ich bin ein Winter-Kind...

›Glückselig, wessen Arm umspannt ein Mädchen aus Westfalenland.‹ Er habe die volle Wahrheit dieser Zeile des Westfalenliedes erfahren und erfahre sie noch immer, schreibt mein Vater. Nach seinem Tod wiederholte meine Mutter oft, was er auf seinem Krankenlager, ein Bibelwort zitierend, zu ihr gesagt hatte: ›Sie tat ihm viel Liebes und kein Leides.‹ Aus der Ehe meiner Eltern drang nichts nach draußen...

Als er seine Frau zum erstenmal gesehen hat, soll er ausgerufen haben: ›Wie kann man nur so schön sein!‹ Er hat nie aufgehört, sich darüber zu wundern, daß eine so schöne, so kluge, so tüchtige Frau aus der Stadt ihn, der vom Land stammte, der ein Dorfpfarrer war, genommen hatte. Sie war 24 Jahre, er war 35 Jahre alt. Es wurde manchmal von einem geheimnisvollen polnischen Grafen gesprochen, der sich um meine Mutter ›beworben‹ hatte. ›Ich konnte ihm seine Grafenkrone nicht vergolden‹, sagte sie. Alles, was sonst war oder nicht war, fiel unter ihre Maxime: ›Da spricht man nicht von.‹ Mein Gedächtnis gibt nichts her, immer nur diese makellose Fassade. Aber es war keine Blendfassade; das Gebäude, das sie aufgerichtet hatte, hielt stand, bis zu ihrem letzten Atemzug: eine Christin, bereit zu sterben, keine Anzeichen von Todesangst, als es endlich soweit war...

Jährlich 80 Strophantinspritzen, mehr hielt ihr Arzt nicht für ratsam, die Milch der alten Leute. Ein gestütztes und gepflegtes Herz, damit stirbt es sich schwer. Todesangst gehört zur Angina pectoris, sagt man. Sie ist 81 Jahre alt geworden, das hat sie sich nie gewünscht: alt werden...

Ihre Beerdigung fand an einem regnerischen Apriltag (1959)

statt. Der Sarg war in das Dorf überführt worden, in dem sie drei Jahrzehnte lang gewirkt hatte; ein anderes Tätigkeitswort fällt mir noch immer nicht ein, ich könnte hinzusetzen: ›segensreich‹. Sie wurde neben ihrem Mann, dem Pastor Carl Emde, bestattet. Beide Töchter standen noch einmal an der Seite ihrer Ehemänner, von denen sie bereits geschieden waren. Eine tödliche Komödie. Aber es war richtig so, war in ihrem Sinne: ›Blamiert mich nicht!‹ und ›Man hängt sich den Leuten nicht auf die Zähne!‹ Unsere Männer leisteten uns Beistand, standen uns wort-wörtlich zur Seite. Trauerfeier in der Kirche, wo der Sarg aufgebahrt war, der Gang zum Friedhof mit der Gemeinde, die Feier am Grab, und dann fuhren wir alle in verschiedenen Richtungen davon. Wir trennten uns am Ausgang des Dorfes...

Als wir meinen Vater im Dezember 1940 beerdigt hatten, lag auf dem Grabhügel ein prächtiger Kranz, größer als alle anderen, er trug eine Schleife mit einem Hakenkreuz darauf, eine Aufmerksamkeit des Generalkommandos, bei dem ich kriegsdienstverpflichtet war. Keiner wagte, an das Grab zu treten und die Schleife umzudrehen...

In dieser Dorfkirche, in der mein Vater mehr als 30 Jahre lang gepredigt hat, haben wir vor einigen Jahren am Himmelfahrtstag ein Kirchenkonzert veranstaltet. Oboe, Violoncello, Geige, Cembalo; das Cembalo spielte Kühner. Später hieß das Fest bei denen, die es mitgefeiert haben, ›das himmlische Fest‹. Während des vierstimmigen Satzes, a cappella gesungen, ›Was Gott tut, das ist wohlgetan‹, lief mir ein Schauer über den Rücken, den man immer seltener verspürt, je länger man mit dem Leben vertraut ist. Ich fühlte mich reich, als wäre das alles wirklich ›mein‹. Das Dorf, die Kirche, die Gräber der Eltern und Großeltern, die Wälder und Täler, die Freunde, die von weit her gekommen waren, und die Dorfbewohner, die die Kirche bis auf den letzten Platz füllten: das erste Konzert in der alten Kirche. Der Posaunenchor spielte vor der Kirchentür geistliche und ländliche Weisen, bevor das Abend-Konzert ›nach dem Füttern‹ anfing – die unveränderten Tageszeiten des Dorfes. Anschließend heiteres Tafeln im Dorfgasthaus, heiteres Singen. Ich las aus den Lebenserinnerungen meines Vaters vor. Wir übernachteten alle im selben Gasthof; unsere Freundin Rose P. ging am nächsten Morgen singend durch die Flure, um zum gemeinsamen Frühstück zu wecken. Dann ein Ausflug in eines der Täler, ein Picknick. Wie bei Ludwig Richter. ›Im schönsten Wiesengrunde steht meiner Heimat Haus‹ – darüber lache ich nicht, da stimmt jedes Wort.

In der Frühe kommst du in mein Zimmer, und ich fange an zu berichten: ›Wir waren eingeladen ...‹

Und schon lachst du, hörst dir den Traum an. Ich nehme dich oft mit in meine Träume.

›... Wir waren eingeladen, aber ich kannte die Gastgeber überhaupt nicht. Die mir fremde Dame des Hauses gab mir eine Schüssel in die Hand und einen Schneebesen. »Schlagen Sie doch bitte die Sahne!« Ich schlug eifrig, die Sahne wurde steif, die Schüssel füllte sich und quoll schließlich über. Ich brachte sie zu den anderen Gästen. Aber im selben Augenblick, als ich aufgehört hatte zu schlagen, war der prächtige Sahneberg in sich zusammengefallen. Ich ging wieder beiseite, begann, nach Leibeskräften zu schlagen, und wieder entstand steife schaumige Sahne, die aber zusammenfiel, sobald ich sie vorzeigen wollte ...‹

Ich war von dem Traum völlig erschöpft, einen ganzen Vormittag lang.

Den Urwunsch ›ewig leben‹ kenne ich nicht. Aber ich will auch nicht ewig tot sein. Meine Hoffnung richtet sich auf ›Auferstehung von den Toten‹.

Ich bin meiner Sache völlig sicher. Und völlig unsicher. Aus diesem Grunde kleide ich mich schwarz/weiß oder schwarz/rot. Manchmal auch ganz schwarz.

Man liest immer wieder davon: alle fünf Jahre verdoppele sich das Wissen der Menschen. Es ist nur noch eine Frage der Zeit, bis man alle Krankheiten und schließlich auch den Tod unter Kontrolle gebracht haben wird. Entsprechende Versuche seien, heißt es, längst im Gange.

Ich liege auf meinem schwarzen Sofa und denke darüber nach. Was würde das bedeuten? Kein Tod mehr? Endlos leben? Bedeutet es Glück? Befreiung von der Todesangst?

Im Gegenteil! Die Angst würde, entsprechend, ins Endlose wachsen. Die Angst vor dem Dachziegel, vor dem Flugzeugabsturz, vor dem Autounfall. Bisher konnte man angesichts solch tödlicher Unglücksfälle sagen: ›Zwanzig oder dreißig Jahre früher oder später – was spielt es für eine Rolle!‹ Es ging nur um eine relativ kurze Spanne Zeit. Wie aber, wenn die Alternative lautete: Sterben durch einen Verkehrsunfall oder endloses Leben! Kein Mensch würde sich mehr auf die Straße wagen. Man würde um ein endloses Leben mehr bangen als um ein endliches.

Diese eigentümliche Sommermelancholie, ausgelöst durch die sich färbenden Dolden der Eberesche, das Heidekraut, das am Bahndamm blüht. Wie viele Sommer noch –? ›Einsamer nie als im August‹, schreibt Benn. Die Seele nimmt den November vorweg. Im November betrügt sie mich dann mit dem Vorfrühling.

Versuch, Klytämnestra zu rechtfertigen

Klytämnestra erkennt am Beispiel ihrer Schwester Helena, daß Schönheit Gefahr und Unheil bringt. Sie wünscht ihren Töchtern, daß sie häßlich werden, damit sie ungefährdet leben können, sucht aber gleichzeitig nach Zeichen von Schönheit. Nichts ist erstrebenswerter, als die Schönste im ganzen Land zu sein. Sie bestreicht das Gesicht von Iphigenie mit Asche, damit keiner ihre Schönheit wahrnimmt.

›Orest war ein sanfter, zärtlicher Knabe‹, behauptet Klytämnestra. ›Die wilden Bienen setzten sich auf seinen Arm, und keine stach ihn.‹ Sie gab ihm die Spindel zum Spielen, und er ließ sie auf dem Schild des Vaters kreisen. Sein liebstes Spielzeug war eine Schildkröte, die er immer bei sich trug.

Um die törichte kleine Chrys mußte keiner sich sorgen, sie spielte die Leier, sie beugte sich zu den Blumen, sie war unsichtbar, jeder übersah sie; sie war nur hübsch, nicht schön. Aber Elektra! Sie war verstockt und heftig, nahm ihrem Bruder die Schildkröte weg, drückte ihm den Speer in die Hand.

Während Klytämnestra um Iphigenie trauert (und sich mit Georgios tröstet!), übernimmt Elektra die Erziehung ihres Bruders, auch er ein Werkzeug der Götter, bestimmt, dieses auserwählte und verfluchte Atridengeschlecht zu erhalten und den Mord an seinem Vater Agamemnon zu rächen.

Der Haß Elektras gilt (nach Ansicht der Mutter) in Wahrheit Iphigenie, der Schwester, auf die sie eifersüchtig war von klein auf wie sie selbst auf ihre Schwester Helena.

Zeus hat die schöne Iphigenie als Opfer ausgewählt, aber die Göttin Artemis hat sie gerettet und ins ferne Tauris entführt, wo sie seither im Heiligtum als Priesterin ihrer Retterin huldigt.

›Der Umkehrer‹. Das hätte den Titel eines Romans abgeben können. In Wildbad, wo ich mich damals zur Rehabilitation aufhielt, saß im Speisesaal des Sanatoriums ein Mann an meinem Tisch, mit dem ich während der Mahlzeiten kleine höfliche Gespräche führte. Beim Abendessen berichtete ich ihm jedesmal von meinen Tagesunternehmungen, den kleinen und großen Spaziergängen, lobte die Ausflugslokale und den frischen Heidelbeerkuchen. Er ließ sich ausführlich die Wege beschreiben, in der Absicht, sie ebenfalls zu gehen und dieselben Ziele aufzusuchen. Wenn ich ihn am nächsten Tag fragte, wie ihm die Unternehmung gefallen habe, dann sagte er, daß er unterwegs umgekehrt sei. Das wiederholte sich immer wieder, Tag für Tag.

Im Laufe der Zeit erfuhr ich auch Persönliches aus seinem Leben. Er war Regierungsrat, hatte die letzte Stufe der mittleren Beamtenlaufbahn erreicht; sein Studium hatte er kurz vor dem Staatsexamen abgebrochen.

Einmal ging ich für eine Stunde mit ihm spazieren. Er schien sich in weiblicher Begleitung wohl zu fühlen. Ich sprach ihn darauf an.

›Haben Sie keine Frau?‹ fragte ich.

›Nein‹, antwortete er, ›ich war nur verlobt.‹

Erinnerung an Sant'Angelo d'Ischia. Es war früh im Jahr, noch im April. Jeden Abend hörte ich, wie sich die Männer mit

›Domani quaglia!‹ verabschiedeten, wenn sie aus der Bar traten und südwärts, in Richtung Afrika, blickten. Sie hatten einen Espresso getrunken oder ein Glas warme Milch mit Zucker, dieses bewährteste aller Schlafmittel, und gingen jetzt zu ihren Häusern, sie würden früh aufstehen müssen.

Und dann saßen sie zu Hause am Küchentisch, der Figaro, der Fischer, der Besitzer des Magazins und auch der ›professore‹, der Lehrer, in dessen Haus ich wohnte, stopften schwarzes Pulver in die Patronen, reinigten mit Liebe und Sorgfalt ihre Flinten und hängten sie griffbereit an die Wand – ein männliches Ritual. Auch der ›professore‹ sagte zu seiner Schwester und zu mir: ›Domani quaglia!‹ Bei diesen beiden Worten, die von den Männern wie ein Frühlingsgruß benutzt werden, spitzen die Hunde die Ohren und werden unruhig, sonst sind sie feige, ziehen den Schwanz ein, wenn ein Fremder nach ihnen tritt, aber es sind gute Jagdhunde, sie haben ein blankes Fell, wachsame Ohren, einen raschen und lautlosen Tritt. Auf dem Altarbild, das zweihundert Jahre alt sein mag, kann man diese Hunderasse bereits sehen, unverändert. Im April bricht bei Männern und Hunden die Jagdleidenschaft aus, wenn die Wachteln, die in Afrika überwintert haben, auf der Insel haltmachen müssen, der erste Aufenthalt nach dem langen Flug übers Mittelmeer. So muß es jedenfalls lange Zeit gewesen sein, und damit rechnet man noch immer. Aber seit Jahren bleiben die Wachteln aus.

Im ersten Morgengrauen hört man die Schritte der Jäger in den Gassen. Bald darauf Schüsse aus den Weinbergen, manchmal schlägt ein Geschoß in eine Tuffsteinwand ein, Geröll wird abgesprengt, was wie Donner klingt, und die ›stranieri‹, die Fremden, drehen sich in ihren Hotelbetten auf die andere Seite. Noch ist die Sonne nicht aufgegangen.

Die Jäger kehren zwar ohne Beute zurück – es bleibt unerwähnt, ob überhaupt eine Wachtel zu sehen war –, aber nie, ohne einen Schuß abgegeben zu haben. Am nächsten Abend dasselbe Schauspiel vor der Bar, in den Gassen, am Küchentisch. ›Domani quaglia!‹ Das läßt sich nur unzureichend mit ›Morgen Wachteln‹ übersetzen.

Eines Morgens kehrte der ›professore‹ doch mit einem Vögelchen zurück; es war von drei Geschossen getroffen. Der Hund des Fischers hatte es zwar aus der Macchia geholt, doch die Besitzansprüche des ›professore‹ wurden respektiert; bei ihm war man zur Schule gegangen, bei ihm würden die Kinder in die Schule gehen müssen, er war eine Respektsperson.

Diese Geschichte habe ich erzählt, als wir zu dritt im Mas d'Aigret, südlich von Les Baux in der Provence, Wachteln im Schlafrock aßen. Die Geschichte dauerte länger als das Verspeisen der kleinen Vögel.

Tropentage. Wüstenklima, das mir wohltut. Ich lebe auf. Aber was mir zuträglich ist, schadet anderen. Ich höre in der Ferne das Martinshorn der Krankenwagen häufiger als sonst. Kreislaufkranke werden in Kliniken gebracht. Allgemeines Wohlbehagen ist nicht zu erreichen.

Es gilt, was bereits in Goethes ›Hermann und Dorothea‹ steht: ›Denn wir können die Kinder nach unserem Sinne nicht formen; / So wie Gott sie uns gab, so muß man sie haben und lieben...‹, auch in der Umkehrung: Die Eltern sind so, wie sie sind, zu haben und zu lieben, auch das stimmt: ›Und jeder ist doch nur auf eigene Weise gut und glücklich.‹

›Immer is' was!‹ sagten wir, sagen wir immer noch. Immer hindert mich etwas daran, mich des Lebens zu freuen, die Anlage dazu ist vorhanden, auch das Bedürfnis. ›Was‹ – das sind Weltkriege und Weltkrisen, Buchkritiken, Schnupfen. Kurzfristige und langanhaltende Eintrübungen.

Depressionen sind ansteckend wie Typhus, die Länge der Inkubationszeit kenne ich in beiden Fällen nicht.

Welches Vergnügen, wenn man ein Wort an seinen Ursprung zurückbringen kann. Ich stehe am Effektenschalter der Bank und frage: ›Effektiv?!‹

Wenn ich in Berlin am Hochhaus des Verlags ankomme, möchte ich immer kehrtmachen. Hier ich, dort ein Konzern. Dabei ist man sehr freundlich zu mir, menschlich, soweit es das Kräfteverhältnis zuläßt. Alles muß schnell gehen. Frühjahrsproduktion. Herbstproduktion. Der Verlag hält Bücher für leicht verderbliche Ware, die man schnell loswerden muß.

Eine mir unbekannte Leserin erzählt mir am Telefon ihr Schicksal, leert Kübel von Unrat über mir aus. Was sie selbst in Jahrzehnten abbekommen hat, versetzt sie mir in einer Viertelstunde. Ich verhalte mich, wie es erwartet wird, reglos, sprachlos, fassungslos. Nachts muß ich mich dann übergeben. Der Körper reagiert vernünftiger als der Kopf, er will das los sein.

Arbeit wächst wie Unkraut.

Bei Katherine Mansfield gelesen: ›Du mußt ein für allemal aufgeben, dir über Erfolg oder Mißerfolg Gedanken zu machen. Kümmere dich nicht darum! Du hast die Pflicht, Tag für Tag weiter zu arbeiten, auf unvermeidliche Fehler gefaßt zu sein, auf Mißerfolge, und auch, daß andere Leute die Vorhänge zählen.‹

Das hätte ich nicht erst bei Katherine Mansfield lesen müssen!

Immer wenn ich zur Geduld ermahne, sagen die jungen Autoren, die eben erst angefangen haben zu schreiben und möglichst rasch gedruckt und verkauft und gerühmt werden möchten: ›Ja, Sie! Sie haben gut reden!‹ Als hätte ich keine Ahnung, wie das ist, wenn man Manuskripte anbietet und Rückporto beilegen muß. Dabei habe ich, und jeder andere Autor, genauso angefangen. Keiner wird ›erfolgreich‹ geboren, keiner erbt eine Schriftstellerei. Alle haben einmal den ersten Satz und das erste Gedicht und den ersten Roman geschrieben und versucht, das Geschriebene auf den Markt zu bringen. Allerdings mit unterschiedlichem Glück und unterschiedlichem Verkaufstalent.

Hildegard von Bingen (1098–1179) war nicht nur eine Heilige, sondern auch eine große Ärztin. Sie glaubte an die Existenz des Einhorns. Ein von ihr verfaßtes Rezept lautet: ›Man nehme Einhornleber, pulverisiere und mische sie mit einem Brei aus dem Schmalz des Eigelbs und bereite so eine Salbe! Aussatz jeder Art wird geheilt, wenn er mit der Salbe behandelt wird – es sei denn, dem Kranken ist der Tod bestimmt oder Gott will ihm nicht helfen.‹

Bei einer Tagung zum Thema ›Politik und Literatur‹ sagt ein Politiker zu einem Literaten: ›In der Politik gibt es keine Päpste wie in der Literatur!‹ Jener pariert rasch: ›Aber der Literat ist von Ungläubigen und nicht von Gläubigen umgeben.‹

Der Schriftsteller muß seine Erfahrungen am eigenen Leibe machen, damit er glaubwürdig wirkt. Zu meinen Erfahrungen gehört seit dem 21. März 1972 auch der Autounfall; einer der üblen Sorte, bei dem der schuldige Fahrer Fahrerflucht beging. Das Auto schrottreif, die Insassen leicht- bis schwerverletzt. Unfallklinik, Krankentransport in den Heimatort, einige Wochen Chirurgie; das alles hatte ich bereits hinter mir, als ich mich ein Vierteljahr später nach Wildbad begab. Die Diagnose lautete: multiple Unfallfolgen, Prellung der Wirbelsäule, Abriß am 3. und 4. Querfortsatz der Lendenwirbelsäule; Kreislauflabilität infolge des Unfallschocks.

Man reist heute nicht mehr ins Bad, wie es die Großeltern taten; man macht statt dessen eine Kur, man macht Urlaub und hat nicht mehr Ferien. Man ist aktiv geworden. Man sitzt nicht mehr still und andächtig in der Marmorwanne und läßt die warmen Quellen Wunder wirken, man betreibt statt dessen Bewegungstherapie zu Lande und zu Wasser. Nicht der Masseur muß ins Schwitzen geraten, sondern der Patient, schließlich geht es um seine verspannten Muskeln und unbeugsamen Gelenke. Rehabilitation. Ein Wort, das auf dem Weltkongreß der Orthopäden in London Anfang der dreißiger Jahre zum ersten Mal fiel – bis dahin nannte man die Körperbehinderten ›Krüppel‹.

Kur im Dienst der Volksgesundheit zur Erhaltung des Sozialprodukts, Verhinderung von Frühinvalidität. Jeder Kurgast besitzt seinen Kostenträger, die meisten besitzen mehrere; glücklich der, an dessen Gesundheit der Staat interessiert ist. Die Ersatzkrankenkassen gestehen ihren Mitgliedern alle paar Jahre eine vorbeugende Kur zu, übernehmen die Heilmittelkosten und beteiligen sich an den Aufenthaltskosten. Das Durchschnittsalter der Kurgäste sinkt von Jahr zu Jahr.

Die mögliche Frühinvalidität eines Schriftstellers setzt niemanden in Schrecken, ein Sozialprodukt ist er nicht, das wußte ich längst, in einem Kurort wird es einem beschämend deutlich. Man ist nicht einmal mehr ein ›Privatpatient‹, sondern ein ›Selbstzahler‹.

In Wildbad blickt man mit Stolz auf eine alte Bade-Kultur zurück; sie reicht nicht bis in die Römerzeit, aber doch bis ins tiefe deutsche Mittelalter. Noch vor hundert Jahren badete zuerst der Fürst und der Adel, dann die Bürger, dann die Armen. Immer in demselben Thermalwasser. Zuletzt dann die Pferde. Eine Pferde-Kur. Wenn es um Tradition geht, prahlt man hier mit großen Namen, mit Fürsten und Künstlern; wenn es um Fortschritt geht, prahlt man mit Zahlen. Millionen Besucher im Thermalbewegungsbad! Bei der Planung neuer Kurmittelhäuser, staatlicher und privater Kliniken, Hotels, Restaurants rechnet man nicht mit Gesundung, sondern mit einer Zunahme der Kranken. Schwarz-sehen im medizinischen Sinn, Rosa-sehen im geschäftlichen. Kurmittelhäuser, Hotels und Pensionen bleiben ganzjährig geöffnet, die Betten sind für ein halbes Jahr vorausbestellt, das Geschäft mit der Gesundheit läuft auf vollen Touren. Wer Rheuma hat, weiß das lange, bevor er zur Kur muß. Wo man glaubwürdig versprechen kann, daß eine vorzeitige Alterung hinausgezögert wird, ist der Kundenkreis gesichert. Wer sich von Unfallfolgen heilen lassen muß, täte gut daran, den Unfall lange voraus zu planen, sonst muß er froh sein, wenn er weitab von den Quellen noch irgendwo ein Zimmer findet. Das Angebot an Gesundheit ist groß, die Nachfrage größer. Man geht bei allen Bauvorhaben vorsichtig zu Werke; man kennt die genaue Tiefe der Quellen nicht; Sprengungen könnten die Quellen verschütten, man würde sich selbst das Wasser abgraben, von dem der ganze Ort lebt.

Die Heilquellen entspringen an der tiefsten und engsten

Stelle des Tales, durch das die Enz fließt. Von Nord nach Süd übrigens, eine für ein Tal günstige Himmelsrichtung: die bebauten Berghänge haben entweder Morgen- oder Nachmittagssonne; von der Mittagssonne profitieren beide Seiten. Durch das Tal führen zwei Einbahnstraßen, zwischen denen die Enz sehr viel schneller als der Verkehr fließt, mehr Platz ist nicht da. Die Bürgersteige sind schmal, der Verkehr bedrohlich, der Kurgast kann vor den Auslagen nicht verweilen, er wird durch die geöffnete Tür zu den Verlockungen von Boutiquen, Antiquitätenläden und Cafés gespült. Die Spazierwege verlaufen eben, ziehen sich in Altersringen um die Berge; ganz unten die Wege für die Rollstühle. Zwischen den Wegen Steigen und Stiegen: Herztraining bei jeder Heimkehr ins Gästehaus. Schonklima im Tal, mildes Reizklima auf den Höhen; die Klimazonen durch eine Bergbahn miteinander verbunden.

Als man 1948 in Wildbad mit der Bewegungstherapie anfing, waren es vornehmlich die Körperbehinderten des Zweiten Weltkriegs, die behandelt werden mußten, dann kam die Welle der an Kinderlähmung Erkrankten; heute stehen die Unfallverletzten an erster Stelle. Statistik im Heilbad. Zivilisationsgeschichte. Die Methoden wurden zuerst im Halter-Institut entwickelt, später auch in anderen Instituten angewendet. Die Wiederherstellung seiner Gesundheit ist für den Patienten eine Vollbeschäftigung, anstrengend und schmerzhaft.

Als der Arzt und dann der Leiter des Rehabilitationszentrums meine Innenaufnahmen gegen das Licht hielten, sagten sie: ›Erstaunlich!‹ Und: ›Das hätte ganz andere Folgen haben können!‹ Solche Äußerungen befriedigten mich bis dahin, hier erschreckten sie mich. ›Ganz anders‹, das hätte eine Querschnittslähmung bedeutet. Täglich habe ich das vor Augen: Kranke, die mit Hilfe von Kränen ins Thermalwasserbecken gehoben werden; Kranke, die mit lautlosen, chromglänzenden Rollstühlen zur Behandlung kommen. Sie wirken heiter, können es sich nicht leisten, ungeduldig und unzufrieden zu sein, sie sind auf Hilfe angewiesen. Wenn sie sich unbeobachtet wähnen, zieht Leiden wie Gewölk über die Heiterkeit. Neben jedem Rollstuhl geht jemand, der stützt und hilft, beide an den Rollstuhl gebunden, körperlich der eine, moralisch der andere. Zwei Schicksale, gleich schwer, man geht nicht leichten Schritts vorüber. Rollstühle, Krücken, zwei Stöcke, ein Stock; Körperbehinderung in allen Stadien. Hier wirft niemand die Krücken in die Enz und schreitet davon. Man befindet sich nicht in Lourdes. Es geht redlich zu. Es werden Schäden behandelt und gelindert, die im Laufe von Jahren entstanden sind. Haltungsschäden, Gehfehler. Viele Kurgäste kehren mit der Regelmäßigkeit von Zugvögeln wieder, werden rühmend in der Kurzeitung erwähnt. ›Zum 36. Mal in Wildbad...‹ Wer lange krank ist, lebt lange, sagt man in China. An einem vernachlässigten alten Rheumatismus sind Besserungen, jedoch keine Wunder zu vollbringen, aber nach Operationen, nach Unfällen werden Erfolge rasch sichtbar; befriedigend für den Patienten und für den, der ihn behandelt.

Beide befinden sich gleichzeitig im Thermalwasser. Jede Aktion und jede Reaktion, vor allem jede Fehlreaktion des Kranken wird vom Behandler wahrgenommen und kann verbessert werden. Mit Unterwasserstrahlmassage fängt es an. Man sitzt auf einem verstellbaren Stuhl im Wasser, rechts und links in einer langen Reihe weitere Patienten und ihre Behandler. Ab und zu wirft man einen Blick zurück, um nachzusehen, ob der Wasserstrahl nicht durch scharfe Messer ersetzt worden ist. Dann: Gummiringe unter die Arme und unter die Knie, man wird an den Füßen gepackt und sanft durchs Wasser geschwenkt. Man fühlt sich wie ein Fisch, sogar besser als er, der sich selbst fortbewegen muß. Wohliges Behagen stellt sich ein. Aber die Methode beruht auf Bewegungstherapie, und hier soll sich ja nicht der Behandler bewegen und anstrengen, sondern der Patient. Schon wieder Kommandos: Halten! Gegendrücken! Nicht wegdrücken lassen! Spannen, spannen! Die Befehle prasseln auf den Körper ein, das Gehirn gibt sie nicht immer rasch und richtig an die Gliedmaßen weiter; der Geist ist keineswegs willig, obwohl das Fleisch so schwach ist. Das Körpergewicht wird im Wasser nahezu aufgehoben. Ich bewege mühelos meine restlichen sechs Kilo und fühle mich ermutigt. Es gelingt mir, was mir aus eigener Kraft im Trockenen niemals gelingen würde: Ich turne wie ein Delphin und liege nach zwanzigminütiger Behandlung ermattet in meiner Kabine.

Zwischendurch sitzt man im Lesesaal, schlendert durch die Trinkhalle, füllt sich ein Glas mit Thermalwasser unmittelbar an der Quelle, trinkt es, liest die Analyse – Kationen, Anionen, undissoziierte Stoffe. Es schmeckt wie schales, lauwarmes Wasser, durchspült den Körper, entschlackt ihn. Man gibt sich Mühe, sich kurmäßig zu verhalten, meidet Übertreibungen, lebt mäßig im Essen und Trinken, liest, was alles vorgesehen ist, um die Freizeit des Kurgastes zu gestalten: Atemgymnastik, Reiten, Minigolf, Wandern und Singen, Boccia und Schach; Sport und Spiel für den Körper, Erbauung und Belehrung für den Geist, Unterhaltung und Zerstreuung. Dreimal täglich spielt das Kurorchester vertraute Weisen. ›Die Mühle im Schwarzwald‹, ›Offenbachiade‹, ›Die schöne Galathee‹. Das Rauschen der Geigen wird vom Rauschen der Bäume und der Enz übertönt. Andacht wird nicht verlangt, nicht einmal Aufmerksamkeit, man kommt und geht, gängige Musik, begehbar, man schwätzt, summt ein paar Takte, mokiert sich. Die Kinoprogramme wechseln alle paar Tage. Millowitsch wird zu einem Gastspiel erwartet. Schubert-Abende. Zauberkünstler und Wahlredner machen dem Kurgast abwechselnd etwas vor. Beifall und Skepsis sind mal hier, mal da größer. Bei der Modenschau wirken die Mannequins schlanker denn je; die weiblichen Kurgäste sitzen hinter Apfelkuchen mit Schlagsahne, haben allesamt Rheuma in den Handgelenken und klatschen nur selten. Im Theater wird Calderóns ›Richter von Zalamea‹ gespielt; wenn der alte General Don Lope über die Gicht klagt und den Krückstock schwingt, ist keiner im Saal, der nicht ein verständnisvolles Lachen oder einen ebenso verständnisvollen Seufzer hätte; je nach Temperament, je nach dem Grad der eigenen Versteifung.

Man bietet viel, nicht für jeden etwas, aber doch für die meisten. In den Buchhandlungen werden die Bestseller angeboten. Wem das nicht genügt, der mag sich an die Natur halten. Als bester Alleinunterhalter erweist sich die Enz. Auch sie wurde in die Kur genommen, aber man hat ihr auf kunstvolle Weise die natürliche Anmut und Frische erhalten, sie springt und rauscht über Steine und Moos, man spaziert rechts oder links, allein oder zu zweien, sitzt auf bequemen Stühlchen. Die Luft ist erfüllt von Geräuschen. Aber Preßluftbohrer, Baumaschinen, Rasenmäher, Düsenflugzeuge und Kurorchester, das alles macht schließlich einmal Pause, nur nicht die Enz, sie füllt jede Unterhaltungslücke im Programm, mischt sich in alles ein.

Bei den Mahlzeiten setzt sich der eine einsame Kurgast im Restaurant zum anderen einsamen Kurgast. Man tauscht Wetter- und Krankenberichte aus. Wer seine Leidensgeschichte loswerden will, kann sie nur gegen eine andere eintauschen. Sie beginnt bei der Suppe und währt bis zum Nachtisch. Nicht nur die Gelenke werden wieder beweglich, nicht nur die Muskelverspannungen werden entkrampft; der Stoffwechsel wird durch die Trinkkur belebt, man träumt mehr, als man schläft, der ganze Körper gerät in Bewegung, auch das Gedächtnis muß sich von Ballast befreien, am besten bei jemandem, den man nie wieder sehen wird. ›Mein Mann ist achtzehn Jahre älter als ich...‹ Vorsichtshalber bestelle ich mir noch ein Achtel roten Trollinger, es wird länger dauern. Der Umgang mit den wirklich Leidenden erweist sich als leichter als der mit denen, die Beschwerden haben. Die Leidenden leiden; wer Beschwerden hat, beschwert sich.

Wenn es regnet, regnet es im Schwarzwald lange, im Tal von Wildbad noch länger. Es rauscht und gurgelt. Wälder und Wiesen werden fett und grün. Der Schwarzwald ist gut für Rheuma und gut gegen Rheuma. Gott gibt beides: die Krankheit und die Heilmittel, das feuchte Klima und die heilenden Quellen. Der Kurgast soll gesund werden, und die Badebetriebe und Pensionen wollen sich gesundmachen.

Die Kurgäste sitzen verdrossen in den Cafés, die Damen essen zwölf Zentimeter hohe Schwarzwälderkirschtorte, die Herren probieren gemeinsam aus, was alles sich zu Geist brennen läßt, Kirschgeist, Himbeergeist, Geist aus den guten Williams-Christ-Birnen, aus Brombeeren, aus Heidelbeeren. Die unverdrossenen Kurgäste gehen auch bei Regen spazieren. In Cellophan gehüllt die einen, die anderen, die Schwarzwaldexperten, in Loden.

Aber auch hier hört es einmal auf zu regnen. Die Bäume schütteln die Blätter, die Kurgäste die Schirme. Es dampft aus dem Moosboden und duftet nach warmen Fichtennadelbädern. Die Sonnenstrahlen sind stark genug, die Berge auseinanderzuschieben und das enge Tal zu weiten. Was eben noch schwarz war, schwarzer Wald, blättert sich auf in vielfaches Grün. Da ist Nadel nicht gleich Nadel. Kiefern, Edeltannen, Blautannen, Fichten, Lärchen. Die alleinstehenden Tannen lassen theatralisch ihre Zweige durchhängen, wie im Jugendstil. Die

Insekten beleben sich, schwirren, summen und brummen. Nach so viel Wasser dürstet es sie nach Blut. Sie stürzen sich gierig auf jedes unbedeckte Fleckchen Haut, und die Haut ist begierig nach Sonne: Jeder bekommt, was er will. Jetzt, wo sich die Luft wieder erwärmt, wird viel Elend sichtbar, das vorher von barmherzig wärmenden Plaids verhüllt war. Die Sonne bringt die Gebrechen zutage. Bei den Patienten und bei den Kurgästen. Wenn die Damen ärmellos und strumpflos auftauchen, die Herren das Jackett weglassen, ach, dann ruht der Blick im Thermalbad wohlgefällig auf der dünnen Silberkette, die ein achtzehnjähriges Bäuchlein umschließt.

Man hat in den Heilbädern auch für den Patienten die Fünftagewoche eingeführt. Er genießt sein langes Wochenende, an dem es keine Anwendungen gibt. Er macht Ausflüge, empfängt Besuch. Kaum ist mein Besuch angekommen, soll ich in sein Auto steigen. Ich schlage vor, lieber einen Spaziergang zu machen, versichere, daß ich bereits fast eine halbe Stunde gehen kann, preise die Waldwege, es nutzt nichts. Ich versuche es mit Ironie, erkläre, daß ich nur noch liegend, aufgebahrt in Sanitätsautos, zu reisen pflege; am Ende sitze ich doch im Auto, klammere mich am Haltegriff fest, gepeinigt von meiner aufgewühlten Phantasie. Ich sehe nichts vom Schwarzwald, ich sehe nur Asphalt, Kurven, waghalsig überholende Autos. ›Man kann im zwanzigsten Jahrhundert nicht als Autoverweigerer durchkommen!‹ – ›Ja‹, sage ich. – ›Bis zum Jahr 2000 wird jeder Autofahrer einen Autounfall gehabt haben, alle werden dann vorsichtiger fahren!‹ – ›Vielleicht‹, sage ich und riskiere einen Blick auf die Tannenschonung, die Lupinenhänge, lobe höflich den Ausblick in ein Tal, sehe nach einer Weile sogar, was ich lobe.

Vier Wochen dauerte mein Intensivprogramm, dann recke ich die Arme ohne Kommando, aus Wohlbehagen, rekele mich. Identität zwischen dem enteigneten Körper und mir stellt sich ein. Die rasche Enz beschleunigt meinen Schritt. Der Körper ist leidlich rehabilitiert; die Seele braucht dazu sehr viel länger.

Die Rechnung erhalte ich in dreifacher Ausfertigung. Pro Ausfertigung ein Kostenträger. Am Kostenträger erweist sich die Zuständigkeit. In den Prospekten steht, was Wildbad dem Kurgast schenkt: Schwarzwaldluft und Ruhe und die heilsamen

Quellen; aber geschenkt wird das alles nicht, trotzdem ist vieles unbezahlbar. Ich bekomme einen langen Zettel mit Hausaufgaben ausgehändigt. ›Übungen für die tiefen (statischen) Rükkenmuskeln der Brustwirbelsäule und der Lendenwirbelsäule.‹ Liegend, sitzend, stehend auszuführen, morgens und abends, jeweils zehn Minuten.

›Es hat sich gelohnt, noch einmal etwas in die Rehabilitation der c. b. zu investieren‹, schreibe ich unter meine Briefe, spreche mich lobend über die Methoden der Bewegungstherapie im Thermalwasser und auf dem Trockenen aus und: halte meine Rehabilitierung insgeheim für einen Gnadenakt.

Schwangerschaften scheinen heute von den Frauen bewußter durchlebt, nicht mehr nur hingenommen zu werden. ›Bewußte Elternschaft‹ heißt es denn auch. Eine Frau ist schwanger, bejaht ihren Zustand, ohne Auflehnung, mit Angst, mit Freude, sie produziert etwas, ein Schöpfungsakt, bei dem sie nichts weiter zu tun hat, als einem Lebewesen die Entwicklung bis zu dessen Lebensfähigkeit zu ermöglichen, eine Gast-Stätte. Es entwickelt sich in ihr ein starkes Eigentumsgefühl. Mein Kind! Sie nährt es, ißt für das unsichtbare Geschöpf mit, schläft für es mit, geht für es spazieren, tut alles für ein Wesen, das sie nicht kennt. Nach der Geburt reicht man es ihr, und es ist ihr fremd wie die anderen Säuglinge, die während dieser Zeit in der Klinik geboren wurden, ist ihr so fremd wie dem Vater des Kindes, dem Arzt, der Hebamme. Muß da nicht Furcht aufkommen vor diesem Fremdkörper, den sie genährt hat, den sie jetzt ansieht? Aber ein Blick genügt, und sie erkennt es, erkennt es an: ihr Kind.

Wir feiern Silvester. Man setzt uns nach einem üppigen Essen als letztes eine ›Tränenspeise‹ vor. Wasserreis, Orangenscheiben, steifgeschlagene süße Sahne. Nichts darf übrigbleiben. Man tilgt die Tränen des vergangenen Jahres.

Das neunzigjährige unverheiratete Fräulein, das wir nur unter dem Namen ›Tante Grete‹ kennen. Ihr Kanarienvogel starb vor ihr, sie hat ihn in eine wattierte Schachtel gelegt und auf dem Friedhof im Familiengrab beigesetzt. Sie sagte: ›Der Vater wird nichts dagegen haben, aber meine Mutter!‹ Und dann lachte sie und sagte: ›Aber die kann auch nichts machen.‹

Hilflos, wirklich hilflos ist nur derjenige, der keine Hilfe zu geben hat.

Manchmal sieht man noch – in den Filmen, die vor dem Ersten Weltkrieg spielen – die verführerische Szene, wenn eine Frau in der Wohnung ihres Liebhabers den Schleier ihres Hutes hochschlägt, die Hutnadel herauszieht und den Hut zum Zeichen, daß sie zu bleiben gedenkt, auf die Kommode legt. Meine Mutter hat mich gelehrt, daß eine Frau in der Öffentlichkeit kein Kleidungsstück über den Kopf auszieht. ›Nichts über den Kopf!‹ sagte sie. Wie unbekümmert ziehen heute Frauen den Pullover aus, wie oft sieht man dabei ein Stück nackter Haut zwischen Jeans und T-Shirt. Sie gehen achtlos mit ihren Körpern um, und so werden ihre Körper auch behandelt. Als ich zum ersten Mal während eines Winters in Schweden war, in Stockholm, beobachtete ich, wie vornehme Damen sich den Wollschlüpfer auszogen, als wäre es ein Handschuh, und an der Garderobe abgaben, zusammen mit den anderen Sachen.

Lebensangst scheint mir schlimmer als Todesangst.

Es war schon März, und noch immer waren die Seen zugefroren. Wir saßen in einem Restaurant am Möhnesee, ein Tagungsort. Eine Bachstelze lief übers Eis, pickte mal hier, mal dort, lief ein paar Schritte wippend weiter, pickte wieder da und dort. Eine Stunde später zeigte das Eis bereits Risse, eine weitere Stunde später hatten sich kleine Wasserläufe im Eis gebildet, regelrechte Gräben. Aber da war die Bachstelze schon nicht mehr zu sehen.

Erinnerung an das letzte Zusammensein mit W. B., dessen Namen ich trage. Wir gingen zusammen über den Hauptfriedhof in Marburg, der am Berg liegt; er konnte nur noch bergab gehen, wir nahmen deshalb den Weg von oben her. Erster Schnee lag auf dem Herbstlaub, auch ich mußte vorsichtig gehen. Wir haben gemeinsam ein Grab für den siebzehnjährigen Golo Quint (aus den ›Poenichen-Romanen‹) ausgesucht, wählten einen schönen Platz unweit des Grabes der Katharina Kippenberg, an deren Beerdigung ich, bald nach Kriegsende, teilgenommen hatte. W. B. hat mir auch die Skizzen für den Ort, an dem der tödliche Unfall stattfinden sollte, sorgfältig ausgearbeitet: eine ehemalige Allee, deren Bäume inzwischen geschlagen sein sollten.

Als ich W. B. wiedersah, zwei Monate später, lag er aufgebahrt in der Friedhofskapelle.

Immer wieder Diskussionen darüber, ob die Frau ein Geschöpf zweiter Ordnung sei. Vermutlich ist die Einstellung einer Frau zu dieser Frage von ihrem persönlichen Erleben geprägt. Wie war das bei mir?

Meinen Eltern wurden noch spät zwei Töchter geboren – ich wähle bewußt diesen altmodischen Ausdruck –, die jüngere war ich. Wir wuchsen als etwas Besonderes heran: Pfarrerstöchter. Die Frage, ob die Eltern sich über die Geburt eines Sohnes mehr gefreut hätten, wurde nie gestellt. Als wir, meine Schwester und ich, in der nahe gelegenen Residenzstadt Arolsen das Gymnasium besuchten, waren die Mädchen – weil gering an Zahl – etwas Besonderes. Meine Mutter war in erster Linie Pfarrfrau, in zweiter und dritter erst Mutter und Hausfrau. Ihre Stellung im Dorf war nicht weniger angesehen als die des Vaters. Er auf der Kanzel, vorm Altar, am Taufstein oder am Grab; sie an den Wochenbetten, den Krankenbetten, den Sterbebetten. Man sprach im Dorf nicht ohne Scheu von ›dem Herrn Pastor‹, nie ohne Ehrfurcht, er lebte in einer angestrebten Schonzone; zu meiner Mutter trug man die täglichen Sorgen. Sie versuchte, das zu leben und vorzuleben, was er predigte. Zusammen ergab das ein Lebenswerk, das über den Tod hinaus gewirkt hat.

Zunächst wollte ich Missionarsfrau werden: nicht Missionar.

Von Albert Schweitzer hatte ich gewiß noch nie gehört, aber an eine Verbindung von leiblicher und geistlicher Sorge werde ich wohl gedacht haben. Es kamen oft Missionare zu uns ins Pfarrhaus, ich sah Lichtbilder von Somaliland, Borneo, Neu-Guinea! Ich wäre wohl auch gern eine Pfarrfrau geworden; den Wunsch, Theologie zu studieren, habe ich nie verspürt.

Bis zu meinem 13. Lebensjahr, dem Jahr, in dem wir in die Stadt zogen, habe ich das nicht gekannt, was ich einmal ›Unterschiede‹ nennen will. Ich wußte nicht, daß es arme und reiche Leute gibt. Ich habe keine Klassenunterschiede gekannt. Mein Vater ging lieber in die Häuser der Armen als in die der Reichen; lieber zu den ›Kuh-Bauern‹, den Stellmachern und Waldarbeitern als zu den ›Pferde-Bauern‹ auf die großen Bauernhöfe. Ich habe ebensowenig wahrgenommen, daß ein Bauer wichtiger wäre als eine Bäuerin.

In den handgeschriebenen Lebenserinnerungen meines Vaters, die ich vor kurzem noch einmal gelesen habe, steht gegen Ende, daß er den Wunsch hege, es möge sich ein Mann finden, der die jüngste Tochter zum Altar führe. Kein anderer Wunsch für die damals Sechzehnjährige. Einige Seiten vorher äußert er seine Überraschung darüber, daß diese Tochter ein Theaterstück geschrieben hatte, das in der Schule aufgeführt worden war. Für einen Sohn hätte er andere Wünsche geäußert. Aber ich vermute, daß er der Ansicht war, erst Mann und Frau zusammen ergäben ein lebensfähiges Ganzes. Er selbst war ohne persönlichen Ehrgeiz. Er liebte und achtete seine Frau ein Leben lang. Ein Kampf um Vorherrschaft fand nicht statt.

Die übliche Einteilung in ›reich und arm‹, ›oben und unten‹, ›männlich und weiblich‹, ›rechts und links‹ erkenne ich nicht als Wertung an. Diese Unterschiede werden null und nichtig vor dem, was Männer und Frauen und Arme und Reiche in gleicher Weise betrifft: Geburt, Krankheit, Krieg, Alter und Tod.

Es ist Mode geworden, eine Schriftstellerin danach zu fragen, vor welche Schwierigkeiten sie sich ›als Frau‹ gestellt sieht. Die Antwort wird in die Frage hineingelegt, Schwierigkeiten werden vorausgesetzt. Warum eigentlich? Wo es sie gibt, werden sie durch Vorzüge aufgehoben. Man behandelt mich, wie ich es verdiene; an mir liegt es, den Umgangston zu bestimmen. Den Weibchenton habe ich nie angeschlagen. Kam mir jemand zu nahe, hatte ich ihn vermutlich dazu ermuntert.

Eine kokette Frau wird man wie eine kokette Frau behandeln. Trägt man zu enge Jeans, wird man wie eine Frau behandelt, die zu enge Jeans trägt. Frauen agieren, sie reagieren nicht nur. Man wird eine Frau achten, die sich selbst achtet.

Hin und wieder werde ich in ein Kuratorium gewählt; irgend jemand wird gesagt haben: Sollten wir nicht aus optischen Gründen eine Frau dazu holen? Ich sitze dann zwischen Männern; in der Regel taucht noch eine Sekretärin mit dem Terminkalender auf und jemand Junges, Weibliches, das den Kaffee serviert. Ich versuche auch dort, nichts zu sagen, wenn ich nichts zu sagen habe.

Bei literarischen Großveranstaltungen sind Wortmeldungen von mir nicht zu erwarten. Diskussionen, die in Angriff und Verteidigung ausarten, regen mich auf, selbst am Bildschirm. Aber ich liebe das Gespräch. Ich lasse mit mir reden. Von meinem Mitsprache-Recht mache ich selten Gebrauch, dafür von meinem Mitschreibe-Recht, das einer Frau nie verweigert wurde. Wird denn nicht oft um des Mitredens willen mitgeredet? Vieles ist mir zu lautstark, und die weiblichen Töne sind mir im Chor sehr oft zu schrill.

Der Apostel Paulus hat den Frauen das Warnschild ›Das Weib schweige in der Gemeinde‹ auf den Lebensweg gestellt. Dem Schweigen wird, offensichtlich abwertend, das Reden gegenübergestellt, wo wir sonst doch so gern behaupten, daß Reden Silber und Schweigen Gold sei. Warum genießt die ›in der Gemeinde‹, also in der Öffentlichkeit, schweigende Frau so wenig Ansehen? Warum nicht schweigen? Warum nicht zuhören und das Gehörte ins Leben tragen und versuchen, danach zu leben? Worte mit Leben zu füllen habe ich immer für eine weibliche Tugend gehalten.

Ich lasse mich in kein Feministinnen-Lager sperren; aber der Ruf ›Zurück ins Haus! Zurück an den Herd!‹ ist von mir ebensowenig zu erwarten.

In der Kirche kommt es mir auf die Verkündigung an; ob sie aus einem weiblichen oder einem männlichen Mund kommt, ist mir nicht wichtig. Glaubwürdig muß dieser Mensch sein, wenn er predigt, wenn er mir beim Beten hilft. Das protestantische Pfarrhaus schien mir eine gute Verbindung zu schaffen: die Verkündigung durch den Pfarrer, das Weitertragen, das Vorleben und Helfen durch die Pfarrfrau. Das entspricht meiner persönlichen Erfahrung.

Es besuchen eindeutig mehr Frauen als Männer die Kirche; es lesen mehr Frauen als Männer Bücher. Frauen sind bessere Zuhörer, bessere Leser, sie sind aufnahmewilliger. Spricht das gegen die Frauen? Sie erwarten etwas vom Anhören einer Predigt, vom gemeinsamen Gebet, dem Choral, der nachbarlichen Nähe, die eine Kirchenbank auch heute noch vermittelt. Sie erwarten auch etwas von einem Buch. Wenn Frauen bei öffentlichen Anlässen schweigen, geschieht dies oft, weil sie zweifeln, ob das, was sie zu sagen hätten, wichtig genug ist. Männer zweifeln weniger.

In ›Montauk‹ schreibt Max Frisch, er sei betroffen gewesen, als ihm seine junge Lebensgefährtin nach zehn – wie ihm schien – guten Ehejahren zum Vorwurf gemacht habe, daß er nichts zu ihrer Selbstverwirklichung beigetragen habe. Sie hielt die mit ihm verbrachten Jahre für verlorene Jahre, ohne eigenes Leben. Max Frisch fragt sich, und damit auch seine Leser, was eine kluge Frau dazu bringen könne, ihre Selbstverwirklichung als eine Sache des Mannes anzusehen.

Ein Haus mit Leben zu füllen ist eine großartige Aufgabe! Wo Kräfte übrigbleiben, gibt es immer auch noch Möglichkeiten, nach außen zu wirken.

Mitten in meine Überlegungen, ob ich nun ›zweiter Ordnung‹ sei oder nicht, bringt mir eine Nachbarin einen Eimer voller Süßkirschen, die rasch verwertet werden müssen, weil sie bei anhaltendem Regen geplatzt sind. Ich, ein Geschöpf zweiter Klasse, begebe mich in die Küche, stelle eine erstklassige Kirschkonfitüre her und konserviere den Sommer. So sicher bin ich mir meiner Erfolge, schreibend, nie. Frauen dürfen das Nächstliegende tun, können dies als Rechtfertigung nehmen, haben Vorwände dafür, daß ihnen für Wichtigeres keine Zeit bleibt. Und schon fordert das Gleichnis von Maria und Martha meinen Widerspruch heraus. Warum immer Wertungen? Jede Frau hat eine Maria und eine Martha in sich, ist aktiv und kontemplativ zugleich; dieser Rollenwechsel ist mir angenehm, in beiden Rollen habe ich Erfolge und Mißerfolge. In unserem Haus gibt es keine Frauenarbeit oder Männerarbeit. Jeder tut, was er besser kann als der andere, aber auch das, was der andere ungern tut.

Wenn Frauen das Bestreben haben, in einem größeren Kreis zu wirken, liegt die Ursache oft daran, daß es ihnen nicht gelungen ist, im kleinen befriedigend zu wirken. Persönliche Kränkung wird dann zum Antrieb des Ehrgeizes. Das ist bei Männern nicht anders, müßte aber deshalb nicht nachgeahmt werden. In China gibt es einen Spruch, der besagt, daß es besser sei, in der Nähe Gutes zu tun, als in der Ferne Räucherwerk zu verbrennen.

Wenn man in den eigenen Wänden nicht verstanden wird, wie will man sich ›draußen‹ verständlich machen? Ich halte Entwicklungen, nur weil sie neu sind, noch nicht für besser. Wer setzt die Werte? Etwas ist anders, aber deshalb noch nicht besser oder schlechter! Feindschaft wird gesät, wo Liebe herrschen sollte.

Wo wir uns verteidigen, wo wir auf unsere Frauen-Rechte pochen und das andere Geschlecht angreifen, machen wir uns selbst zu Geschöpfen zweiter Klasse. Niemand wird größer dadurch, daß er den anderen kleiner macht. Wir selbst sehen uns ›zweitrangig‹, nicht diese ominöse Gesellschaft.

Viele beklagen ihre Frauen-Rolle und sehen als Behinderung an, was im großen Schöpfungsplan als Aufgabe und Gnade angelegt ist: die Mensch-Werdung, das Schaffen von Leben. Warum dieses Auseinandersortieren von Unterschieden und Bedeutung? Zusammen ergeben Mann und Frau das Menschenpaar, beide bedürfen der Hilfe des anderen. Hinter den Männern – nehmen wir einmal die wenigen berühmten – haben immer die Mütter gestanden, neben ihnen die Schwestern, die Ehefrauen, die Töchter; daß man von diesen weniger gehört hat, was besagt das über ihren Einfluß? Frauen haben in den großen Weltgeschäften den Männern die Führungsrolle überlassen; sie waren damit auch der Verantwortung ledig. Ich kann mir nicht vorstellen, daß die Welt anders und besser aussähe, wenn der weibliche Einfluß unmittelbarer gewesen wäre. Die Diktatoren und Tyrannen wurden von Frauen geboren und erzogen.

Wir Frauen waren bisher nie voll verantwortlich. Nicht für Kriege, nicht einmal für Frieden. Ich halte das für einen Vorzug. Frauen haben lange die passive Rolle der Dulderinnen gespielt, das werden sie in Zukunft nicht mehr tun. Sie wehren sich, und das ist gut so; wie sie es tun, ist oft schlecht. Sie pochen auf ›Rechte‹, wo ich vornehmlich ›Pflichten‹ sehe.

Man hat zwar offiziell die Wichtigkeit der Familie als Nährboden künftiger Generationen erkannt, tut aber zugleich alles, um die jungen Frauen unzufrieden zu machen und Bedürfnisse in ihnen zu wecken, die sie oft gar nicht haben. Ein neues ›Selbstverständnis‹ wird von ihnen verlangt. Niemand sagt deutlich genug, daß Selbstverwirklichung immer auf Kosten anderer geht. War sie bisher abhängig von einem Mann, wird sie jetzt abhängig von Dingen. Der Materialismus hat Männer und Frauen verdorben. Das Haben ist wichtiger geworden als das Sein. Was sich finanzielle Unabhängigkeit nennt, ist in Wahrheit Abhängigkeit vom Geld. Frauen sind ihrer eigenen Sache nicht sicher, sie mißtrauen dem Partner, weil sie sich selbst nicht trauen. Sie bauen Sicherheitsvorkehrungen in alle menschlichen Beziehungen ein und lassen sich in ein Leistungsdenken einbeziehen, das von Geld und Sexualität bestimmt wird.

Ich sehe bisher nur wenig gelungene Beispiele dafür, daß aus einer unzufriedenen ›Nur-Hausfrau‹ eine zufriedene Frau in der Doppelrolle wurde. Wer tags im Büro oder am Fließband arbeitet, hat weniger Zeit zum Nachdenken und zum Unbefriedigtsein, das ist richtig. Ich frage mich, ob es auch gut ist. Die berufstätige Frau hat mehr Geld, und Geldausgeben scheint eine den einzelnen und den Staat sehr befriedigende Lebensaufgabe zu sein.

Viele meinen, emanzipiert bedeute: frei und ungebunden. Aber die Bindung an eine Ideologie scheint mir mit einem hohen Maß an Unfreiheit und Gebundenheit erkauft zu sein. Neue Bindungen, neue Abhängigkeiten; neue Unterschiede, neue Wertungen...

Sind Frauen Geschöpfe zweiter Ordnung? Geht es überhaupt um eine Rangfolge? Geht es nicht darum, ob die Frau in Ordnung ist? Nicht erster Klasse oder zweiter Klasse, sondern ›Klasse‹. Eine ›Klasse-Frau‹, wie junge Leute es heute nennen. Nicht das Zahlwort ist wichtig, das Hauptwort ist wichtig.

Traum: Jemand macht mich darauf aufmerksam, daß auf der anderen Straßenseite Ricarda Huch stehe und mich sprechen möchte. Ich sehe mich um, sehe eine Frau, klein wie eine Liliputanerin. An nichts weiter kann ich mich erinnern, nur an mein Erschrecken: So klein geworden! Und sie war eine ›große

Frau‹, der ich einmal ähnlich werden wollte, auch, oder vor allem, äußerlich. Jahrelang hatte ich ein Foto der alten Ricarda Huch an der Wand hängen, als ich selber noch eine junge Frau war. So wie sie wollte ich im Alter aussehen: ein von innen her geprägtes Gesicht.

Bei Bettina von Arnim gelesen: ›Gewähre, solange es Zeit ist! Es wird eine Zeit kommen, wo du gewähren möchtest, aber keinen findest, der es annehme. Wärest du gestern gekommen, heute bedarf ich es nicht.‹

Ich stamme aus einem Dorf, in dem die Frage nach dem Ergehen mit zwei immer wiederkehrenden Sätzen beantwortet wurde: ›Man mööt tofreeden sinn‹ (Man muß zufrieden sein) und ›Mi gitt nemes wuot‹ (Mir gibt keiner was). Auch das gehört zu meiner Herkunft.

Mutter und Tochter – es bleibt da immer ein unerforschter Rest, den man in endlosen Einer-Gesprächen zu klären versucht. Letzten Endes zählen nur die Wahlverwandtschaften, vor allem die Ehe, eine freiwillige Bindung. Die Spiegelungen in den Generationen, der vorigen und der nachfolgenden, sind schwer zu ertragen. Der eine zeigt, wie es unweigerlich mit einem selber werden wird; der andere, daß er jung ist, unter anderen Umständen jung. Eine Ehe kann man scheiden, eine Verwandtschaft nicht. Kommt es zum Bruch, trägt man lebenslänglich an seinem schlechten Gewissen, das weiterhin behauptet: Du warst und bist zuständig!

Eine fünfzigjährige Frau, liebenswert und liebenswürdig, sagte: ›Ich kann es nicht ertragen! Meine alte Mutter faßt mich ständig an und will mich streicheln. Mit ihren alten knochigen Händen, die mich immer nur geschlagen haben.‹ Sie leidet unter dieser Lieblosigkeit, dient sie mit Fürsorge und Geduld ab.

Hinter einem Virtuosen, der einsam hinter seinem Musikinstrument sitzt und spielt, steht immerhin Mozart oder Johann Sebastian Bach. Aber wer steht hinter einem Autor, der einsam aus seinen Büchern liest?

Auf der Straße: ›Du darfst die Waffel gleich haben, Mama ißt nur noch das Eis weg.‹

Kühner berichtet: In russischer Kriegsgefangenschaft verhielten sich die österreichischen (auch die verbündeten ungarischen) Offiziere sehr abweisend gegenüber den deutschen Offizieren. ›Wundert dich das?‹ sage ich. ›Sie wollten mit den Deutschen siegen und nicht untergehen.‹

Wenn wir nicht an Gott glauben – vielleicht glaubt Gott an uns?

Von klein auf habe ich sehr viel gelesen, habe Lesestoff in mich gefüllt wie Sägemehl in einen Puppenbalg, wahllos, von niemandem kontrolliert; Dostojewski, als ich zu klein war; Mädchenbücher, als ich dafür zu groß war; ein Jahr lang Detektivgeschichten von Tom Shark und Pitt Strong, und dann nie wieder. Im ›Dritten Reich‹ habe ich das Falsche gelesen, in der Annahme, Binding und Dwinger, das sei schon Literatur. Dann der Nachholbedarf: Faulkner, Wolfe, Gide, Hesse, Döblin …

Als ich Anfang Dreißig war und selber anfing zu schreiben, irritierte mich oft die Schreibweise der anderen, Thomas Mann etwa; später dann vor allem Kempowski, als ich noch an den Vorarbeiten für die ›Poenichen-Romane‹ saß, ›Uns geht's ja noch gold‹ las und feststellen mußte: Er weiß Bescheid! Er kennt jeden Lebensmittelmarkenaufruf! Alles weiß er, und ich weiß so gut wie nichts, muß alles erfinden.

Lesevergnügen gönne ich mir kaum noch. Ich lese wie ein Bücherschreiber, wie ein Kritiker. Aber ich könnte mir vorstellen, daß ich eines Tages, wenn alles geschrieben ist, wieder ein Leser werde, ein leidenschaftlicher, neugieriger Leser und ein beglückter Wiederleser.

Die Schale der Klytämnestra

Unruhig streift Klytämnestra durch die Gassen von Mykene. Sie sieht den Handwerkern bei der Arbeit zu, tritt in die Werkstatt des Töpfers Pavlos ein, der auf seiner Scheibe Krüge und Schalen dreht. Er blickt nicht auf; er blickt auf seine Hände, die er in Wasser taucht, mit denen er den Klumpen nassen Ton auf seine Scheibe legt, und dann, mit nichts als seinen Händen und den nackten Füßen, die die Scheibe drehen, gibt er dem gelben Ton Gestalt. Klytämnestra bleibt, bis diese Schale fertig ist und er die Henkel formt und ansetzt und die Schale zu den anderen Schalen auf ein Regal zum Trocknen stellt.

Als sie zum zweiten Mal kommt, ist er dabei, die Schale zu verzieren. Er malt Bänder im Mäandermuster, das sich unendlich wiederholt, rechtwinklig, einförmig und eintönig. ›Kannst du nichts anderes als die Kreter?‹ fragt Klytämnestra. Der Töpfer blickt nicht auf, antwortet nicht, seine Hand zieht weiter rechte Winkel. Keine der Linien schneidet eine andere.

Als sie zum dritten Mal kommt, versucht er sich an der Spirale, schlingt eine an die andere, ein unendliches Muster, das um die Schale läuft. Das Ende trifft den Anfang; man erkennt das eine nicht und nicht das andere, wenn man die Schale in den Händen dreht. Die Königin lobt den Töpfer, dann befiehlt sie: ›Mal nach der Natur! Mal, was du siehst, nimm andere Farben!‹

Und als sie wiederkommt, hat er auf die Mauern seiner Werkstatt den Eber auf der Flucht, die Kraniche im Flug, den Krieger mit dem Schild gemalt, ein ganzes Heer. Er malt und malt, probiert die Farben aus, nimmt Schwarz und Blau und Rot. Noch immer blickt er nicht von seiner Arbeit auf, wenn die Königin in seine Werkstatt tritt, ein Töpfer hält den Blick gesenkt. Bis sie befiehlt: ›Nun mal mein Bild! In eine flache Schale mit zwei Henkeln. Der König soll aus dieser Schale trinken. Wenn er das Schiff verläßt, sein Fuß die Erde betritt, dann soll man ihm in dieser Schale Wein aus Argolis reichen, den er entbehrt hat. Wenn die Schale geleert ist, soll er ins Antlitz seiner Frau schauen, die ihm entgegenblickt!‹

›Dreh dich zur Seite‹, sagt Pavlos, ›ich brauche dein Profil, ich habe auch den Kranich und die Krieger im Profil gemalt.‹

›Der König soll mich ansehen, und ich will ihn ansehen!‹

Es ist nicht klug, der Königin zu widersprechen.

Pavlos macht sich ans Werk. Aber er weigert sich, es vorzuzeigen, bevor es fertig und vollkommen ist.

›Der Ton muß trocknen!‹

Dann ist ein Henkel abgebrochen. Dann fehlt es ihm an roter Farbe. Er muß frischen Ton aus Tiryns holen.

Es dauert Wochen, bis er mit Klytämnestras Schale fertig ist.

Er bringt sie in den Palast, will sie der Königin mit eigenen Händen überreichen, aber Myrrha nimmt ihm die Schale ab.

Inzwischen hat sich viel verändert. Klytämnestra steht nicht mehr auf jenem Felsen und hält Ausschau nach den Schiffen.

›Die Schale‹, sagt sie und sieht nur flüchtig hin, doch was sie sieht, versetzt sie in wilden Zorn, denn sie blickt in ein wildes, zorniges Gesicht. Das Haar ist feurig rot, reicht bis zum Rücken, das Auge schwarz wie Kohle, die Brust ist unbedeckt. Sie sieht, was sie nicht kennt, sieht ihr Profil. Die dargestellte Frau blickt nicht jenen an, der aus der Schale trinken soll, sie blickt beiseite. Klytämnestra hat sich von Agamemnon abgewandt.

Die Königin erbleicht, sie hebt die Schale hoch und zerschmettert sie an der Wand des Palastes.

›Trag die Scherben fort!‹ befiehlt sie ihrer Sklavin Myrrha.

Und Pavlos? Er malt nie wieder eine Frau, nie wieder Krieger oder Vögel oder Pferde, er schmückt seine Krüge weiter mit Mäandern und Spiralen, mal schwarz, mal rot.

Ich blätterte in Ionescos Tagebüchern, die seit mehr als zehn Jahren im Regal stehen, ungelesen, wie ich zunächst annahm. Jeder Satz, den ich las, war mir neu. Plötzlich dann Striche am Rand, Anmerkungen mit meiner schwer lesbaren Schrift: ›Ein Sterbender, der die Überlebenden erschießt. Was für ein (ungenutztes) Thema!‹

Ich habe geschrieben, was ich wußte,
Ich habe geschrieben, was ich nicht wußte.
Mehr habe ich nicht zu sagen.

Man muß dem Volk aufs Maul schauen, auch wenn es geschlossen ist.

Wenn mich – im Ausland – jemand nicht versteht, spreche ich lauter, verstärke das Unverständnis. Da meine Schrift nicht leserlich ist, schreibe ich größer, vergrößere die Unleserlichkeit.

Jemand, der überrascht ist, daß ich so schnell auf der Schreibmaschine schreibe, erkundigt sich: ›Wieviel Anschläge in der Minute?‹ Ich weiß es nicht. Ich habe sie nie gezählt. Die Anschläge auf der Schreibmaschine werden die einzigen Anschläge sein, die ich verübt habe ...

Im Augenblick des Erzählens wird Vergangenheit gegenwärtig und in die Gegenwart hineingeholt und jene damit verdrängt. Erzählerische Gegenwart entsteht, nur sie gilt. Alles andere ist vergangen oder zukünftig.

Meine Schwester erzählt von dem Schuster Takis, der auf einer griechischen Insel lebt. Er hatte sich seine Werkstatt am Dorfrand unter einem Ölbaum eingerichtet. Schemel und Schuhbank, Pechfäden, Nägel und Hammer, mehr benötigte er nicht, nur noch den Schatten des Baumes und den kühlenden Wind. Werbung betreibt er nicht. Nicht einmal ein Schild ist nötig; jeder, der vorüberkommt, sieht, daß es sich hier um eine Schusterwerkstatt handelt. Wenn er nichts zu tun hat, geht er ins Kafeneion, trinkt ein Täßchen Kaffee, leert ein Glas Wasser, sitzt ruhig und wartet, bis jemand kommt, mit dem er reden kann. Er läßt die Perlen der Kette, die man dort Komboloi nennt, durch die Finger gleiten. Geduldsketten. Sie üben sich seit Jahrhunderten in Geduld, die griechischen Männer, die jungen wie die alten. Man übt sich nur in dem, was man noch nicht beherrscht. In den Händen der Frauen sieht man diese Perlenschnüre nicht. Sie stricken, sie spinnen, sie tun immer etwas, etwas Nützliches.

Seit Touristen mit ungeeignetem Schuhwerk auf die Insel kommen, hat Takis mehr zu tun, sitzt seltener im Kafeneion, hält den Pechfaden in der Hand und nicht die Kette.

In Griechenland zählt die Schnur meist 21 Perlen oder Steine oder Holz- oder Plastikkugeln; zum Spielen benutzt man wertlose Ketten, zu Hause bewahrt man die kostbaren auf, deren Steine bearbeitet sind.

Die Gebetsschnur der Moslems – Subha – hat dreiunddreißig Perlen oder aber drei mal dreiunddreißig Perlen. Die Ketten werden in der Moschee aufbewahrt, man trägt eine weitere zur ständigen Benutzung bei sich, eine dritte hebt man zu Hause auf. Allah hat hundert Namen! Die 99 Eigenschaften Gottes, seine ›schönsten Namen‹, werden mit Hilfe der Subha meditiert; den hundertsten Namen Allahs kennt nur das Kamel, heißt es. Vor wenigen Tagen konnte ein Banküberfall in Kassel aufgeklärt werden: eine Gebetskette baumelte am Innenspiegel des Autos, das der Täter fuhr.

Die Ketten der griechischen Mönche haben ebenfalls drei mal dreiunddreißig, meist schwarze Perlen. Dreiunddreißig Lebensjahre Jesu. Zum Morgengottesdienst wird die Glocke dreiunddreißigmal angeschlagen, um Leben und Tod Jesu zu vergegenwärtigen.

Die Fäden, auf die die Gebetsperlen der Mönche geschnürt sind, sind zu einem Kreuz zusammengeflochten.

Subha – Komboloi – Rosenkranz, in der Zahlenmystik kommen sich die Religionen nahe.

Eine Freundin fragt mich: ›Bist du intakt?‹ Ich stutze, denke an Windmühlen, die intakt sind, in Betrieb sind, und sage dann: ›Ja!‹

Wieder geht ein Sommer zu Ende; Freunde und Nachbarn kehren gebräunt aus dem Urlaub zurück. ›Wie war's auf Elba?‹ frage ich. Oder: ›Hatten Sie schönes Wetter im Allgäu?‹

Statt mir zu antworten, holt man Fotos hervor. Frühstück vor dem Ferienhaus, Camping am Gardasee. Demnächst wird man uns zu Dia- oder Filmabenden einladen. 100 oder 400 Dias, von mehr oder weniger begabten Liebhaberfotografen hergestellt,

Schmalspurfilme von Amateurkameraleuten. Wir werden im Halbdunkel nach unseren Gläsern tasten, der Hausherr wird auf den Knopf drücken, und der Text, den er vorher auf Band gesprochen hat, begleitet, von Folkloremusik untermalt, die Bilder. Jede Rückfrage würde das Programm stören. Das undankbare Publikum lacht erleichtert auf, wenn der Hausherr auf dem Kopf steht.

Aber – und das unterschätze ich nicht – man hat mir durch das Vorführen eines Schmalfilms Kamelritte durch die marokkanische Wüste erspart und mit Hilfe von 100 vorzüglichen Dias die Strapazen und Kosten einer Himalaja-Wanderung. Tief befriedigt sage ich, sobald es wieder hell wird: ›Da brauche ich nun nicht selbst hinzufahren.‹

Trotzdem überfällt mich die Vision, daß man eines Tages stumm beieinander sitzen und Fotos herumreichen wird.

Treffe ich Leute, die ich lange nicht gesehen habe, und frage sie: ›Wie geht es den Kindern?‹, ›Ist der Anbau am Haus fertig?‹, dann ziehen sie Fotos aus der Tasche: ›Mein jüngster Enkel!‹, ›Der Anbau!‹ Doch dann setzen sie rasch hinzu: ›Inzwischen ist der Enkel schon viel größer!‹, ›Die Bäume wachsen schon übers Dach!‹ Was man mir zeigt, stimmt mit der Wirklichkeit bereits nicht mehr überein, wird aber trotzdem als Dokumentation benutzt. Ich kenne Chefschreibtische, auf denen das Foto eines lachenden halbjährigen Nackedeis steht. Aber das Kleinkind ist inzwischen siebzehn! Geschäftswelt und Gefühlswelt dicht beieinander, Trost für den geplagten Chef. Ein Baby in betriebswirtschaftlichem Einsatz.

Der Gedanke an alle die Fotoalben, in denen man mich wie in einer Schmetterlingssammlung aufgespießt hat, erschreckt mich. Ich stelle mir vor, wie die Fotoalbenbesitzer sagen: ›Wer das war, weiß ich nicht mehr‹ oder: ›Ein Schulausflug! Die mit den schwarzen Zöpfen, das ist übrigens ...‹

Unser Gedächtnis arbeitet bereits wie ein Computer; man muß es mit Fotos füttern, damit es bei Bedarf die gespeicherten Erinnerungen freigibt. Wenn ich an die Insel Ägina denke, sehe ich die Bilder vor mir, die dort gemacht wurden. Ich vor dem Aphaia-Tempel, wir beide beim Frühstück hoch überm Saronischen Golf. Wir! Nicht irgend jemand. Jedes Foto eine Selbstbestätigung im Zeitalter des Massentourismus.

›Werd' ich zum Augenblicke sagen: Verweile doch! du bist

so schön!‹ – der alte faustische Menschheitstraum hat mit dem ›Klick‹ der Kamera seine Erfüllung gefunden; wir erliegen der Illusion, so, wie auf dem Foto, so wird es bleiben.

Jemand, der schreibt, schreibt subjektiv seine eigenen Ansichten, er hat deshalb seine Schwierigkeiten mit Bildern, die allgemein als objektiv gelten, weil sie mit einem Objektiv hergestellt wurden. Wer schreibt, hält die Welt nicht für unbeschreiblich schön oder unbeschreiblich schrecklich, sondern versucht zu beschreiben, was daran schön, was daran schrecklich ist. Mein Mißtrauen gegen bildliche Darstellung hat sich schon früh geäußert. Ich deckte, wenn ich in meinen Bilderbüchern las, die Illustrationen mit der Hand zu. Ich wollte meinen eigenen Prinzen und meine eigene Hexe besitzen, weder die von Moritz von Schwind noch die von Ludwig Richter. Ich beobachte mit Bestürzung, daß heute Millionen von Kindern mit ›Schlümpfen‹ und ›Ernis‹ und ›Urmels‹ auskommen, die ihnen auf dem Bildschirm oder in ›Comics‹ vorgeführt werden und das kindliche Vorstellungsvermögen lähmen, anstatt es zu fördern.

Das Wort ist durch das Bild weitgehend verdrängt worden; das Bild geht dem Hirn unmittelbarer und bequemer ein, es muß nicht erst in Vorstellung umgesetzt werden. In einem Bildband betrachtet man die Bilder, den Text überfliegt man allenfalls. Das Hörspiel, jahrzehntelang eine vielbeachtete Literaturgattung, ist durch den Fernsehfilm um sein Publikum gebracht worden. Die auflagenstärkste Zeitung nennt sich denn auch ›Bild-Zeitung‹. Nur noch wenige Zeitschriften wenden sich ausschließlich an den Leser und nicht an den Bildbetrachter. Auch wer eine Zeitung nur flüchtig durchblättert, weiß, ohne ein Wort gelesen zu haben, so leidlich über das Tagesgeschehen Bescheid.

Je unbeobachteter sich derjenige fühlt, der fotografiert oder gefilmt wird, desto besser. Diskretion ist unerwünscht. Man nimmt am Weltgeschehen teil, am liebsten ›live‹, man ist dabei und doch zu Hause, sitzt in seinem Sessel. Aber das Vorstellungsvermögen und die Phantasie verkümmern, wenn man sich nicht selbst ein Bild von dem Gelesenen oder Gehörten macht.

Wieder wird man mir Ferienfotos zeigen. Ich dagegen werde versuchen, von unserer Reise so bildhaft und so anschaulich wie möglich zu erzählen. Und es wird mich sehr befriedigen, wenn die Redaktion mir mitteilt, man wolle meinen Bericht über Dalarna als Essay, als Quasi-Erzählung, bringen, eine aufwendige Bildfolge erübrige sich, der Text sei anschaulich.

Der Gürtel der Klytämnestra

Ihr Haß hat sie unsterblich gemacht, von ihrer Liebe ist nichts überliefert.

Als Agamemnons Schiffe nach Troja ausfuhren, hat sie am Strand gestanden und den Schiffen nachgeblickt, bis sie am Horizont verschwanden. Sie ist dann Tag für Tag ans Meer geritten, hat ihr Pferd am Stamm einer Kiefer festgebunden, hat den höchsten Felsen erklommen und hat gewartet und ausgeschaut. Sie ist am Strand auf und ab gegangen, dann gelaufen, hat Agamemnons Namen gerufen, dann geschrien: Agamemnon!

Nachdem er ihre Tochter Iphigenie geopfert hat, für ›nichts als guten Wind für seine Schiffe‹, verflucht sie Helena, verflucht Agamemnon und verflucht das Meer. Aber sie reitet noch immer Tag für Tag zu ihrem Felsen. Sie, die vom Festland stammt, aus Sparta, lernt die Lektionen des Meeres, das sich in der Mittagsstunde ausdehnt, glattgestrichen von göttlicher Hand, dann hebt sich der Spiegel des Meeres. Poseidon beherrscht die Erde und erschüttert das Meer; Zeus beherrscht den Himmel und die Lüfte, schickt Blitz und Donner, läßt die Winde wehen. So hat sie es gelernt. Jetzt erkennt sie die Gesetze der Natur, die nur von Göttern übertreten werden können.

Von ihrem Felsen aus sieht sie den Schwammtauchern zu, sieht, wie sie sich Steine an den Hals binden und sich in die Tiefe ziehen lassen. Hölzerne Klammern auf ihren Nasen hindern sie zu atmen. Sie grasen die Meereswiesen ab, schneiden die Schwämme von den Felsen, lösen den Stein vom Hals und tauchen auf. Die Schwämme atmen heftig, die Taucher kaum noch. Mit dem Recht der Königin verlangt sie einen Schwamm. Von nun an tränkt ihre Sklavin Myrrha jeden Morgen den Schwamm mit Regenwasser, dem sie ein paar Tropfen Rosmarinöl beigegeben hat, und drückt den Schwamm über Klytämnestras Brüsten aus; das duftende Wasser erfrischt ihren Körper, macht ihn erwartungsvoll. Für wen? Für Ägisthus, der in Mykene aufgetaucht ist, er ist ihr Schwager, war der Bruder ihres ersten Mannes, der – samt ihrem ersten Kind! – von Agamemnon getötet wurde; Ägisthus hat Rechte, auch er ein Atride, mit der Pflicht zur Rache. Noch weicht sie ihm aus, besteigt ihr Pferd und reitet fort, sitzt dann am Strand, sucht Muscheln, findet Sepia, das flache Gebein des weichbäuchigen Tintenfisches, an dem die Vögel ihre Schnäbel wetzen. Sie hört am Abend die Rufe der Hirten, die mit ihren Herden heimkehren, wenn der erste Stern aufblinkt. Der Stern bedeutet Heimkehr für alle, nur für die Fischer bedeutet er Ausfahrt, dem sieht sie zu: der Ausfahrt der Fischer.

In Argos sagt man: ›Das Schönste unter der Sonne ist das Pferd und sein Reiter.‹ Die starken Rosse von Argos! Noch schöner, sagt man, sei ein Schiff, das seine Anker löst und Segel setzt zur Fahrt. Klytämnestra hat die Ausfahrt gesehen, die Heimkehr nicht. Sie weicht Ägisthus aus, verbringt die Nacht am Meer und sieht die Boote zurückkehren, bevor Eos, die der Sonne vorauseilt, den Horizont erleuchtet. Die Boote der Fischer fahren aus und kehren bald zurück, damit die Fische nicht verderben. Anders als die Schiffe, in deren Bauch die Krieger hausen.

Klytämnestra lernt vieles. Einer unter den Fischern fällt ihr auf. Er ist größer als die anderen, ist bärtig. Agamemnon war kleiner und trug keinen Bart, noch vergleicht sie die Männer mit Agamemnon. Er hält sich abseits, er ist schweigsam wie alle Fischer. Sie hat – als sie noch auf Agamemnons Schiffe wartete – gelobt, daß ihr Fuß niemals die Planken eines Schiffes betreten würde, wenn –. Ihre Gelübde wurden von den Göttern nicht erhört. Die Götter wollen Opfer, keine Schwüre. Sie opfert ihnen nichts, kein Tier und keinen Menschen.

Als es soweit ist, trägt der bärtige Fischer, der Glaukos heißt, sie in sein Boot, legt sie auf die hölzernen Planken, schiebt ein Netz unter ihren Kopf, nimmt ihre von Myrrha gesalbten schönen Füße in die Hände.

Ihr Fuß betritt in keiner Nacht die Planken. Klytämnestra hält ihre Schwüre.

Sie verweigert sich dem Ägisthus, der Ansprüche stellt. Sie sagt zu ihm: ›Wer mich besitzen will, muß sterben!‹

Ägisthus sagt: ›Wenn Agamemnon zurückkehrt, werden wir

ihn töten, dann bist du frei, dann bin ich König. Wir werden meinen Bruder rächen, deinen Mann, dein erstes Kind und Iphigenie‹; er zählt die Toten auf, die Litanei der Atriden.

Doch Klytämnestra denkt nicht an Rache, noch nicht, sie denkt an Liebe. Sie wirft ihr rotes Haar zurück, besteigt ihr Pferd und reitet durchs Löwentor ans Meer, nun nicht mehr morgens, sondern abends, jeden Abend, und verbringt die Nacht im Boot des Fischers Glaukos, der sie Gynäka nennt, einfach ›Frau‹, als wüßte er nicht, daß sie die Königin ist. Glaukos hat keinen König über sich; der König herrscht nur auf dem Land, und Glaukos besitzt kein Land, er besitzt ein Boot, den Wind und Sterne. Er sät nicht, er erntet nur. Er füllt die Hand mit Wasser und wäscht das Rot von Klytämnestras Wangen ab und auch den blauen Schatten, den Myrrha ihr am Morgen sorgsam auf die Lider legt.

›Erzähl!‹ befiehlt sie. ›Sag, woher du kommst, wer war dein Vater, deine Mutter?‹ Er weist aufs Meer. Ein Fischer, alle waren Fischer. Mehr weiß er nicht, mehr zu wissen ist nicht nötig. Weiß er von den Atriden nichts? Kein Wort! Sein Schicksal läuft im Zeitmaß des Mondes ab. Nächte, in denen seine Netze sich füllen, Nächte ohne Fang und Nächte, in denen er nicht ausfährt, weil sie mondhell sind. Er befiehlt ihr zu schweigen, lehrt sie die Zeichensprache der Fischer, ihre Augen folgen den Weisungen seiner Arme. Er fragt mit den Händen, antwortet mit den Händen, läßt ihre Füße los und greift zum Dreizack, um den Oktopus zu stechen; er kann auf keinen Fisch verzichten, auch nicht für Klytämnestra, die ein einziges Mal versucht hat, seinen Fang mit einem goldenen Armreif aufzuwiegen. Sie hat verlangt, daß er die Netze öffnet und die Fische freiläßt. Er hat's getan, obwohl die meisten Fische schon erstickt waren; sie schwammen bäuchlings auf dem Wasser. Glaukos hat den Reif ins Meer geworfen, dort liegt er noch, auf halbem Wege zwischen der Küste und der Insel Angistrion.

Glaukos ist freier als der König und freier als des Königs Stellvertreter. Er besitzt die Freiheit der Armen. Besitz macht unfrei, muß verteidigt werden. Er hat, was keiner ihrer Könige besaß: Phantasie, die Kost der Armen. Und er ist klug. Wer arm ist, muß klug sein, um zu überleben.

Er zeigt zum Himmel, zeigt ihr den Gang der Planeten, die

Wanderer unter den Sternen; zeigt ihr das Bild des tanzenden Bären. Er kennt die Namen, sagt: ›Perseus, Kassiopeia. Andromeda und Leda.‹

Leda, der Name ihrer Mutter! Leda, von Zeus geschwängert, hat Helena in einem Ei zur Welt gebracht. Klytämnestra lacht laut auf. Helena, auch hier in diesem Fischerboot, immer wieder Helena, in Sparta, in Troja. Glaukos befiehlt ihr zu schweigen, sie wird die Fische verlachen.

›Und dort?‹ fragt Klytämnestra, ohne ihre Stimme zu dämpfen. ›Diese Sterne, die leuchten wie die Steine an meinem Gürtel, wie heißen jene Sterne?‹ Glaukos bewegt mit leisem Ruderschlag das Boot. Das Meer ist unruhig. Er hat zu tun. Sie fragt ein zweites Mal: ›Wie heißt das Sternbild?‹ Glaukos schüttelt den Kopf, er schweigt, er kennt den Namen nicht, hat diese Sterne nie gesehen. Da sagt sie triumphierend: ›Der Gürtel der Klytämnestra! Glaukos wiederhole: Das Sternbild heißt »der Gürtel der Klytämnestra« und steht im Süden, nahe dem Horizont.‹

Und jetzt lacht Glaukos, lacht, lacht und lacht sie aus.

Im selben Augenblick bringt Bora, der tückische Stoßwind, der die Boote von der Seite trifft, das kleine Boot beinah zum Kentern. Wer mischt sich ein? Hat Zeus den Wind geschickt? Poseidon das Meer erschüttert? Wer ist mächtiger? Der alte Kampf.

Glaukos rettet sein Boot und rettet seine Zukunft. Er ankert, trägt die durchnäßte Frau zum letzten Mal an Land. Sie sieht zum letzten Mal sein bärtiges Gesicht. Das Wiehern ihres Pferdes klingt wie Glaukos' Lachen, folgt ihr als Echo. Am nächsten Abend, als der erste Stern aufblinkt und die Hirten heimkehren, wartet sie vergebens auf Glaukos' Boot, am zweiten, dritten: vergebens. Sein Boot bleibt aus. Glaukos, ein Nomade des Meeres, zieht mit den Fischen.

In meinem Roman ›Das glückliche Buch der a. p.‹ taucht eine Malerin auf, der ich den Namen ›Fides‹ gegeben habe. Alle Briefe, alle Äußerungen dieser Frau gehen auf Briefe einer Malerin zurück, die sie mir geschrieben hatte und in denen sie sich über mein Verhältnis zu Kühner äußerte. Sie erkannte sich in der Malerin Fides nicht wieder, erkannte keinen ihrer eigenen Sätze wieder, schrieb mir, daß sie diese Malerin ganz abscheulich finde.

Wenn Dr. H. schwerfällig die wenigen Schritte vom Auto durch den Vorgarten zum Haus geht, denkt man: Was für ein Schicksal! Mit drei Jahren Kinderlähmung und seither derart behindert! Dann hat er einen geeigneten Stuhl erreicht, nimmt Platz und ergreift das Wort. Von diesem Augenblick an vergißt jeder, der sich mit ihm unterhält, die Schwerfälligkeit seiner Beine. Jetzt müßten andere die Schwerfälligkeit ihrer Gedanken wie eine Behinderung spüren. Man kann seinen Sprüngen kaum folgen, er wechselt rasch die Richtungen, die Dimensionen; Denksport, Rede-Duette, in denen er alle anderen schlägt.

In einer Benediktinerinnen-Abtei nahm ich für einige Wochen als Gast am Klosterleben teil, saß mit im Chor der Ordensschwestern. Als ich, erfüllt von dem geistlichen Leben, nach Hause zurückkehrte und über die Ordensfrauen berichtete, hieß es oft: Aber worauf alles müssen diese Frauen verzichten! Womit man, ausgesprochen oder unausgesprochen, die körperlichen Freuden meinte.

Aber worauf müssen wir anderen, die nicht im Kloster Lebenden, verzichten!

Meine Biographie

Ich wäre gerne auf dem Land geboren,
die Berge übersichtlich, nicht zu hoch,
dafür die Täler lieblich und mit Bächen.
Der Vater Pfarrer, Heine liebend und Homer,
die Mutter zart und dunkelhaarig,
beide nicht mehr jung.

Wenn ich das alles kennen würde: das Dorf,
seine Höfe und Mühlen und auch
die bissigen Hunde, wäre es an der Zeit,
in eine Stadt mittlerer Größe zu ziehn,
an einem Fluß gelegen. Dort
würde ich, was nötig ist zu wissen,

lernen. Heimat- und Sternenkunde, griechische
Sagen. Die Teilbarkeit der Winkel, regelmäßig-
unregelmäßige Verben in zwei Sprachen,
viele Gedichte und für immer.

Man müßte mich zu unbedingtem Gehorsam
erziehen, damit die Diktatur ertragbar
wäre, und ich zu jung, um schuld daran
zu sein. Der unvermeidliche Krieg am
besten dann, mit etwa 17 Jahren, wenn ich
nicht wüßte, was ich entbehren muß,
Verluste rasch verschmerzte, schnell
laufen könnte, mich nicht zu tanzen
scheute, wenn –

Machtübernahmen und Zusammenbrüche,
Der Tag X und das Jahr Null und
spät erst Freiheit.
Die Grenzen offen! Zumindest
die nach Westen, Süden, Norden.
Auto, TEE und Boeing 707,
am verläßlichsten die eignen Füße.
Die Berge höher und die Flüsse breiter,
Meere und Inseln, alte und auch Neue Welt.

Nicht zu früh seßhaft! Nicht zu früh
Besitz! Die Anschrift häufig wechselnd,
der Sicherheit nicht trauend, immer
auf der Suche nach –

Ich dürfte mich auf Schönheit nicht
verlassen können und auch nicht reich
sein, um nicht faul zu werden. Keine,
vor der man Angst hat; aber viele, die
mich fragten, obwohl ich Antworten nicht
wissen würde. Geduldig sein
mit anderen, ungeduldig mit mir selbst.
Meine Sätze sollten nicht mit ›Aber‹,
nicht mit ›Ach‹ beginnen. Niemals: Warum
denn ich? Warum nicht ich? Fünfzigjährig

möchte ich noch staunen und bewundern
können. Was schön ist, würde ich
schön nennen.

Kein Wunsch nach Kindern, nach Vermehrung.
Nur ich und damit Schluß. Ich würde tun,
was mir am meisten Lust bereitet, ohne
Zögern: schreiben. Zögernd schreiben.
Ich würde in einem Lande leben wollen, das
ich rasch verlassen kann. Aus meinem Hause
fort und fort aus diesem Garten,
schweren Herzens,
ohne Ballast,
aber mit dem zur Seite, ohne den
zu überleben sich nicht lohnen würde.

Vor Jahren verbrachten wir die Tage zwischen den Jahren im südlichen Schwarzwald. In der Neujahrsnacht stieg die Temperatur innerhalb weniger Stunden von 16 Grad unter Null auf 4 Grad über Null an. Ohne Tauwind. Wärme senkte sich auf die Erde, fiel herab, und um den vollen Mond bildeten sich in geringer und in weiterer Entfernung mehrfarbige Ringe. Zum ersten und einzigen Mal sah ich den Mondregenbogen.

Be-leben, das ist Aufgabe des Künstlers.

In jenen Wochen, als ich die letzten Kapitel der ›Poenichen-Romane‹ schrieb, dachte ich immer wieder: Was du jetzt nicht sagst, kannst du nie mehr sagen. Die Personen entschwinden dir, du mußt sie entlassen, sie müssen ohne dich auskommen. Maximiliane stellt einmal seufzend fest – wenn sie seufzte, seufzte sie allerdings heiter –: Was habe ich nur für Kinder in die Welt gesetzt, lauter Weltverbesserer! Der eine will sie mit Gedichten verändern, die andere mit Wildpasteten, die nächste mit Parolen, nur die Jüngste, die verschönert sie.

Wo sind alle die Gedichte, die ich schreiben wollte, wenn die Quindts aus dem Hause sind? Solch ein Bändchen könnte heißen: ›Tages-Sätze‹. Oder ›Hilfs-Sätze‹. Mehr ist von Sätzen (Gedichten) nicht zu erwarten.

In einem meiner Manuskripte heißt es von einer Frau, daß sie das war, was man früher ›eine schöne Seele‹ genannt hätte. Vorsichtig formuliert, im Konjunktiv. Dann habe ich das Adjektiv ›schön‹ gestrichen, schließlich auch noch ›Seele‹. Das Wort Seele ist tabu, ist nur noch ironisch zu gebrauchen, ich meinte es aber nicht ironisch.

›Am Gestade Palästinas, auf und nieder, Tag um Tag...‹ Gilbert Becket und die Sarazenin! Eine der schönsten Balladen deutscher Sprache. ›Mit zwei Worten‹.

Frau R., Dolmetscherin für Polnisch, erzählt: Nach dem Frankreichfeldzug wurde ein französischer Kriegsgefangener einem Gutshof in Pommern zugeteilt. Er bestellte dort die Obst- und Gemüsegärten. Die siebzehnjährige Tochter des Inspektors, Lisbeth, verliebte sich in ihn und er sich in sie. Diese Liebe gedieh im verborgenen, wurde aber auch beschützt. Als die Rote Armee sich den Grenzen des Reiches näherte, wurden die Kriegsgefangenenlager westwärts verlegt, bald darauf aufgelöst. Jean, der Franzose, kehrte später als Besatzungssoldat in das besiegte Deutsche Reich zurück, französische Zone. Lisbeth und ihre Familie waren in Pommern geblieben. Sie arbeitete als Zwangsarbeiterin unter den Polen und wurde nach zwei Jahren vertrieben. Als in Köln das erste Pommern-Treffen stattfand, fuhr Jean in Uniform dorthin, ging durch die Menschenmenge und rief den Namen des Mädchens, rief ›Lisbeth!‹ (›»Gilbert?« fragt die Sarazenin im Gedräng der großen Stadt‹) sowie den Namen des pommerschen Dorfes, wieder und wieder; er fand sie nicht, hinterließ aber seinen Namen und seine Anschrift. Heute sitzt das Mädchen aus Pommern blond und rund hinter der Kasse. Paris, nahe dem Gare de Lyon. Jean und Lisbeth betreiben dort gemeinsam eine Metzgerei. An jedem Donnerstag wird ›deutsche Wurst‹ verkauft, drei Sorten. Die Deutschen, die in Paris leben, kommen aus den entferntesten Stadtteilen, um einzukaufen und bei dieser Gelegenheit einander zu treffen. An einem solchen Donnerstagnachmittag kaufte Frau R. ebenfalls deutsche Wurst ein; sie zahlte, sah die Frau hinter der Kasse und erkannte die Schulfreundin aus Belgard in Pommern.

›Liebe wandert mit zwei Worten gläubig über Meer und Land.‹ Mit diesem Satz endet Conrad Ferdinand Meyer die Ballade. Eine solche Geschichte liest man heute allenfalls in der ›Bild-Zeitung‹. Wenn sich ein ernsthafter Schriftsteller eines solchen Stoffes (›Kriegsgefangener liebt deutsches Mädchen‹) annimmt, endet es tragisch wie bei Rolf Hochhuth: ›Eine Liebe in Deutschland‹.

Kühner kauft sich eine Anleitung zum Segeln. Das Buch steht, ungelesen, im Bücherregal. Er könnte jetzt jederzeit das Segeln erlernen. Aber er wird es nicht tun. Die Möglichkeit genügt ihm. Vor einigen Jahren hat er ein Tauchgerät gekauft, Taucherbrille, Schwimmflossen, aber er wird das alles nie benutzen; er hat es inzwischen verschenkt. Der geistige Besitz genügt ihm. Er erweitert sein Leben durch Möglichkeiten; die Ausführung würde zuviel Zeit erfordern. ›Mein Leben reicht nicht aus, das alles auszuführen‹, sagt er.

Ich selber beschränke mich darauf zu sagen: Ich würde gerne oder: Ich hätte gern. Ich möchte aufwachen und perfekt Italienisch sprechen können. Aber ich erwerbe kein Lehrbuch, das mir die Möglichkeit zum Lernen gäbe. Ich stehe in einer Ausstellung vor einem Bild und wünsche mir, es gemalt zu haben, aber ich kaufe keine Aquarellfarben, keine Leinwand. Du besitzt sogar eine Staffelei, bist ausgerüstet, als ob du ab morgen Maler werden wolltest. Wenn ich danach frage, sagst du: ›Aber nur in Argenteuil! Nicht jetzt, nicht hier.‹

Die Gärten der Klytämnestra

Um die Aufmerksamkeit der Götter von den Atriden abzulenken, legt Klytämnestra Gärten an.

Die hängenden Gärten von Mykene! Man soll an etwas Schönes denken, wenn man den Namen Klytämnestra hört. Im letzten Abendlicht schickt sie die Mägde aus, um Pflanzen und

Sträucher auszugraben und sie im ersten Morgenlicht, vor Tau und Tag, zu pflanzen. Zwei Quellen geben Wasser. Die Mägde gießen, hacken, jäten.

Fette Wolfsmilch, Stranddistel, Kapernstrauch, stark duftendes Heiligenkraut, auch Santolina genannt, ein Insektenpulver. Ölbaum und Quitten, Stechginster mit weichen Dornen, blühend wie Gold. Dann Asphodelos mit Lanzenblättern, weißen Blütentrauben, die im ersten Frühling blühen. Dort, wo es sumpfig ist, nahe beim Flüßchen Chaos, läßt sie den Fieberbaum, den Eukalyptus, pflanzen, der die Erde entwässert. Lavendel, Rosmarin und Salbei. Akanthus, Aronstab. Ein Maulbeerbaum. Und Oleander, dessen Milchsaft giftig ist. Vieles ist giftig, was sie pflanzen läßt. Wie alle Frauen liebt sie, was blüht und Früchte trägt, das Nützliche. In Mykene gehört das Gift zum Nützlichen.

Ihre Sklavin Myrrha sagt: ›Die Hungrigen schlafen unter Lindenbäumen; der Duft der Lindenblüten macht sie satt. Man hat mir einen Zweig vom Lindenbaum ins Tuch gelegt, in das man mich gehüllt hat, bevor man mich – zwei Tage alt – am Wegrand niederlegte. Der erste, der das Bündel fand, hat es dann aufgenommen. So will es die Sitte.‹

›Pflanze einen Lindenbaum!‹ sagt Klytämnestra, die nicht begriffen hat, was ihre Sklavin meint. Sie treibt die Mägde an, die immer wieder Wolfsmilch und Disteln bringen. Die Königin will aber Neues, Schönes, Einmaliges. Ein Exemplar von allem, was blüht in Argolis! Eine Arche Noah der Pflanzen. Die Bäume sollen schneller wachsen, die Blumen schneller blühen, die Früchte schneller reifen. Die Mägde hacken in der heißen Mittagssonne, die Erde trocknet aus, wird von Gewitterregen weggeschwemmt und mit der Erde auch der Samen und die jungen Pflanzen.

Myrrha, die alt ist, mahnt ihre Herrin zur Geduld. Die Pflanzen wurzeln langsam, die Bäume brauchen ihre Zeit. Sie sagt auch: ›Ein Weinstock gehört in einen Weinberg. Der Lorbeer in den Lorbeerhain. Steht er allein, gedeiht kein Baum, außer dem Feigenbaum. Die Pflanzen müssen in Familien beieinander leben.‹

Klytämnestra lacht auf.

›Sieh diesen Terpentinbaum, Herrin! Er ist zweihäusig wie der immergrüne Kreuzdorn, er bleibt unfruchtbar, wenn nicht ein zweiter in der Nähe steht. Die Nüsse werden taub sein. Deine Gärten brauchen Ruhe.‹

Die Königin lacht ihr bittres Lachen und sagt: ›Leih mir deine Kleider, Myrrha, ich werde selber auf die Felder gehen und selber auf die Hügel steigen und finden, was die Mägde nicht finden. Blaublühenden Jasmin und wilden Spargel und Quendel, der auf den Höhen des Taygetos wuchs, als ich ein Mädchen war in Sparta –‹

Barfuß wie eine Magd, den Rock geschürzt, das wilde rote Haar mit einem Band gebunden, bricht sie am frühen Morgen auf, geht unerkannt durchs Tor und durch die Gassen, durchquert das Tal des Chaos, das ausgetrocknet ist, und steigt auf jenen Hügel, der Mykene gegenüberliegt. Ihre Füße bluten von den Dornen, an denen sie sich riß, und auch ihr Rock zeigt Risse. Sie sucht vergebens nach dem Quendel ihrer Kindheit, läßt sich ermattet auf die duftenden Kissen des Majoran fallen und schläft ein, vom langen, ungewohnten Weg ermüdet. Und so, schlafend, die Augen mit dem Arm geschützt, die bloßen Knie hochgestellt, die linke Brust entblößt, entdeckt sie Georgios, der Hirte, dessen Herde die Schlafende umstellt.

Baumgrillen zirpen in Klytämnestras Träume. Glockengeläut und Flötenspiel.

Sie erwacht.

Georgios sitzt nicht weit von ihr, blickt sie nicht an, aber er spielt für sie die doppelrohrige Flöte. Sein Haar ist braungold wie das Fell der Ziegen. Die Böcke haben die gleiche goldene Augenfarbe wie ihr Hirte; doch das nimmt Klytämnestra erst später wahr, als sie seine blaßroten fleischigen Lippen schon kennt, die bitter schmecken vom Buchsbaumholz der Flöte. Seine Hände sind fettig vom Bienenwachs, und auch seine Flöte ist fettig.

Noch aber sitzt er reglos, noch stehen auch die Schafe und die Ziegen reglos. Dann bewegt er sacht die Flöte, wiegt seinen Körper. Die Tiere drängen sich dichter aneinander, gebannt vom Klang der Flöte, dem Wiegen der Arme, die die Flöte führen. Tierleib an Tierleib, wogende Leiber, blond und braun und schwarz. Die Widder steigen! Lust in den Flanken. Ihre Bärte wehen. Sie heben sich aus der Masse der Ziegen, recken ihre Hörner. Scharfer Bocksgeruch.

Vom Mittagsglück der Klytämnestra wurde der Nachwelt nichts überliefert.

Georgios, der junge Hirte. Er lehrt sie den Duft der Winde. ›Jetzt ist Frühling auf Kreta‹, sagt er, und er sagt: ›Acht Winde gibt es, vier davon sind freundlich, vier verderblich.‹

Sie lernt zu riechen und sie lernt zu hören, was man hinter den Mauern von Mykene nicht hören und nicht riechen kann. Sie trägt die Röcke ihrer Magd, aber sie legt Schmuck an, bevor sie zu ihm geht. Der Hirte löst die Spangen, streift die Ringe ab. häuft sie im Gras. Die Strahlen der Sonne brechen sich in dem Geschmeide; wer es von ferne sieht, der denkt an Feuer. Die Heide brennt auf dem Arachnaion! Er enthäutet die Königin und legt die Frau bloß. Der Hirte ist jung, und die Königin altert. Aber in der Umarmung altert er, und sie wird jung. Das Alter springt hin und zurück.

Georgios greift nach einem Ring und sagt: ›Im Staub hört man den Tritt der Maultiere nicht, nur wenn ihr Huf auf einen Stein trifft.‹ Und er klopft mit ihrem Ring auf Felsgestein. Eine Melodie, die sie nie zuvor gehört hat: Eselhuf und Stein. Georgios steckt den Ring in seinen Sack, holt Bienenwaben und Harz vom Eukalyptusbaum, mischt beides und reibt den öligen Honig in Klytämnestras Gelenke, die verdickt sind vom mykenischen Rheuma. Erst ihre Finger, dann auch die Knöchel, ihre Knie.

Der Sommer ist heiß und trocken, nur die Eichen auf den Höhen des Arachnaion geben Schatten. Steineichen, die dem Gotte Pan gehören. Mittags ertönt sein höhnisches Gelächter. Das Echo wirft es von den Felsen zurück.

Zwischen Tiryns und Mykene gebiert die Erde immer wieder Gewitter. Das Wasser überflutet die Brunnen. Der Blitz bricht sich an den Zyklopenmauern, die stärker sind. Klytämnestra und Georgios sehen dem Gewitter zu; nur selten erreicht es ihren Hügel, dann treibt der Hirte die Tiere in den Eichenhain, dann erst nimmt er Klytämnestra bei der Hand und führt sie zu einem Lorbeerstrauch. Kein Blitz traf je den Lorbeer! Auch das weiß Georgios. Es heißt, die fliehende Daphne habe sich in einen Lorbeerstrauch verwandelt, als Apollon sich ihr nahte. ›Seither schützt Juno in allen Lorbeerbüschen die Tugend der jungen Daphne‹, sagt Georgios, und jetzt lacht er und nicht mehr Pan, lacht über die Tugend seiner alternden Geliebten und geht zu seinen Ziegen; sein Lachen steckt die Tiere an, sie meckern.

Ein anderes Mal sagt er: ›Das Laub der Bäume, die Blüten der Sträucher, die Federn der Vögel, der Abendtau und der Morgentau dieses Sommers mischen sich zu Erde, fruchtbarer Erde von Argos.‹ Er zeigt ihr die tanzenden Kraniche, zeigt ihr den Hochzeitsflug der Bienen, zeigt ihr die Königin, die sie umschwärmen. Wenn die Sonne am höchsten steht und seine Herde im Schatten ruht, faßt er Klytämnestra bei den Handgelenken und tanzt mit ihr, stampft mit den nackten Füßen die Erde, schnalzt mit der Zunge, die blaßrot ist wie seine bitteren Lippen. Georgios, ein Hirte des Königs Agamemnon, zeigt ihr, was Freiheit ist. Er kommt mit seiner Herde und zieht, wenn der Hügel abgeweidet ist, mit seinen Tieren weiter. Die Königin muß ihm folgen. Dafür haßt sie ihn, dafür liebt sie ihn, dafür bezahlt sie ihn mit Ringen. Sie erobert ihn und verliert ihn, er ist kein Besitz, nicht ein für allemal.

Spätabends kehrt die Königin erhitzt zurück. Einmal den Lorbeerstrauch, das andere Mal Jasmin als Alibi. Die alte Myrrha vermißt die Ringe, nimmt den Geruch der Ziegen im Haar der Königin wahr. Sie nennt den Namen Agamemnon. Klytämnestra braust auf. ›Schweig! Er ist fort! Wer Liebe will, muß bleiben!‹

Und Myrrha sagt: ›Ein Hirte und eine Königin!‹

›Ein Hirte zählt nicht, Myrrha!‹ Hochmütig fügt sie noch hinzu: ›Ich zahle und ich zahle gut. Hat mein Vater in Sparta dir für deine Dienste je einen Ring gegeben?‹

Sie bringt mit ihren Worten die alte Dienerin zum Schweigen.

Ein anderes Mal sagt Georgios: ›Das Korn wird eingebracht. Die Bauern messen den Ertrag in drei Gefäße. Wenn du das nicht weißt, dann weißt du nichts! Ein Maß für die Aussaat, eines für den Verzehr, das letzte als Vorrat. Für Notzeiten, die du nicht kennst.‹ Er legt die Hand zuerst auf ihren Schoß, dann auf ihren Bauch, als letztes auf die Hüften und lacht dabei, lacht über die Fettpolster seiner Königin; die Ziegen meckern.

Es wird Oktober. Der erste Regen fällt. Ziegen und Schafe kommen von den Bergen und Hügeln herunter und suchen die Täler auf, in denen es noch einmal grünt. Die Geier folgen den Herden und auch die Wölfe, die die Schafe und die Ziegen reißen. Sie heulen des Nachts, und die Geier schreien. Das Heulen und Schreien durchdringt die Mauern, hinter denen

Klytämnestra schläft, nicht schläft: Auch sie hört die Glocken von Georgios' Herde. ›Jetzt ist die Zeit der Plejaden‹, hat er gesagt. ›Dann muß die Saat im Boden sein. Kein Hirte mehr auf den Bergen, auf dem Acker kein Bauer mehr und kein Schiffer auf dem Meer.‹

Seine Herde nähert sich ihren Gärten, um die sie keine Mauer errichten ließ; jeder soll ihre Gärten sehen und bewundern können. Die Tiere kauen die harten Blätter des Rosmarinstrauches, fressen den Maulbeerbaum kahl. Georgios verspottet ihre nutzlosen Gärten. Der Stachel seines Spottes dringt tief. Sie verteidigt ihre Gärten nicht und sieht mit an, wie seine Ziegen darin weiden. Ihre Mägde haben aufgehört zu hacken und zu jäten. Die Bäume stehen verdorrt, die Hecken sind verwildert. Das Lachen der Mägde begleitet sie, wenn sie zu Georgios geht, erwartet sie, wenn sie zurückkommt. Worüber sollte man sonst lachen in Mykene, wenn nicht über die närrische Königin?

›Meine Ziegen fressen deinen Salbei, deine Kapern‹, sagt Georgios. ›Aber im Winter wirst du über das goldbraune Fell meiner Ziegen gehen, das deine Mägde dir auf die kalten Steine legen. Du wirst meinen besten Widder den Göttern opfern und du wirst vom Fleisch meiner Ziegen essen!‹

Er treibt seine Herde durch ihre Gärten, steckt seine Flöte in den Sack und sagt: ›Nun müssen wir zusehen, wie wir durch den Winter kommen.‹

Erinnerungen an Elba. Wir machten im Mai 1955 zu viert auf der Insel Ferien. Wenn wir abends durch die Macchia nach Hause gingen, in das schöne weiße Haus, in dessen gepflastertem Hof eine Pinie wuchs, dann beleuchteten uns Hunderte von Glühwürmchen den Weg.

An einem dieser Maitage beschlossen wir, die Insel an ihrer schmalsten Stelle zu überqueren. Wir bestiegen den Monte Capane, auf den heute, wie man mir berichtet hat, eine Gondelbahn fährt. Wir bahnten uns durch mannshohe Macchia, die man als undurchdringlich bezeichnen müßte, einen Weg und verirrten uns dabei. Wenn wir meinten, Weinberge entdeckt zu haben und dort einen Pfad zu finden, erwies es sich, daß die Weinberge aufgegeben waren und die Pfade zugewachsen. Wir stiegen in Felsschluchten hinab und erklommen sie wieder mühsam an der anderen Seite. Wir schlürften, auf dem Bauch liegend, aus einer Quelle Wasser, sahen eine Schlange, von der wir wußten, daß sie giftig war. Wir bedeckten den Kopf mit Tüchern, um uns gegen Sonnenstich zu schützen, die Dornen zerrissen unsere Kleidungsstücke, wir bluteten an Beinen und Armen. In den ersten Stunden hatten wir noch fotografiert, unser Abenteuer genossen; aber dann wurde das Abenteuer zur Lebensgefahr. Wir waren 15 Stunden unterwegs. Es dunkelte, als wir das erste Haus erreichten. Man gab uns zu trinken. Ich weinte vor Erschöpfung. Das Salz des Meerwassers laugte später die Wunden aus. Ein paar Narben sind geblieben.

Manchmal fragt man mich: Woher diese Narben? Dann antworte ich: Elba. Nichts weiter.

Mein Vater: ›Wenn die Landwirte nicht eine Kuh aus dem Oberdorf ins Unterdorf ohne Vermittlung eines Viehhändlers aus dem Nachbardorf verkaufen können, sollen sie nachher nicht auf den Juden schimpfen!‹

In diesem Dorf kenne ich vornehmlich jene, deren Namen auf dem ›Kriegerdenkmal‹ am Rand des Friedhofs stehen. Ich erinnere mich an die Häuser, in denen sie lebten, ich erinnere mich, daß ich mit ihnen auf dem Teich im Wald Schlittschuh gelaufen bin; ich erinnere mich, daß wir zusammen Theater fürs Schulfest gespielt haben, unter ihnen Christian und Reinhold V., die beiden Söhne des Lehrers, der ein Ludendorff-Anhänger geworden war und es schließlich ablehnte, in der Kirche die Orgel zu spielen, die Kirche überhaupt nicht mehr betrat; Feindschaft zwischen Pfarrhaus und Lehrerhaus. Mein Vater mußte weichen, der Lehrer blieb, unterrichtete viele Jahrgänge als einziger Lehrer. War er am Ende seines Lebens bekehrt? Nach dem Blutopfer seiner beiden Söhne? Ich weiß es nicht. Ich frage auch niemanden. Ich sehe, was ich sehe, ich höre, was man mir erzählt, ich weiß nicht, was man mir verbirgt und was man verschweigt.

Die Sirenen heulen. Probealarm. Jeweils um 10 Uhr. Man warnt uns, ohne uns zu sagen, wie wir uns schützen könnten.

Wie Eltern, die nachträglich, wenn das Unglück passiert ist, zu ihrem Kind sagen: Wir haben dich ja gewarnt!

In meiner Küche gibt es keine Waage. Aber auch im Badezimmer: keine Waage. Wer da Zusammenhänge vermutet, vermutet recht. Keine Uhr! Nicht in der Küche, nicht auf dem Schreibtisch; auch kein Wecker, weder hier noch dort.

Kochbücher lese ich aufmerksam wie andere Bücher. Was für schöne Überschriften: ›Mirabell mit Spargelspitzen‹! Jedes Foto ein Stilleben. Während des Lesens denke ich: Ah, das klingt gut, das werde ich versuchen. Aber schon beim Hervorholen der Zutaten weiche ich aus. Reis? Wären da Nudeln nicht besser? Ich muß eine tiefgründige Abneigung gegen Rezepte haben, gegen Richtlinien, Parkordnungen, gegen jede Befehlsform: Man nehme! Die Kochbücher stehen im Arbeitszimmer, griffbereit in der Küche steht keines.

Diese Küche ist ein Experimentierfeld, eine Versuchsküche. Angaben in Gramm und Liter nutzen mir nichts. Ein Schuß Kräuteressig, eine Prise frischen Pfeffer, eine Messerspitze Salz, das sind die mir gebräuchlichen Maße. Eine Handvoll Champignons, ein paar Oliven, ein Schuß Cognac, einige Walnüsse; kaum ein Gericht, dem diese Zutaten nicht guttäten. Ein Zweig Rosmarin, am Weg zum Castel del Monte in Apulien gepflückt und in Olivenöl getaucht und damit das blasse Fabrikhähnchen eingepinselt: Was wird da an Erinnerungen geweckt! Aus allem, was grünt, kann man Salate machen: Kresse, Fenchel, Chicorée, Rapunzel, Löwenzahn; und alles verträgt sich miteinander. Dem Mutigen gehört die Küche! An die Marinade heute einen Löffel Senf, morgen Meerrettich. Gehackte Sellerieblätter an den Treibhaussalat.

Nichts geschieht in meiner Küche automatisch, selbsttätig bin nur ich. An Geräten gibt es ein Küchenmesser, einen Schneebesen und eine Handmühle, mit der ich Nüsse, Rettiche oder Äpfel zerkleinere. Zum Teigkneten und Salatmischen benutze ich die Hände. Wenn jemand sagt: Diese Süßspeise ist ja ein Gedicht, frage ich mich natürlich, womit er dann meine Gedichte vergleicht, mit einer Schokoladenspeise?

Manchmal bittet mich eine Freundin: ›Kann ich das Rezept vom griechischen Hirtenbrot bekommen? Vom Zigeunersalat?

Der Fleischpastete?‹ – ›Oh‹, sage ich dann, ›ich lebe und koche ohne Rezept, aufs Geratewohl.‹

Wenn mir am Schreibtisch nichts einfällt, gehe ich in die Küche und backe einen Kuchen oder koche Kirschmarmelade. Der Weg zum Schreibtisch führt durch die Küche und zurück.

Pünktlich in die Küche, pünktlich an den Schreibtisch! Ich schreibe und koche in kleinen Portionen; dabei bleiben die Bücher und die Autoren schlank; darauf lege ich Wert. Hin und wieder schenkt mir jemand eine Eieruhr. Eine Weile steht sie dann auf dem Schreibtisch. Wie doch die Minuten verrinnen! Wie Sand. Was einem eben so einfällt bei Sanduhren, und dann stelle ich sie zu den anderen in den Schrank. Die Eier setze ich weiterhin mit kaltem Wasser auf und lasse sie ›ein Weilchen‹ kochen, eine Zeitangabe, die auch dem Bedürfnis meines Mannes nach Genauigkeit genügt. Nichts, was klingelt oder pfeift. Antreiben lasse ich mich nicht!

Ich bin keine Frau, die gern aus dem vollen schöpft. Der gefüllte Kühlschrank macht mich eher ratlos, verpflichtet zu Perfektion. Die Phantasie entzündet sich am Mangel. Als ich eine Nebenher-Hausfrau wurde – es war in den Notzeiten der Nachkriegsjahre –, backte ich ein Weihnachtsgebäck, das wir ›Ohne-alles-mit-Essig-Plätzchen‹ nannten. Das Ei, das in den Teig gehört, konnte man durch Milch ersetzen, die Milch durch Magermilch, die Magermilch durch Wasser; Weizenmehl konnte durch Roggenmehl ersetzt werden, der Zucker durch Süßstoff, die 50 Gramm Fett konnten weggelassen werden, nur der Essig, der war unerläßlich. Ohne-alles-mit-Essig-Plätzchen, hauchdünn und knusprig.

Vor Weihnachten hole ich Oetkers Backbuch aus dem Regal und auch das Quempas-Heft mit den Weihnachtsliedern, das gleich daneben steht. Das Backbuch ist nach zwanzig Jahren noch ansehnlich, obwohl ich in jedem Jahr die Guten Elisen, Vanillekipfel und Zimtsterne backe. Aber das Quempas-Heft! Da sind die Seiten fettig, weil ich beim Zubereiten des Teigs nach den Strophenanfängen suchen muß. ›Was soll das bedeuten, es taget ja schon‹, singe ich und gebe noch einen Schuß Rum in den Teig. Ich backe Weihnachtslieder ins Weihnachtsgebäck.

Wenn wir verwöhnte Verleger oder Lektoren zu Gast haben, bleibe ich unbekümmert. Was kann schon passieren? Entweder sie sagen: Kochen kann sie besser! Oder: Schreiben kann sie besser! Dieses Entweder-Oder macht mich leichtsinnig.

Einfallslosigkeit in der Küche werte ich wie Einfallslosigkeit am Schreibtisch. Was soll ich denn kochen? Was soll ich denn schreiben? Bei einem so reichen Angebot an Zutaten und Schicksalen! Wenig Themen, aber unendlich viele Variationen.

Jedoch auch mich überfällt manchmal Verzagtheit: Was ich herstelle, wird so rasch gegessen, so rasch gelesen, ist so rasch abgetan. Immer wieder Fehlschläge, mal hier, mal dort; aber täglich die Möglichkeit, die Schlappe, die ich hier erlitt, dort auszumerzen.

Ich koche gern und ich esse gern. Ich schreibe gern und ich lese gern. Herstellung und Verbrauch sind mir gleich wichtig.

Reisen erweisen sich als Störungen. Ich brauche nach der Rückkehr zu lange Zeit, um wieder heimisch zu werden, sowohl in der eigenen als auch in der erschriebenen Umgebung.

Frauen haben nicht nur mehrere Berufe, sie müssen immer auch noch etwas besser sein.

Ich lebe mit jemandem zusammen, der von den Freunden ›Pummerer‹ genannt wird, nach jener Kunstfigur, die er erfunden hat, ein angeheirateter Vetter von Palmström. Zusammen mit ihm unternehme ich das, was er ›Müßiggänge‹ nennt. Ich tue es mehr und mehr mit schlechtem Gewissen. Er hat eines seiner ›Pummerer‹-Bändchen meinem ersten Mann gewidmet, der ein Pummerer-Freund war. ›In memoriam.‹ Wir wollten ihn noch ein wenig am Leben teilnehmen lassen. Aber ob er das will? Es fehlt uns an verläßlichen Nachrichten von drüben.

Ein endlos sich wiederholendes Gesprächsthema: der Schlaf. Jemand sagt: ›Ich will gar nicht schlafen! Ich bin froh, aufzuwachen, einzuschlafen, aufzuwachen – die ersten Vögel zu hören, da zu sein. Es macht mir nichts aus, wach zu liegen!‹

Aber zu diesem Einschlafen-Aufwachen-Einschlafen gehört: einschlafen! Daran liegt es doch. Wie kann ich mich über die frühen Vogelstimmen freuen, wenn sie mich nicht wecken?

Krankenhauserinnerungen. Ich ließ einen der Fensterflügel öffnen und erweiterte dadurch mein Gesichtsfeld. Auf der Scheibe erschienen die Wipfel einer Kiefer, die Zweige einer Esche und dahinter rasch wechselndes Gewölk. Ich lag in Vogelhöhe. Unruhige Schwalben auf Nahrungssuche. Dann zielstrebige Flugzeuge, deren Kondensstreifen der Wind auflöste. Neunundzwanzig Kleiderbügel hingen in dem schmalen Schrank; es fehlte sonst manches. Wer hat sie zurückgelassen? Wer hat keine Kleiderbügel mehr benötigt? Mantel, Jacke, Bademantel, mehr hat man doch nicht in den Schrank zu hängen, wenn man sich ins Krankenhausbett legt.

Ich beantworte – seufzend, manchmal auch erheitert – Hunderte von Fragen eines japanischen Professors, die ihm bei der Übersetzung der ›Poenichen-Romane‹ gekommen sind, das Alte Testament, den Nationalsozialismus oder die pommersche Küche betreffend. Aus dem Satz, ›er (der alte Quindt) handle die Sache mit den Bäumen ab‹, schloß er, es gehe um eine ihm unbekannte Form von Perversion.

›Drum sorge ferner nicht um deines Hauses Wände!‹ schreibt Annette von Droste-Hülshoff. Sehr richtig! Nur hatte die verehrte Ahnin allerlei Gesinde, das ihr die Sorge abnahm.

Matinee mit Kempowski. Seine Art zu schreiben irritiert mich seit Jahren. Er weiß alles! Er schreibt alles, was er weiß. Wenn er liest, kümmert er sich nicht um sein Publikum, da ist kaum ein Unterschied zum Bildschirm. Aber er liest sehr gut! Dieses Kleinbürgertum, das er so zielsicher trifft! Immer weiß man im voraus, was diese Leute sagen und tun werden. Alles ist festgelegt, erstickt in Redensarten. ›Wie isses nun bloß möglich!‹ Es bleibt dem Leser und dem Zuschauer wenig Spielraum: So war es.

Meine Freundin Ingeborg P. kämpfte mit den Tränen, als die Nackenlocken ihres vierjährigen Söhnchens Thomas der Schere eines Friseurs zum Opfer fielen. Sie hat ein paar Strähnen aufbewahrt, bis heute. Sie war entzückt, wenn Fremde von dem Söhnchen sagten: Was für ein bezauberndes kleines Mädchen!

Wenn ich mich verabschiedete, sagte sie: Denk nur nicht, daß er immer so brav ist! Er ist ein ganz Schlimmer! Du solltest mal erleben, wenn er trotzig ist! Dabei klang Stolz aus ihrer Stimme und natürlich auch Mitleid mit mir: Du Arme, du hast ja keine Ahnung, was dir – ohne Kinder! – entgeht. Ich verließ tatsächlich die Häuser meiner gleichaltrigen Freundinnen mit Bedauern. Alle diese nach Seife duftenden, drolligen kleinen Constanzen, Michaels, Wolfgangs, Gesines.

Und zwei Jahrzehnte später, da trugen sie wieder langes Haar, nicht mehr so blond und nicht mehr so lockig, sondern lange Mähnen, ihre Körper rochen streng, und ihr Benehmen war so, daß die Mütter, wenn ich mich verabschiedete, sagten: So schlimm wie heute ist er nicht immer! Und dann lächelte ich verständnisvoll und ging leichten Herzens nach Hause. Weder die Mütter noch die Väter werden mich bedauert und gesagt haben: Die Arme, worauf muß sie verzichten! Sondern: Sie hat's gut! Sie hat ja keine Ahnung...

Jetzt gibt es die ersten Enkel. Die Szene wiederholt sich: Du Arme! Du hast ja keine Ahnung, was dir entgeht.

Wir unterhalten uns mit Dr. Martin K., Pfarrer im Ruhestand, über Privat-Bibliotheken. Was wird aus all den Büchern, die man ein Leben lang gesammelt hat und die, in ihrer besonderen individuellen Eigenart, für niemanden benutzbar sein werden? Mit einer theologischen Bibliothek, etwa der eines Pfarrers, ist dies einfacher. Ich berichte von den Büchern meines Vaters, die wir nach seinem Tod geordnet hatten und als Ganzes einem Predigerseminar vermachen wollten. Aber dann wurde das Haus bombardiert, und alles ging in Flammen auf.

Dr. K. berichtet, daß die wertvolle theologische Bibliothek seines Vaters, der Pfarrer in Berlin gewesen war, erhalten werden konnte: Die sowjetischen Offiziere, die das Haus bewohnten, brauchten nicht selbst zu kochen. Ich versage es mir, in diesem Zusammenhang das Wort ›Koch-Bücher‹ zu gebrauchen.

Herr v. T. fragt mich: ›Wie lange leben Sie in Kassel?‹ Ich sage: ›Ich weiß es nicht. Ich weiß nicht, wie lange ich in Kassel leben werde.‹ Er entschuldigt sich für den grammatikalischen Fehler, der seine Frage zu einer metaphysischen gemacht hat.

›Halt dich raus, dann kommst du nicht rein‹, sagt man in Westfalen; meine Mutter stammt aus Westfalen.

Totensonntag. ›Herr, lehre doch mich, daß ein Ende mit mir haben muß, und mein Leben ein Ziel hat, und ich davon muß...‹ Kühner singt diese Arie aus Brahms' ›Deutschem Requiem‹ manchmal, während er mir im Haushalt hilft. Wir müssen uns gewöhnen.

Entwurf für eine schwarze Komödie, ein Totentanz

Ort der Handlung: eine Friedhofskapelle. Personen: die Tote; der Friedhofswärter; die Tochter der Toten; deren Freund; der erste Mann der Toten mit seiner zweiten Frau; der zweite Mann der Toten. – Lorbeer und anderes Immergrün, davor der Sarg. Stuhlreihen. Mit jedem Besucher, der seinen Strauß hinlegt, verschwindet der Sarg mehr und mehr, am Ende liegt die Tote auf einem Blumenhügel. Die Tote hat verlangt, daß man ihr einen letzten Besuch abstattet, nicht am Sterbebett, nicht zu Lebzeiten, sondern in jenen drei Tagen, in denen sie aufgebahrt in der Friedhofskapelle liegen wird: nicht mehr im Diesseits, noch nicht im Jenseits. Sie hält ein Jüngstes Gericht ab, so fassen es die Geladenen auf, die sich zu rechtfertigen versuchen. Letzte Ehre. Letzter Liebesdienst. Sie verlangt nicht, daß man zur Beisetzung kommt. Einmütig sagen alle Besucher: Du hast es gut! Dich läßt man endlich in Ruhe! Der erste Mann der Toten tritt zusammen mit seiner zweiten Frau ein; diese legt den Strauß hin.
Sie: Ein kleinerer Strauß hätte es auch getan!

Er: (gereizt) Sei nicht schon wieder eifersüchtig! Ich bitte dich! Es war doch völlig unnötig mitzukommen. Dich hat sie nicht hierher beordert.
Sie: (gekränkt ab)
Er: (umkreist den Sarg, bleibt, sobald er redet, stehen) Sag doch selbst! Was hätte ich denn tun sollen? *(Kleine Pause)* Du schweigst! Natürlich! Das hast du ja immer getan. Damit hast du mich immer ins Unrecht gesetzt. Du bist wie eine Mauer! Deine ewige Rechthaberei. Wer schreit, ist im Unrecht, wer schweigt, ist im Recht, das meinst du doch. Ich habe auf dem Weg hierher überschlagen, was du mich gekostet hast. Nach der Scheidung. Ein Vermögen! Ein kleines Vermögen! Wofür? Für nichts! Ohne Gegenleistung. Du hast dir ein feines Leben gemacht, du hast deine Freiheit genießen können. Alles für mein Geld. Natürlich hat man mir das hinterbracht. *(blickt zur Uhr)* Eine Viertelstunde! Das wird man ja durchstehen können. *(läßt sich schließlich auf einen Stuhl fallen)* Länger, als ich dachte. *(geht zur Tür, ruft)* Können Sie den Sarg nicht schließen?
Friedhofswärter: (in der Tür) Nur, wenn es die nächsten Angehörigen wünschen, und das haben sie nicht getan. Der Sarg muß also geöffnet bleiben! Das kommt auf die Zuständigkeit an. Zuständig ist die Tochter.
Er: (verärgert) Nächster Angehöriger! Zuständigkeit! Was ist denn das für eine Reihenfolge! *(umkreist wieder den Sarg, bleibt wieder stehen)* Ich wollte es ja wiedergutmachen! Im übrigen, vergiß nicht, daß du es warst, die Uta ins Haus geholt hat! Schließlich und endlich war es die Freundin unserer Tochter. Im Anfang. Das wirst du doch zugeben? Schließlich und endlich – entschuldige, ich sage das immer noch! – schließlich und endlich hättest du es ja abwarten können, es wäre vorbeigegangen. Es ist vorbeigegangen, falls dich das befriedigt. Du bist schuld daran, daß ich sie geheiratet habe. Du mit deinem ›Eine-Sache-in-Ordnung-Bringen!‹ Eine Ehe ist keine Ordnungsanstalt. *(Pause, dann bleibt er wieder stehen)* Es sterben immer die Falschen! Das habe ich längst gemerkt. Woran bist du überhaupt gestorben? Du hättest mir rechtzeitig Bescheid geben können. Vielleicht hätte ein anderer Arzt oder eine Kur... Uta fährt jedes Jahr, Bad Mergentheim, Kneippkur. Hast du gewußt, daß sie eine Gesundheitsfa-

natikerin ist? Kniegüsse! *(Pause)* Aus Geld hast du dir angeblich nie etwas gemacht. Zwölf Jahre lang monatlich sechshundert Mark. Nicht die Welt für den, der's kriegt, aber für den, der es zahlen muß. Weißt du, was diese Summe an Zinsen gebracht hätte? Aber rechnen wolltest du ja nie! Dafür hattest du deinen ›Buchhalter‹! Ich komme auf... *(schlägt sich gegen die Stirn)* Man ist ja verrückt, wenn man sich scheiden läßt. Man ist noch verrückter, wenn man heiratet. *(Pause)* Wahrhaftig: verrückt! Ich war verrückt nach dir! Heute kommt es nicht mehr vor, aber damals! Kuß an der Haustür! Das war's dann. Der Rest später. *(steht jetzt vor ihr, gewissermaßen Auge in Auge)* Schluß-s! Ich habe den Ausdruck nicht aufgebracht, das warst du. ›Meine Stellung als Schluß-s!‹ ›Daran muß ich mich erst gewöhnen.‹ ›An Friedrichs!‹ ›Da kommen Friedrichs‹, und nachher warst du nur noch eine alleinstehende Frau Friedrich, da gab es dann zwei Frau Friedrichs, die erste, die zweite. Du hast ja nicht mit dir reden lassen. *(blickt auf die Uhr)* Immer noch neun Minuten. Statt dessen hast du jedesmal angefangen zu singen. Um mich zu übertönen! Das entnervt einen. Ich hatte schließlich keinen Vogel geheiratet. Ich weiß: Du hast eine schöne Stimme. Und ich bin daran schuld, daß du die Ausbildung abgebrochen hast. Aber später hätte sich doch noch etwas machen lassen! Du warst ja noch nicht alt, andere Frauen werden nach der Scheidung schließlich und endlich auch wieder berufstätig. Und wenn es ein paar Klavierstunden für Anfänger gewesen wären. Für Stefan zahlen wir achtzehn Mark die Stunde. Drei oder vier Stunden am Tag, das wären in der Woche immerhin – ich will das lieber gar nicht ausrechnen. Mit Kindern konntest du doch gut umgehen! Ja, ja, natürlich. Du hättest gern mehr Kinder gehabt. Gib mir nur die Schuld, an allem war ja ich schuld. Tanzen wolltest du auch, lauter nichtsnutzige Dinge. Bitte! Das habe nicht ich gesagt, das stammt von dir! ›Ich bin nichtsnutzig.‹ ›Ein Nichtsnutz!‹ Das hat mir damals an dir so gut gefallen, das Weltferne, das Jenseitige. *(stutzt, sieht die Tote an)* Irgendsowas hattest du früher schon im Gesicht. Aber andere brachten es zu etwas und wir nicht. *(zitiert)* ›Wir haben doch, was wir brauchen!‹ ›Was braucht man denn?‹ Weißt du es? Ist man klüger geworden, wenn man tot ist? Wann soll unsereins denn nachdenken? *(Pause)* Jetzt? Sagtest du: ›Jetzt?‹ ›Wann, wenn nicht jetzt?‹

Fällt mir alles wieder ein! Immer: ›Jetzt!‹ ›Was zählt, das ist der Augenblick.‹ *(blickt auf die Uhr)* Vier Minuten! *(betrachtet sie)* Du hast dich gut gehalten! Kein Wunder. Im Grunde hast du doch nie Sorgen gehabt. ›Das Sorgen überlasse ich dir!‹ ›Was dir fehlt, Paul, das ist Sorglosigkeit.‹ Du immer mit deinem Vertrauen! Worauf denn? Auf wen denn? Im Grunde kann man sich doch nur auf sich selbst verlassen. *(Pause)* Oder auch nicht. *(bleibt wieder vor ihr stehen)*

Friedhofswärter: (kommt herein)

Er: (aufgebracht) Warum klopfen Sie nicht an? Merken Sie nicht, daß wir miteinander reden?

Friedhofswärter: (zeigt auf seine Armbanduhr, deutet mit den Fingern zwei Minuten an. Ab)

Er: Was wollte ich sagen? Kein weißes Haar! Oder läßt du es färben? Sieh mich an! Das machen die Sorgen. Uta läßt sich die Haare auch färben – meinetwegen, angeblich meinetwegen. ›Ich tue doch alles nur deinetwegen!‹ Die Kniegüsse sicher auch. Uta meint: eine Zweitwohnung in Bad Mergentheim, die man vermietet, solange man sie nicht selbst nutzt. *(rechnet im Geist)* Vorausgesetzt, ich lebe noch, sagen wir fünfzehn Jahre, das wäre immerhin möglich, dann könnten wir jährlich zweimal... macht bei fünfzehn Jahren... wenn man die Sanatoriumskosten gegenrechnet... *(blickt wieder auf)* Wo soll ich mich denn nun begraben lassen? Wenn du schon auf dem Friedhof liegst! Liegen wirst! Zehn Reihen weiter? Einzelgrab und Doppelgrab. Ich weiß: Du wolltest ganz woanders begraben werden. Aber mein Herr Nachfolger war eben nicht so großzügig. Ich bin dafür nicht zuständig. Hast du das gehört? Sogar der Friedhofswärter hält mich für nicht zuständig. Ich bin für Schatten, und du bist für Sonne. Du hast gesagt: ›Schade, dann können wir später nicht zusammenliegen.‹ *(betrachtet die Hände der Toten)* Wo ist denn der Ring? Der Ring mit dem Opal? Hat Monika ihn gekriegt? Hast du überhaupt ein Testament hinterlassen? Nicht, daß ich Ansprüche stellte! Aber wissen möchte man ja doch, wo die Dinge bleiben, die man mal gekauft hat. Der Schmuck beispielsweise. Irgend etwas zur Erinnerung. Die Briefe. Meine Briefe. Unsere Briefe. Du wirst sie doch hoffentlich vernichtet haben? Damit mir nicht nachträglich... Unannehmlichkeiten... Weißt du, daß ich kein einziges Bild von dir besitze? Aus Rücksicht auf

Uta. Sie ist für saubere Trennung. ›Sauber.‹ So drückt sie sich aus. Sie sagt nicht ›reinen Tisch machen‹, sondern ›sauberen Tisch machen...‹ Meinst du, ich wüßte nicht, was du jetzt sagen willst? Wenn einer dich kennt, dann bin doch wohl ich es.
Sie: (öffnet die Tür, zeigt auf ihre Armbanduhr)
Er: (winkt ab)
Sie: (bleibt in der Nähe der Tür stehen)
Pfarrer: (kommt eilig durch die Tür, geht auf den ersten Ehemann zu, streckt ihm die Hand hin) Ich bin der zuständige Pfarrer. Ich würde gern ein paar Einzelheiten für die Gestaltung der Trauerfeierlichkeiten mit Ihnen besprechen!
Er: Es handelt sich bei mir... Ich meine, verstehen Sie... Die Ehe wurde vor zwölf Jahren geschieden!
Pfarrer: Natürlich! Entschuldigen Sie! An wen habe ich mich zu wenden?
Er: Aus der Ehe ist eine Tochter hervorgegangen.
Pfarrer: (geht mit ausgestreckter Hand auf die junge Frau zu) Die Tochter der Verstorbenen!
Er: Nein, meine Frau!
Pfarrer: Ich verstehe, natürlich, Entschuldigung!
(abgebrochen)

Das Eintauchen in eine Menschenmenge, das Mitmachen in einer größeren Gemeinschaft habe ich nie als Beglückung oder Schutz empfunden, auch als Kind nicht, ich war kein Kindergartenkind, vor den Dorfjungen fürchtete ich mich, sobald sie in Rudeln auftraten, später, im Turnunterricht, war ich die Jüngste, schmächtig, ungeschickt, stand beiseite. Wenn wir, in der Turnhalle der Schule, stehend, Führer-Reden anhören mußten, wurde ich oft ohnmächtig. Immer die Angst, in der Menge unterzugehen, nie das stärkende, beruhigende Gefühl, darin aufgehen zu können. Als ich halbwüchsig war, suchte ich mir im Kino einen Platz am Rand der Sitzreihe, setzte mich nie unter eine Empore, Anzeichen von Platzangst. Auch heute noch das Gefühl der Fremdheit und Einengung, wenn ich unbekannt zwischen vielen Menschen stehe. Dann gehe ich mir verloren, suche nach Fluchtwegen. Auch der, den ich liebe darf mir nicht die Arme festhalten.

Aber: Ich gelte als gesellig, kontaktfreudig.

In der Mappe ›Kuriosa‹ entdeckt: die Auswertung des Rorschach-Tests, dem ein Freund mich vor zwei Jahrzehnten spaßeshalber, aber doch mit allen ärztlichen und psychoanalytischen Kenntnissen, unterzogen hat.

›Von einer Verdrängung der eigenen Weiblichkeit wird man nicht sprechen können, eher von einer bewußten Zurückhaltung‹; ›Die Verarbeitungsoriginale deuten auf literarische Begabung, und wenn es die heute nicht mehr sehr verbreitete Kunst des Briefschreibens wäre‹; ›Zusammenhang der schöpferischen Kräfte mit religiösem Erleben‹; ›Das Streben hin zur Welt überwiegt die Weltflucht‹; ›Die Konventionalität scheint immer wieder die Produktivität einzuschränken‹; ›Wie bei allen Vielbegabten läßt sich wenig Einheitliches sagen‹; ›Gute Kontaktfähigkeit, Anpassung und Verstandeskontrolle‹; ›Viele Labilitätszeichen‹; ›Dauerndes Provisorium‹; ›Eine gewisse Aggression gegen die eigene Person‹; ›Geniertheit und Überhöflichkeit, immer gepaart mit Minderwertigkeitsgefühlen und Mißtrauen gegen sich selbst‹; ›Übergründlichkeit und pessimistische Zweifelsucht‹.

›Es ginge uns besser, wenn wir mehr gingen‹, steht im Neujahrsbrief des Dichters Seume an seinen Verleger. Diese Erkenntnis stammt aus dem 19. Jahrhundert und leuchtet jedem ein.

Ein Freund, der um unsere Gesundheit besorgt ist, hat uns ein Buch über ›Bewegungstraining‹ geschenkt; er meint demnach, wir müßten unser Tempo steigern, nicht nur spazierengehen und wandern, sondern laufen. Nach Plan und nach Punkten. Er will uns Beine machen.

›Jogging‹ heißt das Zauberwort und das Zaubermittel. Mit einiger Verspätung kommt es aus den Vereinigten Staaten von Amerika nun auch in die Bundesrepublik Deutschland. In Amerika läuft jedermann! Noch im Laufe dieses Jahres wird man bei uns ebenfalls laufen! Die Vorläufer sind schon da, sie überholen uns, wenn wir in der Karlsaue spazierengehen. Zunächst sind wir erschrocken beiseite gesprungen, wenn sich uns jemand von hinten keuchend näherte, jetzt bleiben wir nur noch stehen, blicken ihm nach und überlegen, ob das wohl für uns gut wäre: laufen, daß der Dreck spritzt, mit hochroten

Köpfen, in verschwitzten Anoraks – in einem Park, der doch dazu angelegt worden ist, daß man erholsam darin schlendert, schweigend oder Beobachtungen und Gedanken tauschend, auf Bänken ausruhend...

Ich erinnere mich an eine kleine lehrreiche Kurzgeschichte, die wir im Englischunterricht vorgelesen bekamen und die wir nacherzählen mußten. Ein englischer Lord erging sich frühmorgens in seinem Park und erwischte dort einen Wilddieb, der gerade einen Hasen erlegt hatte. Er stellte ihn zur Rede. Der Wilddieb sagte, daß er sich ein Frühstück für seinen Hunger besorgt habe; daraufhin stellte der Lord fest, daß er seinerseits sich Hunger für sein Frühstück geholt habe. Er ließ den Wilddieb laufen. Nun sollen wir aber nicht etwa laufen, um Hunger zu bekommen oder um überflüssige Pfunde loszuwerden, sondern um unsere Kondition ganz allgemein zu steigern. Beim Laufen vergrößert sich das Blutvolumen, die Blutversorgung der Muskeln wird gesteigert, Fettgewebe in Muskelgewebe umgewandelt. Biologisch und medizinisch ist das richtig, unbezweifelbar. Lernbereit habe ich mich anhand einer Tabelle eingruppiert. Wenn ich in 12 Minuten weniger als 1,6 Kilometer zurücklege, gehöre ich der Gruppe I (sehr schlecht) an; wenn ich in 12 Minuten mehr als 2,8 km schaffe, gehöre ich zur Gruppe V (sehr gut). Ich schätze mich als zu Gruppe III gehörig ein: mäßig. Wenn ich nun in der ersten Trainingswoche fünf mal 1,6 km zurücklege, brauche ich in der 10. Woche bei gleichmäßigem Training nur noch zweimal wöchentlich zu laufen und verdoppele trotzdem meine Leistung und darf in die nächstbessere Gruppe aufsteigen. Ich könnte auch zu Hause laufen. Auf der Stelle, viermal wöchentlich 20 Minuten.

Die ›Gruppe‹, der ich angehöre, besteht nur auf dem Papier. Man läuft allein. Aus dem Einzelgänger wird nun ein Einzelläufer. Die Vereinzelung macht ja vor nichts halt. Schachcomputer waren die beliebtesten Nobel-Geschenke zu Weihnachten. Der Computer ersetzt einen besseren oder einen schlechteren Partner; kein unnützes, ablenkendes Gespräch, aber auch kein Spiel mehr, sondern ein Leistungsspiel. (Nachtrag: Die Schach-Computer wurden inzwischen verbessert, sie sprechen mit ihrem Gegner und stellen sich vor: ›Hier spricht Ihr elektronischer Schachfreund!‹)

Das Arbeitstempo wird gesteigert, damit die Arbeitszeit

verkürzt werden kann. Immer raschere Verkehrswege und Verkehrsmittel, damit An- und Abfahrt zum Arbeitsplatz verkürzt werden. Und in dieser eingesparten Zeit sollen wir nun laufen. Wir sind zu seßhaft geworden, man muß uns wieder in Trab bringen. Schließlich handelt es sich um unseren Lebenslauf und nicht um unseren Lebensgang. Schon ein Wort wie ›Ruhesitz‹ will mir nicht gefallen, in einem Zeitalter, in dem man mit Schallgeschwindigkeit fliegen und mit Schnellkochtöpfen Schnellgerichte herstellen kann. Wir werden uns abgewöhnen müssen zu fragen: ›Wie geht's?‹ Wir sagen ja bereits nicht mehr: ›Wie gehen die Geschäfte?‹, sondern: ›Läuft der Laden?‹ In Zukunft werden wir aneinander vorbeirennen und keuchend fragen: ›Wie läuft's denn?‹ Bei der nächsten Begegnung rufen wir uns dann ›fünf mal eins Komma sechs!‹ zu.

Wer lange läuft, lebt lange. Das ist sicher! Aber soll ich denn wirklich um mein Leben rennen?

Bei weiterer Lektüre jenes Buches habe ich nun entdeckt, daß ich 30 Punkte erreichen kann, wenn ich an fünf Tagen in der Woche jeweils 10 Minuten (macht 1,6 km) zurücklege. Aber das tue ich doch immer! Wenn ich zum Einkaufen gehe, sogar unter zusätzlicher Belastung durch meinen Einkaufskorb. Wenn ich zum Briefkasten gehe.

Ich ziehe es vor, Treppen zu steigen und Fahrstühle zu meiden; manchmal zu schwimmen; an Sommerabenden ein Boot zu leihen, um auf der Fulda zu paddeln oder zu rudern; ganz ohne Punkte. Hin und wieder werden wir abends tanzen. Vermutlich werden wir noch in diesem Jahr eine Woche lang im Schwarzwald wandern, fünf Stunden zu fünf km, die Rast am Waldrand nicht inbegriffen, auch nicht der Dämmerschoppen.

Meinen Lebenslauf lasse ich mir nicht vorschreiben, den schreibe ich selbst. Das Buch über Bewegungstraining werde ich weiterschenken.

Wir feiern den Jahreswechsel unter dem Motto: ›Was mir an der Wiege gesungen wurde.‹ Mit Wiegenliedern, Gedichten und Reden, launig, aber auch nachdenklich. An meiner Wiege wurde zweistimmig gesungen, vornehmlich Mendelssohn-Lieder. Ich sagte in meiner kleinen Rede, daß es möglicherweise nicht gut für ein Kind sei, wenn seine Eltern es nicht einstimmig in den Schlaf sängen...

Das erste Telefon, das es in meinem Heimatdorf gab, war Tag und Nacht betriebsbereit, es hing im Pfarrhaus an der Wand. Die Vermittlung der Gespräche besorgte ein Fräulein vom Amt. Man kam nur in Notfällen zum Telefonieren ins Pfarrhaus, in der Regel, wenn der Tierarzt gebraucht wurde. Mein Verhältnis zum Telefon ist durch diese Kindheitserinnerungen bestimmt worden. Ich überlege lange, ob mein Anruf wirklich wichtig ist, ob er den anderen, nach dem ich klingele wie nach einem Dienstboten, auch nicht stört.

Als junges Mädchen habe ich an öffentlichen Telefonzellen angestanden und mich ›kurz gefaßt‹, habe ›Rücksicht auf Wartende‹ genommen; damals konnte man schon die gewünschte Nummer selbst wählen, allerdings nur im Ortsbereich. Ich habe selten davon Gebrauch gemacht. Ich bin ein Briefeschreiber. Der Empfänger kann meinen Brief dann lesen, wenn er Neigung dazu verspürt, er kann mich auf seine Antwort warten lassen, er kann meinen Brief ein zweites Mal lesen, ihn vielleicht sogar aufbewahren und mich festlegen mit meinen eigenen Worten. ›Watt schriwwt, dat bliwwt‹, sagt man im Waldeckschen. Mißtrauen und Besorgnis läßt sich heraushören. Ich denke mit Bedauern daran, daß es bald keine Briefwechsel mehr geben wird, die der Nachwelt übermittelt werden können. Keine Briefe eines Rilke, keine Briefe von Thomas Mann. Was für ein Verlust! Aber vielleicht sammelt man eines Tages berühmte Telefongespräche auf Band? Eine schöne und zugleich beängstigende Vorstellung: Wer schaltet sich ein? Abhör-Affären.

Natürlich habe ich seit Jahrzehnten einen eigenen Telefonanschluß, das Telefon gehört zum modernen Hausrat. Wir haben Freunde, die sagen: ›Hier schlafen Dörings‹, wenn man sie zur Zeit der Mittagsruhe anruft, was die einen erheitert, die anderen zum Auflegen des Hörers veranlaßt. Es hat auch bei mir Zeiten der Abhängigkeit vom Telefon gegeben, da hing ich am Telefonkabel wie an einer Leine. Glück der hörbaren Nähe. Verzweiflung darüber, daß sie nur scheinbar war, nur eine einzige Dimension betraf.

Die Postverbindungen nach Italien sind unzuverlässig; ich wähle die Nummer in Rom selbst, die einfachste Sache der Welt. Frage und Antwort innerhalb einer Gebühreneinheit: Ich unterschätze die Vorzüge nicht!

Aber ich wurde oft, auch nachts, durch anonyme, obszöne Anrufe belästigt, die mich erschreckten und anwiderten. Meist decken wir den Apparat zu, um nicht durch das Läuten des Telefons aufgeschreckt zu werden. Aber wenn uns nun jemand brauchte? Wenn wir einen Notruf nicht hörten? Ich bin ängstlich, aber ich neige nicht zur Vorsicht.

Als ich zum ersten Mal meinen Verleger (damals noch in Frankfurt, damals noch Dr. Albrecht Knaus) besuchte, kam er mir bis zur Tür entgegen. Bevor wir uns noch die Hand gereicht hatten, klingelte das Telefon. Er entschuldigte sich: ›Ein wichtiges Gespräch!‹ Ich wartete, sah mich um; das Telefongespräch dauerte seine Zeit, wurde aber meinetwegen wahrscheinlich abgekürzt. Der Verleger kam mir ein zweites Mal entgegen, diesmal reichten wir uns die Hand, kamen bis zu den Besuchersesseln, als das Telefon klingelte. Ein entschuldigendes Lächeln. ›So geht es einem Chef! Man kommt zu keinem ungestörten Gespräch.‹ Er bat mich, Platz zu nehmen, sagte leise: ›Paris!‹ Ich zeigte mich beeindruckt. Ein Weltverlag! Das Gespräch ging zu Ende, er erkundigte sich, ob er einen Kaffee kochen lassen solle oder –. Bevor wir die Frage klären konnten, klingelte das Telefon. Ich stand auf und sagte: ›Ich rufe gelegentlich mal von Düsseldorf aus an!‹ Der Satz tat seine Wirkung. Später haben wir über diesen Augenblick des Kennenlernens gelacht.

Die Bundespost ermahnt uns nicht mehr, daß wir uns kurz fassen mögen, sie fordert uns auf: Ruf doch mal an! Sie bringt Menschliches ins Spiel, alte einsame Eltern, die auf den Anruf ihrer Kinder und Enkel warten. Die Briefeschreiber werden durch regelmäßig steigende Portogebühren bestraft, die Telefonierer für fleißiges Telefonieren durch herabgesetzte Gebühren belohnt. In Kiel kann man neuerdings eine Nummer wählen und Gedichte hören, wie Kinoansage, Zeitansage, Wetterbericht. Heiliger Telephos, was für ein Fortschritt!

Ich lese und höre von telefonischen Drohanrufen. Auch wir waren davon betroffen. Anonymer Terror, durch das Telefon ermöglicht. Was nutzt uns die Technik, wenn sie in falsche

Hände gerät, wenn zum Schaden wird, was zum Nutzen gedacht war? Wenn ein Telefonapparat nicht gebraucht, sondern mißbraucht wird? Die Technik entwickelt sich weiter, die Verantwortlichkeit des Menschen nicht.

Kürzlich stand ich am Bahnhof vor der Abfahrtstafel der Züge. Behindert von Handtasche, Gepäck, Handschuhen und Zeitungen, kramte ich nach meiner Brille. Neben mir tat eine Frau das gleiche. Ich sagte: ›Ist es nicht lästig? Immer braucht man die Brille, um etwas lesen zu können!‹ Sie sah zunächst mich an, dann die Brille, dann die Gleisnummer und sagte: ›Ist es nicht gut, daß wir sie haben?‹

Dieser Satz fällt mir oft ein, er ist für vieles anwendbar. Ist es nicht gut, daß wir das Telefon haben? Für Notfälle. Für Glücksfälle.

Die Poeten schreiben alle, als wären sie krank und die ganze Welt ein Lazarett. Alle sprechen sie von dem Leiden und dem Jammer der Erde und von den Freuden des Jenseits, und unzufrieden, wie schon alle sind, hetzt einer den anderen in noch größere Unzufriedenheit hinein. Es ist ein wahrer Mißbrauch der Poesie, die uns doch eigentlich dazu gegeben ist, um die kleinen Zwiste des Lebens auszugleichen und den Menschen mit der Welt und seinem Zustand zufrieden zu machen... Ich will ihre Poesie die Lazarettpoesie nennen.

Das alles sagt Goethe. Es hat sich bis heute nicht viel geändert. Nur: von den Freuden des Jenseits ist nicht mehr die Rede. Geblieben ist die Unzufriedenheit. ›Lazarettpoesie‹.

Die Szene hat sich in der Straßenbahn abgespielt. Alle Sitzplätze waren besetzt, einige Fahrgäste mußten stehen. Eine junge Frau hielt ihr Kind auf dem Schoß. Das Kind, vier oder fünf Jahre alt, trat beharrlich gegen die Knie einer gegenübersitzenden älteren Dame. Diese forderte schließlich die Mutter höflich auf, es dem Kind zu verbieten. Die junge Frau erklärte, sie könne das nicht, da das Kind antiautoritär erzogen würde. Das Kind benutzte diesen Augenblick des Gesprächs, um der Dame auf den Schoß zu spucken. Teilnehmer der Szene war ein Siebzehnjähriger, der neben den beiden Frauen stand. Er spuckte der jungen Frau ins Gesicht und versicherte glaubwürdig, daß er ebenfalls antiautoritär erzogen worden sei.

Ein Deutschlehrer, der im ›Dritten Reich‹ Unterrichtsverbot hatte. Er führte währenddessen ein Leben im Abseits. Alle vermuteten, er säße über einem großen literarischen Werk. Nach langen Bemühungen bekam er eine schlecht bezahlte Anstellung in einer Universitätsbibliothek, wo er mit Aufräumungsarbeiten im Magazin beschäftigt wurde. Bei einem Luftangriff kam er ums Leben. Man fand Goethes ›Italienische Reise‹ in seinem Luftschutzgepäck. Ein Zettel, der seine Handschrift trug, lag beim Datum vom 9. März 1787. ›Neapel, stürmisches Wetter.‹ Der ehemalige Deutschlehrer hatte die Absicht gehabt, einen meteorologisch-literarischen Kalender anhand von Tagebüchern und Briefen aufzustellen...

Bei jedem neuen Buch, das ich zu schreiben beginne, habe ich Angst vor dem ersten Satz. Wie ein Anfänger. Der erste Satz bestimmt alles, die Temperatur, das Tempo. Das Ziel des Buches muß bereits angepeilt werden, erst dann kann man drauflosschreiben.

Sechs Schritte vom Schreibtisch, und ich bin mitten im Frühling! Wir rücken den Tisch unter den blühenden Kirschbaum, ehren den Frühling an jedem Mittag mit einem Glas Wein, und dann eine Stunde Nichtstun, Nichtsdenken, täglich ein Kleidungsstück weniger.

Eine Grasmücke nippt an der Vogeltränke. Wir kennen sie noch nicht, ein Neuling. Eine Seltenheit, ein Sonderfall. Sie erinnert mich...

... Als wir zum ersten Mal auf der Insel Hvar Urlaub machten und bei einem Gewitterregen in einem Leder- und Pelzgeschäft Schutz suchten, plauderten wir ein wenig mit der Inhaberin, die deutsch sprach, noch aus der fernen österreichischen Zeit. Sie ging um Kühner herum (wir zeigten Interesse an einer Lederjacke für ihn), betrachtete ihn und fragte: ›Ein Arzt? Ein Jurist?‹ Als sie dann erfuhr: ein Schriftsteller, da rief sie begeistert: ›Ein Dichter! Ein Einzelstück!‹

Wir haben die Grasmücke nie wieder gesehen.

Wenn die Veilchen blühen, wenn der Flieder blüht, wenn die Rosen blühen und wir dann wegreisen, denke ich jedesmal: Wie treulos!

Gespräch Klytämnestras mit ihrer Dienerin Myrrha

Klytämnestra liegt allein in ihrer Kammer. Ein Lichtstrahl fällt durch einen Schacht, trifft einen Gecko, diese Echsen mit Froschfüßen und Goldaugen. Er bringt ihr Unheil. Sie weiß es und sie fürchtet sich. Seine Haut ist schuppig und grau wie Asche, reglos hängt er über ihr an der Decke, stundenlang. Wenn sie sich rührt, dann zischt er, quakt.

›Das Tier ist nützlich‹, sagt Myrrha, ›es fängt das Ungeziefer!‹

Trotzdem wirft Klytämnestra nach ihm, um ihn zu töten, trifft ihn aber nicht; er glotzt sie an mit seinen goldenen Augen. In jeder Nacht. Am Morgen ist er fort. Sie erzählt Georgios von ihrem Gecko; der lacht sie aus und sagt: ›Vielleicht kommt Zeus zu dir in der Gestalt des Geckos? Zu deiner Mutter kam er als Schwan. Bei deinen Leuten ist das üblich.‹ Sie lacht, und seine Ziegen meckern. Klytämnestra erwähnt den Gecko nicht ein zweites Mal.

Sie befiehlt, daß man den Gecko tötet. Aber in der nächsten Nacht sitzt ein anderer da, dann wieder ein anderer. Sie schläft nicht viel in diesen Nächten. Sie ruft Myrrha, die schon alt ist, an ihr Bett, damit sie mit ihr wacht. Sie befiehlt: ›Erzähl! Erzähl von Sparta!‹ Sie wünscht sich, wieder an den Quellen des Taygetos-Gebirges zu sitzen, wenn die Grasmücke singt.

›Es war der Gerstenpicker!‹ verbessert Myrrha. ›Der Falke stand hoch am Himmel. Ich salbte dir dein Haar mit dem Öl der Myrrhe, dem ich ein wenig Zimt beigab, damit es dunkler würde. Du wolltest deiner Schwester Helena nicht gleichen Aber dein Haar wurde nicht dunkel, sondern rot.‹

›Mein Haar ist schön!‹ sagt Klytämnestra.

›Dein Haar ist schön‹, wiederholt Myrrha, ›aber die Männer lieben blondes Haar.‹

›Nenn mich noch einmal Klyta!‹ bittet die Königin. ›Die Silben meines Namens liegen wie Kieselsteine im Mund. Warum hat man mich nicht Juno genannt, Melissa oder Leda, wie meine Mutter?‹

›Oder Helena!‹

›Nenn ihren Namen nicht! Ich verbiete dir, den Namen zu nennen! »Die schöne Helena!« Ist es denn wahr, daß sie aus einem Ei geschlüpft ist? Daß Zeus als Schwan –‹

›Du weißt es selbst!‹

›Warum kann sie dann nicht fliegen?‹

›»Flieg fort!« hast du sie angeschrien und: »Sing doch, wenn du ein Vogel bist!«‹

›Sie konnte nicht singen!‹ sagt Klytämnestra triumphierend.

›Du kannst auch nicht singen! Du läßt singen. Du läßt spinnen und du läßt tanzen. Du tust nichts selbst, darum bist du unruhig und schläfst nicht. Wer spinnt, muß seine Hände ruhig halten, sonst reißt der Faden. Die Spange an deinem Gürtel schließt du nicht selbst; ein anderer öffnet sie –‹

›Ich komme aus Sparta!‹ sagt Klytämnestra. ›Ein Spartaner arbeitet nicht selbst, er läßt arbeiten.‹

›Die Spartaner sind unbelehrbar und unbeeinflußbar. Sie halten das für Stärke.‹ Myrrha sagt, was alle sagen.

›Du stammst doch selbst aus Sparta!‹

›Ich stamme aus Athen! Man hat mich an den Straßenrand gelegt, gleich nachdem ich zur Welt gekommen war. Man hat mir einen Zweig der blühenden Linde –‹

›Ich weiß! Ich kenne die Geschichte, erzähl von mir! Was war ich für ein Kind?‹

›Du warst noch nicht ein Jahr alt, da konntest du schon auf den Beinen stehen. Andere Kinder laufen zu den Knien ihrer Mutter, um sich daran zu halten. Du liefst fort von ihr, hieltest dich an einem Baumstamm fest. Einmal, als du schon größer warst, bist du mir bis an den Fluß entlaufen –‹

›Der schnelle Euratos! Ach, Myrrha! Wie anders war es dort als hier am Ufer des Chaos!‹

›Am Ufer spielten Kinder. Sie hatten ein Feuer angezündet und verbrannten trockenen Eselsdung. Sie fingen Frösche im Sumpf, rupften ihnen die Schenkel aus, steckten sie auf die grünen frischen Zweige des Eukalyptusbaums und hielten sie dann in die Glut des Feuers. Sie rückten zusammen und machten dir Platz, sie kannten dich nicht. Du hocktest zwischen ihnen, man gab dir einen Zweig zu halten, man ließ dich kosten. So glücklich hatte ich dich nie gesehen!‹

›Und jetzt erzähl, wie ich mir die grünen Quitten unter die Achselhöhlen geschoben habe –‹

›Das war deine Schwester Helena! Sie wollte es der Göttin Aphrodite gleichtun, unter deren Achselhöhlen Äpfel und Quitten reifen.‹

›Helena hatte magere Arme, sag, daß Helenas Arme –‹

›Sie hatte magere Arme, die Quitten blieben grün und hart –‹

› – und Helena heulte vor Enttäuschung! Erzähl weiter‹, befiehlt Klytämnestra, ›erzähl von euren Festen. Unter den grünen Dächern der Platanen –‹

›Ach, Klyta! Das ist lange her. Du warst noch keine Königin und ich noch keine Sklavin. Alljährlich hat man – damals in Athen – in jedem Herbst ein Menschenpaar geopfert, einen Mann und eine Frau. Zuerst hat man sie schön bekränzt mit den Zweigen des Feigenbaums und sie behängt mit seinen Früchten, die blau und saftig waren. Man führte das Paar in einer feierlichen Prozession quer durch die Stadt bis an den Opferhügel. Dort gab man ihnen köstliche Speisen, gebratenes Lamm und schweren Wein aus Samos.‹

Klytämnestra unterbricht: ›Geh! Sag dem Koch, er soll mir Vögel in Brühe kochen! Den Sud aus vierzig Kräutern und eine fette süße Soße soll er drübergießen, und Fisch, in Wein gedünstet. – Was sagst du?‹

›Ich habe nichts gesagt!‹

›Ich werde fett, meinst du? Was noch? Man kann nur herrschen, wenn man sich beherrschen kann? Gut! Geh nicht zum Koch. Ich werde hungern. Setz dich zu mir. Zähl mir auf, was ich nicht essen werde, aber nenne die Vögel beim Namen, zähl alle vierzig Kräuter auf, vergiß die süße Soße nicht! – Laß uns tauschen, Myrrha!‹

Myrrha wird blaß.

Klytämnestra greift in ihre Schmuckschatulle, nimmt Spangen, Bänder, Reifen. ›Nimm das! Und das! Meine Schminktafel!‹

Myrrha stammelt: ›Nein!‹ und weicht zurück zur Wand. Und nochmals: ›Nein! Laß mir mein kleines Los!‹

›Erzähl weiter! Man gab ihnen, dem Paar, gebratenes Lamm und schweren Wein aus Samos –‹

Myrrha fährt fort: › – Derweil sie trunken wurden, lud man ihnen alle Schuld des Jahres auf. Am Ende hat man sie erdrosselt, ihre Leiber verbrannt und ihre Asche ins Meer gestreut. Und alle waren ihre Schuld los, und alle tanzten und sangen bis in den neuen Tag hinein –‹

›Meinst du, Myrrha, daß man in Mykene –?‹

›Nein!‹

›Paris behauptet, meine Schwester sei der Gazelle gleich. Woher will er das wissen? In Troja gibt es keine Gazellen. Jünglinge und Greise sind in sie vernarrt, die Hunde laufen ihr nach, die Blumen wenden ihre Köpfe, das glaubt ihr doch alle! Sie wird früh altern, wie alle blonden Frauen. – Ich kenne einen Hirten, drüben in den Bergen, ich habe mit ihm über den Krieg gesprochen. Ich wollte die Meinung der einfachen Leute hören.‹

›Ich weiß Bescheid!‹

›Ich habe ihm gesagt, daß Helena ihren Gatten verlassen hat und daß sie ihr Kind verlassen hat. Ich habe ihn gefragt: »Wird Treulosigkeit verziehen? Ist sie nicht schlimm wie Mord?« Weißt du, was er gesagt hat? »Wenn es aus Liebe geschieht, ist es erlaubt! Nur was aus Haß geschieht, bestrafen die Götter.«‹

›Georgios ist klug‹, sagt Myrrha.

›Du kennst seinen Namen?‹

›Man flüstert ihn in den Gassen, Klyta.‹

›Ich habe zu Georgios gesagt: »Helena ist schuld am Krieg mit Troja!« Ich habe ihn gefragt, ob Schönheit so viel Blutvergießen wert sei. »Auf Schönheit haftet kein Blut«, hat er gesagt.‹

›Die Schönheit der Frauen aus Sparta ist berühmt‹, sagt Myrrha, um nicht sagen zu müssen, daß Helena schöner ist als ihre Schwester Klytämnestra. Sie fügt – altklug – hinzu: ›Die Männer streiten nicht eigentlich um Helena. Sie ist nur der Preis für ihre eigene Aretä – so sagt man in Athen, es heißt »Vortrefflichkeit«.‹

Doch Klytämnestra hört ihr nicht mehr zu. Haß schließt die Ohren.

Der Raps blüht. Den Fotografen zur Freude. Anfang der dreißiger Jahre, als man anfing, über mögliches Leben auf anderen Planeten nachzudenken, als Marsmenschen in den Jugendbüchern auftauchten, berichtete ein Studienrat uns, seinen Schülern: In Kalifornien habe man ein Rapsfeld in einer überdimensionalen Darstellung des pythagoreischen Lehrsatzes angelegt. Es sollte, wenn es in Blüte stand, etwaigen fernen menschlichen Lebewesen, die zwar unsere Sprache nicht verstehen, aber möglicherweise zu gleichen wissenschaftlichen Erkenntnissen gekommen sind, zur Verständigung dienen...

Nie habe ich Griechenland als Reiseziel genannt; schon der Peloponnes erschien mir als Ziel zu groß. Ich nannte Patmos und fuhr nach Patmos. Wir sagten Hvar und fuhren nach Hvar, nicht nach Jugoslawien.

Wenn das Schiff anlegt, weiß ich, hier werden wir nun eine Zeitlang bleiben, wir werden nicht beim ersten Regenschauer Fluchtgedanken hegen. Wir werden ein Boot besteigen und auf die Insel vor der Insel vor der Insel fahren; sie ist so klein, daß man sie in zwei Stunden umrunden kann, über schartige Muschelkalkfelsen, die sie wie ein Dornenkranz umgeben, an Nausikaabuchten vorbei, ab und zu ein Bad in den Felsenwannen, die uns das Meer immer aufs neue mit Wasser füllt, das die Sonne uns erwärmt.

Ich scheue mich nicht, auch Ägina ›meine‹ Insel zu nennen, ich habe sie mir mit allen Sinnen zu eigen gemacht. Nie würde ich ›mein‹ Griechenland sagen, nie ›mein‹ Italien, aber Ischia ist ›meine‹ Insel; ich habe sie mir erschrieben. Auch Bornholm nenne ich ›meine‹ Insel.

Bornholm! Unser kleines Ferienhaus hieß ›Samedi‹, weil es der Besitzer an seinen freien Samstagen gebaut hatte; es stand unter hohen Föhren, dicht hinter den Dünen. Der weiße Sand von Dueodde knirschte wie gefrorener Schnee unter den Füßen; ich streute ihn über meine Briefe, wie es früher die Mönche taten: Schreibsand aus Dueodde! Nachts schwammen wir in der breiten Mondstraße, die übers Meer nach Rügen führte. Ich hatte in unserer Großfamilie die Rolle der Köchin übernommen. Kirschgrütze, frisch geräucherte Bücklinge, ›Bornholmer‹ genannt. Wir machten Ausflüge in den Norden der Insel, ein Schottland auf dänische Art. Die bunten, einstökkigen Häuser, die sich hinter Stockrosenwänden verbargen; die Gartenzäune von Wicken und wilden Levkojen überwuchert; die weißen wehrhaften Kirchen, rund wie nirgendwo sonst. Spielplätze, auf denen man sich tummelte, wenn man zwischen fünf und fünfzig Jahren alt war...

Patmos! Zum ersten Mal unterwegs als alleinreisende Frau, die ihre ersten Schritte in eine ungewollte Freiheit tat, furchtsam, sprachlos, dankbar für die Freundlichkeit der Frauen und für die Zurückhaltung der Männer. Ich lernte, den Kopf zu schütteln, wenn ich ›ja‹ meinte, zu nicken, wenn ich verneinte. Ich saß im Schatten der hohen Eukalyptusbäume; ich stieg durch die gnadenlose Hitze zum Kloster hinauf, lehnte an den Windmühlen, blickte über die Insel hinweg, blickte übers Meer zu anderen Inseln des Dodekanes, bis hin nach Kleinasien. Man respektierte, daß ich allein sein wollte, bot mir keinen Esel an, kein Auto stoppte, um mich mitzunehmen. Man sah noch die Spuren des letzten Erdbebens, noch war nicht alles wieder weiß übertüncht. Das griechische Licht tat seine Wirkung. Es vergoldete das verdorrte Gras, tauchte die verkarsteten Berge in rosafarbenes Licht, veränderte auch mich. Eine andere fuhr ab als die, die gekommen war...

Ischia! Wo ich beinahe der Verführung des Südens erlegen wäre. Ein Stück Land besitzen, ein Haus bauen! Ich glaubte damals noch, man könne das erreichen: ein Sommerleben im Süden, italienisch sprechend; ein Winterleben im Norden, deutsch schreibend. Ein Breitengrad als Trennungsstrich zwischen Leben und Schreiben. Was wurde daraus: kein Haus und kein Weinberg, statt dessen ein Buch, das diese schön-böse Insel zum Thema hat...

Juist! Ein Federstrich von einer Insel, kaum Land. Alles Strand und Düne und Damm und Watt. Ich fühle mich dort wohl, aber ich bin für die Insel eine Fremde; der Wind greift nicht in langes blondes Haar; ich gehe nicht, rechts und links ein nacktes blondes Kind an der Hand, durch den Sand. Diese Insel hat sich viel Mühe um mich gegeben: 21 Sonnenuntergänge an 21 Septembertagen! Und Junitage, in denen wir draußen am Billriff in den Prielen schwimmen konnten. Ein strahlend schöner Januartag mit klirrendem Eis und frischgefallenem Schnee, in dem die Perlschnüre der Sanddornfrüchte leuchteten; auf Schlittschuhen und Fahrrädern waren die Juister unterwegs, und als am Mittag die Herrlichkeit schließlich vorüber war, setzten wir uns zu ostfriesischem Tee und heißem Grog zusammen und sprachen bedächtig über diesen schönen Tag...

Elba! Ein Haus auf Elba für mehrere Wochen. Im Innenhof wuchs eine hochstämmige Seekiefer, unter deren Schirm wir auf dem flachen Dach saßen; wir hatten vor Augen, was ich so liebe: Ölbaumhaine, Weingärten, Zypressen, das Meer mit seinen Buchten. Wir besaßen einen eigenen Skorpion, der im Kamin lebte und den wir nicht zu töten wagten, weil wir uns vor der Mafia der Skorpione fürchteten. Wir waren noch unerfahren mit südlichen Inseln, und die Inseln waren noch unerfahren mit Touristen. Niemand sprach oder schrieb von Haien, verwundert betrachteten wir die Ölflecken an den Fußsohlen; auf den Fischmärkten schlürften wir unbekümmert das rohe Muschelfleisch, mit Limonensaft beträufelt. In den Restaurants servierte man uns Spaghetti mit geriebenem Käse und erwartete nicht, daß wir auch noch ein Hauptgericht äßen. Trunken von Sonne und Wein suchten wir nachts unseren Weg durch die Macchia, den uns die Glühwürmchen beleuchteten...

Hvar! Ein Glücksfall unter den Inseln. Keine Spuren mehr aus der griechischen Kolonialzeit, nichts aus der jahrhundertelangen türkischen Besatzungszeit, allenfalls noch der türkische Kaffee; aber die Venezianer haben ihre Paläste hinterlassen, hier ein gotischer Erker, dort ein romanischer Kampanile, ein Renaissancebrunnen. Bei jeder Wiederkehr entdeckt man Neues, verschwiegene Buchten, alttestamentarische Wege übers Land; Lavendelduft, der sich mit Rosmarinduft mischt, wenn die alten schwarzen Frauen das gepreßte Öl aus großen Flaschen in kleine Flaschen umfüllen, abends, wenn sie aufgereiht auf den marmorglänzenden, mondüberstrahlten Mauern am Hafen und am Platz vor der Kirche sitzen. Als wir zum ersten Mal dort waren, tauchte eine weiße Wolke über den Seekiefern auf, wir konnten sie, bevor sie sich auflöste, gerade noch fotografieren...

Inseln haben mir immer wieder als Fluchtpunkte gedient. Meine Romanheldinnen teilten meine Vorliebe für Inseln.

Auch sie brachten sich in Sicherheit, wollten irgendwo zur Ruhe kommen und – schwimmend – prüfen, ob sich die Rückkehr aufs Festland und ins Leben lohnte. Ich habe meine Inseln oft als Schauplätze benutzt. Beschriebene Inseln wurden zu abgeschriebenen Inseln; Patmos gehört dazu, Elba, Ägina. Bornholm hat seine Unschuld noch bewahrt, aber auch Catalina Island im Pazifik, vor Los Angeles gelegen, gehört dazu. Ich ging, mit polizeilicher Genehmigung, auf ›firepads‹ ins Innere der Insel.

Ein ganz neues Lebensgefühl: Hierhin kommst du nie wieder! Nur nach Ischia bin ich noch einmal gereist, als in den Buchhandlungen schon das Ischia-Buch lag. Lesen erscheint mir auf diesen südlichen Inseln immer wie eine Krankheit, das Buch wie eine Krücke. Wer in ein Buch blickt, statt übers Meer zu schauen und das Auf- und Untertauchen Capris im Mittagslicht zu beobachten oder die großen Bugwellen der Passagierdampfer, die längst am Horizont verschwunden sind... Aber die meisten Touristen sehen ja nichts, nichts Reales, nichts Irreales. Sie schließen die Augen, lassen sich bedenkenlos von der Sonne bescheinen, wollen nicht einmal die Sonne sehen und fragen nicht danach, ob die Sonne, ihrerseits, sie sehen will...

Ich durchreise Länder, bleibe hier ein paar Tage, dort ein paar Tage, aber es sind Durchreiseländer, zum Halten komme ich erst auf einer Insel, wo die Straßen und Wege im Meer enden.

Ich liebe Verkleinerungen. Das Dorf, in dem ich aufgewachsen bin, liegt an einem Bach, nicht an einem Strom, seine Berge haben keine Gipfel; vielleicht rührt meine Vorliebe für das Kleine aus der Kindheit her, erklären läßt sich ja alles. Ich hielt das Fernglas meines Vaters umgekehrt ans Auge, holte nicht das Ferne herbei, sondern schob das Nahe von mir fort.

Ein geliehenes Fahrrad, ein geliehenes Boot genügen mir zur Fortbewegung, allenfalls ein Omnibus, aber meist bin ich zu Fuß unterwegs. Ich kaufe auf dem Markt ein, stehe am Fischstand, die fremde Sprache mehr handhabend als sprechend, im gleichen Maße die eigene verlernend wie die fremde erlernend; nach einiger Zeit werde ich erkannt als eine, die länger bleibt, die wiederkommt.

Kleine Entdeckungen, Abenteuer mit Flora und Fauna. Ich habe die Abendwinde kennengelernt, die mich aus der Bucht ins Meer hinaustrieben. Ich kenne die Herbststürme auf Ischia, wenn die Schiffe nicht mehr zum Festland fahren. Ich kenne die eisigen Wintertage auf der Nordseeinsel Juist, wenn die Fahrrinne zugefroren ist. Daß man mit dem Flugzeug zurück an Land gelangen könnte, berührt mich nicht. Ich brauche diese Isolation, Kühner nennt mich eine Islomanin.

Niemanden stören
Niemandem Angst machen
Aus dem Weg gehen
Aus der Sonne des anderen gehen
Niemandes Wein trinken
Niemandes Reis essen

Aufhören zu leben

Die Träume der Klytämnestra

Sie geht zum Brunnen, wo die Mägde mit ihren Krügen stehen. Sie bittet die erste um einen Schluck Wasser, hält ihr den goldenen Becher hin, den sie am Gürtel stets bei sich trägt. Das Mädchen nimmt den Krug von der Schulter – nur die alten Frauen tragen den Krug auf der Hüfte – und gießt. Aber es fließt nicht Wasser, sondern Asche aus dem Krug. Klytämnestra winkt der zweiten Magd, doch auch die zweite schüttet Asche aus dem Krug in Klytämnestras Becher, und so die dritte, vierte. Der Becher ist gefüllt mit Asche, die Mägde schütten Asche vor Klytämnestras Füße, werfen ihre leeren Krüge fort und fliehen schreiend. Der Wind bläst in die Asche. Klytämnestra steht bestäubt.

Ein anderer Traum. Sie sitzt am Rande eines Brunnens. Der Wasserspiegel liegt tief, seit langem ist kein Regen gefallen. Sie beugt sich über den Brunnen, erkennt ihr Bild im Wasserspiegel, wirft einen Stein, ihr Kopf verzerrt sich, gebiert weitere Köpfe, Köpfe von jenen, die sich früher im Brunnenwasser gespiegelt haben und nun wieder auftauchen. Sie erkennt Agamemnon, erkennt Iphigenie, erkennt Orest, Elektra

Dann beruhigt sich die Oberfläche des Wassers, die Gesichter verschwinden, nur ihr eigener Kopf bleibt sichtbar. Klytämnestra erwacht, beruhigt sich und begreift: Sie muß stillhalten, darf sich nicht rühren.

Nach dem ersten Traum hat sie Ägisthus geweckt. ›Mir träumte‹, sagt sie und erzählt den Traum. Er sagt: ›Du träumst, was du dir wünschst. Du willst, daß die Krieger nicht aus Troja zurückkehren, daß es bleibt, wie es ist, daß keiner uns anklagen kann.‹ Den zweiten Traum erzählt sie ihm nicht.

In jedem Ölkrug und in jedem Wasserkrug erkennt sie von nun an die Urnen mit der Asche. Es schaudert sie. Wenn man ihr den Becher mit Wein füllt, erwartet sie Asche; wenn die Mägde ihr das Bad bereiten, sieht sie ihnen nicht mehr zu, wenn sie die Krüge leeren, sie kommt erst, wenn die Wanne gefüllt ist, beeilt sich, das Bad zu besteigen, ist erst erleichtert, wenn sie das Wasser kühl am Körper fühlt.

›Du hast ein Trauma‹, sagt Ägisthus, ›du wirst schwach.‹ Er betrachtet sie kritisch, sieht, daß sie altert. Sie trägt keinen Becher mehr am Gürtel.

Der Tod von Siena! Er nähert sich mit Kapuzen und Fackeln durch die Gassen. Der Sarg schwarz verhängt. Die Straßen sind in Siena so eng, daß die Lebenden sich an die steinernen Hauswände drücken müssen, sich in Türnischen pressen. Er kommt leise daher, läßt die Lebenden verstummen.

Erinnerung. Wir kehrten am späten Nachmittag von einer Bergtour zurück. Die Sonne stand tief, die Luft war herbstlich klar. Wir gingen rasch, um vor Einbruch der Dunkelheit unsere Wohnung in der ›Agnes-Straub-Stiftung‹ zu erreichen. Auf einem der gegenüberliegenden Berggipfel, jenseits der Salzach, blitzte es auf. Zunächst beachteten wir das Signal nicht, dann wurden wir, als es sich mehrmals wiederholte, aufmerksam, fühlten uns alarmiert. Offensichtlich war jemand in Bergnot geraten! Wir beschleunigten unsere Schritte, kürzten den Weg ab, liefen über Weiden, um möglichst rasch das nächste Telefon zu erreichen. Die Sonne war inzwischen untergegangen, wir sahen noch einmal ein Lichtzeichen, dann nicht mehr. Wir hatten uns die Stelle des Berges genau gemerkt, an der wir die Notzeichen wahrgenommen hatten, ohne allerdings recht zu wissen, womit sie hergestellt wurden.

Als wir dem ersten Einheimischen begegneten, einem Bauern, konnten wir vor Aufregung und Atemlosigkeit kaum sprechen, wiesen auf den Berg, teilten stammelnd mit, was wir wahrgenommen hatten. Er winkte ab. Im Vorjahr hatte man ein Gipfelkreuz aus Aluminium dort aufgestellt, zu bestimmten Jahres- und Tageszeiten trafen die Sonnenstrahlen das Metall, blitzten auf und signalisierten.

Wir waren erleichtert, aber auch enttäuscht.

Unser Ziel war der Hundstein, ein Aufstieg von über tausend Metern Höhe. Wir waren früh von Gries aufgebrochen, gegen Regen und Kälte gut ausgerüstet. Nach einigen Stunden sahen wir eine Almhütte liegen, wichen vom markierten Weg ab und hielten darauf zu. Wir trafen einen alten Sennhirten, der am Gatter stand und Ausschau hielt, als warte er auf jemanden. Er schien froh über eine Abwechslung zu sein, führte uns in seine ärmliche Hütte, in der er seit Monaten allein hauste; Wohnraum-Schlafraum-Stall, eins ging ins andere über. Wenn er lachte, und er lachte mehrmals, ragte ein einziger Zahn aus seinem Oberkiefer. Wir erfuhren, auf wen er wartete: auf seinen Bauern, der ihn alle paar Tage mit dem Lebensnotwendigen versorgte. Seit zwei Tagen war der Bauer nun nicht mehr gekommen, und Zigaretten, Bier und Lebensmittel waren ausgegangen.

Wir teilten unser Vesper mit ihm und versprachen, beim Abstieg wieder bei ihm vorbeizukommen und ihm all das Fehlende mitzubringen, soweit man es im Gipfelhaus kaufen könne. Als er uns seinen Lebenslauf, der keiner nach Ganghofer-Art war, zu Ende erzählt hatte, brachen wir auf; er winkte uns lange nach. Der Weg wurde steiler und mühsamer, ein Schneefeld mußte überquert werden. Als wir den Gipfel erreicht hatten, von dem aus man angeblich mehrere Dreitausender sehen konnte, steckte er in dichten Wolken, die uns alle Sicht nahmen. Wir aßen und tranken, wären gern, was auch möglich gewesen wäre, über Nacht geblieben, vielleicht daß die Wolken sich bis zum Morgen verziehen würden, aber da war dieser Sennhirte, da war unser Versprechen. Wir kauften Brot, Schokolade, Zigaretten, eine Flasche Schnaps und stiegen ab. Bald darauf fing es an zu regnen, es wurde windig. Wir holten die Umhänge aus dem Rucksack und zogen die Kapuzen über. Regen und Sturm nahmen zu, wurden immer heftiger. Auf einem Streckweg hätten wir schnell nach Zell am See absteigen und von dort aus mit einem Taxi nach Gries zurückfahren können, aber: Wir konnten doch den Sennhirten bei all den Enttäuschungen seines Lebens nicht ebenfalls enttäuschen! Als wir seine Hütte aus Nebel und Regen auftauchen sahen, rechneten wir damit, daß er uns freudig und dankbar auf seinen alten Beinen entgegenkäme. Aber er war nirgends zu sehen. Wir gingen um die Hütte herum, klopften an die Tür und öffneten sie. Wir holten aus dem Rucksack unsere Schätze hervor, die wir drei Stunden lang auf dem Rücken getragen hatten. Er bedankte sich höflich, wirkte aber verändert. Er machte sich hinter unserem Rücken zu schaffen. Wir wurden Biergeruch gewahr, auch Zigarettenrauch. Es wurde uns schnell klar: Inzwischen war sein Bauer dagewesen, hatte alles gebracht, was fehlte, auch Bier und Zigaretten, und als der Hirt, womit er nicht gerechnet hatte, uns kommen sah, mußte er erst alles wegräumen, um uns nicht zu enttäuschen. Wir verständigten uns leise, spielten das Spiel mit, ließen uns nichts anmerken. Er hätte uns sicher gern von seinen Vorräten angeboten, hätte uns gern ein Bier eingegossen, aber damit hätte er sich verraten. Also ging er, holte die Milchkanne und füllte zwei halbzerbrochene schmutzige Gläser, und wir mußten daraus, was uns nicht leicht fiel, von der kuhwarmen Milch trinken. Währenddessen ging er immer wieder zum Fenster, um zum Schein nach dem Bauern Ausschau zu halten, der doch längst dagewesen war, draußen konnte man deutlich die Spuren des Treckers im nassen Gras erkennen.

Wir mußten ihm versprechen wiederzukommen, dann wolle er uns Kaiserschmarren backen. Es müsse aber noch in diesem Jahr sein, fügte er hinzu, ein weiteres Mal wolle er nicht auf die Alm, er wolle wieder unter die Menschen. Und dann sagte er noch: ›Daran hätte ich nicht geglaubt, daß Sie bei diesem Wetter Ihr Versprechen wahrmachen würden!‹

Kühner rettet ein Schwälbchen, das aus dem Nest gefallen ist. Er geht behutsam mit ihm um, macht ihm ein Nest aus warmem Heu, dicht am Herd – wir waren auf dem Land, bewohnten den Flügel des Schlosses Imshausen, der sonst leer steht. Wir fingen Fliegen für dein Schwälbchen, fütterten es damit. Von deiner Hand aus, die es in Schwung versetzte, lernte es zu fliegen. Und als wir hofften, ihm das Leben gerettet zu haben, als es schon aus eigener Kraft eine Fliege schnappen konnte, da ließ es plötzlich das Köpfchen baumeln, piepte kläglich. Du bist mit ihm zum Bach gegangen und hast ihm das Sterben verkürzt. Du bist auf behutsame Weise der Welt zugetan, aber auch abgewandt. Mich, die Wirklichkeitsbezogene, reizt das manchmal, in der Regel erheitert es mich. Ich bin keine Versorgungsehe eingegangen, das vergesse ich nur selten.

Es wird Herbst. Nur die Mittagstunden täuschen noch Sommer vor. Wir erklären einen Freitag zum Sonntag und wandern zum Dörnberg, liegen mittags in der Sonne, die Bergkuppe ist blank und rund wie die Erdkugel, baumlos, nur vereinzelt Wacholderbüsche, eine Schafherde. Ich liege mit ausgebreiteten Armen auf dem Rücken und fühle, was bisher nur Maximiliane von Quindt, dieses Naturkind, spürte: Die Erde dreht sich, und ich drehe mich mit ihr.

Wir haben ein Kartoffelfest gefeiert. Einladungskarten im Kartoffeldruck. Ein Kartoffelgedicht. Das Kartoffellied von Matthias Claudius singen wir mehrstimmig. Groteske Plastiken aus Kartoffeln als Tischschmuck und natürlich Kartoffeln in den Schüsseln. Pellkartoffeln, Petersilienkartoffeln, Kartoffeln in Folie gebacken, Stampfkartoffeln und der dazugehörige Kartoffelschnaps. Ein heiteres Erntedankfest.

Zwetschgenkuchen in einem hessischen Forsthaus. Als wir uns dem Haus nähern, bellen die Bracken; zum ersten Mal sehe und höre ich Bracken, die ich bisher nur aus Liedern kannte: ›Bracken und die bellen‹; man lädt mich zur Hirschbrunft ein, die ich nie gehört habe. Noch immer gibt es so vieles, das ›nimmer ich gehört‹.

›Es hat, damit ein Gemeinwesen gedeihen kann, der junge Mensch für den alten Menschen, der Reiche für den Armen, der Gesunde für den Kranken, der Begabte für den weniger Begabten einzustehen; eine einfache und einleuchtende Rechnung, die aber an unserer Unzulänglichkeit scheitert. Deshalb haben wir uns gegen Alter, Krankheit, Unfall und vieles andere durch Versicherungen abgesichert. Wir kaufen uns durch die regelmäßige Zahlung von Monats- oder Jahresprämien von unserer Verantwortung los und überlassen die, nach Möglichkeit gerechte, Verteilung den Institutionen.‹ Mit diesen Worten habe ich – in meiner Eigenschaft als stellvertretende Vorsitzende des Kuratoriums – meine kleine Rede anläßlich der Verleihung der Paul-Dierichs-Preise eingeleitet. Menschliches und mitmenschliches Verhalten wird von der ›Paul-Dierichs-Stiftung‹ gepriesen und belohnt; von ›beispielhaftem Verhalten‹ ist in den Urkunden die Rede.

In einem meiner Romane lasse ich eine Frau am Neujahrsmorgen einen Brief schreiben, in dem es heißt: ›Ein neues Jahr! Ich bin dabei, alle Risiken einzuschränken. Ich überweise die Prämien für die Haftpflicht- und für die Lebensversicherung, Krankenkasse, Sturm- und Brandversicherung. Was könnte mir noch passieren? Wogegen bin ich nicht versichert? Früher sagte ich: Ich lebe wie eine Lilie auf dem Felde, jetzt lebe ich zwar auch wie eine Lilie, aber eine, die eine Hagelversicherung abgeschlossen hat.‹

Wie weit kann man sich gegen die Lebens-Gefahren, in die man sich ständig begibt, versichern? Wie weit soll das eigene Risiko, die eigene Verantwortung gehen? Versicherungsgesellschaften bieten mir neuerdings ›Rundumversicherungen‹ an, ganze ›Versicherungspakete‹ auf einmal, von der ›Verdienstausfallversicherung‹ zur ›Krankenhaustagegeldversicherung‹. In monatlichen Abständen rufen mich Versicherungsagenten an, die besorgt darüber sind, daß ich und mein Hausrat unterversichert seien. Ich scheine immer kostbarer zu werden; die Prämien, die ich zu zahlen habe, sind beachtlich. Mein Mann und ich, gegen Krankheit privatversichert, könnten für die Prämien einen Medizinstudenten im 6. Semester anstellen, der sich um unsere wertvolle Gesundheit kümmerte.

Ich habe gelesen, daß alle vier Sekunden ein Verkehrsunfall passiert, alle achtzehn Minuten ein Unfall im Haushalt; für fünfzig Pfennig am Tag sei man gegen Unfälle gefeit, versichert man mir. Dieser Eindruck, ›gefeit‹ zu sein, kann entstehen. Man verwechselt Versicherung mit Sicherheit. Man ist ja in Wirklichkeit nicht gegen die Gefahr, sondern nur gegen die Folgen des Schadens, der einem selbst geschehen ist oder den man verursacht hat, gesichert. Man schließt eine Reiseausfallversicherung ab oder eine Versicherung gegen verregneten Urlaub. Unsere Lebensangst ist zu einem umsatzträchtigen Unternehmen geworden.

Kürzlich entstand bei uns durch einen Montagefehler am neuen Heizkessel Wasserschaden im Souterrain. Der Monteur sagte ungerührt im Ton von ›macht nichts‹: ›Das übernimmt die Versicherung!‹ Wir wischten stundenlang den Fußboden; die Tapeten waren erheblich beschädigt. Der Schadensprüfer der Versicherungsgesellschaft stellte fest, daß die Fußböden und Tapeten nicht mehr neuwertig seien, der verschimmelte Teppich nicht wertvoll; er argwöhnte von Berufs wegen, wir könnten diesen Wasserschaden absichtlich verursacht haben, um von seiner Versicherungsgesellschaft Geld für die Renovierung zu erhalten. Wir fühlten uns beschuldigt, auch ein wenig deklassiert, nachdem er sich unser Haus so kritisch angesehen hatte; er hielt den Schaden für geringfügig, eine kleine Pauschale würde genügen. Wir stimmten zu, um nicht, außer dem Schaden, auch noch Ärger zu bekommen. Solcher Argwohn ist vielfach berechtigt. Jenen Satz der Autofahrer: ›Links ist frei, und rechts zahlt die Versicherung‹ kennt auch der Nicht-Autofahrer. Mit der Versicherungsmoral ist es nicht gut bestellt, man möchte, wenn man so viel zahlt, auch Vorteile haben und Geld zurückbekommen.

Ich weiß, daß der Schutz, den gesetzliche und freiwillige Versicherungen geben, erheblich und nicht mehr wegzudenken ist. Und ich weiß, wie es dem Arbeiter ergangen ist, als es die Sozialversicherung – und das ist ja erst 100 Jahre her – noch nicht gab. Aber unsere Überversicherung beunruhigt mich ebenfalls: Würden wir uns nicht häufig anders verhalten, wenn wir das Risiko für unser Verhalten selber tragen müßten? Würden wir mit unserer Gesundheit nicht achtsamer umgehen, weniger rauchen, weniger Alkohol trinken, den Urlaub wirklich zur Erholung nutzen, wenn wir uns nicht auf den Schutz der Krankenversicherungen verlassen könnten? Würde man auf sein Reisegepäck nicht noch sorgsamer aufpassen, wenn man keine Reisegepäckversicherung abgeschlossen hätte? Würde nicht sehr viel vorsichtiger gefahren werden, wenn es die Haftpflicht nicht gäbe und nicht die Vollkaskoversicherung? Alle diese Versicherungen haben uns das Leben sehr erleichtert und: das Gewissen entlastet. Vorsorge statt Vorsicht!

Man könnte sich ein Gleichnis vom reichen Mann denken, der sein Leben hoch versichern läßt, sich in sein Auto setzt, bei überhöhter Geschwindigkeit verunglückt und mit dem Leben zahlt. Dieses Gleichnis könnte in der Bibel stehen, wenn wir noch in einem biblischen Zeitalter lebten.

Trauma eines Vaters gegenüber seinem Sohn: Kraft von meiner Kraft. Er frißt mich auf. Ich nähre ihn. Er wird leben, wenn ich tot bin. Haß des Alten gegenüber dem Jungen. Haß, der verdrängt wird. Bis er im letzten Moment aufbricht. Wir hören immer nur vom Haß der Söhne. Der andere Fall wäre: Der alte Vater erschießt den jungen, gesunden Sohn, der ihn beerben wird, der leben wird.

Was sagen Sie zu der Verfilmung Ihrer ›Poenichen-Romane‹? werde ich oft gefragt.

Ein Autor ist mit dem Buch, das er schreibt, allein, ein Leser mit dem Buch, das er liest, ebenfalls; dadurch entsteht zwischen Autor und Leser ein Vertrauensverhältnis, Intimität.

An der Verfilmung eines Buches sind viele – Produzenten, Regisseure, Drehbuchautoren, Schauspieler, Kameraleute u. a. – beteiligt; die Zuschauer, die den Film gleichzeitig sehen, sind Legion. Veränderungen sind unvermeidbar, das wußte ich, das respektiere ich auch. Das Buch ist mein Buch, der Film ist in diesem persönlichen Sinne nicht mein Film. Der Autor kann zum Mittel der Ironie greifen, wenn das Leben, das er darstellt, sentimental wird, und das Leben ist sentimental; die Kunst darf es nicht sein. Aber: eine ironische Kamera gibt es nicht! Also mußten die ›Poenichen‹-Filme gefühlvoller ausfallen, als die Autorin es sich gewünscht hätte.

Wie könnte ich objektiv über diesen Film urteilen? Jeder Autor wird sagen, daß Szenen und Dialoge nur dort stimmen, wo er seinen Text wiedererkennt. Ich habe fast fünf Jahre mit diesen Quindts aus Poenichen nachdenkend, mitfühlend und schreibend verbracht. Ich habe meine eigenen Bilder vor Augen. Aber ich habe später vorm Bildschirm gesessen und gelacht, und es sind mir die Tränen gekommen, und genau das habe ich ja bewirken wollen, den Leser und nun den Zuschauer zum Lachen und zum Weinen zu bringen: über das Schicksal der Quindts, vor allem das der Heldin Maximiliane, die in Hinterpommern, weitab vom Schuß (was wörtlich zu nehmen ist für die beiden Weltkriege), aufgewachsen ist, geprägt von ihrem Großvater, dem ›alten Quindt‹. Im Ersten Weltkrieg wurde sie Waise, im Zweiten Weltkrieg Witwe. Mit ihren fünf kleinen Kindern zieht sie in den Westen, ein Flüchtling wie Millionen andere auch. Sie schlägt sich durch, sucht Hilfe und findet sie, findet auch Wärme in Männerarmen, aber nichts ist von Dauer, immer zieht sie weiter. Nirgendwo ist Poenichen! Eine neue Mutter Courage.

›Jauche und Levkojen‹, der erste Teil, spielt weitgehend in jenem legendären Poenichen in Hinterpommern; der zweite Teil hat viele Schauplätze, Auffanglager, Notunterkünfte, eine Fischbratküche in Marburg, dann Kalifornien, dann ein Burghotel im Fränkischen. Maximiliane bleibt ein Flüchtling, ein ›Flüchter‹, der nie seßhaft wird. Sie ist nicht tüchtig im üblichen Sinn, aber sie ist liebenswert und liebesfähig, ein Naturkind, das Wärme um sich verbreitet. Die neue Generation verstreut sich in alle Winde, die Zeiten, in denen Quindts ›auf Poenichen‹ in Hinterpommern saßen, sind vorbei. Dreißig Jahre nach der Vertreibung nimmt die Heldin endgültig Abschied. Das Buch endet in Poenichen, das heute Peniczyn heißt. Aber der Film endet in Holstein. Auch das ein Stück Zeitgeschichte: in Pommern, das heute Pomorze heißt, konnte der Film nicht gedreht werden. Es gibt auch keine Notunterkünfte, keine ramponierten Eisenbahnzüge, keine Trümmerstädte mehr. Die Erinnerung, sicher nicht nur die der Ausstatter des Films, sondern auch die der Zuschauer, hat jene Zeit bereits vergoldet. Die Not jener Nachkriegsjahre wird weniger sichtbar als hörbar.

Drei Tage lang war ich bei den Dreharbeiten zugegen, auf dem Schloß Sierhagen der Plessens in Holstein. Als der Kombiwagen der ›Bavaria‹, mit dem man mich in Lübeck abgeholt hatte, durchs Parktor fuhr, hielten gerade drei geschlossene Kutschen vorm Schloßportal. Es war Anfang Oktober. Auf Sierhagen war es bereits November, November 1918. Der Freiherr von Quindt verabschiedet die Gäste, die am Tauf-essen seiner Enkelin teilgenommen haben. Das Schloß wirkte schöner und heller, als ich mir das Herrenhaus Poenichen vorgestellt hatte, das in ›pommerscher Antike‹ erbaut war. Auf dem Rasenrondell, das für die Filmaufnahmen frisch angelegt worden war, blühte ein Oval bedeutungsvoller Levkojen, die meisten aus Kunststoff. Am Fahnenmast wehte die Fahne der Quindts, schwarzes Wappen auf weißem Grund; ich selbst hatte keine Vorstellung davon, wie die Quindtsche Fahne hätte aussehen können. Die Kutschen stammen aus einem Kutschen-museum, die Pferde aus einem Reitstall, auf dem Kutschbock sitzen Schauspieler. Schöne kräftige Pferde, gesunde junge Männer, obwohl doch am Ende des verlorenen Krieges die kriegsfähigen Männer und Pferde tot oder noch nicht zurückgekehrt waren...

Ich lerne Pfarrer Merzin kennen; er trägt keine rote Perücke auf dem kahlen Kopf, das einzige Merkmal, das von ihm bekannt war. Ich habe Dr. Wittkow, den Hausarzt, zum ersten Mal vor Augen. Ich sehe Otto Riepe, den Kutscher und Vertrauten des Barons, der im Alter ›barönischer‹ als sein Herr aussah. Und: Ich sehe den ›alten Quindt‹, sehr verhalten, ein wenig zu zart vielleicht: Arno Assmann, mit dem Fontaneschen ›Stechlin‹ zu vergleichen, nicht zu verwechseln; der alte Quindt – als er plötzlich Gestalt annahm und aussah wie Arno Assmann, war ich überrascht und erfreut.

Die Szene ist abgedreht, die Kutschen rollen über den Kiesweg davon, durchs Parktor und übers Kopfsteinpflaster des Gutshofs. Aber die Pferde sind nicht an die Deichsel gewöhnt, die Schauspieler nicht ans Kutschieren. Das Geräusch von Hufschlag und Wagenrädern ändert sich plötzlich, die Pferde beginnen zu galoppieren. Quindt pflegte ein berühmtes Kaiserwort abzuwandeln in: ›Wir Pommern fürchten Gott und sonst nichts auf der Welt, ausgenommen schwere Gewitter, durchgehende Pferde, Maul- und Klauenseuche, den Kiefernspanner und den Zweifrontenkrieg – aber sonst nichts auf der Welt!‹ Ich stehe beiseite, bange um Kutsche, Pferde und Menschen und fühle mich schuldig. Es geschieht kein

Unglück, diesmal nicht; ein echter Stallbursche fällt den Pferden rechtzeitig in die Zügel.

Ich fühlte mich drei Tage lang verantwortlich und schuldig, an sämtlichen Schwierigkeiten, an diesem unerhörten Aufwand. Ich bin es, die das alles in Bewegung gesetzt hat, ein Millionenprojekt für Millionen von Zuschauern.

Unmittelbar darauf ist dann Sommer. Das eben getaufte Kind spielt bereits mit Puppen. Gerade bringt Riepe wieder einmal eine der Erzieherinnen zum Zehn-Uhr-Zug, das Kind blickt ihr durchs Fenster nach. Zu diesem Zweck ist ein Gerüst an der Südseite des Schlosses errichtet worden, von dem aus durch die Fenster des ersten Stockwerks gefilmt werden kann. Damit der Rasen sommerlich blank aussieht, wird er von mehreren Gutsleuten geharkt, doch der Wind reißt immer wieder Herbstlaub von den Bäumen, es ist ja in Wirklichkeit Oktober. Damit die fünfjährige Maximiliane – unter 150 kleinen Hamburgerinnen ausgewählt – ein Objekt hat, nach dem sie blicken kann, gehe ich über den Rasen, jeweils 50 Schritte; zehn- und zwanzigmal. ›Ferner liefen...‹ auch die Autorin.

Annika, ein spielfreudiges, begabtes Kind, das nie sein Stichwort verpaßt, blond und zart und hübsch, was man von der kleinen pommerschen Dorfprinzessin Maximiliane nicht behaupten konnte. Kulleraugen, die das spätere Leben erleichtern, besitzt keine der vier Darstellerinnen, auch nicht die eigentliche Heldin, dargestellt von Ulrike Bliefert vom 16. bis zum 60. Lebensjahr, oder auch: von 1934 bis 1976. Ulrike Bliefert: Ohne schön zu sein, strahlt sie Schönheit und Wärme aus; man versteht, daß eine solche Frau durchkommen konnte, daß es immer wieder Männer gab, die sie liebten...

Das Kind wird von Anna Riepe, der Mamsell, zu Bett gebracht, muß aber zuvor noch ihre altmodischen Puppen mit der Rheuma-Salbe des Großvaters einreiben. Der Regisseur entdeckt an dem Kindernachthemd einen Reißverschluß! Und wieder erweist sich das Herrenhaus der Plessens als unerschöpflich, selbst ein geeignetes Kindernachthemd läßt sich finden. Gräfin Scheel-Plessen hat eingewilligt, daß auf Sierhagen ein Film gedreht wird, und sie hält sich daran: bereitwillig und erfinderisch. Wenn es nottut, setzt sie sich als Gast auf Poenichen an ihren eigenen Tisch auf Sierhagen. Es wird in

Salons und Schlafzimmern, Bibliothek und Badezimmern, in Scheunen, Ställen und Leutehäusern gedreht. Es wimmelt von Menschen, vor der Kamera, aber vor allem hinter der Kamera: Beleuchter, Tonmeister, Scriptgirl, Regieassistentin, Kameramann und Kameraassistent...

Schließlich liegt das Kind in seinem Bett, und die Großeltern, in Begleitung der Mutter Vera, treten auf. Ein wichtiges Kapitel des Romans, eine rührende Gute-Nacht-Szene im Film; Maximiliane-Annika betet ein vollständiges Kindergebet: ›Ich bin klein, mein Herz ist rein...‹ Zwanzigmal mit immer derselben Andacht; betende Kinder sind ja im Film immer rührend. Sie schließt dann auch noch den Großvater und das halbe Poenicher Personal und sogar die Mutter Vera, von der sie so sträflich vernachlässigt wird, ins Gebet ein. Im Roman sagt das Kind lediglich: ›Lieber Gott, Himmel komm, Amen!‹, allenfalls als Gebetchen zu bezeichnen, aber Quindt befindet (im Roman): ›Im wesentlichen scheint es zu stimmen.‹ Die Großmutter Sophie Charlotte beendet (im Film) zuversichtlich und glaubwürdig die Gute-Nacht-Szene mit: ›Amen!‹ Ich habe kein weiteres Wort von Edda Seippel gehört, nur dieses ›Amen‹, aber es saß genau, bei allen Proben und auch, als es endlich ›Achtung, wir drehen!‹ hieß und unten im Haus unvermutet das Telefon schrillte. Beim nächsten Kommando: ›Achtung, wir drehen!‹, als ich kaum noch zu atmen wagte, schlug, ebenfalls unvermutet, einer der Hunde an...

Vera, von Franziska Bronnen gespielt, wirkte noch eleganter und emanzipierter, als ich sie mir vorgestellt hatte. Alles erschien mir ein wenig zu elegant und zu aufwendig, obwohl Günter Gräwert, der Regisseur des ersten Buches, ein Ostpreuße, in Abständen mahnte: ›Wir sind in Hinterpommern! Poenichen!‹ Dazu macht er eine dämpfende Geste: schwerer das Ganze! Er kennt das Buch, auch was zwischen den Zeilen steht, aber er hat sich an die Drehbücher zu halten, es sind 36, von unterschiedlicher Güte, von verschiedenen Autoren geschrieben. Der alte Quindt pflegte zu seiner Frau zu sagen: ›Halt du dich da raus!‹ Ich halte mich ebenfalls raus; ich hätte gern mitgemacht, aber man gab mir keine Gelegenheit dazu, duldete jedoch meine tagelange Anwesenheit, die mich von der Unwichtigkeit des Autors bei der Verfilmung seines Romans überzeugt hat. Bei mir zu Hause steht eine Handbibliothek, Bücher über landwirtschaftliches Gerät, Hundezucht, pommersches Platt... eine Pomerania! Niemand ist auf den Gedanken gekommen – der so nahe lag –, sie zu benutzen.

Ein Fernsehteam des Norddeutschen Rundfunks, Studio Kiel, kommt, um das Bavaria-Fernseh-Team bei den Dreharbeiten zu filmen; die Autorin wird gefragt, wie es mit der Ähnlichkeit zwischen Pommern und Holstein, zwischen Poenichen und Sierhagen, bestellt sei. Holsteinische Schweiz hier und pommersche Sandbüchse dort. Ein schöner Notbehelf.

Nach einem langen Drehtag fahre ich im selben Kombiwagen wie die kleine Annika-Maximiliane zurück ins Hotel. ›Heute abend möchte ich nur eine kleine Schildkrötensuppe essen!‹ sagt das Kind zu seiner Mutter – schon eine kleine Prinzessin. Das Baby Maximiliane, das in der Taufszene sehr gut gewesen sein soll, sah ich nicht, auch nicht die zwölfjährige, von der es hieß, sie sei ›sexy‹ gewesen. Ich frage mich, ob Maximiliane mit zwölf Jahren oder irgendwann später ›sexy‹ gewesen ist.

In den Hotelsilos von Sirksdorf, zehn Kilometer von Sierhagen entfernt, wo die Produktionsleitung, der Regiestab, das künstlerische und das technische Personal monatelang wohnen, beginnt der Tag bereits um sieben Uhr; es wird kostümiert, frisiert, geschminkt. Dreitausend Kostüme, eher mehr als weniger, in London und Paris und anderswo eingekauft; ganze Körbe voller fleischfarbener Seidenstrümpfe mit Nähten für Straßenpassantinnen und BDM-Mädchen...

Zwischendurch eine kleine Szene, nicht bedeutend, es geht entsprechend auch schnell: Eine Magd wischt die Steinstufen, die ins Haus führen. Die jüngste Tochter Plessen, die sonst in Berlin studiert, liegt, in groben Röcken, auf den Knien und scheuert, als täte sie nie etwas anderes, und der Freiherr von Quindt schreitet über sie hinweg. Mein Quindt hätte das nie getan! Auf Poenichen gab es zwar auch das, was Quindt ›die Unterschiede‹ nannte, aber jeder trug an seinem Platz Verantwortung und wurde geachtet. ›Ihr mit eurer Gerechtigkeit!‹ sagt Quindt 1918. ›Hier bekommt nicht jeder dasselbe! Wer es am nötigsten hat, bekommt am meisten. Das ist unsere Gerechtigkeit!‹ Wie politisch das Buch ist, habe ich erst später, im Gespräch mit Lesern und auch bei den Dreharbeiten, gemerkt, weniger beim Schreiben.

Als noch rasch ein Standfoto gemacht werden soll, fahre ich mit. Die benötigte Straße des Berliner Westens findet sich in Eutin. Ich sitze zwischen SA-Männern, Gau Pommern; außerdem fährt Vera mit, inzwischen eine Starfotografin und mit einem jüdischen Arzt verheiratet. Man hat sie denunziert und ihr ein Schild um den Hals gehängt, ihr Bild wird in die Zeitungen kommen. Man braucht noch einen Juden, der ebenfalls ein Schild um den Hals tragen soll. Aber es findet sich unter den holsteinischen Komparsen keiner, der für die Dauer weniger Minuten ein Jude sein will, sie wollen alle SA-Männer spielen; ein Zuruf des Regisseurs genügt, und sie stehen da, wie SA-Männer dastanden, die gerade jemanden festgenommen hatten: Hand am Koppel, die Beine in Hab-acht-Stellung. Ein Mitarbeiter der Bavaria hängte sich dann das Schild um. (Als man später auf einer Burg in Niederbayern den Familientag der Quindts, 1936, filmt, braucht man wieder männliche und weibliche Nazis, die mit erhobenem Arm im Burghof bei Fackellicht das Horst-Wessel-Lied singen; einer soll gesagt haben: ›Die Zeiten kommen auch mal wieder.‹ Mich schaudert.)

Ich durfte hie und da einen Blick durch die Optik der Kamera werfen, ich durfte mitkommen, wenn weitere Drehorte ausgesucht und die nötigen Umbauten mit dem Architekten besprochen wurden, kurze Gespräche mit dem Regisseur waren möglich und ergiebig, die Intensität seiner Regie vor und hinter der Kamera hat mich beeindruckt.

›Die Pferde bogen in die kahle Lindenallee ein, an deren Ende das Herrenhaus sichtbar wurde.‹ Ein solcher Satz ist leicht zu schreiben; jeder Leser kann sich etwas vorstellen, jeder eine eigene Allee, jeder ein anderes Herrenhaus. Aber was für ein Aufwand, einen solchen Satz ins Bild zu bringen! Auch das Gegenteil ist möglich. Um Maximilianes Puppen, ›Ebert und Noske‹ genannt, zu beschreiben, habe ich eine halbe Buchseite benötigt, im Film genügt ein Blick der Kamera, der außerdem noch Tapeten und kronenbestickte Bettwäsche und die Knöpfschuhe der Mamsell Riepe umfaßt...

Mittlerweile hat man auf Sierhagen die Ölbilder von Wilhelm II., von Bismarck und Hindenburg, die in Poenichen hingen, entfernt. Poenichen und Sierhagen haben sich wieder voneinander getrennt.

Durch die Romane wehte jener Mischgeruch von ›Jauche und Levkojen‹, den Fontane meinte. Durch den Film weht vor allem Levkojenduft.

Bei der ›Bavaria‹ erfuhr ich, daß die Zwischentexte des Erzählers zunächst von einer Schauspielerin gesprochen werden sollten, doch es habe sich erwiesen, daß die weibliche Stimme ›nach Märchen‹ klinge. Der Erzählertext wurde dann von einem männlichen Schauspieler gesprochen.

Der alte Quindt erschießt 1945 seine Frau und sich selber, um Poenichen nicht verlassen zu müssen. Als ich das schrieb, ging es mir nahe, als ich die betreffende Filmszene mit Arno Assmann und Edda Seippel sah, war ich erschüttert; als Assmann sich dann bald darauf in Wirklichkeit das Leben nahm, meinte ich, seinen Tod herbeigeschrieben zu haben.

Auch jene Romanfiguren, die dem Leser unsympathisch erscheinen, haben immer das Verständnis der Autorin, ihre Anteilnahme.

Andere scheinen von meinem Erfolg beeindruckter zu sein als ich selbst. Man fragt: ›Was wollen Sie unter diesem Produktionszwang denn nun noch schreiben?!‹

Ich schreibe weiter, wie ich immer geschrieben habe. Ich sage lachend: ›Ich habe zum ersten Mal Geldsorgen.‹ Ich erkläre anderen, die davon nichts wissen wollen, meinen Standpunkt zu Leistung und Besitz. ›Keiner kann hundertmal besser sein als der andere, allenfalls zehnmal. Jeder müßte mindestens zehntausend Mark im Jahr verdienen, aber keiner dürfte mehr als hunderttausend verdienen!‹

Nur das Finanzamt stimmt mit meiner Theorie überein und setzt sie in die Praxis um.

›Es gibt Zeiten, wo man, geschweige einen warmen Menschen, nicht einmal ein warmes, lebendiges Buch zur Hand hat, an dem man sich bereichern und erquicken könnte. In diesen Zeiten soll das Tagebuch mein Trost sein.‹ So steht es in Gottfried Kellers Tagebüchern. In meiner schwarzen Kladde ist viel von Krankheiten die Rede, deine Krankheiten, meine Krankheiten, als wären wir ständig krank! Wenn ich gesund bin, schreibe ich nur selten in die Kladde, dann sitze ich an einem Manuskript.

Klinik. Operation. Der Arzt ist zufrieden, der Patient ist zufrieden; du liegst mit geschlossenen Augen und siehst – wie du sagst – die schönsten Bilder. Ich bin zuversichtlich. Das Ergebnis liegt noch nicht vor. Ich höre nicht auf zu beten, es ist wie Ein- und Ausatmen. Ich hoffe, daß ich mit beidem zu gleicher Zeit aufhören werde. In der Straßenbahn, mit der ich zum Krankenhaus fuhr, kam eine mir unbekannte Frau, jünger als ich, mit schönem offenen Gesicht, auf mich zu, drückte mir einen Strauß Anemonen in die Hand: »Eigentlich sollte jemand anders ihn bekommen!« – und verschwand wie ein Engel. Und da saß ich dann mit ihrem Strauß. Draußen auf der Straße sah ich sie dann noch einmal, unser Lächeln begegnete sich.

Du liegst und gesundest. Ohne Worte, ohne Musik, du bist ganz für dich.

Je älter man wird, desto bereitwilliger erkennt man die Grundgesetze an, auch die der Natur. Man erklärt sich einverstanden, ohne Resignation.

Das Wort ›Vergangenheitsbewältigung‹ müßte man in dem Sinne verwenden, daß die Vergangenheit uns bewältigt, d. h. überwältigt hat. Ich sehe Hitler-Filme, Kriegs-Filme, KZ-Filme, lese über jüdische Schicksale, lese Aufsätze über das Schicksal der Zigeuner im ›Dritten Reich‹ und sage jedesmal: Ich begreife es nicht! Ich gebe mir Mühe, nicht auch noch von der Gegenwart überwältigt zu werden. Ich bin informationsmüde – und stürze mich auf Zeitungen, starre auf den Bildschirm, als könnten mir aus dem Mund des Nachrichtensprechers Verkündigungen kommen.

Kunstgeschichten I

Der Freund Karl-Heinz M., Töpfer und Keramiker, mußte Frau und Zwillinge ernähren. Er war ständig in Geldnöten. Wer kaufte Keramiken kurz nach der Währungsreform! Dann konnte er zum ersten Mal seine Arbeiten in einer Ausstellung zeigen, ein großer Augenblick: eine Vernissage. Eine ganze Vitrine mit Arbeiten von Karl-Heinz M.! Seine Krüge und Schalen mußten versichert werden, ein Beweis für ihren Wert, die Prämie zu zahlen fiel ihm schwer. Nach wenigen Tagen – er hatte noch keines seiner Gefäße verkaufen können – stürzte die Vitrine ein, die Keramiken gingen sämtlich zu Bruch. Das erste Geld, das ihm seine Kunstwerke brachten, zahlte die Versicherung.

Wir sprechen manchmal über Till Eulenspiegel, eines von Kühners Projekten: Till Eulenspiegel in unserer Zeit. Von Till Eulenspiegel könnte man lernen, frohgemut bergauf zu steigen, weil man ja weiß, es wird auf der anderen Seite bergab gehen. Wenn man mich mit der Bemerkung ›Wir sind über den Berg!‹ trösten will, sage ich: ›Geht es denn schon wieder bergab?‹

Weiterer Versuch, Klytämnestra zu rechtfertigen

Ägisthus sieht im Gefolge des Agamemnon – als jener aus dem trojanischen Krieg zurückgekehrt ist – die junge Kassandra. Sie hebt die Hand, zeigt auf ihn und blickt ihn lange an, bis er – ›als hätte ihn ein Blitz getroffen‹ – zusammenstürzt. Die alte Myrrha wird zu Rate gezogen, sie sagt: ›Das Rheuma.‹

Der weise Priester sagt: ›Eine Warnung der Götter.‹

Die Ratschläge der Dienerin sind leichter zu befolgen. Man breitet ein goldenes Ziegenfell auf die kalten Steine. Mit Hilfe zweier Männer wird Ägisthus, der sich nicht rühren kann, auf den Bauch gewälzt. Inzwischen hat man einen dreijährigen Knaben herbeigeholt, der barfüßig auf Ägisthus' Rückgrat balanciert. Die Sklavin Myrrha führt ihn an der Hand, den Rücken aufwärts, dann zurück. Ägisthus stöhnt, Wollust des Schmerzes. Dann wird sein Rücken mit Rosmarinöl gesalbt und er muß ruhen. Wenige Stunden später wandert ein fünfjäh riger Knabe mit bloßen Füßen über den Grat seines Rückens, wieder wird gesalbt, wieder eine Pause. Nach weiteren Stunden ein achtjähriger Knabe, der entlang dem Rückgrat seine Fersen bohrt, hinauf und hinunter und zurück, wie Myrrha es befiehlt. Ägisthus stöhnt, hält still und wird gesalbt. Und dann erhebt er sich ohne Hilfe. Er ist von Kassandras Blick geheilt.

Die Warnung der Götter hat er nicht verstanden.

Ein städtischer Kinderspielplatz. Es fehlte an nichts: Wippe, Schaukel, Rundlauf, Klettergerüst, alles gut gesichert und kindgerecht. Sogar an Hüppekästchen – oder sagt man anderswo Hickelhäuschen? – hatte man gedacht; die Umrisse der Felder mit weißen einzementierten Steinchen vom dunkleren Untergrund abgesetzt. Die Kinder brauchten nur noch zu hüpfen. Man hätte auch aufziehbare Puppen hinstellen können, die das Hüpfen besorgten, und die Kinder hätten nur zugeguckt. Vor lauter pädagogischem Eifer hatte man vergessen, daß die Vorbereitungen eines Spiels das Hauptvergnügen sind; der geeignete Platz muß gesucht, der Stock gefunden, die Felder müssen aufgezeichnet werden...

Die Vorbereitungen für das Weihnachtsfest, auch wenn wir oft darüber stöhnen, sind das Hauptvergnügen, das wir uns von keinem noch so einfallsreichen Versandhaus abnehmen lassen. Wir wollen keine fertigen Adventsgestecke im Blumenladen kaufen, die Knusperhäuschen nicht beim Bäcker; wir wollen die Gestecke selber herstellen, wollen unsere Geschenke selbst in Seidenpapier einwickeln. Zu Weihnachten zählt das Unvollkommene, nicht das Perfekte. Da triumphiert das Selbstgebastelte und Selbstgebackene. Ich freue mich, wenn mir eine Freundin, eine ›Nur-Hausfrau‹, ein Paket mit ihren ›eigenen Werken‹ schickt, sechserlei Sorten von Marmelade. Noch lieber als eine neue Puppe wollen Kinder ein neues Kleid für die geliebte alte Puppe haben.

Natürlich kann man auch mit viel Geld viel Freude machen, aber noch mehr Freude mit einem aufmerksamen Gedächtnis, mit Phantasie. Die Zeit der fröhlichen Geber und der fröhlichen Nehmer ist angebrochen. Kein Kulturpessimist wird mir die Freude am Weihnachtsfest nehmen können. Ich singe Weihnachtslieder, während ich meine Weihnachtspäckchen packe, und wünschte, daß man sie beim Aufpacken hört.

Wer das Jahr über für höhere Löhne plädiert hat, darf denjenigen, die jetzt dem Urwunsch nach Kaufen und nach Besitz nachgeben, nicht mit Kritik am Konsum-Verhalten kommen! Die Ladenkassen klingeln, und das ist gut so. Es wäre um die Jahresbilanzen schlecht bestellt, wäre es anders. Auch ich profitiere vom Weihnachtsgeschäft; die Vorstellung, daß meine Bücher auf Gabentischen liegen, erfreut mich; es wird den Herstellern und Verkäufern von Spielzeug, Pelzmänteln, Marzipan und Skiern nicht anders ergehen.

Der Endspurt zum Weihnachtsbaum ist wieder einmal geschafft. Wir haben Adventsmusik gehört, sind über den Weihnachtsmarkt gegangen, haben den Lichterbogen aus dem Erzgebirge ins Fenster gestellt, haben, wie es die Frauenbeilagen der Zeitungen beschrieben haben, trockene Hortensienblüten silbern besprüht, haben Strohsterne sowie Engel mit unserem ›Fröhliche Weihnachten auch bei Euch‹ verschickt. Es sieht weihnachtlich bei uns aus, es riecht weihnachtlich, es klingt weihnachtlich – aber das sind alles die Vorbereitungen, das Spiel. Es bleibt noch der Ernst, die tiefere Bedeutung. ›Freuet euch!‹ Oder: ›Fürchtet euch nicht!‹

Als Friedrich Torberg durch Israel reiste, hat, so schreibt er, ein Taxifahrer unterwegs angehalten und gesagt: ›Hier, auf dieser Straße, ist den Jüngern der Engel entgegengekommen!‹ Jeder, der den Bericht in der Zeitung gelesen hat, wird sich gewundert haben, daß da nicht stand: ›Hier soll der Engel den Jüngern entgegengekommen sein.‹

Für viele ist Weihnachten kein Christfest mehr. Vor allem die Jüngeren lehnen ›das christliche Brimborium‹ des Weihnachtsfestes ab. Aber wäre die Welt ohne Krippenspiel und Weihnachtsoratorium denn besser? Ehrlicher? Weihnachten ist doch auch ein ›Versöhnungsfest‹, ein ›Wiedergutmachungsfest‹. Was für eine Gelegenheit ist uns da, am Jahresende, geboten, Schuld abzutragen, die sich angesammelt hat, und einander Freude zu bereiten. Es muß nur ein Brief geschrieben werden: ›Laß es wieder gut sein zwischen uns! Ein Mißverständnis! Das Leben ist zu kurz für Groll und Unversöhnlichkeit.‹ Oft genügt ein Anruf. ›Du sollst dich nicht allein fühlen! Wir denken an dich!‹ Ein Satz, der jenes ›Freuet euch!‹, jenes ›Fürchtet euch nicht!‹ auslösen kann.

Thornton Wilder wählt in seinem hintergründigen Stück

›Das lange Weihnachtsmahl‹ nicht ohne Grund das gemeinsame Essen und das gemeinsame Gespräch als Szene für sein Thema. Man ißt Pute, trinkt Wein, redet über die Predigt, über den Rauhreif und über jene, die nicht mehr bei Tisch sitzen, weil sie – während des Spiels – durch die Tür des Todes abgegangen sind; durch die andere Tür sind neue Familienmitglieder hereingekommen. Das Weihnachtsmahl als Symbol für Leben und Vergänglichkeit.

Was beim Weihnachtsessen heute fehlt, das sind die Geschichten. Wir sind alle schlechte Erzähler und schlechte Zuhörer geworden. Im ersten Nachkriegsjahr sang Bing Crosby ›White Christmas‹, eine Botschaft aus einer fernen, glücklichen Welt, für viele gewiß ein Engel der Verkündigung, denn dem ›Frieden auf Erden‹ fühlten wir uns alle nie näher als in jenem Jahr. Aber wir berichten nicht davon! Wir Älteren fühlen uns schuldig, diesen Krieg überlebt zu haben, und auch daran, daß der Wiederaufbau Deutschlands nicht so geraten ist, wie wir es damals erhofften und vorhatten.

Wir schalten Radiogeräte und Fernsehapparate ein, lassen uns Weihnachtslieder aus aller Welt vorsingen. Weihnachten in der Polarnacht, ›Christmas Carol‹ von Charles Dickens. Statt unsere eigenen Weihnachtsgeschichten zu erzählen, von Krieg und Frieden, aus dem Gefangenenlager, aus dem Luftschutzbunker, von jenen ›Christbäumen‹, die feindliche Flugzeuge über den Städten setzten, vom Behelfsheim, vom mißratenen Versuch, auf Teneriffa den Schwierigkeiten zu entgehen.

Den großen Jahresrückblick überlassen wir den Redakteuren der Zeitungen, den Fernseh- und Rundfunkanstalten, dem Bundeskanzler und dem Bundespräsidenten, die uns ihre Botschaften verkünden. Wir haben die Wahl, wir können ein Erinnerungsfest, ein Wiedergutmachungsfest oder ein Weihnachtsfest feiern, eines davon wird uns hoffentlich gelingen!

Zwischen ›Siehe, ich verkündige euch große Freude!‹ und ›Aufgefahren zum Himmel‹ heißt es im Johannes-Evangelium zum Schluß: ›Es sind auch viele andere Dinge, die Jesus getan hat; so sie aber sollten eins nach dem andern geschrieben werden, achte ich, die Welt würde die Bücher nicht fassen, die zu schreiben wären.‹

Diese Sätze werden viel zuwenig beachtet.

Februar: Kühner für mehrere Wochen in den Bergen. Er ist ein Skiläufer. Aber er hat jetzt, mit zunehmendem Alter, die Pisten verlassen; von nun an Langlauf. Ich bin nach mehr als zehn Jahren zum ersten Mal wieder längere Zeit allein. Ich stelle fest, daß ich dazu fähig bin. Das ist wichtig zu wissen.

Im Fernsehen die Verfilmung von Jurek Beckers ›Boxer‹. Der Versuch einiger KZ-Überlebender weiterzuleben, überhaupt: zu leben. Ergreifend, großartig! Die Presse hingegen zeigte sich ablehnend. Weiterhin steht Gefühl unter Tabu, es muß ›gescheitert‹ werden. Hilfe darf nicht geleistet werden – was doch einmal eine der Aufgaben der Kunst war.

›Glücklich liebend und geliebt‹, sagt Goethe zu und über Marianne von Willemer. Ein Augenblick, im Gedicht verewigt. Wir beide versuchen das Tag für Tag: glücklich liebend und geliebt. Wenig Eintrübungen. Eben hast du mir ein Glas Wasser mit Vitamin C gebracht: ›Trink das! Ich habe auch ein Glas getrunken. Ich will nicht länger leben als du!‹

Wir essen seit Tagen keine Zitrusfrüchte mehr. In der Presse wurde auf die Gefahr hingewiesen, daß von Terroristen Quecksilber eingespritzt wurde. Diese Weltverbesserer! Was für mörderische Anschläge! Der Apfel vom Baum der Erkenntnis, und nun also vergiftete Orangen! Kann man mit Gift auf eine gute Sache aufmerksam machen? Oder will man den Handel eines Staates schädigen, indem man schuldlose Kinder in entfernten Ländern vergiftet?

Rede der Klytämnestra an den toten Agamemnon

›Laßt mich mit ihm allein‹, befiehlt die Mörderin, ›er war mein Mann, was fürchtet ihr für einen Toten – daß ich ihn zweimal töte? Er hätte es verdient!‹

Als sie allein mit Agamemnon ist, dem man die Rüstung wieder angelegt und den man in der großen Halle des Palastes aufgebahrt hat, hält sie ihm eine Rede. Die Rede der Klytämnestra an den toten Agamemnon, die nicht überliefert wurde.

›Du hast gesagt, bei den Atriden gibt es nur eines, zu morden oder gemordet zu werden. Ich sagte: »Gut! Dann morde mich! Aber ich mache dich zum Mörder!« Jetzt ist es umgekehrt gekommen.

Du hast auch gesagt: »Nenne niemanden glücklich, bis er nicht gestorben ist.« Bist du nun glücklich? Dieser Morgen ist schön, Agamemnon, hast du je gesehen, daß ein Morgen schön sein kann? Kennst du den Schatten des Ölbaums am Mittag? Deine Herolde heben den Arm zum Gruß, du läßt sie immer neue Worte rufen. »Heil!« »Friede!« »Sieg!« Und: »Zeus Agamemnon!« Warum grüßen sie dich nicht mit »Guten Morgen«? Das ist schon viel, wenn dieser Morgen gut wird. Ich habe nicht viele gute Tage erlebt, Agamemnon. Ich habe mir mein Glück jenseits der Mauern von Mykene suchen müssen.

Ich spüre kein Mitleid mit dir, Agamemnon. Dein Hund ist tot, so lange lebt kein Hund. Ich bin nicht die, die du verlassen hast. Ich bin nicht die, die damals auf dem Felsen stand und wartete. Ich hasse das Meer, Agamemnon! Ich hasse es, am Ufer zu stehen und den Schiffen nachzublicken, die ausfahren und nicht wiederkehren. Und wenn sie kommen – zehn Jahre später sind zehn Jahre zu spät. Ich stand mit dem Rücken zum Meer, als man die Rückkehr deiner Schiffe meldete, und sah: Mykene in Trümmern, dein Löwentor zerborsten, und über deinem Grab wuchsen Disteln. Ich habe das Meer gehaßt, darum habe ich dich im Bad ertränkt. Dein Element ist das Feuer, meines das Wasser, du setzt in Brand, und ich ertränke! Ich sah den Fackelschein. Die Heide brannte auf dem Arachnaion, den man den Spinnenberg nennt, weißt du das? Was weißt du denn von deiner Argolis? Vom Berg Ida auf Kreta zum Hermesfelsen auf Lemnos, zum Berge Athos – der Wechselgruß der Brände, eine Feuerstaffette von Berg zu Berg. Feuer lief vor dir her. Mit Feuer kündet man keine frohe Botschaft.

Du hast mir nie zugehört, nun hör mir zu, hör mir gut zu, toter Agamemnon! Man wird sich streiten, ob es Ägisthus getan hat oder ich. In meinem Herzen gab ich dir hundertmal den Tod. Die Absicht zählt, die Tat zählt nichts. Ich bin ein Schwamm aus Haß, weh dem, der diesen Schwamm ausdrükken will!

Als ich das Löwentor durchschritt, grinste der linke deiner beiden Löwen. Der Stein zersprang, mit dem ich dich, dein

Löwenhaupt, zersprengen wollte, das Bild blieb heil. Mir schaudert, Agamemnon! Ich zähle nicht zu jenen Frauen, die sagen: Kehr mit dem Schild zurück oder tot auf dem Schilde liegend. »Wirf deinen Schild ins Heidekraut, wenn er dich am Laufen hindert«, habe ich zu meinem Sohn Orest gesagt. Orest, von dem es heißt, er tue keiner Fliege was zuleide. Warum sollte er einer Fliege was zuleide tun? Die Fliegen werden später Klytämnestra rächen –.

Ich habe dich gebeten, mir Blumensamen aus Troja mitzubringen als Beute, etwas, das wächst. Für meine Gärten, die Gärten der Klytämnestra, die nun verwildert und verdorrt sind. Unsere Kinder und unsere Enkel sollten darin spielen. Ich habe diese Kinder nur empfangen und geboren; genährt und aufgezogen hat sie ihre Amme. Sie liebten ihre Amme, nicht ihre Mutter, so wie ich Myrrha liebte und nicht meine Mutter Leda. Feindschaft herrscht zwischen Vater und Sohn, Feindschaft zwischen Mutter und Tochter, wie bei den Göttern. Wir haben Feinde aufgezogen, die nach unserem Leben trachten. Die Armen sorgen für ihre Kinder, weil die Kinder die Ernährer ihres Alters sind. Ich habe viel gesehen, Agamemnon, in den Gassen, auf der Agora und auf den Hügeln. Wie kannst du den regieren, den du nicht kennst? In einem Staat muß jeder jeden kennen. Der, der gehorcht; der, der regiert. Und jede Stimme muß man hören. Dann wird noch immer der eine laut, der andere leise reden und mancher schweigen. Die Männer treffen sich auf der Agora zu keinem anderen Zwecke, als zu reden. Reden ist wie Atmen für die Griechen, wer atmet, redet. Du willst wissen, wer das gesagt hat? Du kennst ihn nicht, du kennst sie alle nicht! Du kennst auch nicht die Frauen. Sie gehen zum Brunnen oder an den Fluß. Sie reden, aber sie waschen derweil auch die Wäsche und holen Wasser. Tun und Reden sind eins. Sie zwitschern wie Vögel. Aber sie verstummen, wenn der König kommt.

Meine Ehe mit dir war in jenem Augenblick beendet, als du Iphigenie geopfert hast, für nichts als guten Wind. Warum habt ihr Helena nicht in Troja gelassen? Macht Schönheit schuldlos? Du hast den Krieg übers Meer in ein fernes Land getragen, damit deine Felder nicht verwüstet wurden; deine Argolis blieb unzerstört.

Erdbeben und Kriege. Genügen Erdbeben nicht? Nicht

genug Trümmer, nicht genug Tote? Die Gewalt der Götter, die Gewalt der Männer! Ihr wollt es den Göttern gleichtun. Die männerehrende Schlacht! Ich verstehe es nicht, hörst du, Agamemnon, erklär es mir: Was ist denn ehrend daran, wenn ein Mann den anderen tötet? Er schmäht die Frau, die ihn geboren hat, den Mann, der ihn gezeugt hat, die Frau, die ihn liebt. Geliebt hat, Agamemnon – ich habe dich geliebt, obwohl du meinen ersten Mann, mein erstes Kind erschlagen hast. Schuld wird durch Schuld vergolten, und diese neue Schuld wird durch neue Schuld vergolten. Hört auf! Hört endlich damit auf! Wer soll dich rächen? Orest? Wir haben ihn fortgeschafft, zu einfachen Leuten auf dem Lande, er wird uns dort vergessen, er wird vergessen, daß er ein Atride ist.

Ich, Klytämnestra, Schwester der schönen Helena aus Sparta.

Ich, Klytämnestra, Mutter von drei Töchtern, einem Sohn.

Ich, Klytämnestra, Geliebte des Ägisthus. Ich war nicht nur die Frau des Agamemnon! Ich habe viel versucht, um meinen Namen an etwas Schönes zu heften. Ein Sternbild. Eine Schale. Meine Gärten. Aber die Schale ist zersprungen, die Scherben liegen im Schutt. Man wird am Himmel den Gürtel der Klytämnestra nicht vermissen, die Regengüsse werden die Reste meiner Gärten zerstören –.

Du meinst, es sei zwecklos gewesen, auch Kassandra zu töten? »Laß sie leben«, habe ich zu Ägisthus gesagt. »Vielleicht verliebt Orest sich in Kassandra, sie sind im selben Alter.« Er hat gesagt: »Du wirst alt, du stiftest Ehen.« Vielleicht gefiel sie ihm, er liebte immer, was du liebtest. Seine Liebe heißt Rache. Niemand wird Glaukos töten, niemand Georgios, niemand den Töpfer Pavlos, ein Fischer, ein Hirte, ein Töpfer, den Tod nicht wert, verschont von der Rache der Götter. Das Glück der Armen heißt Unscheinbarkeit.

Man muß nicht Kassandra heißen, um den Atriden Unheil prophezeien zu können. Sie wird als Kind unter einem Haselnußstrauch geschlafen haben, das macht weissagende Träume; ich weiß das von Georgios, Myrrha hat es bestätigt. Du kennst die nicht, die du beherrschen wolltest, Agamemnon! Kassandra ist selbst das Unheil, das sie weissagt! Wenn du ein einziges Mal zurückgekehrt wärest, ohne dir eine Sklavin mitzubringen! Warum baut ihr euch Burgen, wenn ihr lieber im dunklen

Bauch der Schiffe haust, wenn ihr lieber in Zelten lebt? Dir genügt ein Schatzhaus für deine Beute. Warum hebst du nicht deine Sklavinnen in deinem Schatzhaus auf? Meinst du, ich hätte nichts über Chryseis, die Tochter des trojanischen Priesters, erfahren? Nichts von der Lieblingssklavin des Achill? Kassandra war die letzte Geliebte, das unterscheidet sie, und darum mußten wir sie töten.

Wer will denn im voraus wissen, was geschehen wird? Keiner! Hörst du mir zu? Ich sage: Keiner! Diese Wegelagerin! Sie murmelte ihre Flüche in den Gassen von Mykene, sie hätte so lange ihre Flüche ausgestoßen, bis eintritt, was sie weissagt: »Orest wird seinen Vater rächen, seine Mutter töten!« »Verflucht sei – verflucht sei!« Wir haben sie zum Schweigen gebracht.

Die Stunde vor Sonnenaufgang. Die Stunde des Mordens. Die Stunde, in der du frierst, ich weiß. Willst du eine Decke? Die Stunde des Abschieds. Glaukos, mein Fischer, brachte mich um diese Stunde zurück ans Land.

Du konntest deinen Krieg nur führen, weil andere deine Äcker bestellten, dein Korn einfuhren, deinen Wein kelterten und Fische fingen, um Frauen und Kinder zu ernähren. Wundert es euch, wenn andere eure Kinder zeugten? Was zählt denn, Agamemnon, sag, was zählt? Die Zahl der Toten, die du hinterlassen hast? Die Söhne, die du gezeugt hast? Wer einen Speer besitzt, kann töten. Jeder Mann kann zeugen.

Myrrha sagt, wer tot ist, hört noch eine Stunde, was die Lebenden sagen. Dann hör gut zu! Ägisthus wird Elektra mit einem braven Bauern vermählen, er ist schon alt, sie wird keine Nachkommen haben, sie wird keinen Anspruch auf Mykene erheben. Aber sie hat Anspruch auf Rache. Iphigenie, die du geopfert hast und die von Artemis gerettet wurde, dient nun der Göttin. Sie war ein geduldiges Lamm. Aber du hast ein Opfertier aus ihr gemacht. Die sanfte Chrysosthemis. Von ihr ist nichts zu fürchten, ein stilles, heiteres Kind, du kennst es kaum. Es bleibt Orest, er ist nervös. Die Nervösen sind gefährlich. Du hast gesagt, bei den Atriden gibt es nur eins: zu morden oder gemordet zu werden; erst das eine, dann das andere. Berufst du dich noch immer auf den Willen der Götter? Wo bleibt dein Stolz, König von Argos! Warum sagst du nicht: »Es war mein Wille. Ich wollte rächen. Ich wollte erobern. Ich habe Lust am Kampf. Ich wollte die Tochter des Königs von Troja zu meinen Füßen sehen.« Du brauchst Sklavinnen an deiner Seite, keine Königin! Das alles wäre der Wille der Götter? Götter heißt die Ausrede der Könige. Es sind die Mutigen, die Starken, die im Kriege fallen, das sagt ihr doch. Wo warst du, als die Troer ihre Speere warfen? Wer ist an deiner Statt gefallen? Kein schönrer Tod, als wer vorm Feind erschlagen –? Ich habe dir den schönren Tod gegönnt. Warum bist du zurückgekehrt?

Was wird nun von dir bleiben? Zwei Handvoll Asche. Scherben. Dein Löwentor. Das Grab des Agamemnon! Du willst Unsterblichkeit. Aber ich will sterben! Ich will vergessen werden. Niemand soll den Namen Klytämnestra nennen. In Argos umkränzt man den Frevlern die Stirn mit Lorbeer, wenn ihnen verziehen wurde. Ich legte dir einen Lorbeerzweig aufs Lager, damit du Bescheid wußtest, daß ich Bescheid wußte. Und dir verziehen hatte. Ich habe einen Lorbeerhain für dich verbraucht!

Erinnere dich! Ich hatte deinen Speer mit den Blüten des Jasmin geschmückt, damit er nicht im ersten Sonnenlicht funkelte und dich weckte. Du brachst spät auf; man hat gelacht, als du mit einem blauen Blütenstab aus meiner Kammer kamst. Man hat nicht oft gelacht in Argos.

Was soll ich tun? Was verlangen deine Götter? Selbstmord? Reue? Warum denn Reue? Weil du meinen ersten Mann erschlugst, als ich noch jung war? Mein erstes Kind? Dafür, daß du mir Iphigenie nahmst? Dafür, daß du zehn Jahre fortgingst? Ich bin nicht Penelope, und du bist nicht Odysseus! Was nutzt dir die Treue einer Frau, die dich nicht liebt? Dein Ansehen? Deine Würde? Aretä – sagt man in Sparta. Wir werden nicht in einem Grabe beieinander liegen. Man soll Kassandra dir zu Füßen betten, die schöne Beute aus Troja.

Das hast du gern gehabt: die Brüste klein und fest, die Füße zart, die Arme wohlgeformt. Bist du denn schön, alter Agamemnon? Dein Bauch hängt schwer, dein Nacken ist speckig, du ziehst die Beine nach, die Arme hängen kraftlos. Du trugst die Beine geschient, weil sie krumm waren. Meinst du, daß ich das nicht wußte? Ich habe es nicht gleich gesehen, aber als ich es gesehen hatte, habe ich nicht aufgehört, meinen Mann zu lieben, noch lange nicht. Ich frage, welche Frau kann von sich sagen, sie habe nie an Mord gedacht, sie habe nie von Mord geträumt? Sie lügt! sage ich. Ich habe hundertmal an Mord gedacht, bevor du mich zur Mörderin gemacht hast. Du trägst die Schuld!

Als ich die Ehe mit dir eingegangen bin, habe ich die Galle eines Opfertieres verbrannt, damit unsere Ehe ohne Zorn geführt würde. Ich habe die Spindel verbrannt, mit der ich in Kreta spielte; ich habe meine Locken verbrannt. Aber meine Galle hat sich wieder mit Zorn gefüllt. Meine Locken sind wieder gewachsen! Mein Spiegel – das bin ich! Mein Ich, das mir gehört. Du hast ihn mir weggenommen, als du nach Troja zogst. Kein Spiegel – keine Liebe? Ein anderer schenkte mir einen anderen Spiegel. Mein Gesicht ist nackt, so hast du mich nie gesehen. Man verlangt von einer Königin, daß sie sich schminkt, daß sie ihr wahres Gesicht nicht zeigt. Es sei denn, ihre Familie hat Trauer. Die Atriden haben immer Trauer. Jetzt werde ich mich schminken, Agamemnon! Zum Zeichen, daß ich nicht um dich trauere. Ich werde das Busenband anlegen, das die Brüste hebt, und werde das Gewand anlegen, das ich als Mädchen trug, hochgeschlitzt, die Beine sichtbar bis zum Knie. Ich bin fett geworden.

Du hast mich niemals weinen sehen, alter Atride? Jetzt siehst du meine Tränen. Du kannst die Augen nicht mehr selber schließen. Sieh zu! Eine Zeit wird kommen, da werden die Frauen sich empören, dann wird man nicht mehr von ihnen verlangen, schön und jung zu bleiben. Es ist keine Tugend. Es ist auch kein Verdienst.

Ägisthus hätte mich entführen sollen, wie Paris meine Schwester Helena entführt hat. War ich nicht schön genug? War ich keinen Krieg wert? »So schön wie Helena«, heißt es im Lande. Menelaos nimmt sie zurück, sie ist nicht unbeschadet. Ohne sie wäre ich die Schönste in Sparta gewesen. Ägisthus meint dein Land, er meint nicht mich. Er meint Mykene, Tiryns, Argos, deine Städte; er meint deine Fichtenwälder, er braucht das Holz für neue Schiffe, neue Kriege. Was soll ich tun –? Die Götter fragen? Sie reden nicht mit Frauen, das glaubt ihr doch! Ich habe gebetet, daß die Winde sich legten, daß eure Schiffe Troja nicht erreichten. Myrrha sagt, daß ich mit halbem Herzen gebetet habe. Soll ich zu Georgios gehen der mein Geliebter war, soll ich mit ihm die Ziegen hüten? Man würde mich finden. Sie brauchen mich als Zeugen.

Der rühmliche Held Agamemnon mit seinen feuerflammenden Augen! Wer soll dir die Augenlider schließen? Kassandra ist tot. Deine Tochter Elektra? Oder ich? Wenn ich von dir träumte, doch, du hörst recht, ich habe von dir geträumt, Agamemnon, dann trugst du deinen Speer. Deine beiden Speere, erinnerst du dich, Agamemnon? Den einen hast du weggelegt, wenn du den anderen benutzen wolltest. Am Abend den, am nächsten Morgen jenen – doch, Agamemnon, doch! Jetzt liegen beide still.

Man mußte dich ertränken, damit du mir zuhörst. Damit du Zeit hast für Klytämnestra. Ich halte dir deine Grabrede, hör zu! Zeus selber entscheidet über den Ausgang des Krieges. Hast du das vergessen, stolzer König aus Mykene? Was für eine Demütigung für einen herrschsüchtigen Mann! Du bist nur ein Werkzeug in der Hand der Götter. Und auch ich bin ein Werkzeug, warum klagt man mich an? Ich habe nur getan, was deine Götter wollten. Haben sie mich verwechselt mit Penelope? Ich kann nicht warten. Ich tauge nicht zur Witwe! Ich habe deinen möglichen Tod beweint, solange meine Tränen reichten. Du bist ein alter Mann, hörst du, Agamemnon? Ich empfand kein Mitleid, als ich dich wiedersah. Kassandra saß dir zu Füßen, im selben Wagen, und stieß ihre Flüche aus. Dein Bett stand nicht zehn Jahre leer. Ein anderer hat es dir warm gehalten. Es ist kalt in den Mauern von Mykene. Mich friert.

Sobald die Sonne über den Hügel steigt, wird man dir deine goldene Maske aufsetzen. Erinnerst du dich an den Goldschmied? Er saß dir lange gegenüber, sah sich in dich hinein; er sah voraus. Er hat dich sichtbar gemacht für alle. Du hattest mir die Maske ausgehändigt. Ich sollte sie für dich bewahren bis zu deiner Rückkehr, bis zu deinem Tod. Ich hielt sie oft in meinem Schoß und sprach zu dir. So wie ich jetzt mit dir spreche. Du trugst damals noch keinen Bart. Gab es keinen Barbier in Troja? Wolltest du der Tochter des Priamus gefallen? Sollte sie dein feistes Kinn nicht sehen? Wolltest du deiner Maske ähnlich werden? Deine Ohren stehen ab, das kommt vom Horchen, wer horcht, hat Angst, dem wachsen die Ohren, sagt Georgios, der Hirte; Myrrha hat auch das bestätigt.

Dein Grab steht bereit. Ein steinerner Bienenkorb, eine Höhle für Riesen. Alles, was ihr gebaut habt, war zu groß für Menschen. Kyklopenmauern habt ihr errichten lassen. Habt ihr die Mauern von Tiryns und Mykene so stark gemacht, daß Töne, Schreie, meine Schreie, sie nicht durchdringen konnten? Die Sonne erleuchtet die Hallen nicht, erwärmt sie nicht. Frierst du, Agamemnon? Du hast dich oft gerühmt: Ich bin aus Erz, hast du geprahlt. Gut, dann roste! Auch Rost zerfällt.

Ich will zu Erde werden. Kein Bild von Klytämnestra, keine Maske. Nur ein Gerücht, ein Schatten, der sich auf Mykene legt. Du bist klein, Agamemnon, wußtest du, daß du so klein bist? Du wirst dich fürchten in dem Grab, das aussieht wie ein Phallus. Meint ihr, sie würden den Phallus nicht erkennen, in dem du bald gefangen sitzen wirst? Es wächst Gras über dem Hügel, ich war erst gestern dort. Mohn blüht, auch Kamille. Man wird über dich hinweggehen. Fledermäuse werden in deinem Grab hausen, hat dir Kassandra das nicht prophezeit? Mäuse und Ratten!

Später werden dann die Hirten bei Gewitter in deiner Grabkammer Unterschlupf suchen. Es wird sie schaudern, aber dann werden sich die Schafe und die Ziegen hineindrängen, sie werden mit ihrem fettigen Fell die Mauern blank reiben. Sie werden auf dich misten, Agamemnon! Die Hirten werden Feuer anzünden gegen Finsternis und Kälte. Rauch wird die Steine schwärzen. Und unter Staub und Dung wird man nur noch deine Maske finden.

Was plant Elektra? Sie ist feige, sie sucht nach einem Rächer, sie wird sich die Hände nicht blutig machen. Was planen deine Götter mit Klytämnestra? Wird man sie von einem Fels ins Meer stürzen? Wird sie der Blitz erschlagen? Werden Fische mein Gebein abnagen oder Geier das Fleisch von meinem Körper hacken? Meine Lippen. Meine Augen. Blindschleichen werden sich um meine Arme legen. – Als ich noch jung war, hast du mir einen Armreif geschenkt, der die Gestalt einer Schlange hatte, deren Augen rubinrot waren. Der Reif liegt auf dem Meeresboden, nicht weit von jenem Felsen, auf dem ich lange stand und wartete. Man wird den Fisch, den man dort fängt, nicht essen, weil er giftig ist von Klytämnestras Fleisch. Mein Haß vergiftet die Argolis. Werden wilde Bienen den Zutritt zu meinem Grab verwehren? Wird man den Kindern die Honigwaben aus den Händen reißen: Das darfst du nicht essen, der Honig ist bitter, du wirst sterben, er ist vergiftet von Klytämnestras Haß. Was hat Kassandra noch gesagt?

Wo Haß und Zerstörung herrscht, wird man von ›Chaos‹ sprechen, dem Flüßchen, dessen Bett ich oft durchquerte; es wird verschüttet werden. Zeus wird mit Blitzen zerstören, Poseidon wird die Erde beben machen. Mykene in Flammen und Trümmern.

Ich werde Myrrha sagen, daß man mich mit dem Gesicht auf die Erde legen soll, zurück zu Gäa, der Erdmutter, die barmherzig ist. Erst wenn wir beide tot sind, Agamemnon, der Ermordete und die Mörderin, dann sind wir quitt.

Es wird nun hell. Eos, die die Sonne ankündigt.

Trage deine Maske, Agamemnon. Ich trage meine.‹

Sonntagnachmittag in meinem Dorf. Ich bin zu Besuch bei der alten Hedwig J. Sie lebt allein in ihrem kleinen Haus, ihre Kinder haben gebaut, kommen aber mit den Enkeln häufig zu Besuch. In dieses Haus, inzwischen bis zur Unkenntlichkeit modernisiert, bin ich als Kind oft gegangen, um Bestellungen an Hedwigs Mutter auszurichten, die im Pfarrhaus die Wäsche wusch. Etwas muß an dieser alten Frau bewunderungswürdig gewesen sein, denn mein erster Berufswunsch war: Waschfrau.

Ich blicke aus dem Fenster und sehe jemanden – am Sonntagnachmittag! – mit dem Trecker vorüberfahren. ›Wer ist denn das?‹ frage ich. ›Das ist der alte Müller!‹ antwortet Hedwig. ›In seinen Mercedes kann er nicht rein und raus wegen dem Rheuma, deshalb fährt er mit dem Trecker.‹ Ich sehe genauer hin – ich muß sehr genau hinsehen, wenn ich jemanden wiedererkennen will. ›Hedwig!‹ sage ich. ›Das ist der junge Müller!‹ Als ich ihn zuletzt sah, hieß er noch der ›junge Müller‹ und sein Vater der ›alte Müller‹, dem die große Kornmühle gehört und der Mühlenteich.

Sie sagt: ›Du bist auch nicht mehr Pastors Christa!‹ Wir lachen beide.

Ich sage nur selten ›mein‹, mit den besitzanzeigenden Fürwörtern gehe ich vorsichtig um, aber von diesem Dorf habe ich immer besitzanzeigend gesprochen. Mein Dorf. Mein Elternhaus. Dieses Elternhaus gehörte nicht den Eltern, und das Dorf gehört nicht mir. Ich gehöre auch nicht mehr in dieses Dorf, ich weiß nicht, ob es dort noch jemanden gibt, der meinen Namen mit ›meine‹ oder ›unsere‹ versieht, vielleicht noch ein paar alte

Frauen, die sagen, wenn ich an ihrem Haus vorbeigehe und sie mich erkennen: ›Das ist doch die Jüngste von unserem alten Pastor!‹

Je weniger andere sich für einen Menschen interessieren, desto mehr interessiert dieser sich für sich selbst. Man ist interessant, oder man macht sich interessant. Kein Bedürfnis nach Aufhellung meiner Kindheit. Sollte das Bedürfnis nach einer Psychoanalyse ebenfalls darauf beruhen, daß man zu wenig beachtet wird?

Bei Daudet: ›Leiden ist nichts – alles kommt darauf an zu vermeiden, die leiden zu lassen, die man liebt.‹

Als Kühner plötzlich (1979) operiert werden mußte, waren wir völlig unvorbereitet. Auf dem Schreibtisch lag die Einladung zu einem Ball. Ich war noch nie auf einem Ball gewesen, immer war etwas dazwischengekommen, Krieg zum Beispiel. Ich war nicht gewohnt, allein im Haus zu sein. Ich mußte mir etwas vornehmen, was ich trotzdem schreiben konnte. Eine Gegenwelt. Schon zweimal habe ich auf dem Stuhl neben deinem Bett gesessen, nachdem man dich aus dem Operationssaal brachte. Man glaubt, ein Toten-Gesicht zu sehen.

Hätte die Königin Luise nicht den Buß- und Bettag eingeführt, hättest du einen Tag länger zu Hause bleiben können; wegen des Feiertages mußten alle Untersuchungen am Tag zuvor gemacht werden. Wenn sie das alles vorausgesehen hätte! Über Auswirkungen will ich einmal etwas schreiben. Ein Steinwurf – und was er bewirkt.

In wenigen Tagen ist Ostern. Noch weiß ich nicht, ob auf de ersten Seite der Osternummer meiner Tageszeitung oder a einer weniger auffälligen Stelle ein Bild des auferstandene Christus zu sehen sein wird oder ob man sich in der Unterhal tungsbeilage für eine Wiese mit blühenden Krokussen ent schieden hat. Vor einigen Jahren ging zu Ostern ein Bild durc die Zeitungen, das die Öffentlichkeit erregte und empörte. Aber: es lenkte die Aufmerksamkeit vieler Menschen wieder auf das Kreuz, die es lange nicht mehr mit Aufmerksamkeit betrachtet hatten. Ein Bild wurde zum Ärgernis: am Kreuz hing ein gekreuzigter Osterhase.

Wenn wir Weihnachten feiern, ist bei aller Oberflächlichkeit doch noch etwas vom ›Heil der Welt‹ zu spüren, das uns in Bethlehem geboren wurde. Sterne und Engel sind nicht nur weihnachtlicher Zierat, sie sind auch Symbol. Aber zu Ostern feiern die meisten ein Osterhasenfest.

Was werden wir von der Passion jenes Jesus Christus gewahr, nach dem wir unsere Zeit bemessen? Wir leben im 20. nachchristlichen Jahrhundert. Alle unsere großen Feste sind christliche Feste, daran können weder der 1. Mai noch der 17. Juni etwas ändern. Der Karfreitag hat einmal der ganzen Woche den Namen gegeben: Karwoche. Der Verlust an Religion in den letzten zehn Jahren ist unbegreiflich, ich sehe ihn mit Erschrecken. Wie sollen wir leben? Wie sollen wir sterben? Wenn wir beiseite schieben, was uns dabei helfen könnte. Religion: Bindung an Gott. Diese religiöse Anlage ist dem Menschen angeboren, in allen Kulturen.

Zu Ostern wird die Verlegenheit der Redaktionen am deutlichsten, das Zuviel oder Zuwenig an religiösen Themen wird sorgsam abgewogen. Die Kirchen haben Passionsandachten und Passionsmusiken angeboten, in der Stadthalle fand das Karfreitagskonzert statt, diesmal mit Verdis ›Missa da Requiem‹, im Abonnement. Die persönlichen Ostervorbereitungen bestehen in den meisten Fällen aus Fensterputz, Gardinenwäsche und dem Färben von Ostereiern, volkstümlich oder ästhetisch; auch die Anschaffung eines neuen Autos gehört dazu. Das Osterlamm brät man diesmal türkisch.

Das ist wenig. Das ist mir auch zu wenig! Unser Körper reagiert mit Hunger, wenn wir ihn nicht regelmäßig ernähren. Unser Geist verlangt ständig nach Information. Wir essen und verdauen und essen wieder... Wir lesen und vergessen und lesen aufs neue... Ebenso braucht die Seele Nahrung in Form von Erlebnissen und Erfahrungen; sie muß, damit sie nicht dahindämmert, aufgerüttelt werden; sie muß, damit sie nicht in Angst erstickt, getröstet werden; bewußt oder unbewußt leidet auch sie an Unterernährung.

Es ist in der Karwoche und am Ostermorgen im ›Heiligen Land‹ Ungeheuerliches und Weltbewegendes geschehen. Der Gottessohn ist am Palmsonntag auf einer Eselin in Jerusalem eingezogen; seine Jünger haben ihn im Garten Gethsemane verleugnet; Judas hat ihn verraten; er wurde beschuldigt, er wurde verurteilt, er hat den Kreuzweg angetreten. ›Gekreuzigt, gestorben und begraben‹, hinter jeder Aussage steht ›für uns‹. In jedem Jahr schreckt mich ein anderer Satz der Passionsgeschichte auf, ein anderer Choralvers, immer aber tröstet mich der letzte Satz des Matthäus-Evangeliums, der als Spruchband in jener Dorfkirche steht, in der ich als Kind an jedem Sonntag gesessen habe. ›Und siehe, ich bin bei euch alle Tage bis an der Welt Ende.‹ Der Satz hat sich in mir eingegraben, ist nie bezweifelt worden. Einer der Grund-Sätze meines Lebens.

›Christ ist erstanden!‹ ruft man sich in vielen Kirchen am Ostermorgen zu, und die Antwort lautet: ›Er ist wahrhaftig auferstanden!‹ Das Licht, das erloschen war, wird in die dunkle Kirche getragen, die Glocken, die am Karfreitag verstummt waren, läuten wieder, die Orgel setzt wieder ein. Einer umarmt den anderen, Freude herrscht. ›Frohe Ostern!‹ Und dann kehrt man nach Hause zum festlichen Osterfrühstück zurück, nährt den hungrigen Körper, nachdem die hungernde Seele ihren Teil bekommen hat.

Wer in den Genuß dieser vier arbeitsfreien Tage kommt, sollte daran erinnert werden, welchen Ereignissen er Osterferien und Osterreise verdankt.

Diese strahlenden makellosen Vorfrühlingstage werden uns im Sommer angerechnet und abgezogen werden.

Vorfrühling: Der schwere Flügelschlag zweier Schwäne ließ mich aufblicken. Sie flogen über den Garten, in Richtung zum See in der Karlsaue zurück. Aber woher zurück?

In der Osternachts-Feier wurde ich ›abgekanzelt‹, so nennt man das in meinem Dorf. Einer wird abgekanzelt, sein Name wird von der Kanzel aus genannt. Das ist für jemanden, der sein Leben lang eine Pfarrerstochter geblieben ist, bestürzend, unglaubhaft oder auch einfach: nicht recht, dahin gehöre ich nicht. ›Was feiern wir zu Ostern‹ hatte ich in unserer Tageszeitung gefragt und dann selbst geantwortet: Wir feiern den gekreuzigten Osterhasen. (Darauf spielte der Pfarrer an.)

Das jahrelange Wettrennen zwischen dem Goldregenbaum und der Tanne, die nahe beieinander stehen, ist (frei nach Walther von der Vogelweide):

›»Du bist kurzer, ich bin langer«,
alsô strîtents ûf dem anger,
bluomen unde klê‹

ein für allemal entschieden: Die Tanne hat das Rennen gemacht.

Bei unseren Wanderungen haben wir den Schwarzwald lange ausgespart. ›Nur nicht in den Schwarzwald!‹ habe ich gebeten. Dort sind wir auf einer Autoren-Reise mit dem Auto verunglückt. Mit Blaulicht hat man uns nach Villingen in die Unfallchirurgie gebracht. Man hat meinem Mann in meiner Gegenwart die tiefe Kopfwunde genäht; angeschnallt auf ein Vacuumbett, habe ich nach Tagen diesen unheilvollen Schwarzwald durchs Kinzigtal verlassen.

›Daran ist der Schwarzwald nicht schuld‹, sagten die Freunde. ›Du mußt diese Hypothek abtragen‹, sagte Kühner. Im vorigen Mai habe ich eingewilligt: Wir wandern diesmal im Schwarzwald.

Die drei berühmten Höhenwanderwege beginnen in Pforzheim am Kupferhammer; dort, auf einem Denkmal für Ludwig Auerbach, werden die Wanderer mit seinem Lied ›O Schwarzwald, o Heimat, wie bist du so schön...‹ auf den Weg geschickt. Bei steilen Anstiegen, sinkenden Temperaturen, heftigen Regenschauern sangen und seufzten wir: ›O Schwarzwald!‹

Wir hatten uns den längsten der Wanderwege ausgesucht, ›der goldene Westweg‹ genannt. 348 Kilometer in 12 Tagen lautet die Anweisung, aber wir duldeten kein Limit. Eine

Woche mußte genügen. Nicht Pforzheim, sondern Forbach als Ausgangspunkt.

Ende Mai. Flieder und Apfelbäume in voller Blüte! Ein reizendes Tal, dieses Murgtal, durch das wir mit der Eisenbahn fuhren: Schwarzwaldmühlen, in denen Schwarzwaldtannen zu Brettern zersägt wurden, der Duft von frischgeschältem Holz drang durchs Abteilfenster.

Tunnels werden für die Eisenbahn, seltener für Autos, aber nie für Wanderer gebaut; den Wanderer schickt man über den Berg oder um den Berg herum. Gleich nach dem ersten Anstieg der erste Stausee. Schwarzenbachsee, Schwarzenbachtal. Von nun an bestimmt die rote Raute auf weißem Grund unseren Weg. Die ersten großartigen Ausblicke über die Rheinebene hinweg bis zu den Vogesen, auf deren Höhen wir vor Jahren, ebenfalls zu viert, gewandert sind.

Sommerwolken im Frühling! Holztröge, mit Quellwasser gefüllt, um die Arme zu kühlen; Bäche, um die Füße zu baden. O Schwarzwald! Wir waren hochgemut, ein wenig übertrieben vielleicht. Der Rücken mußte sich erst wieder an den Rucksack gewöhnen. Nie kommt Maiengrün so gut zur Geltung wie vor dunklem Nadelwald! Der Wurmfarn rollt sich eben erst auf. Die Heidelbeeren haben gut angesetzt; wir sind zufrieden, daß es Frühling ist und weder Pilze noch Beeren uns aufhalten werden. Bereits am ersten Tag lernen wir, Fichten von Tannen zu unterscheiden: die eine, die ihre Zapfen hängen läßt, die andere, auf der sie aufrecht stehen wie Kerzen, Weißtannen zumeist, kenntlich am weißen Nadelstreifen. Wir stellen Wetterprognosen für den kommenden Sommer anhand alter Bauernregeln auf. ›Grünt die Esche vor der Eiche, hält der Sommer große Bleiche!‹ verkünde ich frohlockend. Die Esche grünte! Aber weit und breit keine Eiche zum Vergleiche; wir gehen von Nord nach Süd, nicht umgekehrt. Wer wandert, geht ›der Sonn' entgegen‹! Die Sonne im Gesicht, nicht im Nacken. Das Wandertempo liegt bei vier Kilometern in der Stunde, da trifft man andere Wanderer nur, wenn man Rast hält und überholt wird.

Zu guter Stunde erreichten wir Unterstmatt, ein Höhenhotel. Wir aßen und tranken ausgiebig; von dem preiswerten ›Wandererpfännli‹ machten wir keinen Gebrauch. Im Gastzimmer knarrten die Holzdielen unterm Spannteppich. Die

Betten waren gut; den Schlaf muß der Wanderer sich mitbringen...

Unser Wirt gewährt Wanderern 15 Prozent Nachlaß, läßt die schwereren Rucksäcke zum nächsten Hotel befördern und bringt uns in seinem Auto auf den rechten Weg. Gut gelaunt und gut geführt ziehen wir dahin. Unmöglich, der roten Raute zu entgehen, an jedem zehnten Baum prangt das Wegzeichen; wir sind gewohnt, uns nach Kompaß und Karte zu richten, und mokieren uns über diese Form des Wanderns. Ein ›Frauenweg‹, so hieß er denn auch.

Den ersten namhaften Berg erreichen wir am Mittag: ein Tafelberg, 1164 Meter hoch, die Hornisgrinde. Keine Rede mehr von Frühling oder Vorfrühling; ein paar kurzstielige Primeln, ein paar dürftige Anemonen; Schneewächten an den Nordhängen. Fernseh- und Fernmeldetürme, militärische Anlagen. Die Warnschilder viersprachig, auch russisch, falls sich ein Russe hierher verirren sollte. Duftende Latschen, verblühter duftloser Seidelbast. Wir gehen an der Einzäunung entlang, unterhalten uns über die Hörspielabteilung des Südwestfunks in Baden-Baden und verlieren dabei unsere rote Raute auf weißem Grund, verschaffen uns über Felsgeröll hinab einen steilen, nahezu gefährlichen Abstieg, von Spaziergängern, die den Mummelsee in Zweierreihen umkreisen, durch Feldstecher beobachtet. ›In Vollmondnächten verwandeln sich die Wasserlilien am Ufer zu Nixen, die über den See tanzen...‹ lesen wir, sehen aber weder Vollmond noch Wasserlilien. Wir tauschen unsere undeutlichen Kenntnisse von den Abenteuern des altgewordenen Simplicius Simplicissimus am Mummelsee aus und wandern weiter, begegnen mehreren Rottweiler Hunden; demnach, so schließen wir, ist das Städtchen Rottweil nicht weit.

Die Aussicht ist befriedigend. Zur Linken taucht immer wieder die Schwäbische Alb auf; wäre die Sicht noch besser gewesen, hätten wir laut Wegbeschreibung die Berner Alpen sehen können mit Jungfrau, Eiger und Mönch. Zur Rechten die Vogesen, Straßburg nicht weit, Colmar nicht weit, aber wir sind auf Natur aus, nicht auf Kultur, kümmern uns nicht um Allerheiligen und nicht um Alpirsbach und Hirsau, die berühmten Klosterruinen.

Stundenlang folgen wir der früheren Grenze zwischen Baden

und Württemberg. Weicher Nadelboden in den Wäldern, dann speckiger, wippender Boden im Hochmoor. Das ausgebleichte Gras niedergedrückt vom letzten Schnee, der als Schmelzwasser in dunklen Tümpeln steht, Flechten und Grind, verrottete Bäume. Sandwege und Bohlenwege, in Bayern mancherorts ›Ochsenklavier‹ genannt. Schilder besagen, daß unser Weg im Winter als Skiloipe dient. ›Loipen‹, stellen wir fest, ›da zieht so ein Skiwanderer allein seine Bahn! Beim Windsurfing: allein! Beim Skiabfahrtslauf: allein! Aber beim Wandern! Da geht man plaudernd nebeneinander her…‹

Laut Wegweiser befinden wir uns auf dem ›Europäischen Fernwanderweg‹, gekennzeichnet durch ein großes ›E‹, der von der Nordsee bis zur Adria führt; unser achttägiges Vorhaben verliert an Größe.

Was für ein Name für eine noble Herberge: ›Zuflucht‹! Wir essen Schwarzwaldforellen nach Müllerin Art, trinken Markgräfler Gutedel, sitzen unter einer Schwarzwälder Kuckucksuhr, und ich erzähle ›Geschichten aus Harseims Mühle‹. Sie liegt nahe bei meinem Heimatdorf, es gab dort Heidelbeerwein zu trinken, es gab einen Ziehbrunnen und eine alte Frau wie aus dem Märchenbuch und die Kuckucksuhr meiner Kindheit… Die Rechnung wurde lang, die Nacht kurz; der Wirt fährt uns am nächsten Morgen zur Alexanderschanze, damit wir das Pensum des dritten Tages schaffen.

Plaudernd und singend ziehen wir dahin, nicht ahnend, wie lang der Tag und wie lang der Weg werden wird. Der Morgen ist sonnig, die Jacken verschwinden in den Rucksäcken. Den Kniebis haben wir hinter uns, von Stunde zu Stunde werden wir durstiger. Die Wanderkarte prophezeit uns eine bewirtschaftete Hütte: Kreuzherrensattel. An diesem Tag wurde sie allerdings nicht bewirtschaftet. Trotzdem heiteres Treiben rundum, Duft von gegrilltem Fleisch, Bierdunst. Im Holztrog stehen unter rauschendem Brunnenwasser die Bierkästen der Polizisten von Wolfach, die mit ihren Frauen einen Betriebsausflug machen; sie versorgen auch uns mit kühlem kostenlosen Bier. Als wir weiterziehen, lassen sie es nicht an aufmunternden Zurufen fehlen.

Hinab ins Kinzigtal! Kühner sagt: ›Von jetzt an geht es nur noch bergab!‹ Schon mein Vater wollte mir einreden: ›Wenn du erst oben bist, geht es ganz von allein‹, was ich als Fünfjährige bereits bezweifelt habe.

Es gibt eine Baumgrenze, aber es gibt auch eine Blumengrenze. Wir stiegen in den Frühling hinab! Waldwiesentäler mit Vergißmeinnicht, Wiesenschaumkraut und Apfelblütenduft. Wir kühlen uns die heißen Füße im Bach, sehen einem Bauern zu, der eine steile Bergwiese unter den Pflug nimmt, und machen uns Sorgen, ob nicht der nächste Gewitterregen ihm die Erde wegschwemmen wird. Wir haben später noch oft an ihn gedacht...

In Ober-Wolfach haben wir uns vorsorglich Betten reservieren lassen und müssen deshalb vom ›goldenen Westweg‹ abzweigen. Wir bekommen die Problematik der Gebietsreform am eigenen Leibe zu spüren, an Füßen, Beinen und Rücken: Ober-Wolfach ist ein Zusammenschluß von vier Dörfern, unsere Betten stehen im letzten.

Was für ein malerischer Bach! Das Tal: reizend! Aber die Straße asphaltiert. Die Rucksäcke müssen selbst getragen werden. Wir versuchen es mit Gesang: ›Im schönsten Wiesengrunde...‹, im Sommer 1851 im nahen ›Wiesental‹ entstanden. Das Gewitter, das im Wald unsere Schritte beschleunigt hat, hält sich in respektvoller Entfernung. Aber die Sonne sticht, die Luft ist schwül. Kühner pfeift uns zur Belebung ein Marschlied mit vielen Variationen und Wiederholungen. Die Freundin greift zur Mundharmonika, nimmt ihre erste Übungsstunde, erweist sich als gelehrig; sie bläst geistliche Volkslieder, verjüngt sich dabei um mehrere Jahrzehnte. Noch ein Dorf! Und immer weiter am Ufer der Wolf entlang. Der Himmel verdunkelt sich, der Weg längt sich. ›Ich spiele jetzt die zweite Strophe‹, ruft die Freundin, und ich singe: ›Soll's uns hart ergehn / laß uns feste stehn / und auch in den schwersten Tagen / niemals über Lasten klagen / ...‹ Ein Lied, das bei den Quindts auf Poenichen oft gesungen wurde. Das Gespräch belebt sich beim Thema: Tröstelieder.

Verstärkter Ausflugsverkehr. Der Abend vor Himmelfahrt. Unser Gasthof liegt an der Straße. In der Nacht haben wir Gelegenheit, darüber nachzudenken, warum die Autofahrer denn alle nach Freudenstadt fahren. Oder von Freudenstadt weg? Fernes Gewittergrollen, anhaltender Gewitterregen.

Ein grauer Himmelfahrtsmorgen. Drei alte Frauen in schwarzwälder Tracht gehen auf dem nassen Wiesenweg zur Kirche.

Moralisch gerechtfertigt durch die zurückgelegten 35 Kilometer des Vortags, setzen wir uns in ein Taxi und lassen uns nach Hausach fahren, zum Bahnhof, wo wir mit anderen Ausflüglern auf den Zug Richtung Triberg warten. Ich lese die Höhenangabe auf einem Schild und sage: ›Wie tief sind wir gesunken!‹ Ein Clochard, der unter dem Schild auf einer Bank sitzt, fühlt sich von meinen Worten getroffen, hebt seine Flasche, die noch zu drei Vierteln voll ist, und ruft mir zu: ›Mea culpa! Mea maxima culpa!‹

Wir bekommen die Geschichte eines Mannes aus dem Rheinland zu hören, der vor einigen Jahren seine Frau bei einem Unfall verloren und zu trinken angefangen hat und nun nicht mehr damit aufhören kann. ›So ungepflegt‹ will er sich bei seinen Kindern nicht mehr sehen lassen, aber er hat hier im Schwarzwald ›seine Leute‹, zu denen er kommen kann, die nur murren, wenn er seine Freunde mitbringt. Aber darf man denn seine Freunde im Stich lassen? fragt er. Er wolle frei sein, wolle nicht mehr in Wohnungen leben. Als der Zug abfährt, winkt er den Himmelfahrtsausflüglern von seiner Bahnsteigbank aus zu, sie winken zurück, seine Flasche leert sich, der Tag ist noch lang, weiterreisen wird er heute nicht mehr...

Die Bahnstrecke führt durch das berühmte Gutachtal, von dem wir nichts sehen. Der Nebel senkt sich, der Regen verstärkt sich. In Triberg wechseln wir in einen Omnibus, steigen in Schönwald aus, nun wieder auf 1000 Meter Höhe, machen uns wetterfest und suchen unsere rote Raute. Kühner erklärt nicht ohne Pathos: ›Demselben Regen, der uns jetzt den Schwarzwald verleidet, verdanken wir ihn! Wir befinden uns in einer klimatischen Regenzone!‹

Der Waldboden ist dank der Tannennadeln unbegrenzt wasseraufnahmefähig. Die Freundin singt: ›Regen, Sturm, wir lachen drüber –‹ Der Sturm greift unter unsere Regenumhänge, der Regen schlägt uns ins Gesicht. O Schwarzwald! Weite, unbewaldete Höhen. Wir stellen überrascht fest, daß die Sumpfdotterblumen ihre Blüten bei Regen nicht schließen, während die Löwenzahnwiesen, die gestern so gelb leuchteten, heute graugrün aussehen. Eichelhäher warnen vor uns.

Vom Gasthof ›St. Martins Kapelle‹ weht uns Rauch und Gelächter in Schwaden entgegen. Am Kachelofen dampft nasses Wollzeug, auf den Tischen dampft heiße Bohnensuppe viel Obstler wird vorbeugend gegen Schnupfen getrunken. Vatertagsausflügler treffen ein, ziehen ein birkengeschmücktes Leiterwägelchen, auf dem das Bierfaß liegt, hinter sich her. Man rückt enger zusammen. Draußen mischen sich Schneeflocken unter den Regen.

Als wir aufbrechen, warnt man uns: Wanderern entzieht man wegen Trunkenheit die Schnürsenkel...

Vor der Quelle der Breg, die nun auch amtlich als Donauquelle gilt, fragt Kühner rhetorisch: ›Wo sollten alle diese Quellen und Bäche und Stauseen herkommen, wenn nicht –‹ Ich ziehe die Kapuze enger, das Wasser steht uns in den Schuhen, Straßenschilder verweisen auf Villingen. Ich verstumme. Kühner legt mir die Hand auf den Arm. ›Denk nicht dran! Wir wandern wieder!‹

Ein Taxi bringt uns schließlich an das Ziel, das wir zu Fuß erreichen wollten: Neuhäusle. Ein heißes Bad, die Schuhe mit Zeitungspapier ausgestopft, die durchnäßte Wanderkleidung zum Trocknen aufgehängt, dann sitzen wir in der Gaststube und lesen am Dachbalken: ›Einer muß trinken, um zu vergessen, aber keiner darf vergessen zu trinken!‹ Veraltetes landwirtschaftliches Gerät schmückt die Wände, das alte Gerät befindet sich in den Heimatmuseen.

Schwarzwaldhasenrücken und Schwarzwaldpreiselbeerkompott, der Rotwein von den wärmeren, südlicheren Schwarzwaldhängen. Schwarzwaldpreise.

Gegen Abend klart es auf. Als wir vorm Haus stehen, sagt die Wirtin: ›Schneeluft!‹ Wir haben unser nächstes Ziel fest im Auge, den Feldberg. Auch ohne Feldstecher sehen wir, daß dort Neuschnee liegt. Im Büchlein ›Der goldene Westweg‹ lesen wir von enthusiastischen älteren Herrschaften, die frohgemut von einem goldenen Oktobertag in den anderen gewandert sind...

Weder Schnee noch Regen, noch Sonne am nächsten Morgen. Die Beine ausgeruht, die Schuhe trocken, das Ziel lohnend. Wir wandern nun bereits nach dem dritten Faltblatt. Nicht mehr dunkle Nadelwälder, sondern kleine Wäldchen in weiten grünen Weiden; die Landschaft offener, heiterer. Mehr Vieh- als Holzwirtschaft; die Kühe tragen die schweren Euter in Lederbandagen. Die Wiesen heißen nun Wasen, das Moor heißt Moos. Die Kapellen am Wegrand dienen den Fotografen als Vordergrundmotiv; die eisernen Kruzifixe verrosten, vielleicht wird man sie zu Fronleichnam schmücken...

Auf asphaltierten Wegen hinunter zum Titisee. Kurortbetrieb. Andenkenbuden mit Schwarzwaldhonig, Schwarzwaldspeck, gleich auf dem Schwarzwaldbrett serviert, Schwarzwalduhren, Schwarzwaldtrachtenpuppen. Wir gehen am Seeufer entlang, Wohnwagen und Campingzelte. Die Angst vorm kalten Wasser hält die Windsurfer auf den Brettern. Mit der Bahn mogeln wir uns ein Stück höher. Pro hundert Meter Aufstieg hat man mit einem Temperaturrückgang von 0,6 Grad zu rechnen. Wir holen die Handschuhe hervor, machen Bogen um die Schneewächten. Schmelzwasser steht in den Mulden, von Sumpfdotterblumen umkränzt.

Eine Stunde lang sitzen wir in der betongrauen Feldbergkirche mit den leuchtenden Glasfenstern. Der Blick geht weit ins Land. Hier haben wir schon oft gesessen. Mit der Kirche von Ronchamp nicht zu vergleichen, die eine Kirche französisch, die andere deutsch, aber beide schön; alle Vergleiche zwischen Vogesen und Schwarzwald gehen unentschieden aus: zwei schöne Schwestern.

Flugsicherungsanlagen, Radar und auch das Bismarckdenkmal tragen nicht zur Verschönerung bei, aber: ein schneesicheres Skiabfahrts- und Übungsgelände. Die Gemsen, die man auf dem Feldberg ausgesetzt hat, sehen wir nicht. Wild sehen wir überhaupt nur auf dem Teller. Aber durchs Fernglas beobachten wir einen Habicht, der eine Maus schlägt und im Flug verzehrt.

Samstagmorgen. Das Wochenende hat begonnen. Das geht hin und her, vom Feldberg zum Belchen und vom Belchen zum Feldberg. Der Tag ist heiter. Durchsonnter Laubwald. Schau hier und schau da! Ein Ausblick schöner als der andere. Der Kuckuck ruft, diesmal nicht aus der Uhr, sondern live, dreimal. Nur dreimal? Wenn man jünger ist, zählt man das Geld und nicht die Jahre. Die Berge steigen an und mit ihnen die Preise.

Als wir am Waldrand Rast hielten, rief dann der Kuckuck ohne Unterlaß. Jedes Naturereignis wird mit dem passenden Lied beantwortet, Kuckuckslieder, Mühlenlieder. Doch, es gibt die Mühle im Schwarzwald noch! Ohne Klipp-Klapp, aber die Wasser rauschen darüber hin. Wir bringen es auf vier Versionen der ersten Zeilen von Eichendorffs ›Taugenichts‹

(Zu Hause stellten wir fest, daß keine davon stimmte. ›Das Rad an meines Vaters Mühle brauste und rauschte schon wieder recht lustig.‹)

Wir gehen durch fettes Knoblauchgrün, das noch nicht blüht, aber die wilden Kirschbäume blühen und geben einen Vorgeschmack aufs ›Crisli Wässerli‹; die blühenden Waldhimbeeren und die blühenden Pflaumenbäume verheißen Himbeergeist und Zwetschgenwasser. Die Starfighter nutzen den strahlenden Tag, durchbrechen mit lautem Knall die Schallmauer, brausen über uns hinweg, schneller, als wir die Ohren vor dem Lärm schützen können.

Der Aufstieg zum Belchen ist steil. Man muß deshalb oft stehenbleiben und die Aussicht bewundern. O Schwarzwald! Der Gasthof, fast schon eine alpine Hüttenwirtschaft, liegt in 1400 Meter Höhe. Abends stiegen wir zum Gipfelkreuz auf. Was für eine Gelegenheit für die Sonne, hinter den Vogesen unterzugehen! Am nächsten Morgen: Was für ein Sonnenaufgang wäre möglich gewesen! Es gab weder das eine noch das andere.

Am letzten Tag dann der große Abstieg hinunter nach Badenweiler. Von 1450 Meter Höhe auf 200 Meter Höhe. Von ein Grad auf zweiundzwanzig Grad Wärme, bei strömendem Regen. Wie es Umgehungsstraßen gibt, gibt es auch Umgehungswege, nach der alten Wandererregel: Was man an Kraft spart, muß man an Weg zusetzen.

Ich bin eine Schönwetterfrau. Ich gehöre nicht zu jenen Naturen, die erst bei Dauerregen ihre hohen charakterlichen Werte entfalten: ›Nun erst recht! Und ein Lied gesungen, einen Marsch gepfiffen!‹

Als wir uns auf dem Weg zum Blauen auch noch verliefen, habe ich sogar laut geflucht, was bis dahin keiner je von mir gehört hatte, wofür ich sehr bestaunt wurde.

Mit dem Auto fuhren wir dann durch alle die wohlvertrauten Weindörfer des Markgräflerlandes nach Freiburg, wo die ›Bächle‹ eilig durch die Straßen liefen: strömender Sonntagnachmittagsregen. Das Münster im mystischen Halbdunkel. Wir zählten die Bilder der Mutter Gottes, kamen zu keinem Ende, aßen und tranken zum letzten Mal auf Schwarzwälder Art und fuhren am nächsten Morgen bei strahlendem Maienwetter zurück. Der Schnellzug benötigte für die Strecke, die wir in einer Woche in der Gegenrichtung zu Fuß zurückgelegt hatten, eine knappe Stunde.

Keine Blasen an den Füßen, die Seufzer vergessen. Wir lobten uns gegenseitig, und ich entschuldigte mich: ›Mea culpa, mea maxima culpa‹ und zeigte Ähnlichkeit mit dem Clochard auf der Bahnsteigbank in Hausach. Wir tranken im Zugabteil noch ein ›Crisli Wässerli‹ und beschlossen, im nächsten Jahr . . .

Bayrischer Wald vermutlich.

20. Juni. Der Geburtstag meines Vaters. Meine Erinnerungen setzen sich aus Heckenrosen und Erdbeerbowle zusammen, aus der Schichttorte, die seine Jugendfreundin Adolfine mitbrachte. Im Pfarrgarten blühten die hohen weißen Lilien und die starkduftenden Nelken; der Garten meiner Kindheit: Es gab Lauben, mit Pfeifenkraut bewachsen, Grotten und einen Teich, ein Bienenhaus und Bergamotten; Terrassen, von Efeu überwuchert, und einen mächtigen Nußbaum. Adalbert Stifter hätte den Garten angelegt haben können. Das ist nun alles verfallen, ohne Geheimnisse und Glanz, aber dort hat sich mein Gefühl für die Größenverhältnisse des Lebens gebildet.

Das Gefühl, den Eltern das Leben zu verdanken, hat in mir alle Kritik ihnen gegenüber unterdrückt. Das Gefühl der Dankbarkeit, auch der Verpflichtung ihnen gegenüber hat mich nie verlassen.

Eine Kusine aus der Deutschen Demokratischen Republik kommt zu Besuch. Kaum ist sie aus dem Zug gestiegen, packt sie mich am Arm und sagt: ›Hol mich da raus!‹ Aber ich schicke ihr weiterhin nur Pakete und hole sie nur für Wochen heraus.

Ich habe vor Jahren in meine schwarze Kladde geschrieben: ›Du sollst dich nicht vorenthalten!‹ Es ist fast unmöglich zu leben, was man denkt und schreibt. Immer wieder Kompromisse.

›Die Spaltung Deutschlands und Österreichs: die beiden Herzkammern trennen und doch den Blutumlauf erhalten wollen.‹ (Friedrich Hebbel, Tagebücher)

Aus einer zerstörten Ehe kann man manchmal eine heile Freundschaft retten. Andere drehen sich um und gehen davon. Jede versuchte Nähe mit einem früheren Partner wäre ein Inzest, es entsteht körperliche Scheu voreinander, man faßt sich nur widerstrebend an, die innere Nähe dagegen bleibt erhalten.

In Arolsen, der kleinen Residenzstadt. Alles wieder frisch getüncht, das Schloß senfgelb, in den Anlagen blühen die Azaleen, die große Allee gealtert, Eichen-Ruinen. ›Grün im Schutze deiner Eichen.‹ Die ehemalige waldecksche Hymne.

So brav alles, so ordentlich... Aber inzwischen weiß ich: Hitler und Himmler waren die Taufpaten des Erbprinzen von Waldeck, dessen Vater Josias das SS-Regiment ›Germania‹ in sein kleines Fürstentum geholt hat.

In einer kleinen Stadt wirkt alles kleiner, auch die Historie.

EG, Europäische Gemeinschaft, das schreiben wir groß. Gleichzeitig und unabhängig davon wird ›deutsch‹ als Gütezeichen angewendet, wie einst ›made in Germany‹. Ein Widerspruch. Eine Unvereinbarkeit. Es fällt mir die Berliner Marktfrau ein, die von einer Käuferin gefragt wird, ob es sich bei den Kirschen um deutsche Kirschen handle, und die zurückfragt: ›Wat denn? Wolln Se mit die reden?‹

In unserem hessischen Gärtchen stehen seit kurzem zwei römische Göttinnen, vergrößern ihn perspektivisch, machen ihn südlicher und festlicher. Aphrodite in einer Feuerdornhekke, schön frisiert, anmutig nach vorn geneigt, als wolle sie sich mit dem Tuch, das sie in den Händen hält, die Füße trocknen. Die Göttin des Wachstums und der Schönheit! Die andere, kleinere Figur steht im Hintergrund, eine Hebe, lebenslänglich die Mundschenkin der Götter, im Gewand einer Dienerin, den Kopf demütig gesenkt, in der rechten Hand den Krug, in der linken die Schale, bereit zu geben und bereit zu nehmen. Im Juni fängt sie in ihrer Schale die welken Blüten des Goldregenbaums auf. Bei Trockenheit fülle ich sie ihr mit Wasser für die Vögel, bei festlichen Anlässen mit einem Strauß.

Das genügt uns an Allegorie. Wir haben die Figuren nicht selbst ausgesucht, man hat sie uns mitgebracht, sie standen unter Hunderten am Rand der ›Anulare‹, der Umgehungsstraße von Rom, zum Verkauf. Ein Besucher sagt: ›Hebe? Wird nach Hebe nicht der Jugendwahnsinn Heberitis genannt?‹

Wir haben uns unbedacht und unwissend die Göttin der ewigen Jugend in den Garten gestellt, aber wenn wir ihr abends eine brennende Kerze in die Schale stellen, wirkt sie wie eine Grabfigur.

Eine junge Frau fährt mit ihrem Kind in der Eisenbahn ins Riesengebirge. Sagen wir, Sommer 1938, ein Sonderzug, ›Kraft durch Freude‹. Im Waggon ist es heiß, das Kind quengelt so lange, bis die Mutter, ohnehin gereizt, ihm eine leere Saftflasche zum Spielen gibt. Das Kind spuckt in die Flasche, bläst in die Flasche, läßt sie vom einen Ende des Waggons zum anderen rollen, belästigt dabei die Mitreisenden. ›Jetzt ist aber Schluß!‹ sagt die Mutter und nimmt dem Kind die Flasche weg, woraufhin dieses anfängt zu brüllen. Kurz entschlossen öffnet die Mutter das Fenster, wirft die Flasche mit Schwung hinaus und schließt das Fenster. Das Kind gibt sich zufrieden.

Damit wäre die Geschichte zu Ende. Die Mutter hat ihren Willen durchgesetzt. Ruhe im Abteil. Kraft durch Freude im Riesengebirge.

Aber die Flasche! Sie trifft einen jungen Radfahrer, der gerade an einem unbeschrankten Bahnübergang wartet, bis der Zug vorbeigefahren ist, trifft ihn am Knie, der junge Mann spürt einen heftigen, stechenden Schmerz, steigt trotzdem aufs Fahrrad und fährt nach Hause. Er befindet sich auf dem Heimweg von der Musterung, wo er für tauglich befunden worden ist. Das Knie versteift sich. Als er dem Einberufungsbescheid Folge leistet und auf sein Knie hinweist, ist von ›Selbstverstümmelung‹ die Rede und von ›Wehrdienstentziehung‹. Er schildert den Hergang, an dem Bahnübergang findet man noch die Flasche. Es kommt zu keinem Verfahren. Der junge Mann wird als wehruntauglich ausgemustert. Als ein Jahr später seine Brüder und Freunde an die Front kommandiert werden, dann von einem siegreichen Feldzug in den anderen ziehen, bleibt er zurück: ein Krüppel. Im letzten Kriegsjahr wird auch er eingezogen und in das Magazin eines Ersatzteillagers abkommandiert. Soldaten, die aus dem Heimaturlaub zurückfahren an die Front, beneiden ihn. ›Du mit deinem Knie, du hast es gut!‹ Bei Kriegsende, als die Zivilbevölkerung flieht, bleibt er mit einigen Alten und Kranken zurück, untauglich, weite Strecken zu Fuß zurückzulegen oder auf fahrende Güterzüge aufzuspringen . . .

Eine Saftflasche als auslösendes Moment. Das Schicksal bedient sich einer jungen gereizten Mutter. Sie ist die Ursache dafür, daß der junge Mann nicht Soldat wurde und daher nicht im Krieg fiel; sie ist Ursache dafür, daß er nicht rechtzeitig fliehen konnte; ihr verdankt er die lebenslange Invaliditätsrente.

Und immer sagt er, der Betroffene: ›Das verdanke ich alles meinem Knie!‹ Das eine Mal in erbittertem Tonfall, das andere Mal erleichtert.

Titel? ›Jetzt ist aber Schluß oder der Anfang der Geschichte.‹

Paula L., eine Frau, die sich in Selbstironie als eine Kreuzung zwischen Haushuhn und Brieftaube bezeichnet und behauptet, froh darüber zu sein, ›ein wenig neben mir herfliegen zu können‹. Eine Schreibbegabung. Literarisches Brachland. Ein ungenutzter Steinbruch. In einem ihrer vielen langen Briefe steht: ›Manchmal fühle ich mich wie von Ihnen erfunden.‹

Vor einigen Wochen waren wir morgens wegen eines Wasserrohrbruchs unvorbereitet ohne Wasser. Wir putzten uns die Zähne mit Mineralwasser, kochten auch den Tee mit Mineralwasser, gingen dann mit Eimern zum Hydranten, der sich zweihundert Meter von unserem Haus entfernt befindet, trugen das Wasser nach Hause, telefonierten schließlich mit Freunden, bei denen das Wasser ungehindert aus den Hähnen lief, und fuhren zu ihnen.

Schlimmer ist es, wenn der Strom ausfällt. Durch Absperrung wird uns das ab und zu spürbar gemacht. Die Heizkörper kühlen ab, der Kühlschrank taut auf, nicht einmal Tee-Kochen ist möglich. An der Haustür bringt man ein Schild an: ›Bitte klopfen!‹ Ich hole die alte Schreibmaschine aus dem Keller, weil die elektrische ausfällt. Kein Rundfunk. Kein Fernsehen. Die Aufzählung ließe sich leicht verlängern. Wir werden immer abhängiger vom Funktionieren unserer technischen Errungenschaften. Bequemlichkeit hat ihren Preis. Man spricht von ›Anfälligkeit einer hochzivilisierten Gesellschaft‹. Die Vorstellung, in einem Fahrstuhl oder einer U-Bahn bei Stromausfall gefangen zu sein, ängstigt mich.

Bisweilen befreien wir uns von unserer zivilisatorischen Abhängigkeit, um eine Weile ein einfaches Leben zu führen. Manchmal in Schweden, in einer ehemaligen Mühle, ohne Strom, ohne Wasser, ohne Telefon, aber mit einem großen, aus Lehm gebauten Herd, Brunnen, Petroleumlampe, einer Gitarre an der Wand, Fahrräder. Dort gehen wir nicht spazieren, um an die frische Luft zu kommen, sondern um Beeren, Pilze und Kienäpfel zu suchen. Wir fahren nicht Rad, um uns Bewegung zu verschaffen, sondern um Eier und Milch beim Bauern zu holen. Kein Kaminfeuer der Stimmung wegen, sondern Herdfeuer zum Kochen. Wir waschen uns im Mühlenteich. Wir hacken Holz und fegen Stube und Küche. Wir fühlen uns frei und unabhängig von allen unnötigen Bedürfnissen. Zum Schreiben bleibt wenig Zeit.

Ein anderes Mal fahren wir auf eine südliche Insel, wo wir das Wasser aus der Zisterne schöpfen oder darauf warten, daß Pavlos, der Wassermann, uns die Amphoren füllt. Ein zweiflammiger Propangaskocher, zwei Töpfe, ein Sieb und eine Pfanne. Die Fische kaufen wir beim Fischer, das Brot beim Bäcker, wo wir nicht unter vierunddreißig Brotsorten wählen, sondern nur diese eine einzige Sorte, am Morgen gebacken. Wir sammeln Gewürze, wenn wir durch die Macchia gehen, Rosmarin, Oregano, Lorbeer. Wir kaufen auf dem kleinen Markt Obst und Gemüse, je nach der Jahreszeit. In dem einzigen Restaurant essen wir nicht à la carte, sondern ›was gibt‹. Fisch oder Fleisch. Eine Gemüsesuppe. Gefüllte Paprikaschoten. Wir wählen nicht unter mehreren Weinsorten, sondern zwischen weiß und rot. Der Wein schmeckt uns gut, wir sind durstig, der weiße könnte bisweilen etwas kühler sein.

Was für eine bekömmliche Vereinfachung des Lebens! Abends singen am Hafen ein paar Mädchen slawische oder romanische Lieder. Den Text verstehen wir nicht, das Programm ist klein und wiederholt sich. Wir summen auf dem Heimweg die Melodien. Der Sonnenuntergang ist unser einziges, immer wechselndes, immer bewundertes Abendprogramm; dazu Mond und Sterne, die Lichter der Fischerboote auf dem Meer.

Haben sie es nicht gut, diese einfachen Leute? Sie fahren aufs Meer zum Fischen, ein wenig Feldarbeit, ein wenig Hausarbeit, ein paar Touristen. Abends rücken die Frauen einen Stuhl vors Haus und schwätzen miteinander; die Männer schwätzen auf der Piazza miteinander. Wenn der Wind kalt weht, schlagen die Männer den Rockkragen hoch, und die Frauen wickeln sich in Plaids. Wir reden lange über die Abhängigkeit der Reichen und die Unabhängigkeit der Armen, eines meiner Lieblingsthemen. Zum Schreiben genügen mir in diesen Wochen ein Bleistift und ein Notizblock, viel fällt mir sowieso nicht ein; die Lebensführung kostet viel Zeit, auch viel Energie. Und eines Tages entdecken wir schwarze eklige Tierchen im Wasser. Vom Fahrrad springt die Kette ab. Ich bekomme das Herdfeuer nicht zum Brennen. Essen, ›was gibt‹, sind wir leid. Wir verlangen nach einer frischen Morgenzeitung. Frischer Toast und Graubrot und Schwarzbrot und Pumpernickel! Ein Hornkonzert aus dem Radio!

Wenn es so weit mit uns gekommen ist, dann wird es Zeit abzureisen.

Und wenn wir dann – ein Jahr später – wiederkommen, in diese Mühle in Småland oder das Sommerhäuschen in Dalarna oder zu Tonći auf der Insel Sveti Klement, dann finden wir eine Dusche vor, im nächsten Jahr einen Kühlschrank, und ein Jahr später –.

Bei Gewitter fällt das dann alles aus: der Kühlschrank, der Elektroherd, das Radio, es ist dann fast wie zu Hause, und wir müssen uns nach einer anderen Insel umsehen. Noch haben wir sie für dieses Jahr nicht gefunden, noch genießen wir die Vorzüge einer Erdgasheizung, des Kühlschranks, des Toasters, der elektrischen Schreibmaschine. Aber es ist ja auch noch nicht Sommer ...

Ein Deutscher, der als junger Artillerie-Offizier am Frankreich-Feldzug teilgenommen hat, fährt zum ersten Mal als Tourist im Auto nach Frankreich. Sein elfjähriger Sohn sitzt neben ihm. Sobald er eine zerstörte Eisenbahn- oder Flußbrükke sieht, fragt er: ›Habt ihr die zerstört, Papa?‹ ›Nein!‹ sagt der Vater und fährt weiter. Das wiederholt sich mehrmals. Sie kommen nach Reims. Die Mutter, die meist schweigend auf dem Rücksitz gesessen hat, wünscht die Kathedrale zu sehen. Der Sohn erblickt Einschüsse an den Mauern und stellt die gewohnte Frage: ›Wart ihr das?‹ Der Vater sagt: ›Es wäre möglich.‹ Während die Mutter den ›Engel der Verkündigung‹ betrachtet und das Lächeln des Engels erwidert, setzt ihr Sohn dem Vater auseinander, wie man diese Kathedrale am zweckmäßigsten hätte angreifen und vernichten müssen. Sie hört die Stimme ihres Kindes, hört, was es sagt, wendet sich von dem Engel ab und erklärt: ›Wir fahren nach Hause!‹ Kein Widerspruch von seiten ihres Mannes. Sie bleiben ihrem Sohn die Erklärung schuldig.

Dalarna, eine schwedische Provinz, die mir fremd und vertraut zugleich war. In die Wälder von Dalarna hatte sich Joachim Quint zurückgezogen, das älteste der Quintschen Kinder; er war mir immer der liebste, seine Mutter nannte ihn ›Mosche‹, und Stina, die aus Dalarna stammte, nannte ihn ›Joke‹. Er machte Gedichte, Naturlyrik. Jetzt habe ich mit eigenen Augen gesehen, was ich zuvor in den ›Poenichen-Romanen‹ bereits beschrieben habe. Die hellen Nächte am Dala-Fluß!

Drei Dinge, dachte ich, seien für Wanderungen in Schweden wichtig: gutes Wetter, gute Wanderkarten und als drittes gute Freunde, die ein Sommerhaus besitzen.

Dieses Sommerhaus stand etwa 250 Kilometer nordwestlich von Stockholm, 20 Kilometer südlich vom Siljan-See, wenige hundert Meter vom Dala-Fluß entfernt, ein Holzhaus, ro gestrichen, wie die meisten Häuser. Wir wohnten Box 882, ei Briefkasten an einer Birke, keine weitere Anschrift. Eine Ortschaft von dreitausend Einwohnern. Aber: kein Marktpla mit Gasthöfen, kein Hotel, keine Apotheke, kein Arzt un kein Tierarzt. Die Kirche mitten im Kirchhof, wo man nicht i Einzelgräbern, sondern in Familiengräbern ruht. Ein Telefo häuschen, ein Coop-Laden, eine einzige kleine, stundenweise geöffnete Konditorei, mehr an Versorgung und Vergnügen wurde nicht geboten. Um alkoholische Getränke einzukaufen, mußten wir über 50 Kilometer fahren. Kein Ausflugslokal als Ziel unserer Wanderungen, aber wir konnten mit einer Quelle rechnen, auch mit Bächen, in denen helles Trinkwasser floß; einen Becher aus Wacholderholz hatten wir immer zur Hand. Die wilden Erdbeeren reiften, auch die Heidelbeeren, die Multbeeren blühten noch. Blühen, Frucht ansetzen und reifen, das muß dort schnell gehen, in der kurzen warmen Jahreszeit; die Pilze schießen aus dem Boden. Die Sonne, die von früh um zwei Uhr bis kurz nach Mitternacht am Himmel steht, wirkt sich als Zeitraffer aus, beschleunigt Wachstum und Reife.

Keine Bank an einem Aussichtspunkt, keine markierten Wanderwege, keine Fähre am Fluß; nichts, was unsere Anwesenheit gerechtfertigt hätte. Die Beeren reifen für die Vögel, die Pilze für die Schnecken, niemand wünschte an uns auch nur ein paar Kronen zu verdienen. Ein teures Land mit wenig Gelegenheiten, Geld auszugeben. Wir, die wir aus den Städten kamen, sprachen zu laut. Nach wenigen Tagen hatten wir uns der Stille angepaßt, sprachen leise miteinander, gingen leise auf Moospfaden; knackte ein Zweig unter unseren Sohlen, hätte das Geräusch von einem Tier stammen können. Unser Bedürfnis zu sprechen ließ nach, das Gefühl, zu stören und überflüssig zu sein, verstärkte sich. Melancholie der langen hellen Abende. Wenn wir am Ufer des Flyten – ein flacher verschilfter See – saßen und unser Feuer, an dem wir uns wärmten, niederbrannte, saßen wir in einem Bild von Edvard Munch.

Wer nach Schweden reist, fährt zur Mittsommerzeit. Dann leeren sich die Städte, verteilen sich deren Einwohner auf die endlosen Wälder. Birkenbäume vor allen Haustüren, jede Ortschaft mit einem Maibaum; man sagt Maibaum, obwohl Ende Juni ist, das Wochenende nach dem Johannistag. Die Mai-Stange, mit Blumengirlanden umwunden und mit Blumenkränzen behängt, trägt einen Querbalken, der ihn zum Kreuz macht, das sich einmal im Jahr begrünt, das blüht und welkt. Das christliche Symbol scheint keiner darin zu erkennen.

In Gagnef ist zu Mittsommer viel los, hieß es. Wir fuhren

nach Gagnef, andere taten es auch. Hunderte. Viele der Männer, Frauen und Kinder trugen ihre kostbare Dala-Tracht, auch unsere schwedische Freundin. Wir warteten lange in einem vollbesetzten Freilichtmuseum, bis schließlich von Männern in Dala-Tracht die Stange aufgerichtet wurde. Die Zuschauer verfolgten den Vorgang mit Spannung; als er beendet war, klatschten sie begeistert. Dann warteten wir wieder lange. Währenddessen fiedelte eine Gruppe von Männern ein paar Lieder. Später wurden auf einem kleinen Podium Volkstänze geboten. Wir saßen im Gras, drunten im Tal schimmerte der Dala-Fluß, zu trinken gab es nichts, zu essen auch nichts, kein Eis für die Kinder, kein Karussell. Wir waren heiter, es war auf eine wohltuende Art langweilig.

Auf den Zeltplätzen soll es später doch noch, abends und in der Nacht, hoch hergegangen sein, hieß es. Viele haben sich betrunken, es hat Verletzte gegeben. Um diese Zeit saßen wir bereits vor unserem Haus, tranken vom mitgebrachten zollfreien Whisky, Birger spielte Gitarre, Gerda sang, sie sangen zweistimmig, wir sangen vierstimmig. Es war wie an jedem späteren Abend; als die Whiskyflaschen geleert waren, tranken wir Moonshiner-Wein, den ein Nachbar aus Alkoholester herstellt...

An jedem Morgen fuhren wir ›ein Stück‹ mit dem Auto in die Wälder. Wenn wir ausstiegen, erkundigte ich mich, wohin wir diesmal wandern wollten. Birger beschrieb mit dem Arm einen weiten Kreis, der am Auto anfing und am Auto endete, und sagte: ›Sieben Stunden, mit Baden und mit Picknick.‹ Sein Vater stammte aus Dalarna, sein Großvater – der Farfar – war noch ein echter ›Dalkanar‹, und er selbst hat die langen Ferien seiner Kindheit bei Farfar und Morfar – der Mutter des Vaters – in Dalarna verbracht.

Der Kompaß, den Birger bei sich trug, reagierte empfindlich auf die Starkstromleitungen und auf die Erze im Erdinneren. Beides wollte er uns demonstrieren, dann steckte er den Kompaß in die Tasche. Zur Orientierung benötigte er ihn nicht.

Was ich für gut ausgebaute Wanderwege hielt, waren in Wirklichkeit Autostraßen; die Pfade verloren sich auf dem nächsten Kahlschlag oder endeten im Sumpf. Mit Elchschritten ging Birger voraus; er mißt zwei Meter. Von einem Moor zum anderen zogen wir Schuhe und Strümpfe nicht wieder an. Ich sank bis zu den Knien im Moor ein, hielt mich an einem schwankenden Erlenstämmchen fest. Sumpfhühner flatterten auf, nach wenigen Metern sackten ihre schweren Körper wieder aufs Wasser. Rundum piepte und zwitscherte es: die Sümpfe, die Kinderstuben der Vögel. Möwen, deren Nestern wir zu nahe kamen, umkreisten uns drohend mit lauten Schreien. Libellen. Seerosen. Wollgras mit weißen Büscheln, dick wie reife Baumwolle.

In Dalarna muß niemand zweimal im selben See schwimmen. Für jedes Bad ein neuer See. Die Ufer sind oft verschilft, manche haben flache, sandige Ufer, andere sind von Felsen und Geröll umgeben. Zu Skeletten gebleichtes Holz liegt herum; vom Wasser ausgewaschene Kiefernwurzeln klammern sich wie Riesenkraken um die Felsen. Wir können nicht warten, bis die Seen sich erwärmen, also streifen wir die Kleider ab und laufen ins Wasser, der Hund, der uns zu retten versucht, laut bellend hinterher.

›Diese Schlucht‹, erklärt Birger, ›ist der Eingang zur Hölle. Drei Riesen haben in dieser Gegend gelebt, die Seen hat man nach ihnen benannt. Als man in ihr Reich christliche Kirchen gebaut hat, haben sie mit dicken Felsbrocken danach geworfen, aber sie haben die Kirchen nicht getroffen, die Steine liegen unter den Bäumen der Kirchhöfe.‹ Es wäre schade um die hellen, heiteren Kirchen gewesen. Im Inneren sehen sie aus wie die gute Stube des lieben Gottes. Gute Stuben werden saubergehalten und wenig genutzt.

Immer wieder Reste von Kohlemeilern. Auch Reste von Schächten, in denen man Probebohrungen nach Erzen vornahm. Birger hebt einen der herumliegenden Steine auf, reicht ihn weiter, um uns zu zeigen, wie schwer er ist. Auf den Kahlschlägen haben einzelstehende mächtige Kiefern, ›Überhälter‹ genannt, die Aufforstung übernommen. Die Birkenschößlinge werden geduldet, sie müssen die dunklen Nadelwälder aufhellen. Man benötigt sie zu Mittsommer – und wir, um die gute Falun-Fleischwurst auf zugespitzte Stecken zu spießen und ins Feuer halten zu können. Nirgendwo sind die Birkenstämme so hell wie in Dalarna! Nirgendwo das Knäckebröd so gut wie in Dalarna das ›Wasa-Bröd‹ – und schon werden lange Geschichten vom König Wasa laut. Birgers Heimatliebe wirkt ansteckend auf uns.

Farne und Schachtelhalm und alle Arten von Moos, Torfmoos und rosenrotes Rosenmoos, und immer wieder die Blütenglöckchen der Linnéa. Isländischmoos bedeckt die Felsen wie ein rauhes Fell. An manchen Birkenstämmen ist die Rinde in Meterbreite sorgsam abgelöst. ›Das muß hier Manövergelände sein, man wird den Partisanenkrieg geprobt haben‹, sagt Kühner und erinnert sich und uns an den Partisanenkrieg in Rußland. ›Die Russen haben sich, wenn es regnete, mannsgroße Särge aus Birkenrinde gebaut und darin geschlafen. Wir haben es ihnen nachgemacht.‹

Birger, Reserveoffizier der königlichen Leibgarde, hört interessiert zu und sagt: ›Bei uns flicht man aus der Birkenrinde Körbchen und Schalen.‹

Heimatlicher Kuckucksruf. Losung der Füchse auf den Steinen. Und nach Tagen dann endlich auch ein einzelner Elch, ein Elchkalb ohne Elchmutter, die sich nun um das diesjährige Kalb kümmern muß. Das Fell ist steingrau und struppig; hilflos, aber ohne Arg blickt es uns an.

Orchideen. Auch die duftende Nachtviole. Auf den Waldwiesen dürfen die Blumen ausblühen, keine Grasmähmaschine und kein Heuwender wird darübergehen, allenfalls wird ein Kuhmaul ein Büschel zu fassen kriegen. Im sumpfigen Bachgrund blüht in reinstem Weiß die Kalla, Hunderte von Blütentrichtern. Wir pflücken eine blaublühende fleischfressende Pflanze, mit der wir die Milch zu Dickmilch säuern.

Es regnet oft. Wir werden naß und wir werden auch wieder trocken. Für Stunden färbt sich der Himmel flachsblütenblau. Ich bin die einzige, die sich aus der Kinderzeit an blühende Flachsfelder erinnern kann. Weidenröschen, die auf den Kahlschlägen verschwenderisch blühen, heißen hier Himmelswiesenblumen. Wir sehen zerbrochene gefleckte Eierschalen, hühnereigroß. Über uns kreisen Häher und warnen. Kühner zitiert ein Gedicht von Wilhelm Lehmann: ›»Möchte das Nichts mich überfallen / Suche ich nach dem Elsternei / Trinke aus seiner Schale, damit ich / Der Sprache der Vögel kundig sei.«‹ Er holt mich mit wenigen Zeilen aus der fremden Natur in die mir vertrautere Welt der Naturlyrik.

Oft sehe ich den Wald vor lauter Bäumen nicht.

Nirgendwo gibt es so viele Sennhüttendörfer wie in Dalarna. Aber nur noch wenig Almen werden bewirtschaftet, und wenn, dann meist von Studenten. In Bastbujahn betreibt Gunnar, ein Musiklehrer, während der Ferien eine Sennerei; manchmal findet sich eine junge weibliche Hilfe. Das Vieh wird nicht mehr zu Fuß auf die Almen getrieben, sondern reist mit Lastwagen in die Sommerfrische. Gunnar melkt, buttert, kocht Käse über einer offenen Feuerstelle im Freien. Wir kaufen Milch, Sahne und Käse bei ihm ein. Einige Sennhütten sind zu Ferienwohnungen umgebaut; die Veranda ist immer ein Zeichen dafür, daß hier Nichtstuer, Ferienmacher wohnen. Graue Holzhütten, rote Ziegeldächer. Der Ruch nach Holzfeuerrauch verrät uns von weitem, ob so ein Dorf bewohnt ist.

Die alten Ziehbrunnen werden noch benutzt; Eidechsen und Frösche halten sie sauber. Ich beuge mich über einen Brunnenrand, spiegele mich tief unten im Wasser: mir schwindelt. Irgendwo steht ein Auto unterm Baum, keine Garagen, keine Musik aus Transistorgeräten, kein Telefon. Viele Klafter aufgestapeltes Holz wärmen die Holzwände. Ein Spirituskocher, falls es regnen sollte und man nicht im Freien kochen kann; eine Petroleumlampe, falls es dunkel werden sollte und man lesen möchte, aber es wird nicht dunkel, und niemand will lesen. Die Früchte der Ebereschen färben sich, bald wird man Marmelade daraus kochen. Hier erntet man nur, was einem zuwächst. Heidelbeeren, Preiselbeeren, Pilze, Holz.

Mit Stolz werden uns die guten Stuben in den Sennhütten vorgeführt: Türen und Möbel hübsch bemalt, die gescheuerten Dielenböden mit handgewebten Flickenteppichen belegt. Borde, auf denen bemalte Krüge und Schüsseln stehen. Holz- und Kupfergerät überm blanken Herd. Ein- oder zweimal im Laufe des Sommers bringt ein Omnibus Touristen in solch ein Sennhüttendorf; an langen Tischen wird zu Kaffee, frisch gemolkener Milch, selbstgebackenem Brot und selbstgebutterter Butter eingeladen, in den kleinen Läden kauft man Schönes und Brauchbares, Selbstgemachtes; vor allem rote Holzpferdchen, lackiert und mit Blumen bemalt, kleine und große ›Dala-Pferdchen‹. Sollen sie an die Pferde erinnern, die im Bergwerk von Falun die erzbeladenen Wagen aus der Grube zogen?

Im Bergwerk-Museum von Falun sieht man auf alten Fotos die abgerackerten Pferde. Dort erzählen wir den Freunden die Geschichte aus dem ›Schatzkästlein des rheinischen Hausfreundes‹; in Dalarna scheint man sie nicht zu kennen. ›Unverhofftes Wiedersehen‹ nennt Johann Peter Hebel seine Geschichte, eine wahre Begebenheit, die sich in Falun zugetragen hat. Da liebt und verlobt sich ein junges Paar und bereitet die Hochzeit vor. Der Bräutigam, ein Bergmann, fährt wie immer ins Kupferbergwerk ein, aber dieses Mal kehrt er nicht zurück. Jahrzehnte vergehen, da graben die Bergleute den Leichnam eines Jünglings aus, er ist ›von Eisenvitriol durchdrungen, sonst aber unverwest und unverändert‹. Und unbekannt! Nur die Braut erkennt ihren Bräutigam wieder, um den sie fünfzig Jahre lang getrauert hat. ›Da wurden die Gemüter aller Umstehenden von Wehmut und Tränen ergriffen, als sie sahen die ehemalige Braut jetzt in der Gestalt des hingewelkten kraftlosen Alters und den Bräutigam noch in seiner jugendlichen Schönheit.‹

Birger, der zwar gut Deutsch spricht, aber doch nicht so gut, daß er den Doppelsinn seiner Frage begreift, erkundigt sich, ob wir in die Grube fahren wollen. Als wir abwehren, fragt er ahnungslos weiter: ›Auch nicht zusammen?‹

Nicht weit vom Städtchen Falun entfernt, steht das Haus des Malers Carl Larsson, das wir aus Kinderbüchern schon kennen. Das Haus in der Sonne. Der Andrang ist groß; es gibt nicht viel Kultur, die man besichtigen könnte. Als wir endlich eintreten dürfen, geraten wir in eine liebevoll instandgehaltene Puppenstubenidylle. Über den Bach schwingt sich noch der gleiche weiße Holzsteg wie in den Bilderbüchern; die jungen Mädchen, die uns führen, tragen jene rot-weiß und blau-weiß gestreiften knöchellangen Kleiderschürzen wie früher die Larsson-Töchter. Es blüht vor den Fenstern und hinter den Fenstern, die Wände und Decken sind von der Hand des Künstlers ausgemalt, die Kissen und Vorhänge handgewebt und handgestickt von der Gattin. Es duftet nach Heimeligkeit und häuslichem Glück. Bilder der fröhlichen Kinder und noch mehr Bilder der glücklichen Gattin. Larsson wurde nicht müde, seine Frau zu malen, sogar auf die Tür zur Küche hat er ihr Bild gemalt. Allerdings handelt es sich um eine Schiebetür. Er konnte seine Frau nach Belieben in der Wand verschwinden lassen. Weht da etwa doch ein Hauch Strindberg? Szenen einer Ehe? Oder bin ich es, die verdorben ist für soviel Helligkeit und Lieblichkeit und häusliche Enge?

Tief in den Wäldern sehen wir manchmal Hütten, eher

Unterständen ähnelnd, in denen irgendein schwedischer Individualist haust, nur um nicht mit der eigenen Frau unter dem komfortablen Dach wohnen zu müssen. Strindbergsche und Ibsensche Dramen haben heute andere Lösungen. ›Nicht Nora läuft ihrem Mann weg, sondern die Männer laufen zurück in die Wälder, weg von ihren kalten emanzipierten Frauen‹, behaupte ich abends beim Gök, zu deutsch ›Kuckuck‹: halb Kaffee und halb Schnaps. Unsere warmherzige, anmutige Freundin sieht uns betroffen an. Birger legt den Arm um sie, sagt: ›Min kulla!‹ und greift zur Gitarre. Der Hund rekelt sich im Gras und wärmt sich in der Sonne, die sich allmählich dem Horizont nähert, sie scheint immer nur in den ersten Morgenstunden und in den letzten Abendstunden und verbirgt sich tagsüber hinter Wolken. Wenn es kühl wird, gehen wir ins Haus, machen Feuer im Herd, sitzen am Küchentisch, kratzen die juckenden Insektenstiche und spielen Karten. Die nassen Schuhe haben wir mit ›Dagens Nyheter‹ ausgestopft. Am Morgen hat Birger uns daraus die wichtigsten Neuigkeiten des Vortages vorgelesen; am nächsten Tag werde ich sie zum Feueranmachen benutzen.

Die anderen gehen schlafen, ich gehe zu Bett. Ich kann in diesen hellen Nächten nicht schlafen. Ich streune durchs Haus, versuche zu lesen, liege zwischen den beiden Birken in der Hängematte. Die Sonne, eben noch Abendsonne, steigt als Morgensonne übers Scheunendach; ich wache und warte weitere Stunden. Um acht Uhr, nachdem ich das Herdfeuer angemacht und das Frühstück bereitet habe, gehe ich laut rufend durchs Haus. Die anderen tauchen gähnend und verschlafen auf. Ich gähne nicht einmal. Warum bin ich in den langen hellen Nächten nicht hinunter zum Fluß gegangen? Warum habe ich nicht das Boot losgemacht und habe mich auf dem Wasser treiben lassen? Warum habe ich nicht etwas anderes getan? Warum wollte ich haben, was alle hatten: Schlaf?

Der Dala-Fluß, genauer: der Västerdalälven, dient nicht mehr zum Flößen der Holzstämme. Immer wieder wird er in seinem Lauf aufgehalten und gestaut, Kraftwerke für die kleinen holzverarbeitenden Betriebe entstehen. Birger kennt den Fluß noch als Wildwasser. Die Sage sagt: Ein Riese habe dem Dalälven das Bett gegraben, er habe dabei abwechselnd die Erde einmal auf die rechte, einmal auf die linke Seite geschaufelt; daher, in gleichmäßigem Abstand, einmal rechts, einmal links, die flachen Ufer und steilen Ufer. In den sandigen hohen Böschungen nisten die Schwalben. An den hell-dunklen Abenden fahren wir manchmal zu viert in dem alten flachen Holzkahn; die Männer rudern, die Frauen schöpfen das Regenwasser. Der Hund wird unruhig, fängt an zu bellen; das Echo wiederholt sein Gebell, macht ihn zornig, er bellt dagegen an. Das Echo behält das letzte Wort. Ein Biber umkreist uns, peitscht mit dem kräftigen Schwanz das Wasser. Er will uns vertreiben, wir sind in sein Revier geraten. Birger, früher Lehrer, heute Politiker und in der Unterrichtung Unkundiger geübt, erzählt uns vom Leben der Biber. ›Mehr, als ich weiß‹, gesteht er später beim Aquavit. Die Biber, die einzigen Waldarbeiter weit und breit, bekommen wir nicht zu sehen, sehen nur ihre Spuren. Mit ihren harten Schneidezähnen fällen sie hohe Birken; an den spitz abgenagten Baumstümpfen erkennen wir, wo sie am Werk waren. Mit den Stämmen errichten sie Dämme, um die Strömung abzuhalten und auf diese Weise ruhige Buchten für die Aufzucht ihres Nachwuchses zu schaffen. Wenn sie dabei gestört werden, lassen sie die Stämme liegen und ziehen weiter. Da die Biberbauten unter Naturschutz stehen, müssen die Besitzer der angrenzenden Wiesen den Bibern das Wasser abgraben, damit das Gelände nicht überschwemmt wird.

Ein Gewitter lauert am Himmel, wir entfernen uns nicht weit vom Haus, gehen am Fluß entlang. Der Regen setzt unerwartet schnell ein. Wir suchen Unterschlupf in einer halbzerfallenen Feldscheune. Der Regen läßt sich Zeit, läßt uns Zeit. Wir blicken uns um und entdecken ein Brett, auf das jemand, der wie wir bei Regen Unterschlupf gesucht haben wird, Verse geschrieben hat, gereimt nach Laienart.

›Tänk när en gång du liten var,
satt inne i ladan med mor och far...‹

Birger übersetzt: ›Denke daran, als du einmal klein wars und mit Mutter und Vater in der Scheune saßest. Ihr hatte kalte Grütze und Milch zu essen. Ja, das sind Erinnerungen, di man nicht vergessen kann. Du spieltest am Bach und has gebadet, während die Eltern in der Scheune ihren Mittags schlaf hielten. Aber jetzt ist keiner mehr von ihnen da, nu Erinnerungen...‹

An dieser Stelle brach das Gedicht ab. Vermutlich hatte e

aufgehört zu regnen. ›Nur Regen entschuldigt solche Gedichte‹, sage ich. ›Homespun! Hausgemachtes! Alles macht ihr hier selbst. Ihr sägt und hämmert, bemalt die Möbel, spielt Gitarre und singt. Ihr verschönert. Dabei entsteht keine Kunst.‹ Birger hört mir aufmerksam zu. ›Wir entbehren nichts.‹

Nachdem ich mich eine Woche lang gewehrt habe, halte dann auch ich eine handgewebte Decke auf dem Schoß und säume sie...

Wenn ich zunächst geglaubt hatte, daß drei Dinge für die Ferien in schwedischen Wäldern wichtig seien, so hatte ich mich geirrt. Gute Wanderkarten waren nicht wichtig, das Wetter war auch nicht wichtig, was aber unerläßlich ist, sind Freunde, wie wir sie hatten. Auch diesmal habe ich kein anderes schwedisches Wort als ›tak‹ verwendet, das man durch Verdoppelung steigert. Tak tak! Es paßt immer: Danke!

Auf der Buchmesse in Frankfurt denke ich jedesmal: Wir werden von den Außenseitern überrundet. Carlo Schmid schreibt Memoiren, aber auch Max Schmeling, Lilli Palmer, Hildegard Knef, die Stalin-Tochter. Der Triumph der Laien.

Ich stelle mir vor, ich würde in den Boxring steigen oder auf die Bühne.

Auf meinem Geburtsschein steht glaubwürdig in der Handschrift meines Vaters, der die Kirchenbücher sorgfältig geführt hat, daß ich in Schmillinghausen/Kreis der Twiste in Waldeck, zugehörig zum Deutschen Reich, geboren wurde.

Fürst Friedrich von Waldeck hatte 1918 zwar seinen Thron, und mit seinem Fürstentum auch die Selbständigkeit, verloren, aber der Fürst residierte weiterhin in seinem Schloß in Arolsen. Waldeck war ein demokratischer Freistaat und ich somit eine gebürtige Waldeckerin. Am 1. April 1929 wurde Waldeck gegen seinen Willen, aber auf demokratischem Wege an Preußen angeschlossen und gehörte von nun an zum Regierungsbezirk Kassel.

Im wehrlosen Alter von sieben Jahren hatte ich zum ersten Mal meine Heimat verloren, zumindest auf dem Papier. Das nächste, das ich einbüßte, war der ›Kreis der Twiste‹; das gleichnamige Bächlein floß zwar weiterhin durch sein Tal, aber die drei waldeckschen Kreise wurden zu einem einzigen zusammengeschlossen, womit sich die Angaben zu meiner Person vereinfachten; nun also geboren: Schmillinghausen, Kreis Waldeck.

Von dieser Änderung erfuhr ich durch eine Zeitungsmeldung, denn mittlerweile war ich zwar noch eine gebürtige Waldeckerin, aber ich lebte nicht mehr dort. Als es mit Preußen ein Ende hatte und die Länder nach dem verlorenen Zweiten Weltkrieg neu aufgeteilt wurden, schlug man Waldeck zu Hessen. Wie bei allen Fusionen zwischen groß und klein verschwand Waldeck aus dem allgemeinen Bewußtsein, obwohl im Schloß zu Arolsen immer noch Prinzen zu Waldeck residierten, zumindest lebten. Mein Dorf war nun ein nordhessisches Dorf. Und im Zug der größeren geschichtlichen Ereignisse war aus dem ›Deutschen Reich‹ die ›Bundesrepublik Deutschland‹ geworden.

Inzwischen gibt es ›mein Dorf‹ überhaupt nicht mehr. Es wurde im Rahmen der Gebietsreform zum ›Stadtteil‹ der sechs Kilometer entfernten ehemaligen Residenzstadt Arolsen erklärt. Noch taucht der Name, klein geschrieben, auf den Schildern am Ortseingang auf, noch steht er auf alten Landkarten, aber auf den neuen Autokarten fehlt er bereits, eine eigene Postleitzahl besitzt mein Dorf nicht.

Im weiteren Verlauf der Gebietsreform wurde schließlich durch einen einfachen Verwaltungsakt der Landkreis Waldeck mit dem Landkreis Frankenberg zusammengelegt. Kein Autokennzeichen mit der Chiffre ›WA‹ läßt mich noch freudig ›Ah – ein Waldecker!‹ ausrufen. Neuerdings liest man den Namen gelegentlich wieder in den Zeitungen, wenn von einem nordhessischen WWA berichtet wird, das wenige Kilometer von meinem Dorf entfernt, jenseits des Hellenberges, gebaut werden soll, eine Wiederaufbereitungsanlage für atomare Brennstoffe.

Von den sieben Taufnamen, die ich meinen sieben Paten verdanke, ging mir durch Unachtsamkeit eines Standesbeamten der schöne Name Gertrud verloren. Von den verbliebenen sechs Namen benutze ich den letzten, den ich allerdings eigenmächtig abgeändert habe. Den Familiennamen habe ich durch Heirat zum zweiten Mal verloren, aber auch diesen neuen und schönen Namen benutze ich selten.

Beim Lesen meiner Geburtsurkunde kommen mir Zweifel an meiner Identität. An den Daten hat sich – habe ich – nichts geändert.

Will ich jemanden vereinnahmen und für mich haben, wenn ich ihn nicht bei seinem richtigen Namen nenne, sondern zu Ernst ›Ernesto‹ sage, zu Ilse ›Ilsebill‹? Auch Kühner rede ich nie mit ›Otto Heinrich‹ an...

Wir gingen durch die Straßen Stuttgarts; Ulrich und Rita voraus, die ›Stuttgarter Kinder‹. Dein Sohn ist über zwei Meter groß, seine Frau wirkt sehr klein neben ihm; er kann nicht Arm in Arm mit ihr gehen, legt statt dessen seine Hand auf ihre Schulter. Sie war hochschwanger, trug ein weißes folkloristisches Kleid, sah festlich aus, man machte einen kleinen achtungsvollen Bogen um sie. Man sah ihr an, auch im Gesicht, daß sie sich als etwas Besonderes fühlte. Ihr Selbstgefühl war durch diese überraschende Fähigkeit, einen richtigen Menschen herzustellen, gewachsen, und sie war in diesem Zustand noch schöner geworden.

Als wir im Restaurant am Tisch saßen, sah sie mich an (was sie nicht oft tut, wir kennen uns noch zu wenig) und sagte: ›Wenn ich mal Angst habe, dann denke ich einfach an deine Maximiliane, die im Krieg ihre Kinder zur Welt gebracht hat. Das werde ich doch auch können, im Frieden und jemanden zur Seite, den ich lieb hab.‹ Und dann fiel ihr das blonde Haar ins Gesicht, und sie verbarg sich wieder.

In den Vereinigten Staaten von Amerika hat sich innerhalb der letzten fünf Jahre die Zahl der ›Ehen ohne Trauschein‹ verdoppelt; in Schweden sind ein Drittel der Partnerschaften ›papierlose Ehen‹; in Deutschland kommt auf zwei Eheschließungen bereits eine Scheidung. Das neue Scheidungsgesetz verschreckt zusätzlich jene, die sich bisher ihr Ja-Wort mit dem Zusatz gaben: Notfalls lassen wir uns wieder scheiden.

Seit die Ehe nur noch von wenigen als ein Sakrament geachtet wird, ist sie kündbar geworden. Der Trumpf des

Mannes: ›Wer verdient denn das Geld!‹ sticht nicht mehr. Heute sticht der Trumpf der Frau: ›Ich komme auch allein durch!‹ Sie pocht auf ihre Rechte und hält sie für Menschen-Rechte; auf die Menschen-Pflichten wird allgemein weniger gepocht. Statt dessen ist viel von ›Rollenverhalten‹, ›neuem Rollenverständnis‹ die Rede. Die Ehe wird seziert und löst sich vom Rande her auf. Mann und Frau haben jahrhundertelang den alttestamentarischen Rat ›Es ist nicht gut, daß der Mensch allein sei‹ mit der Eheschließung befolgt. Bis vor wenigen Jahren war es selbstverständlich, daß jeder Mensch früher oder später heiratete. Der Rest, das waren Hagestolze und alte Jungfern, dem Spott und dem Mitleid ausgesetzt.

Fast unmerklich ist das anders geworden. Kein Vermieter kann mehr wegen Kuppelei verklagt werden, wenn er seine Wohnung an ein unverheiratetes Paar vermietet; er ist allerdings auch nicht verpflichtet, es zu tun. An keiner Hotelrezeption wird danach gefragt, ob es sich um ein legales Paar handelt, das ein Doppelzimmer verlangt; das mag den Neid jener wecken, die einmal unter Heimlichtuerei gelitten haben.

›Wir sind Gott sei Dank nicht verheiratet!‹ heißt der Trumpf, der heute von beiden Partnern ausgespielt wird.

Lebt denn nicht jeder besser für sich allein? Man zieht gar nicht erst zusammen, hält ›mein‹ und ›dein‹ säuberlich auseinander. Viele leben bereits auf diese Weise mehr oder weniger freiwillig, vornehmlich jene, die in einer früheren Bindung gescheitert sind. Die männlichen und weiblichen Junggesellen, die ›Singles‹, halten sich für die Avantgarde einer alternativen Lebensform. Man hat einen Partner, mit dem man so etwas wie eine Sonntagsehe führt, ist sexuell versorgt, was man früher nur in der legalen Ehe haben konnte, jeder zeigt sich von seiner besten Seite, man verbringt gemeinsam den Urlaub, besucht einander, bleibt über Nacht oder auch nicht. Die wirtschaftlichen Vorteile einer gemeinsamen Haushaltsführung zählen wenig, da beide gut verdienen. Geht man auseinander, muß kein Zugewinn getrennt werden, die weitere Versorgung des Partners geht einen nichts an. Schließlich ist man ja unabhängig und gleichberechtigt. Den Gedanken an das Älterwerden schiebt man vorerst beiseite, den Satz, der beim Prediger Salomo steht, hat man vermutlich nie gehört: ›Weh dem, der allein ist! Wenn er fällt, ist keiner da, der ihm aufhilft.‹

Angst vor dem Alter habe ich allerdings als Motiv zur Eheschließung nie gelten lassen; Versorgungsehen habe ich immer abgelehnt.

Haben diese Singles vielleicht recht?

In München sind 40 Prozent aller Haushalte Einpersonen-Haushalte. Ein Stuttgarter Reisebüro wirbt mit ›Single-Tours‹. Von ›wilden Ehen‹ ist nicht mehr die Rede, es geht eher zweckmäßig zu, Tragödien finden allenfalls im verborgenen statt. Überraschend ist, daß diese ›Singles‹ noch keine Bezeichnung für ihre Partner gefunden haben; sie sagen ›mein Bekannter‹, ›meine Lebensgefährtin‹, ›mein ständiger Begleiter‹ – im wörtlichen Sinn Verlegenheitsanreden, die das vertraute ›mein Mann‹, ›meine Frau‹ nicht ersetzen. Leider klang dieses ›mein‹ oft besitzanzeigend und mag mit zu der neuen Bindungsangst und Ehefeindlichkeit beigetragen haben. Viele haben gemerkt, daß die Ehe kein Ausweg aus persönlichen Schwierigkeiten ist, sondern eine Aufgabe für beide, nicht die Selbstaufgabe für den einen, meist war es die Frau.

Die Ehe ist in eine Krise geraten. Aber sie wird diese Krise überstehen. Es gibt nichts Besseres! Wäre sie nicht längst erfunden, würde sie immer aufs neue von zwei Menschen, die sich lieben, erfunden werden. Es wird in Zukunft weniger unaufrichtige und lieblose Ehen geben; unsere Ansprüche an das Glück sind größer geworden. Die Ehe wird keine Kapitulation vor dem Alleinsein, vor der Hilfsbedürftigkeit im Alter und keine Lebensversicherung mit Versorgungsansprüchen mehr sein. Aber was wird sie sein? Ein Schutzraum, den einer dem anderen verschafft, in dem beide sich frei entfalten können, wo man krank und alt werden kann, ohne Liebesentzug, wo einer das Glück des anderen meint, wo nicht zuerst das Ich gilt, sondern das Du und das Wir. Die gemeinsame Sache. Splitting auf Lebenszeit. Neben mir liegt ein Brief, in dem steht: ›Wir konnten beide jenen Teil der Trauformel »bis daß der Tod euch scheidet« nicht ertragen. Auch der Tod hat uns nicht scheiden können.‹

Ehe, das ist auch ein Mysterium.

Paula L. schrieb kürzlich: ›... Wir hatten ein Klassentreffen. Was für eine Begegnung mit meiner Freundin! Was war aus uns beiden geworden! »Du wirkst auf mich«, sagte sie zu mir, »als hätte man dich eingeweckt und auf ein Küchenregal geschoben. Damals hast du vor Leben gesprüht!« »Und du wirkst auf mich...« Nein, das habe ich nicht gesagt, das schreibe ich jetzt nur an Sie: »Du bist wie Strandgut. Wie ein ausgerissener Baum, zurück ans Ufer gespült.« Unsere ersten Kinder kamen im selben Jahr zur Welt. Die Ehe der Freundin wurde später geschieden. Heute hat dieser Zwang, Kinder gebären zu wollen und zu müssen, seine Übermacht verloren. Das ist es! Die Ehe wird diese Krise nicht überstehen. Sie sind viel zu optimistisch! Männergleich? Das hieße doch: frei von Geburten...‹

Eine neue Apotheke, ganz in unserer Nähe. Sie heißt Heinrich-Heine-Apotheke. Nicht, daß da ein Apotheker an die Heilkraft von Heine-Worten glaubte! Es handelt sich um eine Ortsangabe. Die Heinrich-Heine-Straße führt vorbei. Warum nur gehe ich am liebsten in die ›Engel-Apotheke‹, die so viel weiter entfernt liegt?

Soll man denn wegen möglicher Enttäuschung auf jede Begegnung, jede Verzauberung verzichten? Was bliebe dann übrig? ›Vorsicht‹ und ›Lebensgefahr‹, ›ohne Haftung‹. Solch ein Schild könnte man schließlich an jeder Tür, an jeder Brust anbringen.

Die Tulpen- und Narzissenzwiebeln, die in die Erde gehörten, müssen nun wohl in den Tüten blühen, weil niemand sie rechtzeitig in die Erde gesteckt hat, das Laub wurde nicht geharkt, der Weg zum Haus ist verschüttet, bald wird man uns nicht mehr finden...

Heute morgen, beim Sonntagsfrühstück, als ein wunderschöner Dompfaff die letzten Beeren vom Feuerdornbusch pickte wußte ich plötzlich, worüber ich schreiben will, jetzt, umgehend. Vielleicht finde ich noch einmal einen übermütigen leichtsinnigen Ton.

Es muß mir Zeit für Feste, auch Zeit für Unnötiges und Überflüssiges bleiben, darauf bestehe ich! Es gilt, was ich vor Jahren schon einmal in meine schwarze Kladde schrieb: Ohne Glanz mag ich nicht leben.

Das Sterben der Tannenbäume zu Weihnachten. Das Schlagen ganzer Wälder erscheint mir heidnisch, Opfergaben wie die Weihnachtsgänse, die Puten, die Hasen. Opfergaben, aber nicht für die Götter, sondern für uns. Diese Ansichten verkünde ich in dem Forsthaus, wo wir uns alljährlich den Weihnachtsbaum holen, wo wir Christstollen essen und Kaffee trinken und ein wenig Vorweihnachten feiern. Der Förster berichtigt meine sentimentalen Anwandlungen: Die Wälder müssen gelichtet werden, Gänse müssen geschlachtet werden, ebenso wie Rehböcke geschossen werden müssen, sie sind reif, so wie ein Kornfeld reif ist.

Du lagst im Krankenhaus, du hattest eine Operation hinter dir. Ich brachte eine kleine Flasche Sekt mit, die wir anläßlich meines Geburtstages trinken wollten. Aber wir tranken ihn nicht, er war nicht gekühlt, wir hatten nur einen Zahnputzbecher. Zu Hause fand ich dann nur angeschimmeltes Brot im Schrank, und es war gar kein Glanz. Das Jahr hatte seine Tücken, von Anfang an. Es begann im Krankenhaus, es endete im Krankenhaus...

In den Staatlichen Kunstsammlungen des Schlosses Wilhelmshöhe hängt das großartige Dreikönigsbild (›Das Bohnenfest‹) von Jan Steen. Heinrich Heine hat dazu gesagt: ›Die Erde eine ewige Kirmes.‹ Gemalte Heiterkeit und gemalte Lebensfreude, Lichter und Lachen. Jan Steen wird von den Kunsthistorikern zu den Naturalisten gezählt. Wie sieht dagegen heute ›Naturalismus‹ aus! Ich möchte, wenn ich einmal aus der Welt scheide, sie gern etwas heiterer und etwas heller gemacht haben.

Marburg, das erste Semester nach dem Krieg. Studium generale. Werner Kraus, ein Marxist, der später nach Leipzig ging, verglich den SS-Mann mit Werther, zwei Arten, ein Deutscher zu sein. Wir saßen frierend und fiebernd auf den Fensterbänken des Auditorium Maximum im Landgrafenhaus, lernwillige Vorschüler in der Schule der Demokratie, altgewordene Kinder mit einem großen Nachholbedarf an Jungsein und Freisein. Von einer Wiedergutmachung uns gegenüber ist nie die Rede gewesen. Nur von Schuldigsein. Viele haben mit Trotz darauf reagiert.

Wieder ein Jahr zu Ende. Ich mache Stichproben für das nächste Jahr, treffe den Prediger Salomo (2,1): ›Ich sprach in meinem Herzen: Wohlan, ich will wohl leben und gute Tage haben! Aber siehe, das war auch eitel.‹ Ich las weiter, den zweiten Vers: ›Ich sprach zum Lachen: Du bist toll! und zur Freude: Was machst du?‹ Und dann der nächste Vers: ›Da dachte ich in meinem Herzen, meinen Leib mit Wein zu pflegen, doch also, daß mein Herz mich mit Weisheit leitete, und zu ergreifen, was Torheit ist, bis ich lernte, was den Menschen gut wäre, daß sie tun sollten, solange sie unter dem Himmel leben.‹ Als es dann in den nächsten Versen weiterging mit ›großen Dingen‹, Häuser bauen, Weinberge pflanzen, Gärten und Lustgärten und fruchtbaren Bäumen und Teichen und Wäldern, Gesinde und Herden – da wurde es mir unheimlich, und ich brach die Suche nach einem Losungswort ab. Ich erinnere mich an jenen Silvesterabend des Jahres 1973/74, als ich las: ›Das Los ist mir gefallen aufs Liebliche; mir ist ein schön Erbteil geworden.‹ (Psalm 16, Vers 6) Ich war so beglückt, wie gut, wie schön, fast zu schön! Und dann ging es weiter: ›Ich lobe den Herrn, der mir geraten hat; auch züchtigen mich meine Nieren des Nachts.‹ Es wurde das Jahr mit einer monatelangen Nierenerkrankung, der anschließenden Herzschwäche. Ich hatte mir das Schicksal der Quindts aus Poenichen, ihre Vertreibung, ihre Flucht, zu Herzen genommen. Es war mir an die Nieren gegangen.

Thema für einen neuen, kleinen Roman, ein ›Zwischendurch-Buch‹. Arbeitstitel: ›Die Person‹. Im Ton übermütig, leichtsinnig. Ein Hippie-Mädchen männlichen Geschlechts. Dieser Junge hat, wie vorher seine Mutter, erkannt: Eine Frau hat es besser. Man stellt weniger Ansprüche an sie, auch der Staat, weder ›Wehr-‹ noch ›Friedensdienst‹, man sieht in ihr nicht die Alleinunterhalterin einer Familie. Heiter, aber auch tragisch. Name der Person: Mario(n) Amend. Oder Manuel(a). Geboren am Tag der deutschen Kapitulation und daher friedliebend. Endlich einmal kein Quellenstudium! Alles geschieht in der Gegenwart. Allerdings: Astrologie, Chiromantie, Graphologie. Halbwissenschaften, wie sie zu einem solchen zwittrigen Geschöpf passen würden.

Vorsorglich habe ich mir für meinen Helden (Heldin) bereits ein Horoskop stellen lassen. Ich lese über Zwillingsforschung nach. Lese Platons ›Gastmahl‹. Ich spekuliere.

Constanze, unsere Wahltochter, die in München studiert, schreibt: ›Ich kann es einfach nicht ertragen, wenn Erwachsene, die klug sind und Erfahrung haben, ebenfalls nicht mit dem Leben fertig werden!‹ Ich schreibe zurück: ›Wenn man erwachsen ist, ist man deshalb noch nicht weise. Was würdest Du sagen, wenn ich von Dir erwartete, »jung und glücklich« zu sein?‹

Laut Liegenschaftsbuch Nr. 2119, Grundbuch-Band 91, Blatt 2474 des hessischen Katasteramtes Kassel gehören mir 232 Quadratmeter Erde, von denen etwa ein Drittel mit einem eigengenutzten Eigenheim bebaut ist. Weder Zaun noch Mauer trennt es von ähnlichen Grundstücken, nur Buschwerk. Flieder, Rosen, Goldregen. Das meiste blüht ohne mein Zutun; manchmal bleibt jemand stehen, von dem ich annehme, daß er mich beneidet.

Ich habe ›gehören mir‹ mit Bedenken geschrieben. Das Lexikon sagt: ›Eigentum umfaßt besonders die Befugnis, die Sache nach Belieben zu gebrauchen, sie zu veräußern, zu belasten oder auch zu zerstören und jeden anderen von jeder Einwirkung auszuschließen. Eigentum erstreckt sich auf den Raum über der Oberfläche und auf den Erdkörper unter der Oberfläche, so weit das Interesse reicht.‹

Wie weit reicht mein Interesse?

Ich könnte dieses Grundstück veräußern; zur Zeit mit hohem Gewinn, der Wert hat sich, seit es mir gehört, verdreifacht. Ich frage mich: Können zwei Menschen 232 Quadratmeter der überbevölkerten Erde für sich beanspruchen? Oder wenn es gar 2000 Quadratmeter wären? Wenn ich es nicht selbst verdient, sondern ererbt hätte? Wenn das Grundstück nicht an einem Gartenweg, sondern an einem Seeufer läge und anderen den Zugang zum Wasser versperrte? Wenn von Enteignung zugunsten der Allgemeinheit die Rede wäre? Wenn die öffentlichen Interessen meinen persönlichen Wünschen entgegenständen?

Laut Grundgesetz ist Grundbesitz sozialgebunden. Aber wer hält sich daran? Es wird doch nicht wieder heißen sollen, daß Gemeinnutz vor Eigennutz geht? Schlagworte der nationalsozialistischen Zeit; zerschlagene Worte.

In vielen Wohnungen stehen Globen, die die politischen Grenzen der Erde aufzeigen, die Besitzverhältnisse deutlich und farbig abgegrenzt. Beleuchtet man den Globus von innen, werden die physikalischen Markierungen sichtbar, der Naturzustand: blaue Meere, grüne Tiefebenen, braune Gebirge. Kein isländisches Fischereirecht ist erkennbar. Der Rhein ist niemandes Fluß und niemandes Grenze, die Besitzverhältnisse sind aufgehoben, Dreitausender triumphieren über Kohlenhalden.

Es wäre ein weiterer Globus denkbar, einer, auf dem die wahren Eigentumsverhältnisse sichtbar werden. Es gehört ja der Grund und Boden nicht dem Staat, sagen wir, der Bundesrepublik Deutschland, zumindest nur zu einem kleinen Teil, auch nicht den Ländern oder den Gemeinden, sondern es gehören 3 400 Quadratmeter einem gewissen Fritz Schmidt und 24 000 Quadratmeter einer gewissen Witwe Anni Kleinholz, und auch meine 232 Quadratmeter Hessen müßten auf einem solchen Globus sichtbar werden – da wird es grotesk.

Irgendwo ist immer noch ein Stück Erde zu haben, in Kanada beispielsweise, sogar mit Seeufer. Irland oder Florida, verheißungsvolle Namen. Ein Stück der Insel Tinos mit Ölbaum und Zikaden, karstiges Griechenland mit nichts als Disteln, aber der Blick zum Meer unverbaut. Unsere Sehnsüchte lassen sich mobilisieren und immobilisieren. Dort erst ist es schön, wo ei

Stück Land uns gehört, ein Stück Erde, das wir einzäunen, woran wir unseren Namen schreiben können. Für drei Wochen im Jahr könnte man dort ein Zelt aufschlagen, irgendwann ein Haus bauen, für drei Wochen im Jahr. Erstwohnung, Zweitwohnung. Man könnte es vermieten, mit Rendite, oder in einigen Jahren mit Gewinn verkaufen. Weitere 2000 Quadratmeter für die Witwe Kleinholz, und für mich am besten eine Insel in den Sporaden, ich will mich nicht ausschließen.

Wieviel Erde steht uns eigentlich zu?

Natürlich fällt mir nun die Geschichte vom Bauern Pachom ein, die Lesebuch-Geschichte von Tolstoj: Pachom, der mehr Land besitzen will und deshalb zu den Baschkiren geht, die ihm so viel Land anbieten, wie er an einem Tag umschreiten kann, für nicht mehr als tausend Rubel. Er muß nur am Abend dort wieder ankommen, wo er am Morgen seinen Gang begonnen hat. Pachom macht sich auf den Weg, geht schneller, immer schneller, er weiß: Je schneller er geht, desto mehr Land bekommt er. Am Ende rennt er um sein Leben, kommt erschöpft am Ziel – am Anfang also – an und fällt tot um. Sein Knecht gräbt ihm ein Grab, genauso groß, wie Pachom es braucht, drei Arschin lang.

Es könnte einem auch das Brecht-Gedicht ›Mein Bruder war ein Flieger‹ einfallen. ›... Und Grund und Boden zu kriegen, ist / bei uns ein alter Traum. / Der Raum, den mein Bruder eroberte, / Liegt im Quadarama-Massiv. / Er ist lang einen Meter achtzig / und einen Meter fünfzig tief.‹

Mit nichts kommt man auf die Welt, mit nichts verläßt man die Welt, und in der Zwischenzeit trachtet man danach, Besitz zu erwerben. Was für ein Mißverhältnis zwischen dem, was man besitzen möchte, und dem, was man braucht! Eine Grabstätte erwirbt man für dreißig Jahre und ein Grundstück nicht auf Lebenszeit, sondern für ewig. Wenn es um die Erde geht, berufen sich auch Atheisten gern auf die Genesis: ›Seid fruchtbar und mehret euch und füllet die Erde und machet sie euch untertan.‹ Wir haben uns bis zur Übervölkerung vermehrt, und ›fruchtbar sein‹ ist zum Weltproblem geworden. Wir haben die Wälder abgeholzt, aber auch Wüsten bewässert. Wir haben Erdteile missioniert, kolonisiert und Kriege um sie geführt, aus Glaubensgründen und aus Besitzstreben. Wir haben im Erdinneren nach Erz und Kohle, Gold und Uran gegraben; wir schicken Raumschiffe und Raketen ins Weltall. Plantagen und Schlachtfelder. Überfluß und Armut. Pestalozzi nannte die Erde ›ein Erziehungshaus der Menschheit, in dem man lernen muß, miteinander auszukommen‹.

Tausend Jahre lang galt bei uns die Hufe als Flächenmaß, sie umfaßte 30 bis 60 Morgen Land, so viel, wie eine Familie an Nutzungsfläche zum Leben benötigte. Diese Grund-Ordnung war einleuchtend, aber sie gilt nicht mehr. Es gab und gibt viele Möglichkeiten, Land zu erwerben, mit Waffengewalt und durch Handel. Und mit allem kann man doch Handel treiben, mit Mobilien und mit Immobilien, eine ganze Berufssparte nennt sich so: Immobilienhändler. Als könne man unbegrenzt Erde produzieren und verkaufen. Dabei kann man doch immer nur wieder dasselbe Stück Land verkaufen, möglichst jedesmal etwas teurer. Immobilien sind wertbeständig, und wertbeständig bedeutet im heutigen Sprachgebrauch Wertzuwachs, möglichst über Nacht, ohne Eigenleistung.

Seit dem 18. Jahrhundert wird bereits von ›Bodenreform‹ geredet. Adam Smith stellte die These auf: Der Mensch, der kein Eigentum erwerben darf, kann auch kein anderes Interesse haben, als soviel wie möglich zu essen und sowenig wie möglich zu arbeiten. Und Proudhon schreibt in seiner berühmten Schrift ›Qu'est-ce que la propriété?‹: ›Eigentum ist Diebstahl.‹

Zwischen diesen Polen gehen die Meinungen noch immer hin und her.

Wieviel Erde braucht der Mensch, um sich entfalten zu können, ohne seine Mitmenschen mit einem Schild ›Privat‹ zu behelligen? Gehört ihm wirklich die Erde? Reicht eine Eintragung im Grundbuchamt aus? Kann er mehr als ein Nutzungsrecht erwerben?

Wintergedanken. Noch liegt Schnee auf diesen 232 Quadratmetern Erde, die ich liebe, für die ich zuständig bin. Forsythia und Hyazinthen bereiten sich auf den Frühling vor.

Die Naschhaftigkeit eines Kindes hat Charme: ein Naschkätzchen! Die Naschhaftigkeit eines alten Mannes ist peinlich. Ein Kind ist bockig: ein Trotzköpfchen! Eine alte Frau ist bösartig. Kindlicher Egoismus, Altersegoismus. Ein Kind mit seiner

Spardose. Der Geiz eines Greises. Unsere Seele bekommt mehr Falten und Schrunden als unser Gesicht. Der Duft eines Säuglings und der säuerliche Geruch, den alte Menschen oft ausströmen.

Was für merkwürdige Geschöpfe! Sie haben Kinder geboren, aufgezogen und erzogen, oft mit beachtlichem Erfolg; sie haben die alten Eltern gepflegt, haben vielleicht einen Mann glücklich gemacht, das gibt es ja. Jeder Außenstehende würde meinen, daß diese Frauen, wenn sie Fünfzig sind, eine gute Lebensbilanz vorzuweisen hätten. Und was tun sie, diese unruhigen und unzufriedenen Frauen? Stehen da wie der Schuster Voigt im ›Hauptmann von Köpenick‹ und erklären: ›Was haste gemacht aus deinem Leben, Fußmatten haste gemacht!‹ Sie sind der Ansicht, auf ihre ›Selbstverwirklichung‹ verzichtet zu haben.

Ich frage mich: Wären sie mit Fünfzig zufriedener, wenn sie in einem Büro gearbeitet und noch weitere zwölf oder fünfzehn Jahre mehr oder weniger gleichförmige Arbeit vor sich hätten? Wenn sie ihre Kräfte im Schuldienst vorzeitig verbraucht hätten? ›Der Kinder wegen‹ sind sie Jahr für Jahr an die See gefahren oder konnten ›der Kinder wegen‹ überhaupt nicht verreisen. Und wenn sie statt dessen mit Reisegesellschaften nach Mallorca gereist wären, vielleicht auch nach Tunis oder Thailand, worauf hätten sie dann verzichtet?

Ich komme gerade von der Insel Juist zurück. Ich habe dort glückliche junge Mütter mit gesunden und fröhlichen Kindern am Strand beobachtet; sie kauften Eis und Spielzeug für die Kinder, abends konnten sie ›der Kinder wegen‹ nicht zum Tanzen gehen. Und ich habe alleinreisende Frauen gesehen, die ihr Geld unbekümmert in Boutiquen ausgeben konnten und allein am Strand spazierengingen, und ich habe Männer gesehen, die nur zum Wochenende kamen, weil sie das Geld für die kostspieligen Ferien am Meer verdienen mußten. Alle mußten auf etwas verzichten.

Seit einigen Jahrzehnten haben Frauen die Wahl, und das ist ein großer Vorzug. Was will man haben? Was will man geben? So einfach die Fragestellung ist, so schwer ist die Antwort. Familie? Oder eine berufliche Karriere? Es steht scheinbar im

Belieben der Frauen. Der Mann hat diese Entscheidungsfreiheit nicht. Eine Frau kann heute nahezu alles leisten und erreichen, was ein Mann leisten und erreichen kann. Der Beweis ist in zwei Kriegen und in den Nachkriegszeiten erbracht worden. Frauen haben unter katastrophalen Bedingungen ein Staats- und Wirtschaftswesen in Gang gehalten. Daß sie hätten streiken müssen, wenn Männer Kriege machen, steht hier nicht zur Debatte.

Ein Mann wird nie ein Kind zur Welt bringen können! Es ist ihm auch nicht gestattet, mit zwanzig Jahren zu sagen: ›Ich entscheide mich für die Familie!‹ Und mit dreißig Jahren zu erklären: ›Ich kehre in den Beruf zurück!‹ Mit vierzig Jahren, wenn ihr die Doppelbelastung zu groß wird, kann die Frau in den Schoß der Familie zurückkehren und sich wieder auf ihren Ernährer verlassen. Was ist, wenn dieser mit Fünfzig plötzlich sich selbst verwirklichen wollte –?

Wie zufrieden sind eigentlich Männer? Mit Zwanzig, mit Dreißig, mit Sechzig? Einige brechen unterwegs aus. Frauen versuchen es neuerdings den Männern gleichzutun, lassen die Familie im Stich, holen nach, worauf Frauen lange verzichtet haben. Ich halte das für schlimmer.

Was für merkwürdige Wesen! Sie rebellieren gegen den Mann, den sie lieben, und sind fügsam gegenüber einem Abteilungsleiter, obwohl doch ihr Mann, wenn auch nicht finanziell, im gleichen Maße von ihr abhängig ist wie sie von ihm. Nicht immer hat der, der das Geld verdient, in einer Ehe mehr zu sagen. Wenn das Gesetz eine ›Gewinnbeteiligung‹ vorsieht, dann in der Erkenntnis, daß Verdienen und Verbrauchen gleich wichtig sind. Ich frage mich, wenn ich durch ein Großraumbüro gehe: Sind diese Frauen nun glücklicher geworden? Geregelte Arbeitszeit, steigendes Einkommen, das eigene Auto, ein wenig Kollegenklatsch, Befriedigung des persönlichen Ehrgeizes, aber auch viel Leistungskampf. Ich will diese Vorzüge nicht unterschätzen, aber was steht auf der anderen Seite: einer Familie Lebensumstände zu schaffen, in denen sich alle entwickeln können; ihre Welt, die so klein ja nicht ist menschlicher und wärmer zu machen. Wenn sich heute so viele Frauen gegen Ehe und Kinder entscheiden, dann kommt das einer Kapitulation vor einer Aufgabe gleich, der sie sich nicht gewachsen fühlen. Die in Jahrhunderten geübte und verbrauchte Geduld der Frauen ist in Ungeduld und Unzufriedenheit, die weitgehend von außen her infiltriert wurde, umgeschlagen. Viele haben früher Ehe und Familie nicht als Aufgabe, sondern als Selbstaufgabe angesehen; dazu sind Frauen heute nicht mehr bereit, und das ist gut so. Aber: Es bleibt ihre Aufgabe! Die Emanzipation der Frauen ist das einschneidendste Ereignis unseres Jahrhunderts, vielleicht der letzten Jahrhunderte überhaupt. Frauen können sich heute durch das Einnehmen der Pille ihrer Lebensaufgabe entziehen. Der Protest der Frauen richtet sich wohl weniger gegen die Macht der Männer als gegen die Übermacht der Natur, die ihr die Aufgabe der Fortpflanzung und Aufzucht des Nachwuchses aufgezwungen hat.

Einige Frauen, die mit Gesundheit, Energie, Geduld und Begabung ausgestattet sind, werden beidem, dem Beruf und der Familie, gerecht werden können, werden nicht von Skrupeln, eines über dem anderen zu vernachlässigen, geplagt sein, so wie es auch ein paar Männer gibt, die im öffentlichen und im persönlichen Leben ihren Aufgaben gewachsen sind. Die Entwicklung geht, wie ich vermute, dahin, daß beide, sowohl die Väter wie die Mütter, sich in gleichem Umfang um Haushalt und Kinder kümmern werden; aber das muß sich einspielen, das muß gelernt werden, von den Männern und von den Frauen. Möglichst gemeinsam.

Was will ich haben? Was will ich geben? Ansprüche, die man an sich selbst stellt, werden öfter erfüllt als Ansprüche, die man an das Leben stellt; das Leben erfüllt meist nur wenige Wünsche. In der Übergangszeit, in der wir jetzt leben, ist es eine Begünstigung, zwischen dem Ich und dem Wir wählen zu dürfen. In beiden Fällen geht es nicht ohne Verzicht ab. Ist man sich darüber klargeworden, fällt die Wahl nicht mehr ganz so schwer.

Gerade lese ich: Die Bundesrepublik Deutschland hat die geringste Geburtenzahl der Welt.

Niemand möge jemals Angst vor mir haben! Auch diese Maxime stammt von einer meiner Romanfiguren.

Wenn es im Herbst von Tag zu Tag kälter wird und ich mir immer mehr Kleidungsstücke anziehe, überrascht es mich jedesmal, daß dann die Bäume ihr Laubkleid abwerfen.

Kunstgeschichten II

Als junge Autorin wollte ich mir Zugang zu den angesehenen Literaturzeitschriften verschaffen und versuchte mein Glück bei den ›Akzenten‹. Ich schickte zwei oder drei unveröffentlichte Erzählungen zur Begutachtung an die beiden Herausgeber: Walter Höllerer, den ich aus Nürnberg kannte, und Hans Bender. Geantwortet hat mir Hans Bender; für meine Erzählungen sah er keine Verwendung, er schickte sie zurück. Unter seinem kurzen, liebenswürdigen Brief stand: ›Ich bin mit den besten Erzählungen Ihr Hans Bender.‹ Ich habe ihm daraufhin geschrieben, daß ich es bedauere, nicht auch mit meinen besten Erzählungen seine Christine Brückner zu sein. Er schickte mir dann seine ›beste Erzählung‹ als Sonderdruck mit einer Widmung.

Ich nahm mir vor, ein Buch zu schreiben, das ganz in der Gegenwart spielt, alles spielt sich im Heute ab. Endlich einmal weg von der deutschen Vergangenheit! Und nach wenigen Seiten bin ich doch wieder dort angelangt, wo meine Wurzeln stecken.

Iran. Herbst 1979. Warum stirbt der Schah nicht, warum läßt man ihn nicht sterben? Warum leben die einen? Warum sterben die falschen? Aber jetzt würde sein Tod schon nichts mehr aufhalten. Wieder einmal starren wir entsetzt auf einen Krisenherd, auf dem die Politiker ihr Süppchen kochen. Trotzdem schreibe ich weiter an dem Roman ›Die Person‹, ändere das Konzept, schweife ab, weiß aber das Ziel, die ›Pointe‹. Ich halte mich in den böhmischen Bädern auf, fange an, diesen ›böhmischen Zauberkreis‹ (Marienbad, Franzensbad, Karlsbad) mit und wie Goethe zu lieben. Ich suche mir schöne Schauplätze. Aber der Roman bekommt immer mehr Moll-Töne: Marschallin, es wird Abend!

Premiere im Staatstheater: ›Der Rosenkavalier‹. Ich höre gesungen, was ich so oft zu schreiben versuche: ›Leicht muß man sein, mit leichtem Herz und leichten Händen halten und nehmen, halten und lassen ...‹ Aber ich höre auch, was ich früher überhört habe: ›Man muß wissen, wann eine Sach' zu End' ist.‹

Der Roman ›Die Person‹ wird zu einem Verwirrspiel. Von den Zwillingen, die bei Kriegsende in Passau geboren wurden, überlebt nur einer. Im Haus nebenan, bei unseren Nachbarn, wurden zu der Zeit, in der ich anfing, den Roman zu schreiben, Zwillinge geboren. Einer liegt noch in der Klinik. Ich bange ... Ich hatte von der Schwangerschaft gewußt, aber natürlich nichts davon, daß es Zwillinge werden würden. Auch nichts davon, daß nur einer der Zwillinge aus der Klinik nach Hause geholt würde; er lebt Wand an Wand mit mir.

Ich nehme Amend, diese zwittrige junge Person, mit, wenn ich zum Einkaufen gehe; sie begleitet mich ständig. Ich schrieb versehentlich unter einen Brief statt: ›Leben Sie wohl!‹ ›Schreiben Sie wohl!‹ Ich bringe alles durcheinander, Schreiben, Leben. Wenn Kühner demnächst nach Paris reist, werde ich nur noch mit Mario(n) Amend umgehen. Diese Person wirkt sehr verführerisch auf ihre Erfinderin.

Wenn man daran zweifelt, ob die eigenen Bücher, oder auch andere Bücher, von irgendwelcher Wichtigkeit sind, dann muß man versuchen, sie in einem Paket in die Deutsche Demokratische Republik zu schmuggeln, zwischen Frotteehandtücher gelegt oder in Aluminiumfolie gepackt – man wird sie mit Sicherheit finden. Man wird sie beschlagnahmen. Man hält dort Bücher, auch unpolitische Bücher, in denen es um menschliche Themen geht, für gefährlich. Wie Munition. Wie Sprengstoff. ›Vorsicht Bücher‹ steht auf den Paketen, die mir die Verlage schicken.

Viele meiner Heldinnen haben den Wunsch, fliegen zu können. Sie können es nicht; eine steigt sogar mit einem Fesselballon auf. Aber allein der Wunsch zu fliegen trägt sie schon ein Stück –

Aus den Briefen der Paula L., ihr Elternhaus betreffend: ›... Wissen Sie, daß ich ein Maultier bin? Mutters Verwandte waren hohe Herrschaften. Vaters waren Proleten. Meine kleine mecklenburgische Großmutter, an sie dachte ich immer, als ich Handkes »Wunschloses Unglück« las. Nicht das Nichts-Tun war für sie süß, sondern das Arbeiten. In ihrem arbeitsreichen Leben hat sie zweimal den Ehering erneuern lassen müssen, weil er durchgescheuert war. Meine Großmutter lief mir beim Lesen immer durch die Zeilen des Buches ...‹

›... Mein Vater, wenn er geigte, sah aus wie ein Zigeuner! Er hatte dichte schwarze Locken. Einmal saß er auf einer Bank im Park, da kam eine Frau auf ihn zu und sagte lachend: »Sie erlauben mir doch bitte, daß ich mit meinen beiden Händen hineinfahre«, tat es und ging weiter. Als meine Tochter siebzehn war, färbte sie sich die Haare pechschwarz, sie hat meine Sehnsucht nach schwarzen Haaren geerbt. Jetzt ist ihr Haar feuerrot ...‹

›... »Wie, du widersprichst mir?« sagte mein Vater, und schon knallte seine harte Hand in mein Gesicht. Ich bin seither beim Essen behindert. Ich muß ganz langsam kauen. Wenn es schlimmer wird, muß ich verhungern. Im Angedenken an meinen Vater. Diese männliche Erziehung war also die beste Voraussetzung für eine reibungslose Ehe. Mein Haus ist besser als mein Elternhaus. Das ist mehr, als man denkt ...‹

›... Die Beziehung zu meinen Kindern ist partnerschaftlich; andere halten uns gar nicht für eine Familie. Ich frage die Kinder um ihren Rat; sie fragen mich nur selten. Niemals küsse ich sie auf den Mund. Ich habe unter meinen küssenden Eltern sehr gelitten. Ich stöhne innerlich noch immer, wenn man mich auf den Mund küßt, der mir gehört. Von meinen Eltern läßt sich sagen: Sie küßten und sie schlugen mich ...‹

›... Schon früh war ich erstaunt über meine Eltern. Meine Mutter hielt mich fest, wenn ich in der Straßenbahn aufstehen und meinen Platz anbieten wollte. »Ich habe deinen Platz bezahlt, du bleibst hier sitzen!« Wenn es an der Wohnungstür klingelte, mußte ich an die Tür gehen und sagen: »Meine

Mutter ist nicht da!« Ich mußte immer ehrlich und höflich zu den Eltern sein, müssen Sie wissen! Wenn mein Vater mich schlug, richtig schlug und gegen die Wand warf, immer wieder gegen die Wand, und meine Mutter ihm in den Arm fiel, bekam auch sie Schläge. Man holte den Arzt, er kümmerte sich nur um die Mutter, nicht um mich, die blutete, fieberte ...‹

›... Wissen Sie, daß ich ein Baukastenkind bin? Mein Vater, als leidenschaftlicher Fotograf, schenkte mir zu Weihnachten, zu Ostern und zum Geburtstag immer einen Baukasten mit Bauklötzen, weil er die Kästen zur Aufbewahrung seiner fotografischen Platten brauchte. Mit der Zeit kam ich zu einem großen Karton voller Bauklötze, die ich fleißig benutzte. Ich baute immer höher und höher –. Ach! Sie müssen wissen, daß ich eine himmlische Kindheit hatte. »Am Arme der Götter wuchs ich ...« Kennen Sie das: »... Mich erzog der Wohllaut des säuselnden Hains, und lieben lernt ich unter den Blumen. Im Arme der Götter wuchs ich groß!« Hölderlin. Wo –? In Frankfurt, an einem Bahndamm. Ein Großstadtkind, meinen Sie? Nein! Ein Wiesenkind, zwischen Fabriken aufgewachsen. Wir hatten einen großen Balkon, fast schon eine Terrasse, voller Petunien, rote und blaue. Wenn ich heute Petunien rieche ... Gleich hinter dem Garten war der Bahndamm, da donnerten die D-Züge in die Ferne. Zauberhaft! Ich baute Türme aus Holzklötzen, nach jedem neuen Kasten ein Stück höher, aber so luftig und unstabil, daß sie mit dem sagen wir Zehn-Uhr-Zug ins Wanken kamen und polternd zusammenstürzten. Damals schlief noch mein Bruder in den Ferien mit im weißen Kinderzimmer, dessen Glastür auf diesen Balkon führte. Abends, wenn wir in unseren Betten lagen, sagte mein Bruder, daß er bei seinem Opa, bei dem er wohnte, eine elektrische Eisenbahn habe, aber nur zu Weihnachten. Es war Sommer, und es blieb lange hell in unserem Schlafzimmer. Flüsternd teilte ich ihm mit, ich hätte auch eine kleine Eisenbahn. Unter dem weißen Kleiderschrank, da kommt sie herausgefahren, fährt um den Tisch und wieder unter den Schrank. An jedem Abend! Mein Bruder, im weißen Nachthemd, saß gespannt auf seinem Bettrand. Leise hörte man in der Ferne den Nachtzug heranrollen. Ich zeigte zum Kleiderschrank, flüsterte: »Siehst du ihn?« Und winzig klein fuhr mein Züglein heraus, mit beleuchteten winzigen Fenstern, stieß

Dampfwölkchen aus. Siehst du?! Mein Züglein kreiste um den Kinderzimmertisch. Und mit dem sich entfernenden Zugrollen draußen verschwand er wieder unter dem weißen Kleiderschrank. Hast du gesehen?! – Ach, auch mein Bruder, den ich so sehr liebte, sah nicht, was ich sah! Er lebte bei den wohlhabenden Großeltern. Er ist gefallen. Solche Brüder kommen einem nicht zurück –. Ich durfte nie mit meinem Bruder allein sein, ich wurde in mein Zimmer eingeschlossen, wenn die Mutter fortging, noch mit 16 Jahren. Mein Bruder wohnte in der Mansarde über meinem Zimmer und spielte dort stundenlang – so schien es mir wenigstens – Flöte. Wir schrieben uns heimlich in jeder Woche einen Brief, den schoben wir uns zu wie Kassiber. Meine allererste Korrespondenz! Mit dem um vier Jahre älteren Bruder ...‹

›... Wir machen Ferien in Tirol. Unser jüngster Sohn ist dabei. Als wir, mein Mann und ich, jung waren und noch die Berge hätten besteigen können, mußten wir auf Kinderfüße Rücksicht nehmen. Wir sind nie allein gewesen, niemals allein gewandert wie hier diese jungen Paare. Und jetzt ist es schon umgekehrt. Wir hemmen den Sohn. »Mein Kampfgenosse«, sagt mein Mann manchmal zu mir und legt seine Hand in meinen Nacken. Als ich jung verheiratet war und dachte, es ließe sich noch etwas ändern, ging ich zu einer erfahrenen Buchhändlerin und fragte sie nach einem guten Aufklärungsbuch. Sie fragte zurück, ob meine Söhne nicht noch zu klein seien. Ich sagte errötend: »Nein, für meinen Mann!« Da verkaufte sie mir ein Buch über Empfängnisverhütung. Sie müssen wissen: Er ist auf dem Land groß geworden, hat den Tieren zugesehen und sagt: »Umständliche Vorbereitungen kommen da auch nicht vor.« Wir sind sehr verschieden, müssen Sie wissen ...‹

›... Als meine Tochter einmal aus den Ferien zurückkam, sagte sie zu mir: »Du siehst erholt aus, Mama!« Ich genieße es nämlich, wenn Menschen, die mir nahestehen, verreisen. Irgendwie reise ich dann mit, bin in Gedanken ebenfalls fort. Selber reisen? Allein reisen? Ach nein!‹

Ein alter Freund war bei uns zu Gast. Er liebt es, ›Wahrheiten‹ zu sagen, die niemandem nutzen, die niemand hören will. Eine

Form von Altersungezogenheit. ›Demnächst werde ich Achtzig!‹ verkündete er, Triumph in der Stimme: ›Machen Sie mir das erst einmal nach!‹ Ungefragt geben die Alten ihr Alter an, das sie früher verschwiegen haben. Er ist jetzt zu alt, um zuzugeben, daß er sich nicht wohl fühlt. Früher klagte er manchmal.

Im Herbst 1979 sollte unter dem Titel ›DEUTSCHLAND‹ eine neue Zeitschrift erscheinen; kein milderndes oder klärendes Beiwort, nur einfach: Deutschland, nicht Ost und nicht West. Auf dem Briefkopf des Verlags war die Absicht dann aber doch erläutert: ›Das bessere Bild der Bundesrepublik. Land und Leute, Politik, Wirtschaft, Kultur.‹ Es erschien ein dem Wohlstand unseres Landes entsprechendes Probeheft auf Glanzpapier, für das ich einen Beitrag geschrieben hatte; er hieß ›Eine Heimat haben‹. Ich hatte bei der Redaktion, bevor ich mich auf eine Mitarbeit einließ, meine Bedenken angemeldet, und wir hatten uns darauf geeinigt, daß ich ›im Sinne kritischer Sympathie‹ für diese Zeitschrift gelegentlich schreiben würde.

Der Plan ist gescheitert, die Zeitschrift wird nicht erscheinen. Ich kenne die Ursachen nicht, nur den Tatbestand. Aber je mehr ich darüber nachdenke, desto klarer wird mir, daß wir, die wir schreiben und die wir Zeitschriften lesen, das Wort ›Deutschland‹ nur mit Mißtrauen benutzen, wenn überhaupt. Wir fürchten, daß man uns Patriotismus, Nationalismus oder auch nur Heimatgefühle vorwerfen könnte.

Theodor Storm hat einmal gesagt: ›Kein Mensch gedeiht ohne Vaterland.‹ Ich kehre den Satz jetzt einmal um. Kein Vaterland gedeiht ohne seine Bürger, ohne deren Liebe zu ihm. Das klingt pathetisch, ich wandle daher das Wort ›Liebe‹ in ›kritische Sympathie‹ um, die unser Land doch wohl verdient und beanspruchen darf. Man kann sich sein Vaterland nicht aussuchen, man wird hineingeboren, trägt lebenslänglich das Merkmal oder auch den Makel ›deutsch‹ mit sich herum. ›Der Inhaber dieses Ausweises ist Deutscher‹, so steht es in der Kennkarte, so steht es im Reisepaß. Als Deutsche reisen wir in andere Länder, füllen die Rubrik, die nach der Staatszugehörigkeit fragt, mehr oder weniger unbekümmert und lieblos mit ›dtsch‹ aus.

Wer unser Land verläßt, tut es freiwillig. Das höchste Recht, das ich von dem Land, in dem ich lebe, fordere, heißt: Ich muß es jederzeit verlassen können. Es besteht kein Grund, an der Erfüllung dieses Anspruchs zu zweifeln. Daß ich dort leben darf, wo ich die Sprache verstehe, wo ich in meiner Sprache schreiben kann, ist seit dem ›Dritten Reich‹ für einen deutschsprachigen Schriftsteller nicht mehr selbstverständlich.

Im Winter 1946 hielt der Germanist Johannes Klein eine Vorlesung über Hölderlin. ›Fluch und Segen, ein Deutscher zu sein.‹ Er endete seine Vorlesung mit dem Satz: ›Und dennoch, meine Damen und Herren, schäme ich mich nicht, ein Deutscher zu sein.‹ Seine Frau war Jüdin, er durfte einen solchen Satz sagen.

Ich selbst habe mich oft geschämt. Als ich 1950 in Straßburg deutsch sprach, hat man mich ›boche‹ beschimpft und vom Bürgersteig gestoßen; als wir im selben Jahr eine kunstgeschichtliche Exkursion nach Frankreich unternahmen, hielt man uns für deutschsprachige Studenten aus der Schweiz, und wir haben nicht widersprochen. Lange Jahre habe ich geglaubt, ›deutsch‹ wird ein Schimpfwort werden, wie im ›Dritten Reich‹ ›jüdisch‹ ein Schimpfwort gewesen ist. Als ich in der Mitte der sechziger Jahre in den USA gereist bin, hörte ich, wie der erboste Besitzer eines Restaurants (im Staate Virginia) sagte: ›In mein Lokal kann jeder kommen, Juden, sogar Deutsche, aber kein Farbiger.‹ Ich zitterte vor Angst und Empörung.

Neulich erst habe ich in einem Aufsatz, der ›Die Unlust der Deutschen an sich selbst‹ überschrieben war, gelesen: ›Nach Auschwitz ist jede Angst vor den Deutschen erklärbar.‹ Was für eine Hypothek, an der wir zu tragen haben! Aber Hypotheken trägt man auch ab, man zahlt nicht nur Zinsen, sondern es gibt auch Amortisation, Abzahlung. Die Laufzeit einer Hypothek kann lange und sehr lange dauern, aber sie ist begrenzt.

Brecht hat einmal gefragt, warum man ausgerechnet das Land lieben solle, in dem man Steuern zahlt. Die Vaterlandsliebe würde dadurch beeinträchtigt, daß man es sich nicht ausgesucht habe. Das ist richtig. Aber was hat man sich schon selbst ausgesucht? Die Eltern? Das Jahrhundert? Die Hautfarbe? Die Gesellschaftsschicht? Die Nase? Die Begabung? Unsere Freiheit ist in den wesentlichsten Punkten von Anfang an sehr eingeengt. Weniges läßt sich aus eigener Kraft korrigieren. Lassen wir also Brecht beiseite. Es gibt zwei Deutschland, um diese Tatsache komme ich bei meinem Thema nicht herum. Die Deutsche Demokratische Republik benutzt ›deutsch‹ als Adjektiv, als Eigenschaftswort also, die Bundesrepublik Deutschland benutzt ›Deutschland‹ als Hauptwort; ich kann mir nicht denken, daß das zufällig so ist. Seit einiger Zeit gebe ich mir Mühe, nicht ›Bundesrepublik‹, sondern ›Bundesrepublik Deutschland‹ zu sagen und möglichst oft klipp und klar von ›Deutschland‹ zu sprechen. Wir dürfen die Grenze, die zwischen unseren Ländern liegt, nicht auch noch selbst vertiefen. Zum Thema Wiedervereinigung habe ich keinen Satz zu sagen, aber doch einiges zur Einigkeit. Nichts hindert die Deutschen im Westen und die Deutschen im Osten daran, sich deutsch zu fühlen, deutsch zu sprechen, miteinander zu sprechen. Wenn wir ›nach drüben‹ reisen, reisen wir in ein anderes Deutschland, aber wir bleiben in Deutschland! Zumindest die Gedanken sind frei. Wir bleiben füreinander verantwortlich, der Freie für den, der in Unfreiheit lebt, der Reiche für den weniger Reichen.

Jeder Psychologe und jeder Pädagoge – wir können das bis hin zu den Gärtnern ausdehnen – weiß, daß kein Mensch, kein Gewächs ohne liebevolle Zuwendung gedeihen kann. Wir müssen uns zu unserem Land in kritischer Sympathie bekennen, nur so läßt sich die Hypothek ›deutsch‹ allmählich abtragen.

Wenn es, was vorkommt, bei uns turbulent wird, rufen wir uns zu: ›Isichia!‹ Es heißt ›Ruhe‹. Wir haben es in unserem glücklichen Sommer auf der Insel Ägina gehört. ›Isichia!‹ – unser Kampfruf gegen das, was Raabe im ›Stopfkuchen‹ ›Aufgeregtheit‹ nennt.

Im Anschluß an einen Autorenabend – ich hatte ein Kapitel aus dem Roman ›Der Kokon‹ gelesen – kam ein Herr erregt zu mir und fragte: ›Was war das für ein Buch? Die Sache mit der Stellung der Frau als Schluß-s? Ich habe auch so ein Schluß-s zu Hause.‹

Minuten später beschloß ich, aus diesem Stoff eine Komödie

zu machen. ›Da kommen Bertrams!‹ Einer der Schlüsselsätze. Als Professor Bertram stirbt, bleibt Wiepe Bertram als sein Schluß-s übrig. Die mehrfache Entpuppung und Verpuppung einer Frau. Es wird tödlich enden. Alles endet tödlich, das weiß man.

Auch Lessings ›Minna von Barnhelm‹, Hofmannsthals ›Schwieriger‹, Tschechows ›Möwe‹ heißen Komödie, obwohl sie auf dem schmalen Grat zwischen Komödie und Tragödie balancieren. Ich denke bei meinem Stück an eine überlegene Heiterkeit, die sich vom Geschehen distanziert; in jenem Sinne waren auch die ›Poenichen-Bücher‹ ›heiter‹.

Die Ehe als uneinnehmbare Festung. Er sagt: Ich erkläre unsere Ehe zur Festung! Er und sie sind Angriffen ausgesetzt, beide verteidigen ihren Besitz. Dieses gemeinsame ›Wir‹. ›Wir beide‹. Jemanden, der nicht auch von anderen begehrt wird, möchte man nicht besitzen wollen. ›Das Abenteuer der Treue‹ nennt er das.

Rilke behauptet im ›Malte Laurids Brigge‹, daß es überhaupt keine Dreiecks-Verhältnisse gebe, sondern immer nur Zweierbeziehungen: solange sie stimmen.

Nach langem Nachdenken, nach vielen Erfahrungen: Die Liebe schafft immer Moral.

Die Deutschen, die es als Spielart des Menschengeschlechts zu geben scheint, haben im ›Dritten Reich‹ Stanniol gesammelt, weil Rohstoffe knapp waren; sie haben Essensabfälle für die Schweinefütterung bereitgestellt; sie haben Knochen zur Seifenverarbeitung gesammelt; haben Tüten mit Linsen und Erbsen für die ›Pfundspende‹ gestiftet, und das alles mußte abgeholt und zu Sammelstellen gebracht werden. Wenige Jahre später haben sie sich nach den weggeworfenen Zigarettenkippen der amerikanischen Besatzungssoldaten gebückt, haben nach Pferdefleisch Schlange gestanden und, stundenlang, im Morgengrauen nach Wurstbrühe. Sie sparen, wenn es verlangt wird, sie schlagen sich durch, wenn es sein muß, und sie verschwenden, wenn die Zeiten danach sind oder zu sein scheinen. Sie erfüllen alle Erwartungen, die der Staat an sie stellt, aber nicht aus Einsicht, sondern aus Angst oder Not oder Gedankenlosigkeit.

Renate v. G. trägt ein bodenlanges thailändisches Gewand aus einem weißen Baumwollstoff; Elefanten in Spielzeuggröße ziehen in mehreren Reihen um sie herum, bei jeder Bewegung des Körpers geraten auch die Elefanten in Bewegung. Wir erkundigen uns beim Abendessen, ob Elefanten eßbar seien; sie, Ethnologin, berichtet von Pygmäenstämmen, die in Gruben Elefanten fangen und sie mit Speeren töten. Sie essen die gewaltigen Fleischmengen, die sie nicht aufbewahren können, auf, ›schlagen sich damit voll‹, bis sie sich nicht mehr rühren können, und benötigen dann lange Zeit keine Nahrung mehr. Horst v. G., Sozialpsychologe, vergleicht den Vorgang, nicht ohne Spott, mit den Wochenendseminaren der Akademien: Die Teilnehmer ›schlügen sich voll‹ und brauchten dann lange Zeit keine weitere geistige und seelische Nahrung mehr.

Ich schreibe Romane; ich lese Romane; ich bespreche Romane. Verständlichkeit ist mir in allen drei Funktionen wichtig. Welche Kunstfertigkeit oft in der Handhabung der Stilmittel, und wie mager die übermittelte Lebens- und Welterfahrung! Wie viele Schriftsteller begeben sich aufs Experimentierfeld, die dort nicht hingehören. Das literarische Experiment muß sein, interessiert mich aber nur dann, wenn auch das Talent entsprechend ist.

Einer unserer großen Kritiker hat einmal geäußert: ›Das Buch hat Erfolg, dann kann es nicht gut sein.‹ Welche Mißachtung des Lesers, welcher Hochmut spricht aus einem solchen Satz, mit dem von Tolstoj über Thomas Mann bis hin zu Siegfried Lenz alle großen Erzähler vom Tisch gefegt werden. Lesbarkeit ist hierzulande kein Maßstab für die Güte eines Romans. Ohne formale und sprachliche Experimente erreicht man die maßgeblichen Literaturkritiker nur selten. Man proklamiert irgendein Literaturverständnis, ohne nach den Bedürfnissen des Lesers zu fragen.

Wenn ich lese, will ich nicht ständig die Mühe spüren, die das Schreiben dem Schriftsteller bereitet hat; das ist seine Sache, nicht meine. Wenn mir ein Mechaniker den Inhalt seines Handwerkskastens vor die Füße kippt, um mir klarzumachen, wie kompliziert die Reparatur des Schadens an der Ölheizung ist, beeindruckt er mich nicht, das erreicht er erst, wenn er den Schaden behoben hat; wie er das tut, das ist seine Sache.

Aber nicht nur die Machart, auch die Inhalte der Romane machen mich oft ungeduldig. Wieviel Unzufriedenheit, Verdrossenheit, Ekel und Trotz in der heutigen Literatur! Das kann aber doch nicht der einzige Antrieb zum Schreiben sein! Wem nutzt es? Ich vermute, daß sich diese Autoren nicht einmal den eigenen Ekel von der Seele schreiben, sondern dem Leser aufbürden, so daß dieser seine eigene Lebenslast nur noch lastender empfindet.

Der Leser fühlt sich von den Schriftstellern, aber auch von den Literaturkritikern, die ihm Kenntnisse über Neuerscheinungen vermitteln sollten, oft allein gelassen. Ist es ein Wunder, wenn er sich dem Bildschirm zuwendet? Der Leser muß unterrichtet, er muß auch umworben werden. Wer seinen Leser nicht respektiert, sollte keine Bücher schreiben. Der Leser ist mit dem Zuschauer von Fernsehprogrammen weitgehend identisch. Seit er das ist, hat er seine Gewohnheiten geändert; er ist vom Buch, das ihn anregte, informierte, unterhielt, nicht mehr abhängig. Er hat andererseits auch gelernt, eine Sendung, die ihn langweilt oder verdrießt, abzuschalten. Er ist selbständiger und rigoroser geworden, er hat zweite und dritte Programme zur Auswahl, er legt ein Buch rascher beiseite als früher, er hat weniger Respekt davor. Das ist eine Feststellung, weder als Vorwurf noch mit Bedauern geäußert.

Während die Literaturkritiker weiterhin das Ende des Romans sowie die Krise der Schriftsteller prophezeien oder proklamieren und der irritierte Schriftsteller besorgt auf die Literaturseiten der großen Zeitungen und zugleich auf die Bestseller-Listen starrt, möglichst auf beiden seinen Namen entdecken möchte, geschieht etwas viel Schlimmeres: Der Leser wird ihm untreu! Und ein Buch, das nicht gelesen wird, ist kein Buch, sondern nur bedrucktes Papier. ›Lieber Leser!‹, ›Geneigter Leser!‹, diese schönen altmodischen Anreden sind verschwunden. Der heutige Autor hat sein Gegenüber verloren, dabei sucht er doch den Dialog mit dem Leser, warum sonst schriebe er und veröffentlichte das Geschriebene, verlangte Aufmerksamkeit dafür?

Die Kluft zwischen Literatur und Trivialliteratur breitet sich immer weiter aus, dazwischen liegt ein Niemandsland, in dem der Leser ratlos umherirrt. Solange in deutschen Romanen vornehmlich reflektiert, kommentiert, experimentiert und lamentiert, aber nicht erzählt wird, solange die Verleger die auf dem Weltmarkt erfolgreichen Romane risikolos auf den deutschen Markt bringen, genauso lange wird es bleiben, wie es ist. Oder schlimmer werden...

Verkürzt ist das der Inhalt meiner Stellungnahme zum Thema ›Unterhaltungsliteratur‹, die ich 1969 in einer Zeitschrift unter dem Titel ›Was unterhält, ist schon verdächtig‹ veröffentlicht habe, nicht ahnend, daß ich mich mehr als zehn Jahre danach ein weiteres Mal, diesmal aber selbst betroffen, dazu äußern müßte. Ich berief mich damals auf Schopenhauer (›Und doch ist nichts leichter, als so zu schreiben, daß kein Mensch es versteht‹) und auf Marcel Reich-Ranicki (›Die großen Romanciers des vergangenen Jahrhunderts haben keine Mühe gescheut, um Mittel, Kunstgriffe und Tricks ausfindig zu machen, die lediglich dazu dienen sollten, das Publikum bei der Stange zu halten‹).

Ich war vom Sender Freies Berlin eingeladen worden, an der Sendung ›Autor-Scooter‹ teilzunehmen. Ich, die Kamerascheue, ließ mich nur mit Widerstreben dazu überreden. Meine Frage: ›Scooter? Will man mir an den Wagen fahren?‹ wurde von den Veranstaltern verneint. Ein Spiel zu dreien, hieß es, live gesendet, Publikum im Studio; das Publikum an den Bildschirmen kann sich telefonisch einschalten; Professor W., Germanist, würde das Gespräch leiten. Der dritte Gast, ebenfalls ein Germanist, hatte mir geschrieben: ›Ich werde minniglich mit Ihnen umgehen, und wir werden ein köstliches Palaver haben!‹

Aufgeregt, aber unbesorgt begab ich mich ins Studio.

Professor W. sagte als erstes, daß er bisher nichts von mir gelesen habe. (Er hatte auch aus Anlaß dieser Sendung nichts gelesen, wie ich später erfuhr.) Ich habe gelächelt, was hätte ich sagen sollen? Daß ich von ihm auch nichts gelesen hätte, daß ich jetzt aber vorbereitet und mit den Gegenständen seiner Forschung ein wenig vertraut sei?

Er sagte: ›Sie sind eine Bestseller-Autorin‹ und benutzte dieses Wort abwertend, deklassierend. Ich lächelte und fragte nicht, warum ein Schriftsteller, wenn er 25 Jahre lang seinen Beruf ausgeübt habe, mit einem Buch (die ›Poenichen-Romane‹) keinen Erfolg haben dürfe?

Als er auf meine Romane den Ausdruck ›Trivialliteratur‹ anwandte, lächelte ich nicht, wich zurück.

Literatur müsse ein Ärgernis sein, Provokation, verlangte er, sonst sei sie Unterhaltung, und mit Unterhaltung habe Kunst es nicht zu tun. Ich entgegnete, daß das offensichtlich nicht immer die Aufgabe der Literatur gewesen sei, führte Dickens an, Tolstoj, Fontane.

Im Verlauf der Diskussion wurde immer deutlicher, daß nicht meine Romane, die er ja nicht kannte, sondern die Autorin ihm ein Ärgernis war. Er hielt den kleinen Roman (den ich selber nie anders als ›den kleinen Roman‹ genannt habe) ›Ein Frühling im Tessin‹ hoch, damit es auch die Zuschauer sehen sollten: ein Trivialroman. Hätte ich sagen sollen, daß ich diesen Roman während des langen Sterbens meiner Mutter schrieb, zur Selbsterhaltung? Wie hätte ich ihm das erklären sollen? Warum durfte Erich Kästner ungescholten ›Drei Männer im Schnee‹ schreiben? Warum lastet man ihm das nicht an?

W. spricht von ›gehobener Literatur‹, und ich, die gerne spottet, sage: ›Wie hoch wollen wir sie heben?‹

Ich schreibe lesbar, sage ich, lesbar für viele, ich halte Lesbarkeit für eine Tugend gegenüber dem Leser. Es ist auch eine Frage des sozialen Verhaltens. Ich nenne Zola, Balzac; ich hätte auch Schnurre und Stefan Zweig nennen können, Joseph Roth, der nach einhelliger Meinung ein Klassiker deutschsprachiger Prosa, aber ein unterhaltender Autor ist.

›Ihre Themen wiederholen sich‹, sagt W. Ich entgegne: ›Die Themen wiederholen sich auch im Leben, immer geht es um Krieg und Frieden, Liebe und Liebesentzug, Geburt, Alter und Tod. Mein letztes Thema war die Vertreibung aus dem Deutschen Osten, es ist eines der großen Themen unseres Jahrhunderts.‹

Ich sage – und spüre dabei, wie sich meine Kraft ver

braucht –, daß der Leser, wenn er ein Buch von mir gelesen habe, vielleicht ein wenig klüger geworden sei. Etwas erfahren habe, was er vorher nicht wußte, daß er vielleicht sogar ein wenig zuversichtlicher geworden sei.

W. sagt, Spott in der Stimme: ›Also Lebenshilfe!‹

Ich antworte: ›Trost! Die meisten Menschen haben Trost nötig. Wenn ich es könnte...‹ Ich breche mitten im Satz ab.

Und während der Sendung klingeln die Telefone, versuchen die Zuschauer an den Bildschirmen, auch die Zuschauer im Studio, mir zu Hilfe zu kommen, mich zu verteidigen. Die Sympathie wendet sich immer – wie im Theater – dem Angegriffenen, dem Leidenden zu.

Als am Ende der Sendung die Scheinwerfer ausgingen und die Kameras sich von uns abwendeten, verteilte Professor W. die Bücher, die mein Verlag ihm zugeschickt hatte, an das Publikum im Studio. Eine Frau sagte zu ihm: ›Aus Ihrer Hand will ich kein Buch von Frau Brückner haben!‹

Er erkundigte sich bei mir: ›Nun, wie hat Ihnen die Sendung gefallen?‹

Jetzt, ohne Zuschauer, sprühte ich vor Zorn: ›Warum hat man mich eingeladen? Damit Sie Ihre Thesen vertreten können?‹

›Lassen Sie es sich doch an Ihrem Erfolg genug sein!‹ sagte er und ging. Diese Sendung war ein Sieg für meine Mutter. ›Blamier mich nicht!‹

Eine junge amerikanische Professorin für Germanistik, die im Studio anwesend war, sagte zu mir: ›Was für ein Diskussionsstil!‹ Sie spottete über die für die Deutschen so typische Trennung in E- und U-Kultur, die den Angelsachsen völlig fremd sei. Literatur müsse doch unterhaltend sein, und sie nennt Hemingway und Graham Greene. Der große Trend der letzten Jahre sei ohnedies die Vermischung von großer Kunst und Unterhaltung.

Tagelang fallen mir Entgegnungen ein, Gegen-Sätze, Antworten an Prof. W., etwa: Wenn Unterhaltung es nicht mit Kunst zu tun hat, was ist dann ein Divertimento von Haydn, komponiert zur Unterhaltung, ja, zum Vergnügen? Wie steht es dann mit der Forderung des Aristoteles, Kunst solle ergötzen und Erholung bringen?

Aber: Es ist für Antworten zu spät. Ich habe Diskussionen

und Selbstverteidigung nie gelernt. Ich hatte mit ›Spiel‹ gerechnet, nicht mit ›Kampf‹. Ich bin an Sympathie gewöhnt; ich bin auch verwöhnt.

Kühner wegen eines Bildbandprojekts in Paris. Er vagabundiert, nennt es ›streunen‹. Keine Nachricht von ihm. Ich blättere die Tage um wie Seiten. Um mir meine Unabhängigkeit zu beweisen, beschloß ich, nach Düsseldorf zu fahren. Die Schatten, die dort von früher her lagern, würden inzwischen vertrieben sein. Noch einmal Karneval am Rhein. In Oberhausen sah ich die ersten Jecken auf dem Bahnsteig. Ich steckte mir eine rote Papierrose an die schwarze Baskenmütze, das mußte genügen. Aber: ich hatte mir diese ›monokline Person‹ mit auf die Reise genommen, es hat sich da etwas angebahnt. Die Liebe der Autorin zu der von ihr erfundenen Person äußert sich in Verliebtheit.

Als ich zurückkam: immer noch keine Nachricht aus Paris. Alle guten Geister hatten dieses Haus verlassen, vielleicht waren sie bei ihm. Sein Schweigen konnte viele Gründe haben; meine Phantasie sucht sich nicht die harmlosen aus. Ich geriet in Panik. Saß ich zu fest in meinem Sattel?

Die letzten Winterwochen, das war und ist keine gute Zeit für mich. Hätte ich fasten sollen? Eine Freundin tut es und sagt: Zu Ostern bin ich dann ein neuer Mensch.

Und dann kommt er zurück. Einen Tag später treffen alle seine Karten ein, die er täglich geschrieben hat, und ich weiß wieder: Von dir kann mir nichts Schlimmes geschehen.

›Don Pasquale‹ im Opernhaus. Was für Zeiten, als die Künstler ihr Publikum noch liebenswürdig unterhalten wollten! Aber damals nahm das Publikum, während auf der Bühne gesungen und gespielt wurde, Mahlzeiten ein und unterhielt sich. Das wollen die Künstler ja auch nicht mehr, sie wollen ernst genommen werden. Zu ernst.

Rosenmontag in Düsseldorf. Zwei Luftballons schwammen auf dem Rhein; die eine Welle holte sie vom Ufer weg, die nächste warf sie zurück. Wer würde da siegen? Die Erde? Das Wasser? Aber sie wollten doch in die Luft steigen!

Bekannte hatten mir einen Fensterplatz in ihrem Erkerzimmer reserviert, am Markt. Als ich die Treppe zur Wohnung hinaufgehe, kommt mir ein ›Jeck‹ entgegen, hält mich an beiden Armen fest. ›Du kommst nicht durch, wenn du nicht lachst!‹ Lächeln genügte ihm nicht, lachen mußte ich.

Immer neue, immer andere Gäste kamen, aßen Bohnensuppe, tranken Altbier, es gab saure Gurken, Landbrot. Die Bierkästen leerten sich, Schnaps trank keiner, auch auf der Straße nicht. Man aß und trank, was man mitgebracht hatte. Die Geschäfte geschlossen, die Schaufenster mit Brettern vernagelt.

›Der Zoch kütt!‹ In Düsseldorf bin ich lange Jahre zu Hause gewesen. Wie viele Karnevalsfeste! Diesmal dient die Ölkrise als Motto für den Karnevalszug. Fahrräder, Karren, Tandems, Pferdekutschen. Immer neue Musikkapellen, immer andere Uniformen, Mädchenbeine in weißen Stiefeln. Es wird auf der Straße getanzt, die Polizisten bekommen ihr ›Bützchen‹. Kamellen werden hochgeworfen, auch zu unserm Erker, zwei davon fange ich auf, stecke sie in die Tasche, entdecke sie nach Wochen. Ich habe ein Alibi: Ich war zum Karneval am Rhein.

Unmittelbar hinter dem Zug fahren die Sprengwagen und die Kehrmaschinen her. Konfetti, Luftschlangen, Bierdosen, Pappteller, alles schwimmt im Kehricht. Was eben noch bunt und festlich war, wirkt nach Minuten wie Abfall.

Nachts gehen wir unbehelligt auf der Rheinpromenade spazieren. Die Brücken sind angestrahlt, die Mondsichel und die Venus stehen in schöner Konstellation zueinander. Die vertraute Silhouette der Stadt, die sich im Fluß spiegelt.

Am Dienstag morgen, als ich zum Bahnhof fuhr, war es still in den Straßen, war alles vorbei. Damals hatten wir noch gesungen: Am Aschermittwoch ist alles vorbei.

Niemand schwimmt zweimal im selben Fluß.

Ich habe erfahren, was ich doch hätte wissen müssen: Ich bin kein Zuschauer, bin ungeeignet für Erkerplätze. Im Theater, im Museum, beim Karneval – immer möchte ich mitmachen, möchte die Bilder selber gemalt haben, möchte die Theaterstücke geschrieben haben, möchte mit im Karnevalszug gehen. ›Zuschau'n mag i net.‹ Operette.

Einzige Eintragung in der schwarzen Kladde: ›Du kommst nicht durch, wenn du nicht lachst.‹

Traum: Du und ich, wir wurden bei einem Tumult getrennt. Ich suchte dich verzweifelt und erfuhr: Du bist verletzt, man hat dich weggebracht, niemand weiß, wohin –.

Und nur, weil du für ein paar Wochen nach Paris gereist bist!

Ich vermisse meine Brieftasche. Gestern lag sie noch wie immer auf dem Schreibtisch, ich hatte einen Geldschein herausgenommen, bevor ich zum Einkaufen ging. Mein Reisepaß liegt drin, ein paar Fotografien, Geld. Wir suchen an allen nur denkbaren Orten, finden sie nicht. Verdacht steigt auf, bleibt zunächst unausgesprochen. Nur deshalb nicht ausgesprochen, weil mir eine Geschichte einfiel, die man mir genau an dem Ort erzählt hat, wo sie sich zugetragen hat, nur eben Jahrhunderte früher, aber lehrreich noch heute. Ein altes hessisches Adelsgeschlecht. Die Gräfin von und zu vermißt eines Morgens einen kostbaren Ring. Es wird lange danach gesucht, bevor der Verdacht ausgesprochen wird; er fällt auf den alten Kammerdiener, der als einziger Zugang zu den Gemächern jener Gräfin hat. Er wird zur Rede gestellt, er leugnet. Der Ring findet sich nicht. Der Graf von und zu besitzt die Gerichtsbarkeit. Er verurteilt den alten, von allen geschätzten Mann zum Tode. Er setzt ein Beispiel.

Es geht einige Zeit ins Land. Bei einem schweren Gewitter schlägt der Blitz in jene Pappel, die im Park steht, in der sich ein Elsternnest befindet. Etwas schimmert in dem Nest: der verlorene kostbare Ring. Seither trägt die Familie in ihrem Wappen eine Elster, damit der, der den Ring trägt, sich erinnert, daß man nicht voreilig verdächtigen und richten darf. Diese Geschichte ist schuld daran, daß ich meinen Verdacht nicht ausgesprochen habe. Die Brieftasche fand sich wieder, mitsamt dem Reisepaß und dem Geld. Ich konnte rekonstruieren, bei welcher Gelegenheit ich sie aus der Hand gelegt hatte, aber warum ich sie überhaupt in der Hand hatte, das weiß ich nicht.

Constanze ist für einige Tage bei uns zu Besuch. Sie sitzt hinter Bergen von Büchern und liest. Der Umgang mit ihr verjüngt uns. Sie ist hellwach und voller Pläne. Pläne, die nicht nur ihre eigene Person betreffen und die sich auf anderes als auf Konsum richten. Als ich über sie schrieb (›Jeanette und ihre Väter‹), war sie knapp sechzehn Jahre alt; sie wollte, in Cordhosen und Pullovern, in einer Mansardenwohnung leben. So lebt sie noch heute, noch immer ist alles ›Entwurf‹ und ›Skizze‹. Sie läßt sich Zeit, sucht noch immer nach Vorbildern, in der Literatur und im Leben. Sie schreibt ihre Magisterarbeit über die Identität bei Schnitzler. Vielleicht wird sie unsere Nachlaßverwalterin.

Schneeschmelze. Die Flüsse und Bäche haben sich bei der großen Überschwemmung selbst gereinigt, silbern und rasch fließen sie davon, lassen Dreckränder zurück.

Paula L. schreibt: ›... Am ersten Märztag gingen mein Mann und ich zu Fuß in den Ort, es war so ein strahlender Tag. Er hatte »auf der Bank zu tun«, so nennt er das. Ich saß wartend auf einem Sessel. Es kam ein Herr in braunem Trenchcoat mit Pelzkragen und Cordhut. Ich stand auf und folgte meinem Geldgeber. Daran, daß er mir die Drehtür anhielt, merkte ich, daß ich einem falschen Herrn gefolgt war. Ich trug meine Brille nicht, weil ich einen Hut aufgesetzt hatte, und beides zusammen, das paßt doch nicht. Ich kehrte beschämt zu meinem Mann zurück, der den Vorfall entrüstet beobachtet hatte ...‹

Der Tag, an dem W. B. gestorben ist, jährt sich. An Goethes Geburtstag haben wir geheiratet, an Goethes Todestag ist er gestorben. Gedenktage. ›Ach, er war in abgelebten Zeiten ...‹ Ich kannte ihn seit 1944; er war damals, und blieb es sein Leben lang: ein Kriegsbeschädigter. Er ist an seinem Kriegsleiden gestorben. Er hat lange im Sterben gelegen. Aus der Lebensgemeinschaft mit seiner zweiten Frau wurde eine Todesgemeinschaft.

Als wir die Nachricht erhielten, sagtest du: ›Wir haben

drüben einen Freund mehr!‹ Die Michaelsbrüder, zu denen er gehörte, haben ihm eine große Totenfeier in der Universitätskirche in Marburg gehalten. Hunderte trauerten um ihn. Ein kleines Leben, in dem sich nur wenige Erwartungen und Hoffnungen erfüllen ließen, aber ein großer Tod. ›Heilig ist der Herr, heilig!‹ sangen wir.

Er muß, als er starb, etwas Schönes, Prächtiges gesehen haben, die ›himmlische Herrlichkeit‹, würde ein Theologe sagen. Es ging Glanz von ihm aus.

Ein Lebensabschnitt ist für mich zu Ende. Ich bin nun nicht mehr von meinem ersten Mann geschieden, sondern bin verwitwet. Noch immer trage ich seinen Namen. Mein erster Mann wurde zum besten Freund meines zweiten Mannes.

Bei Totenfeiern und an offenen Gräbern scheint mir der Tod weniger schlimm, zumindest nicht so schlimm wie zuvor in meiner Vorstellung. Er verkleinert sich, je näher man ihm kommt.

Im Talmud steht: ›Wird ein Kind geboren, so freuen sich alle; wenn jemand stirbt, so weint alles. Wir sollten das Gegenteil tun.‹

Ich gehe weiter auf meinem Seil, versuche, nicht rechts und nicht links, auch nicht nach unten zu sehen, damit es mir nicht schwindelig wird. Schwanke ich dann doch, ist immer einer neben mir, der mich hält, und – fast ebenso gewiß – jemand über mir, der mich an einem Faden leitet.

Ich glaube, daß nur die Gesunden den Tod fürchten. Aber warum? Warum besteht diese tiefe Feindschaft zwischen Leben und Tod? Wohl deshalb, weil er etwas völlig anderes ist.

Wenn ich krank bin und nicht schreiben kann, träume ich mehr als sonst. Meist sind es lebensvolle, gesunde Träume, kräftige zumindest als die Träumerin. Ich war allein in der mir unbekannten Wohnung meiner Schwester. Es standen schöne gläserne, meist blaue Vögel auf Schränken und Tischen, die Flügel gespreizt und aufgerichtet. Ich klatschte in die Hände, sie flogen auf, flogen im Raum umher und machten mich glücklich. (In Wirklichkeit scheue ich mich aber vor Vögeln, die in geschlossenen Räumen umherfliegen.)

Gelesen: Der letzte Blick eines Toten läßt sich von der Netzhaut abheben. Man hat Versuche mit Kaninchen unternommen, hat sie, bevor man sie tötete, lange in eine brennende Kerze starren lassen und konnte dann auf fotochemischem Wege das Bild der Kerze auf der Netzhaut des Tierauges wieder sichtbar machen. Man unternimmt diese Versuche für die Kriminologie. Ein Ermordeter trägt, wie man vermutet, das Bild seines Mörders noch auf der Netzhaut.

Traum: Ich traf, von einer Reise zurückkehrend, am Bahnhof eine Verwandte, die ich, was zu meinen Lasten ging, lange nicht gesehen hatte. Sie führte ihren Mann, der debil geworden war, an der Leine. Er hatte seine viel zu große Zahnprothese an einer Kette um den Hals hängen. Sie sagte erklärend: Er beißt sonst. Sie wollte mit ihm eine weite Reise antreten. Ich wachte entsetzt auf, kann mich seither nicht entschließen, die beiden wiederzusehen.

›Die Hoffnung auf morgen ist ein Fest für heute‹, sagen die Bretonen.

Es ist nicht alles so glänzend, wie ich es (in Briefen, zum Beispiel) darstelle; auch ich muß auf trübe Stellen hauchen und sie polieren. Einiges glänzt dann auch wieder ...

Wie oft entzieht man dem Nächsten etwas um eines Übernächsten willen.

Aus München, aus dem Hofbräuhaus, schreibt Gottfried Benn an seinen Brief-Freund Oelze: ›Der Süden ist sehr eindrucksvoll, aber der Norden auch. Die Liebe ist eindrucksvoll, aber der Haß auch. Die Tugend ist sehr eindrucksvoll, aber die Sünde auch. Ich finde nicht mehr durch, ich kann immer wieder nur sagen, die Produktivität ist das Einzige, das einen sichert und führt.‹

Früher hieß es: ein Mann solle in seinem Leben einen Baum pflanzen, einen Sohn zeugen, ein Haus bauen. Die Reihenfolge war wohl beliebig, auch die Anzahl: ein Haus und mehrere Söhne, viele Bäume. Heute hält er sich ans Häuserbauen, wozu er Bäume schlagen läßt. Mehrere Häuser, ein Sohn. Keine Bäume, sondern pflegeleichte, rasch wachsende Gehölze.

Ich streiche heute andere Zeilen an als früher, bevorzuge andere Gedichte, Georg Heyms ›Letzte Wache‹ endet: ›Aber die Nächte werden / Leerer nun, Jahr um Jahr, / Hier, wo dein Haupt lag und leise / Immer dein Atem war.‹

Sterbefälle nehmen in der Regel einen gewissen Festcharakter an. Besuche, Blumen, Telegramme, Verwandtschaft, die sich lange nicht gesehen hat. Zusätzliche Hilfe im Haus; ungewohnte festliche Kleidung. Erhöhte Stimmung.

Stunden, in denen ich mich in meine Komödie einspinne wie in einen Kokon. Welches Vergnügen, für Wiepe Bertram eine Dachwohnung einzurichten! Ohne Eile, fast spielerisch, gehe ich mit meinen Leuten um; am liebsten wohl mit Markus, den ich mehrere Todesszenen spielen lasse, ein alter Schauspieler. Den Tod spielen – übungshalber.

Aus den Briefen der Paula L. über ihre Mutter: ›... Das sagt man so: Der Apfel fällt nicht weit vom Stamm. Aber wenn nun der Baum auf einer Anhöhe steht, kann der Apfel doch eine

Wiesenhang hinunterkullern und liegt dann unter einem Aprikosenbaum. Wir fahren heute nachmittag zu ihr, ich muß noch Kuchen backen, Essen vorbereiten, damit sie etwas Leckeres bekommt. »Großmutter, was hast du für...« Ich bin ein alt gewordenes Rotkäppchen, wissen Sie! Sie ißt und ißt und wird dick und dicker, darum bockt auch ihr Rollstuhl. Die Putzfrau näht ihr ein Totenhemd, ganz lang und oben weiße Stickerei. Bei unserem nächsten Besuch wird sie es mir vorführen, und ich muß sie bewundern. Sie ruft abends um 11 Uhr und morgens um 5 Uhr an, sie knabbert an meiner Zeit, bis nichts mehr übrigbleibt. Das wird noch 15 Jahre so weitergehen, denn eigentlich ist sie gesünder als ich, nur die Beine wollen sie nicht mehr tragen. Keine Krampfadern! Weiße glatte Beine! Ach – wäre sie meine Nachbarin! Ich wollte sie freundlich grüßen und mich nach ihrem Ergehen erkundigen, aber ich käme nie in ihre Küche. Sie wird ferngesteuert von uns. Wir sorgen für den Reinigungsdienst, für Handwerker, für Putzfrauen, für Gärtner. Mein geduldiger Mann sagt: »Sie ist ja noch schlimmer, als man denkt.« Und ich füttere sie mit Sauerbraten, Kaiserfleisch, Sandtorte, Mandelkuchen, sie friert große Portionen davon ein; wie ein Kuckuck sitzt sie in ihrem Nest und schluckt und schluckt. »Scheiden lassen kann man sich von seiner Mutter nicht«, haben Sie mir einmal geschrieben, und: »Sie hat Ihnen das Leben gegeben.« Beides stimmt. Mutter am Telefon, das ist wie ein Wasserrohrbruch. Nie hat diese Mutter unseren Kindern auch nur eine Tafel Schokolade mitgebracht, als sie klein waren und mein Mann noch wenig verdiente. Damals sagte er oft: »Wie soll das bloß später mit ihr werden?« Jetzt sind wir mitten im Später...‹

›... Wir mußten meine Mutter in solch ein Einkaufszentrum fahren, in das ich freiwillig nie gehen würde. Sie fühlt sich zwischen allen diesen Waren wie eine Königin. Mein Mann schob den Einkaufswagen, in dem sich die Einkäufe türmten. Ich schob meine Mutter. Sie entdeckte eine Tagesdecke für ihr Bett mit rosaroten Rosen, darüber hat sie sich kindlich gefreut. Die Nachbarn in ihrer Straße halten uns an, fragen, warum wir sie nicht in unser Haus holen. Sie glauben uns nicht, wenn wir sagen: Sie will es so haben. Wissen Sie, sie hat immer eine Gaspistole in der Handtasche und auch eine echte im Nachttisch, von der sie nicht weiß, ob sie gesichert ist. Sie hat schon viele damit in die Flucht geschlagen, sagt sie, und einmal hat sie jemanden übers Auge geschlagen, daß er Sterne sah. Meine Mutter ist ein Stück Literatur. Wenn ich von ihr läse, würde es mich schaudern. Sie hat alle »guten« Töpfe in die Mansarde geschleppt, sehr mühsam für sie, auf allen vieren, wie eine Katze ihre Jungen. Die Putzfrau und auch ich dürfen nur die alten, verbeulten Töpfe benutzen. Wahrscheinlich möchte sie mit den guten Töpfen wie die alten Ägypter begraben sein. Sie versteckt alles, verschließt alles. Mein Vater stand oft im Flur und rief durchs Haus: »Ich brauche aber doch ein frisches Taschentuch!« Ach – wenn ich ein Buch schreiben würde, dann ein Buch von ihr, diesem Haus hinter dem Bahndamm in Frankfurt-Rüsselsheim, von meinem Vater, meinem Bruder, von mir. Als ich ihr beim letzten Besuch das Haar wusch, sah ich wieder das flammende, gezackte Muttermal über dem Haaransatz. Meine junge, bildschöne Mutter saß immer lange vor ihrem Spiegel, den man nach beiden Seiten aufklappen konnte. Sie frisierte sich. Ich stand hinter ihr und sah zu: »Siehst du das rote Mal?« fragte sie mich. »Ich habe schon einmal gelebt, und damals bin ich geköpft worden, siehst du?« Und sie lachte übermütig, und ich starrte sie an. Später sagte sie oft: »Ich werde eines unnatürlichen Todes sterben –« Der natürliche Tod wird schlimm genug werden. Jetzt sehe ich manchmal meiner Tochter zu, wenn sie ihr Haar kämmt. Als das Sozialamt meiner Mutter einen Rollstuhl beschafft hatte – sie ist eine reiche Frau, müssen Sie wissen! –, rief sie gleich hier an und fragte, ob wir die Krimi-Serie »Der Chef« kennen. Sie sei jetzt die Chefin! ...‹

›... Wissen Sie, was Jean Paul schreibt? »Die alten Menschen! Wohl sind sie lange Schatten, und ihre Abendsonne liegt kalt auf der Erde, aber sie zeigen alle nach Morgen.« Ach – ich konnte die Seele meiner Mutter nicht mit meinem armen Reichtum herüberziehen ins Licht. Sie sollten sich ein Schild an Ihren Briefkasten hängen: Schutt abladen verboten ...‹

›... Meine Tochter Bella sagt, ich sei meiner Mutter hörig. Es stimmt, ich weiß es. Jede Faser meines Fleisches wehrt sich dagegen, zu ihr zu gehen, sie wiederzusehen. Sie ist ein Monstrum. Die Aufgabe der Putzfrau ist es, gut zu kochen. Die Gerichte schildert sie mir telefonisch. Aber »der Gärtner« wäscht ihr die Füße und zieht ihr die Strümpfe hoch. Wenn sie an ihrem Gasbadeofen hantiert und ein Streichholz nach dem anderen entzündet, halb blind damit herumfummelt, meine ich, vor Angst zu ersticken. Sie spielen immer gerne mit dem Tod, die Alten, necken ihn ein wenig. In Gottes Namen, denke ich. – Heute abend gibt es im Fernsehen »Die geschlossene Gesellschaft«. Ewig in Mutters Küche – ewig, das wäre meine Hölle ...‹

›... Wissen Sie: Es sind Siebenschläfer in das Haus der Mutter eingedrungen! Sie haben sich Nester in den Schubladen gebaut, die doch immer verschlossen gehalten werden, auch in den Sprungfedern des Biedermeiersofas. Sie behauptet, auch in ihrem Bett. Sie hält den Hörer ins Zimmer und ruft dann ins Telefon: »Hörst du, wie sie überall knabbern?« Meine Tochter entfernt sich, aber meine Mutter rückt immer näher, beängstigend nahe. Ich begreife, was das heißt: ein Pflegefall. Das ist man, wenn man mit den Händen nicht mehr bis zu den Füßen reicht. Wenn der Stuhlgang aus zwei getrennten Wörtern besteht. Sie sagt: »Eher krepiere ich in diesem Haus, ehe ich in ein Heim gehe!« Und mit Triumph: »Und zu euch komme ich auch nicht!« So ist es ja seit 35 Jahren! Damals trennte ich meinen einzigen warmen Mantel auf, wendete ihn, nähte ihn wieder zusammen und gab ihn der Mutter. Wie viele Blumen, wie viele Geschenke, um mich ohrfeigen zu lassen. Das ist mit gar nichts zu vergleichen. Und gleich werde ich zu ihr fahren und ihr, der ich so innig den Tod wünsche, den 84. Geburtstag schön richten. Ihr das Haar waschen, ihr Löckchen drehen und bei ihr übernachten. Wer bei ihr bleibt, um zu helfen, tut es nur gegen hohe Bezahlung. Mein Mann regelt das alles. Der Gärtner hat sich so viel Geld angeeignet, daß er ihr Haus kaufen möchte. Das Merkwürdigste an dieser Frau ist, daß sie spricht, redet, erzählt, ohne Komma und Punkt – über nichts! Wir wissen nichts von ihr. Auch mein Vater sagte einmal: Ich weiß eigentlich nichts von ihr, ich weiß nicht einmal, was für einen Schulabschluß sie hat. Wo ging sie zur Schule? Er lebte im Zustand alarmbereiter Eifersucht. Aber auf wen eigentlich? Mutter legte morgens einen Zettel auf den Tisch. »Bin mal eben –«, und dann standen da Städtenamen. Aber waren es wirklich nur Einkaufsreisen? Einmal hat sie mich mitgenommen und bei einer Tante abgegeben, und am nächsten Morgen kam sie völlig aufgelöst wieder an, bekam Weinkrämpfe, einen regelrechten Nervenzusammenbruch. Aber warum? Keiner weiß das. Sollte sie eines Tages nicht mehr anrufen, würde mir etwas fehlen. Sie war immer sehr interessant und ist auch im Alter noch überraschend. Wenn Sie sie kennenlernen würden – vom Aussehen –, würden Sie sagen: Was für eine reizende alte Dame. Damit Sie wissen, warum ich immer schweigsamer werde: Sie redet mich tot! Sie streut böse Gerüchte über ihre bösen Angehörigen aus. Ich habe doch in diesem Haus und in diesem Garten als Kind gelebt, es ist das Haus der Großeltern, aber ich kann mich dort kaum noch blicken lassen. Sie versucht alles, um mich endlich einmal aus der Fassung zu bringen. Sie ist alt und krank und unersättlich. Sie liebt mich nicht. Warum erwartet man eigentlich, daß Mütter ihre Kinder lieben? Ihre letzte Freundin ist gestorben. Das ist sehr schlimm für sie. Die beiden waren Nachbarn, begrüßten sich in den letzten Jahren, indem sie die Gardinen hin- und herschoben, aber auch telefonierten. Ich wußte gar nicht, daß sie auch schluchzen kann. Als Vater starb, weinte sie ihm keine Träne nach. Im Gegenteil, meint meine Familie ...‹

›... Mutter sitzt nun fast zwei Jahre im Rollstuhl, seither ist sie nicht mehr vor die Tür gekommen, auch nicht in ihren Garten, weil niemand sie »so« sehen soll. Gestern hat sie der Gärtner zum ersten Mal ausgefahren, sie scheint nicht mehr zu hoffen, daß sie jemals wieder wird laufen können. Aber wohin! Zum Friedhof. Dort hat sie auf dem schmalen Marmorbänkchen gesessen und zugesehen, wie der junge Mann die Hecken scherte, Unkraut rupfte. Vier Stunden war sie unterwegs, die Leute haben über den Zaun gerufen: »Daß es Sie auch noch gibt!«...‹

›... Sie schreiben da etwas über »Abtreibung«. Was wissen Sie schon! Aber Respekt vor Ihrer Meinung. Meine Mutter – oh, sie hat mehrmals abgetrieben, was sollte sie machen? Sie konnte das! Sie braute sich Mixturen, badete kochend heiß. Manchmal trug sie der Vater – der es wissen sollte, es geschah nicht heimlich! – tropfnaß vor Wasser und Blut aus dem Badezimmer zum Bett. Als ich achtzehn war, sagte sie mir, sie sei schwanger. Aber sie schaffte es noch einmal. »Ich kann und will mir keine abstoßenden Szenen vorstellen«, sagen Sie. Meine Mutter tat es gerne, und sie spricht darüber auch gerne. Morgen muß ich wieder zu ihr. Meine Mutter! Sie beschwören neuerdings Eros, den Schönen, Mächtigen. Sie schreiben von dem »seelischen Fortpflanzungstrieb«, den »Erfindungen des Geistes, der Erzeugung des Schönen«. Daran sollte man arbeiten. Wissen Sie, wie ich das sehe? Das Ur-Vertrauen, von dem Sie so oft schreiben, das beginnt bei den Müttern und ist heute sehr gestört, die Angst sitzt unmittelbar neben dem Vertrauen. Beides – Vertrauen und Angst – empfindet auch das Tier, aus denselben Quellen. Mütterliche Wärme und Kälte des Todes. Die Berührungsangst wird nur während der Paarungszeit durch den Trieb überwunden. Wo beginnt die Liebe? Gott hat die Frau immer als Mutter gebraucht, oder: nur als Mutter? Gottes Sohn empfing mütterliche Liebe. Sie ist der schönste Teil der Schöpfung. Das kann ich sagen, weil das Mütterliche in mir immer meine Fessel an die Erde geblieben ist. Ich leide sehr darunter. Als Teil des großen Schöpfungsplanes füge ich mich als Frau, die sich aufgespalten hat in Tochter und Mutter ...‹

›... Ich lese noch einmal in Ihren »Spuren«. Das geheimnisvolle, tragische Leben der Gabriele Feldkamp, die ihr kurzes Leben unter der Angst verbrachte, die Geisteskrankheit der Mutter geerbt zu haben, die aus diesem Grund keine Bindung wollte, kein Kind empfangen wollte. Diese Frau hat sich stark – wie eine Nonne! – gezeigt, und es ist ihr geglückt. Kommt das Wort »glücken« von Glück? Sie war die zärtlichste Mutter, sie hat ihren Kindern das schwere Schicksal des Geborenwerdens erspart. Sie hat sich verschlossen. So sehe ich das ...‹

Warum sind nur junge Menschen anfällig gegen Rauschmittel? Warum nicht die Alten? Wäre das nicht ein Ausweg? Zumindest ein Umweg. Will man sich, wenn man alt ist, auch nicht für kurze Zeit von dieser Erde entfernen, die den Jungen so wenig bedeutet?

Der Februar 1980 hat einen Tag mehr als üblich, ein Schaltjahr. Der letzte Satz des Romans ist geschrieben! Wenn es bei dem Titel bleibt, wird im Katalog stehen: ›Brückner, die Person‹, wie ›Dostojewski, der Idiot‹. Poetischer wäre, vom Ginkgoblatt abgeleitet: ›Daß ich eins und doppelt bin‹.

Ich gab g. t. das Manuskript zu lesen; er ist neunzehn, die Worte kommen ihm leicht. Spät am Abend hat er einen Brief bei uns eingeworfen. ›In welche Tiefen Ihrer Phantasie steigen Sie? Wie Sie mich doch verwirren! Ihre Quitten im Garten, Sie im Park, im Café, beim Spaziergang. Und dann wieder – Zweifel, dann das Gefühl, Sie würden nun endlich mal Ihre angelernte Höflichkeit ablegen. Ich bin durcheinander, beglückt, bestürzt. Sie lieben Ihre Helden/Heldinnen. Mario oder Marion, für wen sollte das im Moment wichtig sein? Ich sehe immer ein unwiderstehliches Lächeln vor mir. In meinem Regal steht ein Buch mit dem Titel: »Ich sind zwei mehr im Kreis«, überall stoße ich jetzt auf Zwielichtiges, Doppelbödiges –‹

Paula L. schreibt: ›Ich habe mich frisch gemacht und ein hellblaues Kleid angezogen. Der Himmel liegt wie ein grauer Topfdeckel über dem Odenwald. Aber immer, wenn ich allein bin, steigt aus der Flasche der Geist und dehnt sich aus. »Daß ich eins und doppelt bin« – das gelbe Ginkgo-Blatt, das Sie dazugelegt haben – ich wußte sofort alles! Das beginnt auf einem Bahnsteig, beginnt mit dem Wort: »Zurückbleiben«, was doch ein Schlußwort ist. Diese Überraschungen von Stockwerk zu Stockwerk!‹

Eine Frau – empfindlich wie eine Kompaßnadel.

Soll ich denn, um mich nicht zu wiederholen, meine Meinungen ändern?

Schülerkonzert in der Waldorfschule: Oboe, Fagott, Cello, Klavier. Alte und neue Musik stehen auf dem Programm. Schüler, Eltern, Lehrer, alle wirken fiebrig, gleich soll das Konzert beginnen, alle haben bereits Platz genommen, da taucht zwischen Bühne und Zuschauerraum mehrmals ein Mädchen auf, eine junge Frau schon, mit schwingenden Bewegungen, die blonden Haare zu einer kleinen Frisur im Nacken hochgesteckt, alle Linien weich und fließend, Nacken und Kinn, ein weichfallender Rock bis zu den Knöcheln. Beim ersten Mal geht sie neben ihrer Mutter, dann mit einer Freundin, der sie den Arm um die Schulter gelegt hat, dann allein – sie wirkt freudig erregt, dabei ganz sanft. Als das Konzert beendet ist und die Mitwirkenden, Musiklehrer und deren Schüler, den Beifall entgegennehmen, schwingt sie sich leichtfüßig auf die Bühne, läßt die Treppenstufen aus, hält drei Rosen in der Hand, geht auf den Oboisten zu und reicht ihm die erste, küßt ihn, geht zum Fagottisten, reicht ihm die zweite Rose, küßt ihn nicht – sie dosiert schon, verteilt ihre Gunst nach Maß. Ihre Erregung überträgt sich auf das Publikum. Erneuter Beifall. Wir erfahren: Sie ist die Schülerin des Oboisten, sie ist fünfzehn Jahre alt.

Fasching. Bevor sie mit ihm tanzt, tippt die junge Frau dem Mann leicht mit dem Finger auf die Brust und fragt: ›Wem gehörst du?‹ So fragt man nur Kinder: Wem gehörst du denn? Er soll gesagt haben: ›Ich bin herrenlos.‹

Lange Sitzungen bei einem namhaften Göttinger Neurologen. Institut für Psychosomatik. Ein weiterer Versuch, die Ursache meiner Schlafstörungen zu finden. Er fragt: ›Wovor haben Sie Angst?‹ Ich zähle rasch auf: ›Vor Hunden, Gewittern, Krieg, völliger Dunkelheit.‹ Er fragt: ›Haben Sie vielleicht Angst vorm Schlaf?‹ Ich verfolge seine unausgesprochenen Vermutungen. Schlaf, der kleine Bruder des Todes. Urangst und Urvertrauen liegen nahe beieinander.

Er macht Assoziationsspiele. ›Stellen Sie sich vor!‹ Und ich berichte, was ich mir vorstelle: ›Die Waldwiese mit dem Bach, den Sumpfdotterblumen...‹ Zwischendurch sage ich: ›Das tue ich doch immer, mir etwas vorstellen, das ist mein Geschäft, und wo der Bach als Rinnsal im Wald verschwindet, beginnt das Dickicht.‹ Ich sehe ihn an, ich lache.

Er hat ein ›feed-back-Gerät‹ entwickelt, das ich ›die Schlafmaschine‹ nenne. Eine Art Maske, die über das Gesicht gestülpt wird. Mein Atem bewirkt Lichtreflexe und Töne. Das ist überraschend und entzückt mich; daß die Töne, die ich erzeuge, eintönig sind, kränkt mich. Je schwächer ich atme, desto leiser werden die Töne, desto schwächer auch das Licht. Die Wirkung bleibt bei mir aus. Das Gerät erinnert mich zu sehr an die Gasmaske, die ich zu Übungszwecken tragen mußte, als ich während des Krieges Angehörige der deutschen Wehrmacht im Zivildienst war. Ich bleibe schlafgestört mein Leben lang. Ich empfinde es als eine Form höherer Strafe. Aber wofür?

Warum zweifle ich nie daran, daß morgen die Sonne aufgehen wird, wo ich doch ständig zweifle?

Mein neuer Roman, ›Die Person‹, sagt dem Verleger nicht zu. Es hat einen heftigen Disput gegeben. Ich bin ein schlechter Streiter. Ich habe das Manuskript zurückgezogen. Aus der ›Person‹ wurde eine unerwünschte Person, sie liegt in der Schublade, dort rumort sie manchmal. Die Schublade ist nicht abzuschließen. Ich empfinde diese Ablehnung als Niederlage. Ich bin betroffen, auch darüber, daß ich so sehr zu treffen bin. Immer war ich der Ansicht, daß das Schreibvergnügen des Schreibers das Lesevergnügen des Lesers bewirken müßte.

Ich wechsele zu sehr die Erzählebenen, heißt es. Aber: Kann es nicht auch mehrgeschossige Texte geben, mit ausgebautem Souterrain und nicht ausgebauter Mansarde, mit und ohne Stiegen dazwischen? Ich ziehe keine Grenze zwischen Realem und Irrealem, daran liegt es wohl. Erdachtes und Erlebtes sind mir gleich wirklich.

Ich bin verunsichert. Außer Kühner weiß keiner, daß ich sicher und unsicher zugleich bin. Wie eine Nachtwandlerin bin ich unterwegs. Aber man darf mich nicht anrufen.

Paula L., in der sich mir alle Leser zu einer einzigen Leserin verkörpern, schreibt: ›Ich stelle mir vor, ein Maler malt ein Bild, bis es fertig ist. Dann ändert er den Hintergrund und dann den Vordergrund, malt statt der Eiche eine sanfte Linde ändert den Flußlauf, läßt die Wolken fort – geht das denn?‹

Wie sehr wünsche ich mir einen großen Osternachts-Gottes

dienst! Er müßte das Herz aufreißen, vor dem ein schwerer Stein liegt. Ein Engel brauchte nur daran zu tippen, und er stürzte um. Einmal zu Ostern in Notre-Dame in Paris, einmal zu Ostern im Salzburger Dom, einmal in Maria Maggiore in Rom – an eindrucksvollen Plätzen hat es nicht gefehlt, vermutlich lag es an mir oder auch an dem, der neben mir war. Aber vor wenigen Jahren eine Osternacht bei den Michaelsbrüdern in Marburg, das war, wie es sein sollte. Vom Beginn der Schöpfung ›Es werde Licht und es ward Licht‹ in der dunklen Universitätskirche bis ›Christ ist erstanden‹, als die Ostersonne die ersten Strahlen durch die schönen Glasfenster im Chor der gotischen Kirche schickte. Nach dem gemeinsamen Abendmahl in der Kirche das gemeinsame festliche Frühstück bei Freunden, dann der Osterspaziergang über die Felder, den Waldrand entlang.

Und weiter zurück. Ostern 1946 auf dem Hochgern, oberhalb des Chiemsees. Wir waren abends aufgestiegen, um die Ostersonne tanzen zu sehen, übernachteten in einer überfüllten Berghütte. Es war der 20. April, auf den Berghöhen wurden Feuer entzündet; es hieß, in den Tälern hielten sich noch Einheiten der Waffen-SS verborgen, sie gäben sich zum Geburtstag ihres Führers von Gipfel zu Gipfel Feuerzeichen. Wir, zwei Studentinnen, kümmerten uns nicht darum, tanzten um das Osterfeuer, sprangen wie die anderen durch die Flammen, in denen der Winter verbrannte. In der ersten Morgendämmerung stiegen wir zum Gipfelkreuz auf und meinten, die Sonne tanzen zu sehen: Der Krieg war zu Ende! Beim Abstieg, zusammen mit drei jungen ehemaligen Offizieren, zitierten wir Münchhausen-Balladen, und am nächsten Tag trampten wir nach Reit im Winkel; die Grenze nach Österreich war nahe, wir riskierten es, einen Fuß ins Ausland zu setzen, ungeheuerlich, unvergeßlich.

›Sie brauchen sich nicht pressieren!‹ sagte der Schaffner der Schweizerischen Bundesbahn kurz vor Landquart, wo wir in den Zug nach Davos umsteigen mußten. Eine Woche lang haben wir uns an seine Ermahnung gehalten und uns nicht pressiert.

Der Wechsel vom Vorfrühling im Rheintal zum Nachwinter

im Hochgebirge ist uns schwergefallen. Wir glaubten, im April nicht nur Ansprüche an Sonne, sondern auch Ansprüche an Höhensonne stellen zu dürfen; sie wurden nicht erfüllt. Der Hotelprospekt versprach ein sonniges Doppelzimmer mit herrlichem Panoramablick von der Loggia aus; es blieb unserem Vorstellungsvermögen überlassen, Schneewolken von Schneebergen zu unterscheiden. Das Wetter war spottschlecht. Ich bediene mich eines Ausdrucks von Hans Castorp, dem Helden aus Thomas Manns ›Zauberberg‹. Seinetwegen fuhren wir im Auftrag einer Zeitschrift nach Davos, vergleichsweise: Davos damals, als Thomas Mann seine Katja für einige Wochen besuchte, weil sie nach den Geburten ihrer Kinder ein wenig schwach auf der Lunge war, und Davos heute. Ein Zeitraffer würde die gewisse Komik der Situation deutlich machen können: Thomas Mann auf der Spur von Hans Castorp, die beiden modernen Literaten auf der Spur des klassischen Literaten; zwei Tage lang war dann noch ein Fotograf auf unseren Spuren unterwegs...

Wir kamen abends mit jenem Acht-Uhr-Zug an, wie es auch Castorp schon tat; er noch im Besitz der besten Gesundheit, wir ein wenig blaß und müde. Aber im Gegensatz zum jungen Hans Castorp, der schon am ersten Tag anfing zu fiebern, wurden wir keiner chemischen Veränderungen im Körperhaushalt gewahr. Wir schliefen tief und fest. Allerdings wurde ich von Träumen belästigt, die ein Settembrini als ›unordentlich‹, wenn nicht als ›liederlich‹ bezeichnet hätte.

Beim Steigen erhöhte sich unser Pulsschlag, aber wir stapften keineswegs schwerfällig, eher leichtfüßig durch den Schnee; die geographische Höhe zwischen 1600 und 1900 ü. N. N. machte unsere Körper leicht. Und den Geist? Ach, er hielt nicht Schritt, erreichte nicht die Settembrini-Naphtasche Höhe: Castorps Erzieher, die seine arme Seele in die Mitte nahmen; ein Freimaurer der eine, ein Jesuit der andere, beide philosophierend. Meine Sympathie gehörte dem lebenstrotzenden, todkranken Pieter Peeperkorn, der die hochgeistigen Gespräche seiner Mitpatienten als ›Schwätzerchen‹ bezeichnete.

Thomas Mannsche Formulierungen schlichen sich in unser Gespräche ein. Zeitweise nannte ich mich ›ein Sorgenkind des Lebens‹, weil ich einen momentanen beruflichen Ärger nicht am Eingang des Davoser Tales zurückgelassen hatte. Oft fühlten wir uns erregt, als hätten wir zuviel Kaffee getrunken, was allerdings auch zutraf: Wir tranken zuviel Kaffee, weil wir uns in den Cafés aufwärmen und die Lokalzeitungen sowie die Weltpresse lesen wollten. Der Kaffee war süperb! Keine Dosenmilch, sondern Kaffeesahne, ein Täfelchen Vollmilchschokolade als Dreingabe.

Zu Graubündener Gerstentopf, zu allerlei Pastetli und Erbsli und Spießli und zum Bündner Fleisch tranken wir einen Rotwein von naiv-spritziger Art. Mein Kopf füllte sich mit Thomas Mannschen Adjektiven. Die großen Hotels verhießen ›Snow beach‹, ›Open air-Restaurant‹, ›Swimming-pool‹ und ›Fitness-Room‹. Die nationale Schweiz gibt sich ein internationales Flair. In der Hauptstraße, die Davos Platz mit Davos Dorf verbindet, kann man noch immer kaufen, was gut und teuer ist. Die Auslagen der Konditoreien sind verlockend wie die der Juweliere; die Modegeschäfte versuchen Wintersportartikel zu Schlußverkaufspreisen loszuwerden. Die letzten Tage der Wintersaison, dann beginnt die große Pause bis zur Sommersaison. In dieser noch immer ›Promenade‹ genannten Straße sprach man vornehmlich Deutsch in Variationen: rheinisch, schwäbisch, schweizerisch. Ähnlich in unserem ›Waldhotel Bellevue‹: Nicht die Gäste waren international wie früher die Patienten, sondern das Personal. Die Zukunftspläne der jugoslawischen Saaltöchter und der spanischen Hoteldiener interessierten uns denn auch mehr.

Als ich von ›gewaltigen Ausfällen an Sonne‹ sprach, zum Himmel aufblickte, und ›obere Gefilde‹ sagte, sah Kühner mich besorgt an. Eine Woche lang lebten wir auf zwei Ebenen, der realen im ›Waldhotel‹, unterhalb der Hohen Promenade gelegen, und der irrealen zweiten Ebene jenes ›Berghofs‹, den Thomas Mann im ›Zauberberg‹ verewigt hat; sechs Jahrzehnte nach Erscheinen des weltberühmten Romans muß man wohl von ›verewigt‹ sprechen. Außer dem ›Zauberberg‹ diente uns der ›Kleine Davosführer‹ zur Orientierung, in ihm ist weder von Thomas Mann die Rede noch von jenen Jahrzehnten, in denen Davos der berühmteste Kurort für Tuberkulosekranke gewesen ist. Man liest vom Bau der Schlittelbahn, von der Betriebsaufnahme der Seilbahnen und Sessellifte, vom Bau der berühmten ›Hohen Promenade‹, von Europameisterschaften und Weltmeisterschaften im Eiskunstlauf; Golf-Club Davos; Eisstock-Club; Langlauf-Loipen. Ein Kurort wird zum Sportparadies. Früher starben die Kranken, jetzt stirbt die Krankheit; der Rest wird totgeschwiegen. Erste Anzeichen sprechen dafür, daß es nicht mehr lange dauern kann, bis der ›Zauberberg‹ werbewirksam wird. Das Tabu der Krankheit ist gebrochen, die Verärgerung der Ärzte und der Sanatoriumsleiter über den kritischen Spott des Thomas Mann ist verflogen. Schon konnte man im Foyer unseres Hotels Fotos vom ›desinfizierten Zauberberg‹ betrachten.

Die Natur hat sich wie in den meisten großen Kurorten in die Seitentäler zurückgezogen. Dort findet man noch Bäche, die fließen, wohin sie wollen; Bergahorn mit grindiger Rinde; das Kirchlein am Hang; verschneite Friedhöfe; Schornsteine, aus denen der Rauch von Holzfeuer aufsteigt. Tröge ragen aus dem Schnee, in denen man sich sommers die Arme kühlen könnte; Wegweiser weisen über die jetzt noch unzugänglichen Berge hinweg nach Arosa: fünfeinhalb Wanderstunden! Milchkannen und krähende Hähne; Kinder, die sich Eiszapfen vom Dach pflücken und wie Zepter schwenken. Man traut der Schweizer Redlichkeit: das berühmte ›Alpinum‹ mit 550 verschiedenen Arten und Unterarten von Pflanzen wird sich ganz bestimmt unter der meterhohen Schneedecke befinden.

Dem Überangebot an Natur steht ein kleines Angebot an Kultur gegenüber. Die geistigen und künstlerischen Bedürfnisse der Sportler und Touristen sind gering; die Gespräche in der Hotelhalle haben die Wetter- und Menü-Aussichten zum Thema. Ich hatte den ›Zauberberg‹, 800 Seiten Lesepensum, was aber benutzten die anderen Hotelgäste zur geistigen Fitness? In zwei ladenfrischen Exemplaren stand besagter Roman in der kleinen Hotelbibliothek; manchmal zog jemand ihn aus dem Regal, blätterte darin und stellte das Buch entmutigt zurück. Mit gewisser Befriedigung konnte ich beobachten, daß ein Brückner-Roman aus dem Regal verschwand, nach Tagen auftauchte, wieder verschwand, obwohl doch niemand wußte daß die Autorin in der Halle saß. Ich habe bei Thomas Mann keinen Hinweis gefunden, daß Hans Castorp oder die anderen Patienten des ›Zauberberg‹ Bücher gelesen hätten. Was taten die Patienten, wenn es ›stillgelegen‹ hieß, ein Wort mit der gleichen Befehlsgewalt wie ›drunten, in der Ebene‹ das Wor

›stillgestanden!‹? Damals drang das Weltgeschehen nicht bis ins Davoser Tal, heute dringt es mit sieben TV-Programmen und vielen Rundfunkprogrammen in die Hotels. Auf dem Zauberberg gingen die Uhren anders.

Wir machten unsere Spaziergänge dort, wo Castorp und sein Vetter Ziemßen und Thomas und Katja Mann sie gemacht haben werden. Dreiste Eichhörnchen verlangen dort nach Schokolade oder Walnüssen; an Erdnüssen sei ihnen weniger gelegen, belehrte uns ein Schild. Etwas höher, auf dem Weg zur Schatzalp, fütterten wir Haubenmeisen und Bergfinken. Hunger macht zutraulich. Die Körperwärme der Vögel wärmte uns Hand und Herz, verschaffte uns Heilige-Franziskus-Gefühle. Auf jeden Spaziergang nahmen wir uns außer Nüssen und Schokolade auch einen Satz aus dem ›Zauberberg‹ als Wegzehrung mit, das eine Mal stammte er von Settembrini, das andere Mal von Naphta. Ist Krankheit eine Überbetonung des Körperlichen? fragten auch wir uns, wenn unser Wanderweg von einer Skipiste gekreuzt wurde und wir den waghalsigen Abfahrtsläufern zusahen. Oder ist Sport eine Überbetonung des Körperlichen? Anschließend sprachen wir über den 24-Stunden-Tag des Kranken. Kranksein ohne Urlaub, ohne Sonntage, im Gegensatz zum Pflegepersonal.

Im Speisesaal unseres Hotels, in dem nicht mehr nur jene berühmten ›sieben Tische‹, sondern doppelt so viele stehen, weil ja auch in den Zimmern nicht mehr nur ein Bett für den Patienten, sondern zwei Betten für die Gäste stehen, saßen lebenstüchtige Leute. Ob sie im Sinne Settembrinis auch ›lebenswillig‹ und ›liebenswürdig‹ waren? Zwei Adjektive, die er als nahe verwandt ansah. Für Kübelpalmen reicht der Platz nicht mehr aus; in schmalen Blumenbänken erwarteten Weihnachtssterne das Osterfest. Keine Mme Chauchat brachte mit ihren Kirgisenaugen, mit Apfelsinenparfüm und russischem Akzent ein wenig erotisches Knistern in die Halle. Jener Herr, den wir einige Mahlzeiten lang für einen maßgeblichen Theologen hielten, erwies sich später als Tiefseetaucher. Kein Settembrini, kein Naphta. Die Rolle von Castorp und Ziemßen hätten wir mit zwei blonden, glattgescheitelten, blauäugigen Skiläufern besetzen können: Vater und Sohn? Oder war da etwas ›Liederliches‹ im Spiel? Sah ich das Verhältnis als zu harmlos an? Castorp gibt nach 600 Romanseiten der bewunderten Mme Chauchat den ersten und wohl auch einzigen Kuß des Buches. Trotzdem muß sich hinter den Glaswänden, die die Balkone trennen, damals allerlei ›Unordentliches‹ abgespielt haben. Entweder sind die Wände nicht mehr so hellhörig, oder die Gäste sind ordentlicher als die Patienten, sind ja auch ermüdet vom Skilauf.

›Der Mörder sollte den Ermordeten nicht überleben!‹ Mit einer solchen Forderung als geistigem Proviant kamen wir weit, mindestens zweimal die Hohe Promenade (4,6 Kilometer) hin und her, und waren dann immer noch nicht Settembrinis Meinung, hielten es statt dessen mit Sokrates und weigerten uns, den Tod als Strafe anzusehen, weil doch nicht jedes Leben mit der Todesstrafe enden kann...

Bei Sätzen wie ›Schöne Charaktere kommen im Leben fast gar nicht vor‹, stellten wir rasch Übereinstimmung her, und wenn wir am Sonntagabend bei Kerzenlicht zu unseren fünf Menü-Gängen klassische Schallplattenmusik serviert bekamen, ging es mir wie Settembrini, dem Musik auf Kommando nach Apotheke, nach Therapie und Sanitärem schmeckte...

Wir blickten uns unauffällig um und nickten: ›Wenn einer dumm ist und dann auch noch krank, wenn das zusammenkommt, das ist wohl das Trübsinnigste auf der Welt.‹ Die jungen Mädchen, die wir im Blick hatten, waren jung, gesund und schön und außerdem klug genug zu wissen, daß sie nichts zu sagen hatten. Am Wochenende trafen ihre Besitzer ein und stellten Ansprüche.

Wir zitierten Günter Eich: ›Die Gesunden verstehen die Welt nicht‹, und als eine ganze Familie an Grippe erkrankte und fiebrig hustete, fand ich, daß man eine Infektion auch einmal aus der Sicht der Bazillen und Viren sehen müsse.

Wir gingen zwischen Schneemauern wie in Laufgräben. Unser Unternehmungsdrang endete immer im Schnee, au dem manchmal das oberste Brett einer roten Bank herausrag te. Als wir uns zur Podestatenalm wagten, gerieten wir in eine gelinden Schneesturm, der uns den Weg verwehte; es dämme te rasch, und schon packte mich Katastrophenstimmung...

Der zuverlässige Weg am regulierten Landwasser entlan ein Flüßchen, das den Langskiläufern ebenfalls als Orienti rung dient, Richtung Frauenkirch, Gläris, ins Sertigtal, hina nach Spina, der alten Walliser Siedlung. Als am vierten Tag d

Schnee in Regen überging, habe ich auf der Loggia des Hotels eine halbstündige Liegekur gemacht. Es tropfte vom Dach, es tropfte von den Bäumen, ich zitierte Verlaine und ausnahmsweise nicht Mann: ›Il pleure dans mon cœur / Comme il pleut sur la ville.‹ Zu Castorps und Manns Zeiten galt bereits eine Zimmertemperatur von zehn Grad als behaglich und zuträglich, heute werden Hotelzimmer ebenfalls, aber der Energieersparnis wegen, kühl gehalten.

Ich las und las... Im Hotel wechselten die Gäste, im Roman wechselten die Patienten. Die Gäste verließen uns gebräunt oder blaß, die Patienten verließen den Zauberberg gesund oder tot. Kein Ende abzusehen. Liegekur – Spaziergang. Mahlzeit – Gespräche. Bis dann der Ausbruch des Ersten Weltkriegs allem ein Ende macht. Castorp nicht gesünder, statt dessen gescheiter und dünnhäutiger, zieht, taumelig vom Überschwang nationaler Gefühle, in dieses Weltfest des Todes...

Ich gestehe, daß ich – bei allem zeitweiligen Lesevergnügen! – zum ersten Mal froh über den Ausbruch eines Krieges gewesen bin. Wir kehrten ausgeruht und schwach gebräunt in die ›Ebene‹, zu ›denen da drunten‹, zurück. Am Tag der Abfahrt bekamen wir dann doch noch alles zu sehen: Scalatta-Gletscher, Schwarzhorn, Piz Michel, und auf einem Südhang erblühten weiß und zittrig die ersten Krokusse auf braunem Winterrasen.

Aus tiefem Bergwinter und ›mächtiger Höhensonne‹ fuhren wir in den sanftesten Bergfrühling hinunter: Veilchen- und Primelhänge, Haselgebüsch, sprühende Wasserfälle, blühende Pflaumenbäume auf grüner Wiese. Während unserer einwöchigen Abwesenheit war aus dem Vorfrühling Frühling geworden.

Eine persönliche Wandererfahrung: In Moor und Heide singt man mehr als anderswo, weil die Wege eben sind; in den Bergen stößt man mit dem letzten verbliebenen Atem noch einen erleichterten Jodler aus. Aber in der Lüneburger Heide! Brambusch und Birken – Da ›ging ich auf und ging ich unter...‹

Sie sagt: ›Diese schöne alte Brücke!‹ Ein paar hundert Meter weiter sagt er: ›Diese schöne neue Brücke!‹ Trotzdem leben die beiden schon zwei Jahrzehnte miteinander; man muß es ihnen hoch anrechnen.

Unser Freund K. K., ein Fabrikant, über den ich in den ›Überlebensgeschichten‹ geschrieben habe, unternimmt große Reisen. Im vorigen Jahr flog er um die östliche Halbkugel der Erde, in diesem Jahr um die westliche. Von unterwegs schreibt er uns Karten, auf denen das üppige kalte Büffet eines Hilton-Hotels in Singapur oder in Rio de Janeiro zu sehen ist. ›Wenn das meine Mutter wüßte...‹ schreibt er. Die Ergänzung ›wie's mir in der Fremde geht‹ läßt er weg, die kennen wir. Er weiß, daß er ein Glückskind des Lebens ist, aber er wundert sich noch immer darüber, daß er es so weit gebracht hat.

In seinem Hause trinke ich aus Wohlbehagen oft mehr, als mir bekömmlich ist. Als K. K. eines Abends mein Sektglas ein weiteres Mal füllen wollte, legte Kühner lachend seine Hand darauf und sah mich mahnend an. Der Freund lachte ebenfalls, sah mich an und schenkte ein. Der eine nahm an, der andere würde nicht eingießen, solange er die Hand über das Glas hielt, und der andere nahm an, jener würde die Hand wegnehmen. Derweil floß der Sekt zu unser aller Überraschung über die Hand und über den Tisch...

Das nahm ich zum Anlaß, von einem Vorfall zu erzählen, der sich im Haus einer Marburger Freundin zugetragen hatte. Es ist Jahrzehnte her, man heizte noch mit Holz. Die Freundin mußte ihre drei Söhne allein großziehen; ihr Mann war kurz nach Kriegsende an seinem Kriegsleiden gestorben. Sie ließ den Ältesten, der Riesenkräfte besaß, Holz schlagen, der Hauklotz stand im Vorgarten. Ein Freund des Sohnes kam vorüber, legte aus Übermut seine Hand auf den Hauklotz. ›Hau doch zu!‹ – ›Nimm die Hand weg!‹ – ›Schlag doch!‹ – ›Nimm die Hand weg!‹ – ›Du traust dich ja doch nicht!‹ Der Freund konnte die Hand nicht so schnell wegziehen, hatte wohl nicht geglaubt, daß der andere wahrmachen würde, was er angedroht hatte. Er verlor den kleinen Finger der rechten Hand.

Meine Romanfiguren sind immer Leser von Büchern. Bei anderen Autoren ist das seltener der Fall. Dabei ist es doch wichtig zu wissen, was jemand liest und was er nicht liest. Ich riskiere, daß man mein Buch weglegt und zu jenem Buch greift, von dem die Rede ist. Ich meine, ein Buch sollte Lust auf das nächste machen.

Was für ein Frühlingsmorgen! Ich gehe zu Fuß in die Stadt und begegne dem Briefträger, der mich freundlich grüßt; der Bankbeamte fängt ein Garten-Gespräch mit mir an; dann treffe ich eine Bekannte, die mir den Arm um die Schulter legt, so sehr freut sie sich über die unerwartete Begegnung; was ich kaufen will, ist vorrätig und preiswert. Heiter und befriedigt kehre ich nach Hause zurück.

Und an einem der nächsten Tage, als ich wieder in die Stadt gehe, übersieht mich mein Buchhändler, sind die Bücher, die ich brauche, vergriffen, die Verkäufer sind unfreundlich und eilig. Verärgert und unzufrieden kehre ich zurück.

Der Gedanke, daß ich selbst die Freundlichkeit wie auch die Unfreundlichkeit meiner Umwelt ausgelöst habe, liegt nahe. Die Amerikaner nennen das: ›Lache in die Welt, und die Welt lacht zurück!‹ Über diese sprichwörtlichen Vereinfachungen habe ich mich immer geärgert; was ihre Richtigkeit nur bestätigt.

Vor kurzem habe ich eine alte, berühmte und sehr reiche Schauspielerin besucht. Sie hat mir höchst interessant aus ihrem Leben erzählt, aber auch, wie einsam sie sei, wie man nach ihrem Geld trachte und was sie im Verlauf ihres Lebens alles getan habe, um Freunde für ihr späteres Alter zu gewinnen. Geschenke hat sie gemacht, immer wieder. Und jetzt streitet man sich um ihr Erbe bereits zu ihren Lebzeiten.

›Ist es nicht besser, daß man sich um Ihr Erbe streitet, als daß Sie sich um ein fremdes Erbe streiten müßten?‹ habe ich gefragt und für einen kurzen Augenblick ihre Aufmerksamkeit geweckt. Sie bestand darauf, mich zum Essen einzuladen und meine Hotelrechnung zu bezahlen. Während sie erzählte, dachte ich immer wieder: Was will sie von dir? Sie will doch etwas! In den sieben Stunden unseres Zusammenseins hat sie nicht eine einzige Frage an mich gerichtet. Wie geht es Ihnen? Was schreiben Sie gerade? Sie hat wortwörtlich nicht nach mir gefragt. Ich war ihr nur wichtig als Anhörerin ihrer Lebensgeschichte. Sie wollte geliebt werden, statt zu lieben. Aber sie war nicht liebenswert, sie war nur bedauernswert. Sie versprach sich Vorteile aus der Beziehung zu mir.

Wie anders dagegen unsere bedingungslose Beziehung! Wo der eine dem anderen ein verläßlicher Freund ist, dem er vertraut, zu dem er jederzeit kommen kann, der keine Gegenleistung erwartet. Wo der Satz ›Wie soll ich das wiedergutmachen?‹ nicht gesagt werden muß.

Bevor ich von einem anderen unbedingte Freundschaft erwarte, muß ich doch bereit sein, sie ihm zu bieten! Wir sollten weniger Angst davor haben, daß man uns enttäuscht, als davor, daß wir das Vertrauen, das man in uns gesetzt hat, enttäuschen. Wieso denke ich: Warum ruft man mich nicht an? Warum schreibt man mir nicht? Und jene, die mir nicht schreiben, die mich nicht anrufen, haben vielleicht die gleichen Erwartungen und die gleiche Angst vor Enttäuschungen wie ich. Alle erwarten wir, daß auf uns zukommt, was wir selbst hergeben müßten: Anteilnahme, Zuneigung, Freundschaft. Nicht einmal bitten wollen wir. Nicht einmal jene einfache Forderung erfüllen wir: ›Bittet, so wird euch gegeben; suchet, so werdet ihr finden; klopfet an, so wird euch aufgetan!‹ Wir wollen weder bitten noch suchen, noch anklopfen. Wir erwarten, daß die Türen sich vor uns öffnen, bevor wir noch geklingelt haben. Auch ich gehöre zu jenen, die das erwarten. Wenn ich vor einer Sprechanlage stehe und sagen soll, warum ich vor der Haustür stehe, habe ich das Bedürfnis, sofort wieder zu gehen. Was will ich bei diesen Leuten? Welches ist meine Motivation?

Motivation! Eines unserer meistgebrauchten Schlagworte. Ständig werden wir nach unserer Motivation gefragt. In meinem Falle heißt es: Warum schreiben Sie? Ich wehre mich gegen diese Fragestellung, die alles in Frage stellt. Warum grüßt man mich freundlich? Warum schickt man mir Blumen? Die einfachste Antwort, daß man mir eine Freude machen möchte, verstummt hinter dieser Frage, Argwohn steigt auf, stört die Beziehung.

Kurz vor seinem Tod, erst nachdem er als Folge seiner Erblindung die Abhängigkeit von anderen Menschen erfahren hatte, ist Sartre zu der Erkenntnis gekommen, daß das Wichtigste in unserer menschlichen Existenz die Beziehung zum anderen ist. Der Philosoph und Schriftsteller, der gesagt hat,

›die Hölle, das sind die anderen‹, hält diesen ›Humanismus‹ zwar für eine Utopie, hofft aber, daß es einmal die Art sein wird, Mensch zu sein. ›Die Beziehung zu seinem Nächsten und seine Art, er selbst zu sein.‹ Unmittelbar vor seinem Tode hat er diese einfache und schwere Erkenntnis noch gewonnen, so daß er sagen konnte: ›Ich sterbe in der Hoffnung.‹ Seine Hoffnung galt dem Miteinander.

Jene alte Schauspielerin führte mich durch ihr Haus, zeigte mir die Trophäen eines langen Künstlerlebens, Geschenke von hochgestellten Persönlichkeiten. Wir kamen bei dem Rundgang auch ins Schwimmbad, überdacht und blau gekachelt. Seit einigen Monaten heize sie, um Energie zu sparen, das Wasser nicht mehr, sagte sie. Modriger Geruch stieg vom Wasser auf. Von der Decke hingen Turnringe herab, an denen sie, vom Wasser aus, Klimmzüge zu machen pflegte. Da also hing sie am Leben, hielt sie sich über Wasser.

Die Rolläden sind schwer, sie kann sie nicht hochziehen, die meisten bleiben daher geschlossen; sie lebt im Halbdunkel. Sie ist von Erbschleichern umstellt, alle haben es auf ihren Besitz abgesehen, sie erzählt, wie sich Leute, denen sie vertraut hatte, bei ihr einnisteten, erst ein einziges Zimmer, dann ein weiteres bezogen, bis sie schließlich eine ganze Zimmerreihe bewohnten. Kostbare Bücher mit wertvollen Widmungen entfernten...

Ich traute mich kaum noch, nach dem WC zu fragen. Würde sie nicht annehmen, ich wolle mich insgeheim im Haus umsehen? Ich wolle mir heimlich etwas aneignen?

Gleich nachdem ich sie – auf dem Bahnsteig – zum ersten Mal sah, sagte sie: ›Christus hat uns alles vorgelebt, nur nicht, wie man allein alt werden soll.‹

Ein Hochzeitsessen. Der Brautstrauß – gelbe Teerosen, die sich die Braut gewünscht hat – wird in die Mitte der festlichen Tafel gestellt. Während des Essens welkt eine Rose nach der anderen. Alle beobachten es. Ein Gast, eine ältere Tante der Braut, deutet an, was es zu bedeuten hat, wenn der Brautstrauß rasch welkt: Die Braut wird keine Kinder bekommen.

Vierzig Jahre später erzählt mir die damalige Braut von diesem Vorkommnis. Die Ehe ist kinderlos geblieben. Es stehen ihr Tränen in den Augen.

Um die Öffentlichkeit auf einen Mißstand hinzuweisen, gibt es keine andere und keine bessere Möglichkeit, als darüber in Wort und Bild zu berichten. Diese Überzeugung besteht allgemein; es ist auch die meinige. Ich erwarte möglichst rasche und möglichst objektive Informationen, lese daher mehrere Tageszeitungen, auch Wochenzeitungen, kurze, aber auch ausführliche Kommentare; ich betrachte die illustrierenden Fotos, sehe die Tagesschau im Fernsehen.

Wir sind gewohnt, zu den Abendnachrichten unser Abendessen einzunehmen, zum Frühstück lesen wir die Morgenzeitungen. Hungernde Kinder aus Biafra oder Hinterindien sehen uns zu, wenn wir unser Schinkenbrot essen; lesen wir morgens die Einzelheiten über einen Flugzeugabsturz, legen wir erschrocken das Honigbrötchen beiseite. Aber mit der Zeit wird man abgehärtet; so leicht verschlägt uns nichts mehr den Appetit.

Über diese Abhärtung des Lesers und Zuschauers habe ich nachgedacht. Wie wäre sie zu verhindern? Wir wollen orientiert werden und sind dadurch in die Rolle des Zuschauers geraten, der sich durch Schreckensmeldungen unterhalten läßt. Fragt man mich am Ende der Tagesschau, was denn in der Welt passiert sei, sage ich: ›Nichts Besonderes‹; etwas Besonderes wären eine gelungene Entführung, ein Schaden in einem Atomkraftwerk, so ein richtiger GAU. Meine Ansprüche, die ich an die Tagesereignisse stelle, wachsen.

›Was steht auf der ersten Seite der Zeitung?‹ – ›Nichts Besonderes‹, sage ich und blättere weiter. Ein Erdbeben im Iran schreckt mich weniger als ein Erdbeben im Hohenzollerngraben. Wenn ein Verkehrsunfall ›mindestens sechs Tote‹ gefordert hat, spricht aus dieser Formulierung das Zugeständnis an die Ansprüche der Leser und Zuschauer.

Manchmal schrecke ich noch auf, wenn ich auf einem Foto sehe, wie jemand verletzt am Straßenrand liegt. Dann denke ich: Mein Gott, warum fotografiert man ihn, statt ihm zu helfen? Ein riesiger Flächenbrand in der Lüneburger Heide – und den Feuerwehren, Ärzten und Sanitätern sind durch die Zuschauer die Zufahrten versperrt. Was Wunder? Wir sind gewohnt, zuzuschauen und nicht zu helfen. Manchmal werden nach den Schreckensnachrichten Spendenkonten mitgeteilt; dann kann man dem spontanen Bedürfnis, zu helfen, nachgeben. Ich weiß es aus Erfahrung: Wenn man es nicht spontan tut, unterbleibt es; auch ich kreuze den Vermerk ›Spendenquittung für das Finanzamt erbeten‹ an.

Wir werden über die trostlosen Zustände in einem Altenpflegeheim unterrichtet. Ich habe inzwischen erfahren, wie dieser Bericht auf alte Menschen, die damit rechnen müssen, bald in dieses Heim eingewiesen zu werden, gewirkt hat. Ich habe den Bericht über eine psychiatrische Anstalt in Hamburg gelesen. Entsetzen packte mich; die Angehörigen der Kranken reagierten mit weit größerem Entsetzen. In mir wächst das Gefühl der Hilflosigkeit und der Angst: Was kann ich tun? Ich persönlich? Es kann doch nicht mit dem Lesen und dem Anschauen getan sein, mit dem Beiseitelegen der Zeitung, mit dem Abschalten. Ich lese über das anonyme Sterben in den großen Krankenhäusern. Irgendwann wird dieser Bericht auch mich betreffen. Denkt denn keiner der Informanten an die schwangeren Frauen, die von der hohen Säuglingssterblichkeit in der Bundesrepublik Deutschland erfahren?

Das Aufdecken von Mißständen durch den ›schonungslosen Bericht‹, der sich an die Öffentlichkeit wendet, ist oft der einzige und oft auch wirkungsvollste Schritt, die Mißstände zu beheben. Aber um welchen Preis! Um die zuständigen öffentlichen Stellen auf die Mißstände aufmerksam zu machen, werden wir alle unversehens und ungewollt zu Öffentlichkeit. Oft denke ich: Erbarmen mit dem Leser! Wie wirkt der Bericht über den Krebstod auf jemanden, der gerade erfahren hat, daß er an Krebs erkrankt ist? Viele menschliche Bindungen halten der Belastung durch die Krankheit nicht stand; das ist statistisch erwiesen. Wie wirkt die Nachricht auf jemanden, dessen Ehe schon ohne diese Belastung gefährdet war? Erbarmen, denke ich. In einem Gedicht Rilkes heißt es: ›Ich fürchte mich so vor der Menschen Wort, sie sprechen alles so deutlich aus!‹ Seitdem Rilke das schrieb, sind siebzig Jahre vergangen; inzwischen wird alles noch deutlicher ausgesprochen. Unsere Aufmerksamkeit muß durch immer stärkere Mittel geweckt werden. Immer näher heran mit der Kamera an das Gesicht eines Sterbenden. Immer härter die Berichterstattung über die Auswirkungen des Plutoniums. Gelegentlich versucht man, mich mit Mitteilungen über den Stand der Obstbaumblüte zu beruhigen... Wäre die Welt so, wie sie sich mir in den

Nachrichten der Tagesschau, auf den ersten Seiten der Zeitungen und in den modernistischen Dramen darstellt – ich möchte nicht darin leben.

Gnade für Maria Stuart! Darüber möchte ich einmal schreiben. Goethe soll nach der Uraufführung in Weimar über die Königin Elisabeth von England und die Königin Maria von Schottland gesagt haben: ›Die beiden Huren, die sich ihre Aventuren vorwerfen!‹

Zugetragen hat sich jene dramatische Geschichte 1587 in England, die Uraufführung des Schiller-Dramas fand 1800 in Weimar statt. Seither stirbt Maria Stuart Spielzeit für Spielzeit, Abend für Abend unterm Fallbeil. Dabei stand die Sache zeitweilig unentschieden; Elisabeth unehelich geboren, Maria rechtmäßige Königin, wenn auch eine Gattenmörderin. Maria Stuart wurde aus staatspolitischen Gründen getötet; ebenso hätte man aus staatspolitischen Gründen Elisabeth töten können. Korrekturen an den geschichtlichen Fakten lockten mich schon immer. Aber Schiller hat der Maria Stuart die Sympathie des Publikums verschafft, die sich immer dem Ermordeten und nicht dem Mörder zuwendet.

Mistral, der provençalische Dichter, sagt: ›Gedenket dessen, der, als man ihn fragte, wozu er sich so sehr in einer Kunst abmühe, die kaum ein paar Menschen bekannt würde, die Antwort gab: »Ich bin zufrieden mit wenigen. Ich bin zufrieden mit einem. Ich bin zufrieden mit gar keinem.«‹ (Gelesen in Daudets ›Geschichten aus meiner Mühle‹, als ich dabei war, über die Provence zu schreiben.) Ist Mistrals Äußerung ein Ausdruck der Bescheidenheit oder ein Ausdruck der Anmaßung? Ohne Leser hätte ich nicht weitergeschrieben.

Zum dritten Mal einen Schreibtischstuhl durchgesessen! Der neue wird nun der letzte sein, denke ich; er ist stabiler als seine Vorgänger, lederbezogen, drehbar, verstellbar, ohne Armlehnen, auf fünf Beinen. So etwas wie ein Rollstuhl für Schriftsteller.

Ich müßte irgendwo eine Turmstube haben, in der ich ungestört schreiben könnte; ein Muzot. Aber Duineser Elegien würden eben doch nicht entstehen. Die gibt es ja auch schon und reichen noch lange.

Die ›Frankfurter Allgemeine Zeitung‹ teilt ihren Lesern mit, daß ›Das glückliche Buch der a. p.‹ unnötigerweise neu aufgelegt sei. Wissen Kritiker nicht, daß sie außer den Autor auch die Leser dieses Autors kränken?

Ein langer, kalter Frühling, die Veilchen blühen wochenlang, die Tulpen stehen tiefgekühlt auf dem braunen Erdboden. Sparsamer Frühling, ohne Verschwendung, die Pfingstrosen werden zu Buß- und Bettag blühen.

Zweitageswanderung durch den Maienwald. In den Gärten blühen die letzten Apfelbäume. Kuckucksruf. Dottergelbe Butterblumen am Rand der Bäche. Die Männer studieren, ohne Erfolg, die Wanderkarte, aber die Frauen sind heiter und gutwillig, nehmen alle Umwege und Unwege singend in Kauf.

Mit dir will ich reden und nicht reden
Mit dir will ich essen und nicht essen
Mit dir will ich gehen und nicht gehen
Mit dir will ich schlafen und nicht schlafen
Mit dir will ich alt werden
Mit dir will ich nicht alt werden
Mit dir alles
Ohne dich nichts

Jetzt erst, zwölf Jahre später, müßte ich ›Das glückliche Buch der a. p.‹ schreiben, jetzt, wo in Erfüllung geht, was dort prophezeit wurde. Unser Leben zu zweit ist selbstverständlich geworden, hat sich aber dabei vertieft. Keiner sorgt sich um die Glücklichen! Aber sie trennen sich nicht mehr leicht vom Leben. Das ist der Preis für den Satz: ›Ich lebe gern mit dir.‹

Szenen einer Ehe. Wir sahen vor Jahren den Bergman-Film in einem großen Kino in Berlin. Als wir wieder draußen standen, waren wir beide verdrossen, sahen uns an. Irgend etwas stimmte doch anscheinend nicht mit uns! Dann lachten wir und entrüsteten uns: Ist es nicht infantil, mit Fünfzig die ehelichen Schwierigkeiten noch immer im Bett lösen zu wollen! Stellvertretend fühlten wir uns für die beiden Fünfzigjährigen beschämt und beleidigt.

Als wir dann denselben Film zu Hause sahen, wieder zu zweit, aber jetzt mit dem Film-Ehepaar allein, war der Eindruck stärker, machte uns betroffen. Eheszenen gehören nicht in die Öffentlichkeit eines Kinos. Eine der Chancen, die das Fernsehen so selten nutzt: die Intimität, den Monolog und den Dialog.

Ich verspreche mich, das tue ich oft, wie ich mich auch oft verschreibe. ›Mein Pfleger‹, sagte ich und meinte: mein Verleger.

Zweimal Stücke von Botho Strauß. Einmal auf der Bühne (›Bekannte Gesichter, gemischte Gefühle‹), einmal auf dem Bildschirm (›Trilogie des Wiedersehens‹), beides nicht dazu angetan, jemanden, der selbst versucht, ein Stück zu schreiben, zu ermutigen. Das Publikum im Theater war ratlos, auf eine ungenaue Weise auch unglücklich, gewiß war es nicht klüger geworden.

Weiterhin halte ich mein Stück ›Der Kokon‹ für eine Komödie. Sie darf mir nicht lieblos geraten! Es ist soviel Fremdheit zwischen Menschen, die miteinander verwandt sind; es ist schwer, daß einer den anderen versteht. Trotzdem muß man (der Zuschauer) bei jeder Geste, jedem Satz spüren, daß es möglich wäre, diese Wand aus Verständnislosigkeit zu durchstoßen. Ein Wort würde genügen! Der Zuschauer meint sogar, es zu kennen, er weiß ja mehr als die Leute, die auf der Bühne ihren Part spielen und aneinander vorbeisprechen. Als ob man schielt‹, sagt eine der beiden Töchter zu Wiepe Bertram.

Ob die Komödie ›Ordnung ist das halbe Leben‹ heißen könnte? Wobei man nach Belieben ›Ordnung‹ betonen könnte, ›halbe‹ oder auch ›Leben‹.

Vor Jahren habe ich einmal als Schwester auf Zeit zwei Wochen lang nach den Regeln des Heiligen Benedikt gelebt, die in vielen Lesebüchern stehen, weil sie von großer Weisheit und Schönheit sind. Ein reglementierter Tag. Ich trug das Programm und die Uhr ständig bei mir, ich war das nicht gewohnt, ich opponierte insgeheim, wo blieb da Raum für das Ich? Aber ich saß zu allen Stundengebeten an meinem Platz. Am Anfang glitt das am Ohr vorüber mit allem Reiz des Fremden: Psalmen und Hymnen, Antiphon und Responsorium, Schriftlesung, Fürbitten. Eine Zeile blieb haften, ein Wort, mehr nicht. Es ging Beruhigung davon aus, die auch physisch war, ich fühlte mich leichter werden, heller. Noch war ich nicht beteiligt, allenfalls ein wenig eingestimmt. Wenn ich nichts habe, was ich Gott anbieten kann, dann biete ich ihm wenigstens meine Anwesenheit.

Kaum waren ein paar Tage vergangen, da fiel mir das frühe Aufstehen nicht mehr schwer, da verließ ich mein Zimmer, sobald die Gebetsglocke anschlug. Ich wurde hungrig zur vorgesehenen Zeit und müde zur vorgesehenen Zeit. Ich wurde gewahr, daß ich in meinen Briefen aus dem Kloster nicht mehr ›ich‹ schrieb, sondern ›wir‹. Ich lernte, in der ersten Person Plural zu reden und zu denken...

Sprechen und schweigen. Arbeiten und beten. Für sich sein und miteinander sein. Das offizielle Gebet der Kirche und das persönliche Gebet. Alles in zuträglichem Wechsel.

Wort ist immer auch und zuletzt und zuerst Gottes Wort. Man ging behutsam und nüchtern damit um, setzte jedes Wort für sich, legte Pausen ein, die nicht rhetorisch waren, sondern Bedenk-Zeiten. Jemand sagt mir zu, jemand, der mir zuhört, mir zugehört. Sprache, aus der mir gewohnten Sprach-Spielerei in einen sehr ernsten Zusammenhang gebracht. ›Beten heißt, stille sein und harren, bis der Beter Gott hört‹, steht in der Regel. Im Jakobusbrief heißt es: ›Jeder sei darum schnell bereit zum Hören, langsam zum Reden und langsam zum Zorn.‹ Paulus sagt: ›Beten ohne Unterlaß.‹ Luther: ›Das Gebet ist des Christen Handwerk.‹ Nietzsche: ›Es ist eine Schmach zu beten.‹ Kant: ›Gebet ist Zauberei, beschämend für den Mann.‹

Klöster sind nicht nur Inseln des Gebets. Sie sind auch mehr. Hier wird in einer Kommune gelebt. Das wird anderswo auch versucht, aber es mißrät in der Regel, weil das Ziel fehlt, der geistige und geistliche Zusammenhalt. Mönche und Nonnen leben wie moderne Urchristen. Alle haben alles gemeinsam. Keiner nennt etwas sein eigen. Jedem wird gegeben, was er nötig hat. Menschen verschiedener Herkunft und Altersstufen leben miteinander, jeder gibt und nimmt, jeder arbeitet gemäß seinen Fähigkeiten. Kein anderer Rang als das Datum des Eintritts ins Kloster. Keine hierarchische Ordnung! Kein ›ehrwürdige Mutter‹, keine Trennung von Chorschwestern und Laienschwestern. Demokratie wird geübt, notwendige Entscheidungen im Rat der Schwestern erörtert. Das Kloster erhält sich selbst: Landwirtschaft, Gärtnerei, Werkstätten.

Wenn wir beim Abendoffizium das ›Salve Regina‹ gesungen haben, versinkt das Kloster in Schweigen. Wir verlassen die Kirche, trennen uns schweigend, nicken uns zu; ich gehe noch ein wenig die Landstraße auf und ab, orientiere mich an den Sternen; der Große Wagen steht, wo er zu dieser Stunde stehen muß, dann suche ich mein Zimmer auf. Der Körper ist müde, der Geist ist müde, aber die Seele ist hellwach, dabei ganz leicht, schwingt sich auf, Zeilen aus Psalmen ziehen durch sie hin, sie will nichts von Schlaf wissen. Der Herbstwind rüttelt am Giebelfenster, Scheinwerfer der fernen Bundesstraße streichen in Abständen über die weißgetünchte Zimmerwand, das nahe Euratom-Kraftwerk ist noch hell erleuchtet, Käuzchenschrei von der Weser her, dann vom Wald, dann aus der Gärtnerei, in der die Treibhäuser noch erleuchtet sind. Blumen und Pflanzen entwickeln sich rascher bei elektrischem Licht. Kastanien fallen auf den Asphalt, zerplatzen. Nebenan spricht eine andere Schwester auf Zeit leise mit ihrer siamesischen Katze.

Ärzte sagen, daß man täglich den Körper bis an die Grenze seiner Leistungsfähigkeit anspannen müsse, bis zum Schweißausbruch; dasselbe gilt auch für Geist und Seele, deren Kräfte ebenso angespannt und entspannt werden müssen. Diese zwei Wochen, in denen wir innerhalb der großen Klostergemeinschaft eine kleine eigene Gemeinschaft bildeten, haben alle Kräfte beansprucht. Diese Zeit ist mir nicht leicht geworden. Nur das Schwere wiegt schwer. Wir haben in der Benediktinerinnen-Abtei zum Heiligen Kreuz in Herstelle an der Weser eine geistige und geistliche Heimat gefunden.

Ich habe mich nächtelang zurückgeträumt.

Vor drei Jahrzehnten: Ich hatte in Nürnberg, wo ich als Redakteurin einer Frauenzeitschrift arbeitete, in verletztem Stolz gekündigt und mein möbliertes Zimmer aufgegeben. Da ich anschließend ohne festen Wohnsitz war, beschloß ich, mir in Marburg in der Orthopädischen Klinik die Füße operieren zu lassen. ›Denk an deine Großmutter!‹ hatte es in meiner Familie immer geheißen. ›Sie konnte in den letzten Jahren ihres Lebens keinen Schritt mehr gehen!‹

Barbara G. (sie wurde später die Heldin der Erzählung ›Batschka – wo liegt das überhaupt‹) lag im Bett neben mir, sie, die kränker und älter war als ich, gesundete rasch, bei mir war das Gegenteil der Fall. Nach Wochen stellte sich heraus, daß die Operation nicht gelungen war; die chirurgisch einwandfrei hergestellten neuen Gelenke blieben unbeweglich. Monatelange Nachbehandlungen, zunächst in der Klinik, dann ambulant. Ich ging an Stöcken, mußte orthopädische Schuhe tragen, suchte einen Arzt nach dem anderen auf. ›Das muß sofort wieder operiert werden!‹ sagte der eine, der nächste: ›Das hätte nie operiert werden dürfen!‹ Meine Füße waren vernarbt, schlecht durchblutet, häßlich anzusehen. Die Gelenke wurden in Narkose nochmals gebrochen und eingegipst; es nutzte wieder nichts. Dann suchte ich in Krefeld einen Orthopäden auf; der nahm meine Füße in die Hände und sagte: ›Diese armen Füße! Aber es sind nicht Ihre Feinde! Söhnen Sie sich mit ihnen aus!‹ Das war die Wende. Es wurde allmählich besser. Ich erinnere mich an einen Tag, als ich auf der Uerdingerstraße ging – und stehenblieb: Ich vermißte den Schmerz.

(Damals, als ich weitgehend unbeweglich war, habe ich, zu anderem nicht fähig, mein erstes Buch geschrieben: ›Ehe die Spuren verwehen‹.)

Einige Jahre später entdeckte ich an meinem Kopf, hinterm Ohr, vom Haar verdeckt, eine Ausbeulung, eine Geschwulst. Ich fragte unseren Hausarzt, was das sei, was da wachse. Er fühlte nach, sah es an und entschied: ›Rühren Sie nicht daran. Am besten, Sie sagen es niemandem!‹ Ich habe nie wieder einen Arzt gefragt, gelegentlich sticht es ein wenig an der betreffenden Stelle. Manchmal scheint es mir, als sei die Geschwulst etwas größer geworden. Hin und wieder fragt ein Friseur: Was haben Sie da? Und dann sage ich: Nichts weiter! So geht es seit Jahrzehnten, und es geht gut so.

Wieder einige Jahre später, ich lebte bereits in Kassel. Der Chef der Orthopädischen Klinik, der wegen eines Bandscheibenvorfalls meine Wirbelsäule untersuchte (und mir später ein Korsett aus Stahl und Leder verschrieb), sah sich, um die Ursache der Beschwerden herauszufinden, auch meine Füße an. Bis dahin hatte er ausschließlich meinen Rücken angesehen und befühlt, auch auf Röntgenbildern betrachtet. Jetzt sah er sich die Operationsnarben an den Füßen an und erkundigte sich: ›Wer hat das gemacht?‹ – ›Professor M. in Marburg‹, sagte ich. Darauf er: ›Aber der ist doch tot!‹ Und ich: ›Er hat es vorher gemacht!‹ Der Arzt blickte hoch und sah zum ersten Mal mich, das heißt mein Gesicht, an.

Eines Tages hatten die Rückenbeschwerden ein Ende. Die Wirbelsäule hat sich stabilisiert, hieß es.

Das richtige Buch in der richtigen Hand, das gehört zu meinen Wunschvorstellungen; um sie zu verwirklichen, wollte ich sogar Bibliothekarin werden. Das ist schon lange her, aber die Vorstellung vom richtigen Buch in der richtigen Hand habe ich immer noch vor Augen, wenn ich schreibe und wenn ich lese...

Als das Direktorium des Bertelsmann Verlages bei mir anfragte, ob ich bereit sei, dem ›Beirat zur Förderung zeitgenössischer deutschsprachiger Schriftsteller‹ beizutreten, sagte ich daher zu. Ich habe es nicht bereut, auch wenn ich über die Bücherpakete seufze, die in regelmäßigen Abständen bei mir eintreffen.

Ich fahre gern zu unseren Sitzungen nach Hamburg, viermal im Jahr. Ich reise im Intercity-Zug, vertiefe mich in meine Notizen, wie es sonst vornehmlich die geschäftsreisenden Herren tun, und wundere mich, daß die Zahl der Frauen, die in Geschäften unterwegs sind, immer noch so klein ist. Wenn ich im Treppenhaus des Tagungsgebäudes die Stimme von Walther Schmieding höre, bin ich erleichtert: Ich bin zur rechten Stunde am rechten Ort. Um 13 Uhr sind wir vollzählig und gehen zunächst nach nebenan zum Essen. Ein Arbeitsessen. Der Umgangston ist kollegial bis freundschaftlich, aber nicht privat. Persönliches wird allenfalls mit Nebensätzen gestreift. Wenn Hans Arnold, der ›aufsichtführende Sekretär‹, auf Nachfrage versichert, daß seine Bräune eine Arbeitsbräune sei, die er sich auf seinem Gütersloher Balkon lesend erworben habe, glauben wir es ihm. Thilo Koch sieht aus wie auf dem Bildschirm, als er seinen Berlin-Film kommentierte, dasselbe Jackett im Hahnentrittmuster; immer kommt es mir vor, als träte ich neben meinen namhaften Kollegen ›live‹ auf. Der italienische Wirt begrüßt Thilo Koch mit ›Buon giorno, Signore Koch!‹, und die umsitzenden Gäste blicken uns an, erkennen vermutlich auch Rolf Hochhuth, wer kennt ihn nicht, erkennen Walther Schmieding, der sich unglaublich ähnlich sieht und im Gespräch die gleiche Intensität ausstrahlt wie auf dem Bildschirm, wenn er in den ›Aspekten‹ seine Meinung über ein Theaterstück kundtut.

Hochhuth fährt im Anschluß an die Beiratssitzung nach Bremerhaven, wo er in seinem Stück ›Die Hebamme‹ Regie führt. Er wohnt in Wien, aber auch in Basel. Kann man eigentlich mit der Vergangenheit eines Volkes abrechnen, in dessen Gegenwart man nicht zu leben bereit ist? Ich stelle ihm diese Frage nicht. Walther Schmieding mit seinem beneidenswerten Gedächtnis für Zahlen und Biographien liefert zu jedem Künstler oder Politiker die passende Anekdote; er schreibt gerade an einem Buch, hat sich die russischen Anarchistinnen des 19. Jahrhunderts vorgenommen; wir erwägen lachend, ob das Buch sich zur Förderung eignen könnte... Wenn wir Dieter E. Zimmer, den kritischen Kritiker der ZEIT, nach seinem Gedichtband im Rotbuch Verlag fragen, winkt er ab: Das tut nichts zur Sache, kommen wir zur Sache!

Eine erfahrene Sekretärin betreut uns, kocht Kaffee, kümmert sich um Telefon-, Zug- und Flugverbindungen und zieht sich zurück: Jetzt wird es ernst.

›Wir brauchen mal wieder einen richtigen Roman!‹ – ›Sollten wir nicht einmal ein geeignetes Sachbuch auswählen?‹ Fragen, die immer wiederkehren. Über ein Buch wie ›Jakob der Lügner‹ von Jurek Becker einigen wir uns schnell. Nach längerem Diskutieren entscheiden wir uns diesmal für zwei Theaterstücke von Botho Strauß. Auch Schauspiele sind Lesestoff; man kann die Stücke nachlesen, wenn man sie bereits auf der Bühne oder dem Bildschirm gesehen hat. Ein Argument, dem ich mich beuge. Wir stimmen nicht ab, sondern versuchen, Einstimmigkeit zu erzielen, was oft nicht leicht ist. Jeder von uns hätte gern mit seinem Kandidaten Erfolg. Wir erkundigen uns besorgt bei Hans Arnold, wie hoch denn die Auflage in den Buchgemeinschaften sei, und erfahren, daß der Gedichtband von Wolfgang Bächler immerhin 20000 verkaufte und vielleicht auch gelesene Exemplare erreicht hat. Davon träumen die meisten Lyriker ihr Leben lang vergeblich. In regelmäßigen Abständen schlage ich eine Anthologie moderner Lyrik vor – mit Kommentaren –, wie sie die ›Frankfurter Allgemeine Zeitung‹ in ihrer Wochenendbeilage regelmäßig bringt, subjektiv und objektiv, von einem Kundigen ausgewählt und erläutert. Man darf den Leser nicht völlig allein lassen, meine ich. Alles, was er sonst kauft, kauft er ja ebenfalls mit einer Gebrauchsanweisung. Wie soll er ohne die Hilfestellung eines Sachverständigen Zugang zu einem meist schwierigen Gedicht finden? Ich halte Gedichte für lebensnotwendig. Ohne Gedichte kann man nicht leben. Die meisten Menschen wissen es nur nicht.

Wenn wir über ein Buch diskutieren, dessen Held dreihundert Buchseiten lang scheitert – an Alkohol oder Rauschgift, bis zum Selbstmordversuch –, der den Leser immer tiefer in seinen persönlichen Untergang zieht, sage ich: ›Erbarmen mit dem Leser!‹ Was tut man ihm an, wenn man ihm einen solchen Roman empfiehlt! In welcher Lebenssituation trifft ihn das Buch, krank vielleicht, alt, ohnehin ängstlich und mutlos? Ich komme, je älter ich werde, immer mehr zu der Überzeugung, daß Bücher, ohne unwahr zu sein, ohne zu beschönigen, Auswege aus Konflikten aufzeigen und den Leser klüger, mutiger, vielleicht sogar heiterer machen sollten...

Mehr als drei Jahre haben wir unsere Beiratstätigkeit bereits ausgeübt, für weitere drei Jahre wurden wir kürzlich wiedergewählt. Wenn wir ausscheiden, werden wir insgesamt 24 Titel vorweisen, die einen Überblick über die zeitgenössische deutschsprachige Literatur ergeben sollten, einen Querschnitt. Wir hoffen, daß einige der ausgewählten Bücher auch in fünfzig Jahren noch Bestand haben, aber es ist zu befürchten, daß wir uns oft geirrt haben. Wir versuchen, literarisch wichtige Bücher auszuwählen, keine experimentellen; wir müssen immer auch die Lesbarkeit eines Buches vor Augen haben. Außerdem wählen wir mit dem Blick auf die Person des Autors aus: Hat er das größere Echo nötig, das ihm eine Auflage in den Buchgemeinschaften garantiert? Hat er das zusätzliche Honorar ebenfalls nötig? Kein Wunder, daß wir – den Blick gleichzeitig auf Autor, Buch und Leser gerichtet – zeitweilig schielen.

Ich hoffe immer noch, einen jungen, unbekannten, aber hochbegabten Schriftsteller aufzuspüren, mit einem Roman, den die Leser der Buchgemeinschaften ohne meinen Hinweis nie kennenlernen würden. Ich bin keine Feministin, aber es wäre mir recht, wenn es sich dabei um eine junge Autorin handelte. Noch bin ich nicht fündig geworden, noch stöbere ich in den Neuerscheinungen der Buchhändler, lese die Buchkritiken in mehreren Zeitungen . . .

Ich habe gelernt, mich mit meinem Körper gutzustellen. Es steht ihm ein gewisses Maß an Aufmerksamkeit, Pflege und Rücksichtnahme zu. Wir sind voneinander abhängig und daher einander dienstbar.

Mein Vater erzählte mit Vorliebe Geschichten, bei denen man auf seine Kosten lachte, deren Spitze sich gegen ihn selbst richtete. Als er den Kirchenchor seiner Gemeinde leitete, erwies sich bei den Proben das Harmonium als ungeeignet zum Tonangeben. Er beschloß, das Geigenspiel zu erlernen, und erwarb ein preiswertes Instrument. Nach einigen Übungen konnte er ein Lied begleiten, ohne je eine Unterrichtsstunde gehabt zu haben, worauf er sehr stolz war. Als ihn ein Studienfreund besuchte, wollte er ihm seine neuerworbenen Künste vorführen und spielte ihm recht und schlecht sein Liedchen vor. Der Freund lobte und bewunderte ihn, nahm, wie nebenbei, die Geige zur Hand, hob sie ans Kinn und: erwies sich als ein glänzender Violinvirtuose! Die Neigung, auf eigene Kosten zu erzählen, habe ich geerbt, ich berichte von meinen Mißerfolgen in der Küche, am Schreibtisch, auf Veranstaltungen.

Gegenstände – Antiquitäten – können nicht alt genug sein, Menschen hingegen gar nicht jung genug.

Hans-Henny-Jahnn-Tage im Staatstheater Kassel. Ausstellungseröffnung, Rede, Stehimbiß. Vor dem Festvortrag die üblichen Begrüßungsansprachen, dann der Festredner: der berühmte Germanist Hans Mayer, den ich vor 25 Jahren in Düsseldorf über Brecht sprechen hörte; damals war er aus Leipzig gekommen. Er schien mir nicht älter geworden zu sein, aber ich bin älter geworden. Er spricht pointiert, sein Geist ist scharf; ein literarisches Vergnügen, ihm zuzuhören. Was ihm fehlt, ist Güte. Kein Versuch, die Fehler anderer zu verstehen und verständlich zu machen. Es geht ihm einzig und allein um die Sache. Aber Künstler sind Menschen, keine Sache, keine Objekte! Hans Weigel ist von ähnlicher Art wie Hans Mayer. Marcel Reich-Ranicki ebenfalls. Erbarmungslos. Hans Mayer berichtet über die Uraufführung der ›Medea‹ von Hans Henny Jahnn in Berlin unter Fehling; die große Agnes Straub als Medea! Er spricht mit Respekt von der Toten, und ich entsinne mich des Sommers, den wir in der ›Agnes-Straub-Stiftung‹ im Pinzgau verbracht haben: auf der Leine, auf der sonst die Wäsche der Gäste trocknete, hingen eines Morgens die Kostüme der Agnes Straub und blähten sich im Wind, darunter auch ein prachtvolles Medea-Gewand. Am Abend verschwand alles wieder in Kisten und Truhen. Die Urne der Agnes Straub unter einem Apfelbaum, dort, wo sie am langen grünen Holztisch gesessen hatte, ihre Rollen studierend, mit dem Blick auf ›die drei Brüder‹, unten im Tal die rauschende Salzach. Dort tafeln nun Schauspieler, Musiker, Schriftsteller …

Unser alter Freund Lewan aus Genf zu Gast, diesmal mit seiner Frau, die wir noch nicht kannten – sie hatte nach der Emigration Deutschland nicht wiedersehen wollen. Sie feiern ihren 56 Hochzeitstag bei uns. Er hat ein neues Buch zu schreiben begonnen, er hat einen neuen kleinen Verlag in der Schwei gegründet. Er ist charmant. Er ist aber auch weise geworden Wir gehen bei ihm in eine Art Alten-Schule. Als ich über ih schrieb, kannte ich ihn erst wenig, erkannte ihn aber. Wi haben auf dem Bahnsteig Verabredungen getroffen; sowohl fü das nächste Jahr als auch für später: Jenseits, Distrikt Literatur. Im Gefühl unserer Unwissenheit haben wir freimütig übe die Einzelheiten gesprochen.

Das Alter macht die Menschen ähnlicher; die einfachste Unterscheidung, blond oder schwarz, entfällt. Als ich im Theater von La Yolla in Kalifornien eine Nachmittagsvorstellung besuchte – man spielte ein Stück der McCullers: ›Frankie‹ –, blickte ich mich in der Pause um und sah lauter weißgelockte Frauenköpfe, lauter ›girls‹, mit Schmuckbrille und Ohrclips. Als ich nach der Vorstellung ins Foyer kam, war ich darauf gefaßt, mich im Spiegel weißlockig mit Schmuckbrille und Ohrclips wiederzusehen.

Der Turban der Mohammedaner besteht aus weißer Seide oder Musselin; er wird um den roten Fez gewickelt, er schützt den Kopf; später dient er als Leichentuch.

In der Stadt eine alte Dame getroffen, die ich lange nicht gesehen hatte, sie wird meiner Wiepe Bertram immer ähnlicher. (Immer wieder lerne ich Menschen kennen, die meinen Roman-Figuren ähnlich sind.) Sie erzählte mir, am Tag zuvor sei sie mit dem Taxi nach Hause gefahren. Sie habe zu dem unglücklich dreinschauenden Chauffeur gesagt: ›Wenn Sie mit solchem Gesicht nach Hause kommen, wird sich Ihre Frau bestimmt nicht freuen!‹ Der Taxifahrer antwortete: ›Sie ist ein altes Biest!‹ Sie nahm ihn mit in ihre Wohnung, um sich alles erzählen zu lassen und mit ihm zu reden. Sie meint, alle Menschen, die nicht allein leben müssen wie sie, seien einzig aus diesem Grund heraus schon glücklich. Ich habe sie gefragt, ob sie sich daran gewöhnt habe, daß ihr Mann nicht mehr lebe. Sie sah mich erst verwundert, dann aber empört an: ›Ich will mich nicht daran gewöhnen.‹ Sie ist seit fünf Jahren verwitwet.

Unsere Freundin Marlene M. berichtet von einer Krankenschwester-Schülerin, die Sonntagsdienst hatte. Da es wenig zu tun gab, sammelte sie die Brillen der zumeist alten Patienten ein, wusch und putzte sie sorgfältig und brachte sie zurück. Einige der Kranken stellten dabei fest, daß ihre Sehkraft gar nicht nachgelassen hatte, wie sie befürchteten.

Aus den Briefen der Paula L. über ihre Tochter: ›... Sie schreiben, daß ein Buch, wenn es fertig ist, Ihnen fremd geworden sei, weil es durch zu viele Hände gegangen ist. Das muß ein Gefühl sein, wie wenn eine Tochter heiratet und steht, einen fremden Mann an der Hand, im Festkleid vor einem und verabschiedet sich. »Für immer«, hätte ich vor fünf Jahren geschrieben, jetzt setze ich ein Fragezeichen dahinter. Für immer?...‹

›... Wenn aus den Kindern nichts wird, fühlen sich die Mütter schuldig, und diese Tochter ist unglücklich in ihrem Beruf, den sie gegen unseren Willen erlernt hat. Aber in Wahrheit ist sie nur unglücklich, weil sie nicht glücklich ist. Unser Schwiegersohn ist ein Abiturient, müssen Sie wissen. Man hat ihn in die höhere Schule gedrängt. Er wäre gern Lehrer geworden, aber dann galt das als aussichtslos. Einen Studienplatz hat er nicht bekommen. Das Abitur, das ihm die Welt öffnen sollte, erweist sich als ein Hindernis. Die beiden hängen am Briefkasten und warten, daß ein Wunder geschieht, das doch nichts weiter sein soll als die Vermittlung einer Arbeitsstelle durch das Arbeitsamt...‹

›... Mein Mann hat unsere Tochter und mich fotografiert. Sehen Sie selbst! Ich habe die beiden Fotos zusammengeklebt. Ich habe mein Kind nicht mehr im Bauch, sondern auf dem Rücken, wie einen Buckel, sehen Sie das? Ich lache, und die Tochter lacht nicht mehr. Aber sie ist noch jung und mutig, sieht man das auch? Sie sagt: »Niemals ist man so alleine wie mit einem Betrunkenen!« Und dann hat sie auch noch gesagt: »Es ist doch schlimm, daß Frauen immer ein bißchen klüger sein müssen als ihre Männer. Nicht im Wissen, sondern seelisch.« Sie finanziert alles. Neulich hat sie seine Abschiedsbriefe gefunden, an seine Eltern, auch den für sie bestimmten und auch den Sprengsatz. Wo er es tun wollte, weiß sie nun auch...‹

›... Sie fragen, und ich antworte: Die Ehe meiner Tochter ist am Schwelen. Er arbeitet in einer Speditionsfirma, aushilfsweise, er ist ja kräftig. Er kommt nicht mehr in unser Haus, und er kommt nur noch selten zu unserer Tochter. Sie sagt: »In welcher Gesellschaftsschicht werde ich einmal leben? Wir wollten nach oben, und jetzt sacken wir ab!« Sie raucht zuviel Sie magert ab, möchte die Familie retten, will selbst Karriere machen und vergrößert die Kluft. Sie ist jetzt oft wieder hier sie sagt wieder »zu Hause«, sie kehrt in eine sorglosere Zeit zurück, benimmt sich wie ein liebes Kind, das sie doch niemals gewesen ist. Das schlechte Gewissen der Frauen, die einem Kind das Leben gegeben haben, kennen Sie nicht. Sie kennen vieles nicht! – Bella fährt morgen mit ihrem Mann nach Ibiza, dort werden sie das Geld ausgeben, das für die Scheidung gespart wurde... Sie haben lange nichts von meiner Mutter gehört; sie ist auch ein Grund. Sie schildert mir jeden Tag ausführlich, wie das ist: alt werden...‹

›... Weiterhin ist der Mann unserer Tochter arbeitslos, noch eine Weile, dann wird er auch arbeitsunwillig werden. Er trinkt. Sie zahlt. Wenn es zur Scheidung kommt, wird sie ihn unterhalten müssen. So verlangt es das neue Gesetz. Sie war ein fröhliches Kind, eine heitere junge Frau. Sie hat ihm zweimal eine Ausbildung bezahlt. Vorige Woche ist sie zum ersten Mal aus ihrer Wohnung geflüchtet, zurück zu den Eltern, ihre beiden Schildkröten im Karton, in dem alten R 4. Sie klingelte nachmittags an unserer Haustür, ich öffnete ahnungslos und erkannte im ersten Augenblick die Frau nicht, die da lehnte. Mein Mann sagt: »Den Anwalt zahle ich, hingehen mußt du selbst.« Die Tochter sagt: »Dann bin ich siebenundzwanzig und eine geschiedene Frau.« Alle Freunde ziehen sich von den beiden zurück. Man riecht das Unheil. Aber Sie meinen ja: Pechvögel flögen auch. Ja! Pechvögel fliegen überall raus. Sie trinkt jetzt auch, nicht soviel wie er, aber zuviel; sie kippt Cognac in den Wein, meint, wir sähen das nicht. Sie raucht, bis wir alle in Nebel gehüllt sind, und unterhält uns ganz reizend. Man merkt ihr nichts an. Und wir lassen uns nichts anmerken. Aber, wohin führt das? Dann tropft einem nur alles wieder aus den Augen heraus. Schrecklich! Die Mutter? Was nutzt Ihnen das? Vieles verschweige ich Ihnen, mute ich Ihnen nicht zu. Sie haben einmal irgendwo geschrieben: Meistens, nicht immer, hätten gute Mütter schlimme Töchter und umgekehrt – was bin ich denn: eine schlimme Tochter, eine gute Tochter? Eine schlimme Mutter? Eine gute Mutter?...‹

›... Gestern habe ich meine Tochter besucht, ich fuhr mit öffentlichen Verkehrsmitteln zu ihr. Eine fremde Dame stand mit der Zigarette im Mund in der Wohnungstür. Hochgestecktes Haar, hellgraue Seidenbluse, schmaler schwarzer, hochgeschlitzter Rock, anthrazitfarbene getupfte Beine in hochhackigen Schuhen. Ein Balkönchen, wo man im Sonnenschein frühstücken und über alles hinwegsehen kann. Sie sagt: »Alleinsein ist schrecklich.« Und ich beneide sie. Wenn ich mitten in meiner Familie stecke, bin ich oft so »very lonely«, so nennen Sie das doch. Ich hätte nie eine Mutter werden sollen, ich eigne mich nicht, ich bin doch viel lieber ganz allein. Dann erst bin ich's nicht...‹

›... Sehen Sie sich diese schöne Tochter an, die wir schon Bella nannten, als wir nicht wußten, wie schön sie werden würde. Getauft wurde sie auf den Namen Isabella, wie ihre Großmutter, aber die wurde Isa genannt. Manche glauben, es genüge, schön zu sein. Dann müßte man auch glücklich sein. Irrtum! Es ist nur eine zusätzliche Schwierigkeit. Mein Mann spendierte seiner unglücklichen Tochter eine Italien-Reise. Und ich als die unglückliche Mutter durfte mitreisen. Nachts schlief und atmete diese unruhige junge Frau neben mir. Als wir morgens einmal am Strand entlanggingen, sagte ich zu ihr: »Du seufzt und sprichst im Schlaf, aber ich kann kein Wort verstehen. Du wirfst dich heftig von einer Seite auf die andere. Weil du dich immer nahe an mich drängst, fegt mir dann jedesmal dein Roßschweif übers Gesicht.« Jetzt, wo wir nicht mehr den Tag über und die Nacht über zusammen sind, sehe ich sie vor mir, wie sie aufsteht, duscht, nackt zurückkommt, sich ankleidet, das lange Haar bürstet. Sie färbt es jetzt nicht mehr rot. Sie wirft das Haar ständig zurück, als scheue sie wie ein Pferd. Und dann schminkt sie sich und trifft sich mit dem, der sie betrügt, und geht dann hin und kümmert sich um das Mädchen, das er liebt. Sie ist so jung, wie damals Bella war, ein Mädchen-Kind, das mag dieser Schwiegersohn wohl. Auf unserer Reise hat sie jede Marmorstatue umarmt. Ich nahm den Fotoapparat und rief: »Bleib so stehen!« Aber meist war dann schon ein junger Mann da, sah die Szene und rief »bella« und kannte doch ihren Namen gar nicht, und sie lachte. Und am Abend, in diesen lauwarmen Nächten, wippte sie ungeduldig, sagte: »Ich möchte in die Disco, aber was mache ich mit dir?« – »Gib mich an der Garderobe ab«, habe ich ihr vorgeschlagen. Doch – es war eine schöne Reise! Etwas ist immer schön, das wissen Sie doch! Daß Bella hinkt, wie ihre Großmutter, habe ich zum ersten Mal gesehen, als sie in Florenz vor mir herging. Später wird sie ein Hüftleiden bekommen, sie weiß es nur noch nicht ...‹

›... Gestern waren die beiden endlich beim Rechtsanwalt. Es regnete, da hat dann wohl keiner gesehen, daß sie beide weinten. Auf offener Straße. Sie ist jetzt krank. Wer – ? Sie möchten wissen, wer? Beide! Meine Mutter, meine Tochter. Hüten Sie sich vor mir, lassen Sie meine Briefe zurückgehen, verweigern Sie die Annahme und die Anteilnahme. Hände weg von uns!...‹

›... Bella? Sie fragen immer nach unserer Tochter! Sie wirft sich weg. Wir haben eine Effi Briest als Tochter. Aus nichts als Langeweile. Und dann packt sie ihr Zeug in ihr altes klappriges Auto und die Schildkröten auch und fährt wieder unter ihr Dach, das nur noch ihr gehört. Wenn ich an diese Scheidung denke, meine ich immer, wir hätten einen Todesfall in der Familie gehabt. Ich stricke, ich muß wahnsinnig geworden sein, ich stricke wie wahnsinnig, lauter Vierecke aus reiner Wolle. Bella soll sie bekommen, irgendwer muß sie doch warmhalten, nachts. Wissen Sie, sie ist in viele verliebt, sie verliebt sich in jeden. Sie wirkt wie ein Kiefer, aus dem man einen Backenzahn gezogen hat, und der Kiefer ist noch betäubt. Jetzt werden Sie mir schreiben: Sie hat noch viele Backenzähne. Ich weiß es nicht, als Mutter weiß man so wenig ...‹

›... Doch! Ich befolge Ihren Ratschlag. Ich halte die Familie fest zusammen. »Die ruhige Mitte im Chaos!« Immer bin ich beides: Tochter einer Mutter und Mutter einer Tochter zugleich. Morgens hänge ich an der Telefon-Nabelschnur der Tochter, abends an der Telefon-Nabelschnur der Mutter, beide zerren. Es schmerzt in beiden Fällen. Warum werden die Nabelschnüre nicht sorgfältiger von den Hebammen und Ärzten – in meinen drei Fällen handelte es sich um Hebammen – getrennt? Man sollte sich die gut oder schlecht vernarbten Nabel ansehen, irgendwo muß die Nabelschau der Buddhisten doch ihre Ursache haben. Wissen Sie, ich weiß so wenig, ich habe wenig gelernt. Ich war die Frau meines Mannes und Mutter der Kinder, und alles andere tue ich nur nebenher, ich, mein Ich, das hat immer nur nebenher gelebt. Ich wollte eben im Lexikon, das natürlich im Zimmer meines Mannes steht, unter »Nabelschau« nachlesen, aber da steht nichts. Er fragte: »Was suchst du, vielleicht weiß ich es?« Ich habe stockend –

über Nabel können wir nur stockend reden, wissen Sie – gesagt, was ich mir so dachte, und erst hat er mich ausgelacht, und dann haben wir geweint. Weinen soll so gesund sein; ich werde, wenn ich einmal alt bin, sehr gesund sein. Amerikanische Chemiker haben herausgefunden, daß der Körper mit den Tränen Giftstoffe ausscheidet. Die Scheidung unserer Tochter hat unserer eigenen Ehe gutgetan. Wir fühlen uns zuständig, und wir fühlen uns schuldig …‹

›… Die Schlafdecke für meine Tochter ist nicht fertig geworden. Sie wollte sie über den Rücksitz ihres Autos legen, das längst baufällig ist. Aber für Autos stricke ich nicht. Vielleicht hatte mein Mann ein schlechtes Gewissen? Vielleicht hat er deshalb seinem Liebling ein neues Auto geschenkt? Es steht ihr gut, ist blau wie die Federn mancher Vögel. Sie muß es doch erst lernen: eine geschiedene Frau. Das Eingeständnis des Scheiterns. Für alle Lebenslagen haben Sie die passenden Bücher geschrieben, dafür danke ich Ihnen, und manchmal hasse ich Sie dafür. Es steht nun in Bellas Papieren. Besonderes Kennzeichen: geschieden. Als mein Mann seiner Tochter die Wagenpapiere und die Autoschlüssel aushändigte, hat sie gesagt: »In der Flensburger Kartei stehe ich wenigstens noch nicht!« Wie eine Straftat – so empfindet sie es. Als ob es eine Flensburger Scheidungskartei gäbe. Wir müssen sehr vorsichtig mit ihr umgehen, sie raucht soviel, sie schnallt sich nicht an. Sie möchte nun alles auf einmal aufgeben: die Wohnung, den Beruf. Sie sucht und sucht. Wie ein Spürhund ist sie unterwegs, wie diese Hühnerhunde, die immer von einer Seite der Straße zur anderen laufen, im Zickzack. Wenn sie in ihrem neuen silberblauen Auto abfährt, stehe ich an der Gartentür und wundere mich, daß sie so zielstrebig davonfährt, nicht im Zickzack. – Wenn Sie meine Briefe wie einen Steinbruch verwenden wollen: Tun Sie es. Wie es sich liest, weiß ich nicht, nur wie es sich lebt und daß dieses schlimme Kapitel eines Tages abgeschlossen sein wird, das weiß ich auch, und es nutzt mir nichts …‹

›… Sie meinen, es müßte genügen, wenn die Kinder gezeugt und unter möglichst günstigen Bedingungen großgezogen würden. Dann sollte man sie laufenlassen. Eltern-Kinder-Verhältnisse müßten die Form ändern oder überhaupt: enden. Bella bindet sich ihr Patenkind vor den Bauch, wie ein Beuteltier

Das zweite Kind ihrer Freundin fährt sie im Kinderwagen vor sich her. Der Schwiegersohn hat sich unseren alten Elektroherd abgeholt. Er hat Bella ja gut ernährt, er kocht vorzüglich. Jetzt ist er wieder woanders als Aushilfskraft tätig. Lebenslänglich aushilfsweise. Aber vielleicht ist es ja weniger schlimm, als ich denke: aushelfen, da steckt doch »helfen« drin...‹

›... »Hätte Bella bei dem Frontalzusammenstoß in ihrem alten Auto gesessen –« So muß man es sehen, sagt ihr Vater. Was für ein Glück. Das neue Auto hat ihr das Leben gerettet. Sie war nicht angeschnallt. Sie ist schuld. Sie steht nun doch in der Flensburger Kartei. Blessuren, die heilen werden. Man hat sie aus dem Krankenhaus gleich mit einem Krankenwagen zu uns gebracht. Sie hat unsere Adresse genannt, welche denn sonst? Ihre Schönheit bekommt Kratzer. Sie kann wieder lächeln, sie lächelt in den Handspiegel. Der Unfall war ein Selbstmordversuch, das weiß sie wohl auch selbst. Sie will nun wieder leben. Sie wird unser Haus hüten, und unser Haus wird sie hüten, und mein Mann und ich werden fortfahren. Vier Wochen lang...‹

›... Wir sind jetzt auf Amrum. Seit dreißig Jahren sind dies unsere ersten Ferien zu zweit. Das war am ersten Tag wie auf einem geräumten Schachbrett. Der schwarze König und die weiße Königin stehen sich allein gegenüber. Es fehlten alle Figuren im Spiel. Das Pferdchen mit Namen Bella; Simon und Viktor, die beiden Läufer; die Mutter als schwerbeweglicher Eckturm. Die Bauern als Nachbarn. Sie wissen ja, wie sich das Spiel abspielt, was einem da alles verlorengeht. Mir war, als würden wir uns zum ersten Mal wieder anschauen. Als hätten wir 31 Jahre lang aneinander vorbeigeschielt, auf die Kinder, die Nachbarn, die Mutter, die Schwiegermutter –. Doch, doch, es geht mit uns beiden, gar nicht mal so schlecht...‹

›... Bella hat Gastritis. Wenn sie kommt, koche ich leichte Gemüsesuppen mit Reis. Spricht einer von uns von jemandem, der eine Geliebte hat, oder von Scheidungen, schreit sie: »Was seht ihr mich so an?« und stürzt schneeweiß im Gesicht aus dem Zimmer. Dann kommt sie wieder an den Tisch und schluckt nur noch Tränen. Und als wir dann in der Küche allein waren und ich den Tortenboden mit Pfirsichen belegte, da hat sie »alles« erzählt, und ich habe ihr gesagt, daß ich »alles« für sie tun würde. Ach, ich würde für meine Tochter einen Bären fangen und zähmen und ihm das Tanzen beibringen. Sie wird nun dreißig Jahre alt, sie ist halb so alt wie ich. Ich möchte nicht tauschen...‹

Diese bedrückenden Bahnfahrten nach Berlin, durch die DDR, das andere Deutschland! Jedesmal steigt Schuldgefühl in mir auf: Ich bin davongekommen. Ich habe mich schon im Herbst 1945 davongemacht. (Es hatte mich während des Krieges nach Halle an der Saale verschlagen; Mai 1944 bis September 1945; Studium und Kriegseinsatz; Bibliothek und Flugzeugwerk.) Weißenfels – Halle – Bitterfeld – Dessau, die Luft verdunkelt sich, Braunkohlengeruch dringt ins Abteil. Damals –? Sonnentage an der Saale, in den Elster-Auen; die Industrie produzierte nicht mehr.

Nachdenkliche Reisen.

85 Quadratmeter – die überdachte Südterrasse mitgerechnet – scheinen mir ausreichend zu sein als Wohnraum für zwei Schriftsteller. Immer wieder befällt mich die Sorge, zuviel Platz auf einer übervölkerten Erde zu beanspruchen. Unser Haus wird nie anders als ›das Häuschen‹ genannt, es ist innen ein wenig größer, als es von außen den Anschein hat; links und rechts hängen, um einige Meter versetzt, die gleichen Häuser daran. Das Viertel nennt sich ›Gartenstadt Auefeld‹; die Route der Stadtrundfahrten verläuft durch unsere Straße, was als Kompliment für die Architekten dieser Wohnsiedlung aus den fünfziger Jahren zu werten ist. Keine Garage, kein eigenes Auto, aber gegenüber ein Parkplatz. Jahrelang haben wir uns morgens von jenen wecken lassen, die um 6 Uhr 30 bereits zur Arbeit fuhren. Dann ließen wir Doppelfenster anbringen; seither hören wir morgens die Vögel nicht mehr singen und auch die Glocken nicht mehr läuten, womit wir nicht gerechnet hatten.

Unsere Arbeitszimmer liegen an der Gartenseite. Auch vom Garten kann man nur in der zärtlichsten Verkleinerungsform sprechen: ein Gärtchen, ein grünes Zimmer, von Büschen und Bäumen umgeben, nicht eingezäunt. Wenn ich den Blick vom Schreibtisch hebe, sehe ich blühende Rosen, eine veilchenfarbene Klematis, einen üppig wuchernden Lorbeerstrauch; am Pomeranzenbaum reifen die Früchte zu hessischer Süße, im Herbst werden sie dem Rumtopf einverleibt. Lavendel sorgt für provençalische Düfte, es fehlt auch nicht an Levkojen; zwei Schwarzwaldtannen nähren die Heimatgefühle Kühners; der Goldregenbaum wächst uns in den Himmel, eine acht Meter hohe gelbe Fontäne. Soeben hat ein Gimpelpärchen ausgiebig in der Vogeltränke gebadet. Das Gärtchen wird oft gelobt und selten gejätet; den Rasen haben wir zur Wiese erklärt. Den Nachbarskindern, die auf dem Fußweg hinterm Garten spielen, wird es auf dem engen Raum nach zehn Minuten langweilig; mit ihnen haben wir mehr Geduld als mit den Nachbarshunden.

Mein Arbeitszimmer ist mit dem Kühners durch eine doppelte Bücherwand verbunden, von ›trennen‹ kann nicht die Rede sein. Kühner behauptet, das Klappern meiner Schreibmaschine rege ihn an, die Stetigkeit dieses Geräuschs signalisiere Einfallsreichtum. Aber wenn ich vormittags mehrere Stunden lang Briefe schreibe, ruft er: ›Fang endlich an zu arbeiten!‹ Zurufe gehen hin und her, sachliche, die Grammatik betreffend, unsachliche, das wohltuende, heitere Zusammenleben betreffend.

Der Schreibtisch: Typ WKS, Jahrgang 1953, afrikanisch-Nußbaum-furniert, Kaufpreis DM 100,–. An ihm wurde bereits der erste Roman geschrieben. Man sieht ihm die vielfache Benutzung an, Gläser und Kaffeetassen haben Ringe hinterlassen. Unter der verstellbaren Schreibplatte stehen griffbereit die Nachschlagewerke, vom Sprachbrockhaus bis zum Ploetz, ›Auszug aus der Geschichte‹. An allen vier Wänden Bücher, wohlgeordnet; ich bin eine gelernte Bibliothekarin. Zwischen den Buchregalen hängen die Bilder der malenden Freunde, aber auch eine Ikone. ›Der heilige Nikolaus erscheint Schiffern in Seenot‹, eine Reproduktion, ein Tröstebild, das oft unterwegs ist und in Klinikzimmern hängt, wenn getröstet werden muß. Nebenan bei Kühner hängt eine echte Ikone, die er als einzige Kriegsbeute aus einem brennenden russischen Dorf gerettet hat. Über mir schwebt ein handspannengroßer bemalter Zaubervogel...

Wenn wir auf Reisen sind, vergeht mir in der Fremde das Lesen und Schreiben. Mehr als flüchtige Eintragungen in die schwarze Kladde kommen nicht zustande. Schreiben, wirklich schreiben, kann ich nur hier an diesem Schreibtisch: WKS, afrikanisch Nußbaum, Baujahr 1953.

Unser Haus hat zwei Etagen, die eine, in der wir wohnen, die ich in Ordnung halte, die andere, die untere, die ich in Unordnung halte.

In meinem Kalender steht unter dem Datum meines Geburtstages: Ergänzungsabgabe, Umsatzsteuer, Mehrwertsteuer, Kirchenlohnsteuer, Einkommensteuer, Körperschaftssteuer, Lohnsteuer, Tabaksteuer, Kirchensteuer, Mineralölsteuer. Die Hälfte der Steuerarten betrifft mich.

Vor zwanzig Jahren stand ich der Mechanisierung und Technisierung der Landwirtschaft zustimmend, wenn auch etwas wehmütig, gegenüber. Einer meiner Berichte ist sogar vom Bauernverband preisgekrönt worden. Nachdem man inzwischen auch in der Landwirtschaft immer weiter auf Leistungssteigerung sieht, habe ich meine Meinung grundlegend geändert. Der Bauernhof ist zum ›Landwirtschaftlichen Produktionsbetrieb‹ geworden, und was uns aus den ›deutschen Landen‹ angeblich so ›frisch auf den Tisch kommt‹, hat vorher viel über sich ergehen lassen müssen.

Seit die Landwirte Unkraut und Ungeziefer mit Chemikalien bekämpfen, sind ihre Felder makellos grün; keine Mohnblume mehr, kein Schmetterling mehr. Darauf können viele Menschen verzichten, ich tue es ungern. Aber da sind auch die Millionen getöteter Regenwürmer, die von Vögeln gefressen werden. Wie man liest, werden empfindliche Vogelarten davon steril. Wann habe ich zum letzten Mal einen Schwarm wilder Bienen gesehen? Was ist mit dem Honig, den die Bienen der Züchter aus den vielfach gespritzten Blüten holen? Sind Bienen inzwischen resistent? Geben sie die Giftstoffe an den Endverbraucher weiter? Da der Verzehr von Zucker nicht gesund ist, die Verwendung von Süßstoff möglicherweise sogar schädlich, verbrauche ich viel Honig. Tue ich gut daran?

Aus möglichst wenig Vegetation so rasch wie möglich soviel Fleisch wie möglich zu produzieren ist das Ziel der Tierzüchter

Also füttert man Hormone und Antibiotika. Man hat errechnet, daß ein Huhn zweieinhalb Pfund Futter in ein Pfund weißes Hühnerfleisch umwandelt. Ein Kalb kann an einem Tag ein Kilo an Gewicht zunehmen und ist bereits nach zwölf Wochen schlachtreif und nicht erst nach einem halben Jahr wie früher. Neulich empfahl mir eine Metzgersfrau zartes Lammfleisch und sagte, hörbar für alle Kunden: ›Kalbfleisch kommt bei uns nicht auf den Tisch! Wenn die Leute es nicht verlangten, würden wir es gar nicht führen. Was man den Kälbern alles an Hormonen einspritzt!‹ Herz, Leber, Lunge, Nieren, die wohlschmeckenden, preiswerten ›Innereien‹ kaufe ich schon lange nicht mehr, weil sich darin die Hormone absetzen. Mit dem, was der Mensch bei der Tierzucht angerichtet hat, straft er sich selbst: Er muß das Fleisch essen.

Mißtrauisch geworden, weiche ich auf Fisch aus; nicht gerade auf Forellen, bei denen ich nicht weiß, womit sie gefüttert wurden, aber auf Flußfische, Seefische, Meeresfrüchte. Neulich bereitete ich uns einen gespickten Hecht zu, er schmeckte, als hätte er sein Leben im Edersee neben einem Dieselmotor verbracht, noch nicht giftig, aber schon ungenießbar. Warum sind die Heringsfänge nicht mehr ergiebig? Welche Fische überleben die Ölpest an den Küsten? Unbeschadet, meine ich.

Unbesorgt – ich kenne mich aus – sammelten wir bisher Pilze, aßen sie mit Behagen, bis ich las, daß besonders Pilze die Giftstoffe aus der Luft und aus der Erde aufnehmen; allenfalls einmal in der Woche solle man Pilze essen. Wie mag es mit den Heidelbeeren und Himbeeren stehen? Nie mehr esse ich einen Apfel, der am Straßenrand im Gras liegt. Womit hat man die riesengroßen Rettiche denn gedüngt? Wo ist dieser prächtige Salatkopf gewachsen? Am Rande welcher Autobahn? Wie glücklich wäre ich, wenn ich wieder eine kleine grüne Raupe im Blumenkohl fände, wie würde ich sie bestaunen! Einige Zeit lang kaufte ich Eier, an denen Hühnerkot klebte – wir wähnten Eier zu essen, die nicht aus einer Eierfabrik von Batteriehühnern stammten; bis ich las, daß man diesen Hühnerkot nachträglich anbringen kann. Vielleicht setzt man, wenn wir es wünschen, auch Raupen auf den Kohlkopf?

Wir sind Weintrinker, aber wir sehen die kupfervitriolfarbenen Reben und die vielen Kunstdüngersäcke mit Besorgnis am

Rand der Weinberge stehen. Können wir dem Weingesetz trauen, in dem ja eigentlich nur von Zucker- und Alkoholzusatz die Rede ist? Wir tranken Bier, bis wir dann lasen, auch Bier sei ungesund, enthielte irgendwelche krebsfördernden Stoffe. Und was ist mit der Milch, die man tagelang aufbewahren kann, die nicht mehr sauer, statt dessen ungenießbar wird?

Nun könnte man mich fragen: ›Wollen Sie denn ewig leben?‹

Nein! Aber solange ich lebe, möchte ich so gesund wie möglich leben! Außerdem möchte ich nicht wie eine Giftmischerin am Herd stehen!

Was ich an landwirtschaftlichen Erzeugnissen kaufe, sieht makellos aus und ist lange haltbar. Daß diese Produkte auch noch gesund sein sollen und schmackhaft, ist offensichtlich zuviel verlangt. Ausgesprochen giftig sind sie ja auch nicht. Unser Lebensmittelgesetz wird allgemein gerühmt. Unsere Straßenverkehrsordnung ist ebenfalls gut, aber sie macht noch keine guten Autofahrer.

Was wir heute noch, im Rahmen des Gesetzes, essen dürfen, ist auf die Dauer vielleicht doch giftig. Gerade erst haben wir vom Bleigehalt im Blut von Kindern gelesen. ›Skandale‹, Wissenschaftler warnen Politiker und Bevölkerung. Ich pflege am späten Nachmittag in einer Hauptverkehrsstraße einzukaufen. Gemüse und Obst haben den Tag lang vor den Läden gestanden, waren den Abgasen der Autos ausgesetzt. Was läßt sich von den Giftstoffen abwaschen?

Kernlose Mandarinen, Golden Delicious das ganze Jahr über, schön und fleckenlos. Was will ich eigentlich mehr? Wurmstichige, schrumpelige Äpfel? Man hat inzwischen sogar erfolgreiche Versuche gemacht, den Lebensmitteln, die durch Züchtung an Geschmack und Geruch verloren haben, nachträglich Duftstoffe zuzusetzen.

Das Brot, das wir kaufen, hat zwar noch Nährwert, ist aber kein ›Lebens-Mittel‹ mehr. Darum schroten wir täglich Körner und essen sie mit allerlei Zutaten. Das ist mir lästig, aber ich hoffe, daß sich die Mühe lohnt, daß wir widerstandsfähiger gegen die Gifte werden, die wir täglich zu uns nehmen.

Seit Jahren versuchen verlachte Idealisten, die Landwirtschaft zu naturieren. Sie düngen mit Mist und Jauche, spritzen weder Obst noch Gemüse, das Schlachtvieh bekommt keine Hormone. Ihre Ernte ist geringer, der Ausfall größer, die Milch wird sauer wie früher. In einer fernen Zukunft wird man unsere gesamte Landwirtschaft wieder naturieren müssen, weil wir die Industrialisierung übertrieben haben. Dann werden die Lebensmittelpreise erheblich steigen, wir werden uns nicht mehr zu zweien ein Brathähnchen teilen, sondern zu viert. Wir werden unsere üppigen Eßgewohnheiten ändern müssen, aber wir werden gesünder leben.

Und wieder blüht der Raps! Zwischen Roggen und Weizen große gelbe Rechtecke. Ich stelle mir vor, man könnte das Rapsöl als Energiequelle nutzen. Energie, die nachwächst. Landwirtschaftliche Maschinen würden mit Rapsöl gefahren, das vorher durch Raffinerien gegangen ist. Oder macht man solche Versuche bereits? So viele und so große Rapsfelder wie in diesem Juni habe ich in früheren Jahren nie gesehen. Groteske Vorstellung: Traktoren weiden auf dem Rapsfeld...

Unsere Ärztin erzählt: Sie hat einen Patienten versorgt, der seit mehreren Jahren wußte, daß er Lungenkrebs hatte; damit mußten er, seine Frau und seine Kinder fertig werden. Er ging regelmäßig zur Bestrahlung in eine Klinik. Dort traf er mit einem Mann zusammen, der ebenfalls an Lungenkrebs litt. Sie kamen ins Gespräch, trafen sich regelmäßig in einem Café, manchmal täglich, tranken Kaffee und rauchten – beide hatten sich das Rauchen nicht abgewöhnen können. Als sich beider Zustand verschlechterte, gewöhnten sie sich an, miteinander zu telefonieren. Als auch das nicht mehr möglich war, telefonierten ihre Frauen miteinander. Vor zwei Wochen ist der eine ins Krankenhaus eingeliefert worden; seine Frau wollte es dem anderen mitteilen, aber der war ebenfalls in ein Krankenhaus eingeliefert worden. Als nach einigen Tagen der eine starb, wollte seine Frau der Frau des anderen den Tod mitteilen und erfuhr, daß jener ebenfalls gestorben sei, in derselben Nacht.

In der Leichenhalle des Hauptfriedhofs trafen sich die Frauen, sahen sich zum ersten Mal, machten sich miteinander bekannt, fanden Gefallen aneinander. ›Nun sind wir beide nicht so allein.‹ Der eine Tote wurde eingeäschert, der andere begraben, im Abstand von einer Stunde, nicht weit voneinander entfernt.

Sommer. Urlaub. Die schönsten Wochen des Jahres! Die Erwartungen, die man seit Monaten gehegt hat, sollen sich nun erfüllen. Das Wort Urlaub ist ein Virus, der sich leicht überträgt, mit kurzer oder langer Inkubationszeit. Auch wir sind dagegen nicht immun.

Wer der hohen Benzin- und Heizölkosten wegen sparen muß, tut es nicht am Urlaub, zumindest behaupten das die Statistiker. Pfundweise hat man sich schon im Frühling Prospekte und Kataloge aus den Reisebüros geholt und festgestellt, daß alle Urlaubsländer sich ein wenig gleichen: blaues Meer, gelber Sand, weiße Schiffe; schöne junge Männer beim Windsurfing, elegante Paare an der Hotelbar, nackt und zimtbraun, mit nichts als einem Kettchen am Fußgelenk; heitere Urlauber beim Einkaufsbummel. Bildberichte in den Zeitungen haben die Sehnsüchte genährt und den Ferienhorizont erweitert. Man hat die Anschaffung eines Wohnwagens bedacht, hat überlegt, ob man ein Zelt ausleihen sollte. Günstige Flüge in die USA! Eine Studienreise durch Apulien? Eine Entdeckungsfahrt durch die Wachau? Packeisgrenze? Oder doch wieder Hvar? Die Welt steht einem offen! Rucksackwanderung durch die Vogesen? Mit dem Fahrrad durch Jütland? Mit geliehenem Hausboot auf französischen Flüssen und Kanälen? Ferien von A–Z. Alpenglühen und Zikaden.

Alle diese Überlegungen sind inzwischen abgeschlossen. Man hat sich entschieden und verdrängt das Gefühl, daß man sich gegen tausend Ferienziele entscheiden muß, wenn man sich für eines entscheidet. Man hat den Umrechnungskurs verfolgt und auch die Nachrichten über die Inflationsrate des gewählten Reiselandes und hat besorgt die Skizzen betrachtet, die den Grad der Verschmutzung der Küsten anzeigen, hat von Insektenplage gelesen und die Durchschnittstemperaturen von Nord- und Ostsee verglichen. Es fehlt nicht an Information. Man hat eher zuviel davon. Bombenanschläge auf spanische Hotels. Handtaschenraub in Italien. Erdbeben hier, Schneefa dort. Vorsorglich schließt man eine Reiseausfallversicherung und eine Reisekrankenversicherung ab, Vollkasko fürs Auto. Man zieht Erkundigungen ein: Reiseschecks? Euroschecks? Bargeld im Brustbeutel?

Schon treffen die ersten Ansichtskarten ein. Jeden Tag Sonne! Der Blick vom Balkon ist überwältigend schön! Das Meer badwarm! Der Wein vorzüglich! Kein Satz ohne Ausrufungszeichen. Man überlegt, ob man nicht auch an diesen herrlichen Ort hätte fahren sollen. Die Bedenken verstärken sich: Hat man sich richtig entschieden? Auf dem Bildschirm sieht man die Autostaus. Hätte man nicht wirklich wieder mit dem Rucksack losziehen und sich unabhängig vom Auto machen sollen? Auf einem Radweg hätte man von Bonn nach Koblenz fahren können. Hätte man nicht wirklich einmal Ferien von der Ehe machen sollen? Oder FKK?

Die schönen Erwartungen werden nun von Bedenken abgelöst. Was will man eigentlich? Ausruhen und faulenzen? Die Welt sehen? Sport treiben? Sich amüsieren? Hätte man nicht doch einen Sprachkurs belegen sollen?

Es ist zu spät! Man ist am Ziel, die Erwartungen liegen wie Hypotheken auf dem Urlaub und werden über Nacht zu Ansprüchen, die man an das Wetter und an die Fahrstühle, an die Dusche und den versprochenen Blick aufs Meer stellt. Kein bequemer Sessel? Auf die Mahlzeiten muß man warten. Die Hitze macht nervös! Man ist nicht gewohnt, den lieben langen Tag so dicht beieinander zu verbringen. Der eine möchte schlafen, der andere ausgehen. Musik dröhnt bis nach Mitternacht aus der Hotelbar, die Zimmernachbarn sind laut. Wo sind überhaupt diese heiteren und schönen Prospekt-Urlauber? Man spiegelt sich in Schaufensterscheiben und überlegt flüchtig, ob man selbst prospektwürdig aussieht.

Man lebt sich dann ein, lernt doch noch nette Leute kennen, mit denen man bis tief in die Nacht hinein zusammensitzt und laut lachend ins Hotel zurückkehrt; geht tanzen in die Disko-Bar; aus der geröteten Haut wird gebräunte Haut, und schon muß man abreisen. Die Insektenstiche, die lauten Zimmernachbarn, die Ölrückstände am Strand sind es, die uns die Rückkehr nach Hause erleichtern. Die Familie verteilt sich wieder auf die Wohnung. Nach der verkarsteten Mittelmeerlandschaft tut das viele Grün den Augen wohl. Das Essen ist bekömmlich. Die Morgenzeitung! Das eigene Bett! Man wird gewahr, was man entbehrt hat, und zeigt die Fotos vor. Sonnenuntergänge, gelber Sand, weiße Schiffe, blaues Meer. Und man selbst: ausgeruht, lachend und prospektwürdig.

Nächstes Jahr wird man wieder dorthin fahren, wird dieselben netten Leute treffen, es muß doch nicht immer was Neues sein...

Und kaum sind dann ein paar Alltagsmonate vergangen, fängt man wieder mit den Erwartungen an die schönsten Wochen des Jahres an, und es schließt sich der Kreis von Erwartungen – Bedenken – Ansprüchen – Erinnerungen.

In regelmäßigen Abständen steht, ohne Datum, in der schwarzen Kladde: Ich schreibe mich so durch –.

Das muß eine Alterserscheinung sein: Ich beginne – beim Frühstück – die Zeitung von hinten zu lesen: das Fernsehprogramm; der Wetterbericht; der Reisewetterdienst. Dann lese ich das Feuilleton: Premieren, Ausstellungen, Buch-Rezensionen und wundere mich oft, daß die Todesanzeigen im Feuilleton erscheinen, auch die der Aufsichtsräte und Betriebsleiter, stelle weiterhin fest, daß in der überregionalen Zeitung die Gleichberechtigung der Frau noch aussteht; es sterben fast ausschließlich Männer, bedeutende Männer, obwohl der Tod doch ein Gleichmacher ist. Viele dieser Männer sterben mehrfach: dem Aufsichtsrat, dem Betrieb, dem Lyons-Club, auch der Familie. Ich achte sorgfältig auf das Todesalter, noch sind die meisten älter als ich, aber einige sind auch jünger. Meine Jahrgänge, soweit sie nicht mit neunzehn oder zwanzig gefallen sind, kommen jetzt an die Reihe. Dann blättere ich den Wirtschaftsteil durch, lese den Kommentar, lese die Glossen, kümmere mich nicht um die Aktienkurse. Aber es wird nun doch ernster, ich nähere mich von hinten der Innenpolitik, als letztes dann die große Politik, das, was Schlagzeilen macht. Aber ich lese eine Zeitung, die die Ereignisse dämpft, nichts in roten Schlagzeilen druckt, nichts unterstreicht, die es dem Leser überläßt zu entscheiden, was für ihn wichtig ist. Ich halte mich, auch in der Politik, mehr an die Kommentare als an Fakten.

Jemand streckt die Hand aus, benötigt meine Hilfe. Und ich – was tue ich? Ich gebe ihm ein sorgfältig ausgesuchtes, wie mir scheint geeignetes und hilfreiches Buch, in dem der Betreffende finden wird, was er sucht. Während ich das Buch auswähle, weiß ich aber bereits: Er will kein Buch! Er streckt die Hand nach meiner Hand aus.

Paula L.: ›...Nur daß Sie es wissen: Ich habe Ihr Manuskript fotokopiert! Sie könnten »Die Person« in einem Anfall zorniger Gekränktheit vernichten. Außerdem will ich mich nicht von ihr trennen. Ich bin heute selber wie ein glückliches Buch. Voller Worte. Mario(n) wird sich auf seine/ihre Weise schon durchsetzen. Warten Sie nur! Wie hübsch ist es, in diesem Roman mit Ihnen zu reisen, zuzuhören, wie Sie sich mit Ihrem »Eigentümer« in der reizendsten Art unterhalten. Manchmal habe ich losgelacht, aber auch oft losgeweint, aus vollem Herzen. Grüßen Sie Ihren glücklichen Eigentümer!

Während ich las, fiel mir das Bild der Mona Lisa ein. Das zwitterhafte Lächeln. Auch sie ist einmal als Frau, einmal als Jüngling gemalt worden, wußten Sie das?...‹

Der Verleger gibt sich Mühe um die gekränkte Autorin. Ich mache es ihm nicht schwer. Ich bin nicht unversöhnlich, aber ich reagiere mit erhöhter Vorsicht.

Am 13. Mai hätten wir in Hamburg wieder an einem Tisch sitzen sollen, wie wir es seit langem viermal im Jahr tun, ein fünfköpfiges Gremium, das versucht, zeitgenössischen deutschsprachigen Schriftstellern in Buchgemeinschaften eine möglichst hohe Auflage zu verschaffen. Walther Schmiedings Platz blieb leer. Wir hörten, er sei krank, schwerkrank, todkrank. Bei der letzten Sitzung, an der ich nicht teilgenommen hatte, soll er verändert gewesen sein, soll mehrfach gesagt haben: ›Nichts ist mehr wichtig!‹

Immer wenn ich die Treppe zu unserem Sitzungszimmer hinaufging, hörte ich bereits seine Stimme, die er zu Zimmerlautstärke zu dämpfen versuchte. Den ›Abschweifer‹ habe ich ihn oft im Scherz genannt. Ohne auch nur ein ›apropos‹ dazwischenzuschalten, nahm er einem das Wort weg und erzählte geistreich und kenntnisreich eine Geschichte. Seine literarischen, anekdotischen Entführungen! Man vergaß, wie man dorthin gelangt war, wo er einen haben wollte. Dabei war er nicht sprunghaft, wie etwa Hochhuth, der ebenfalls zu dem Gremium gehört. Ich zweifelte manchmal an der Wahrheit seiner (Schmiedings) Geschichten. Aber wenn er mich vom Bildschirm her ansah, glaubte ich ihm alles. Er war von dem, was er sagte und beurteilte, überzeugt, und er wirkte überzeugend. ›So ist es!‹, ›Was ich Ihnen sage!‹, ›Darauf können Sie sich verlassen!‹, ›Ich habe mich mit dem Thema gründlich beschäftigt.‹

Er kam zu unseren Sitzungen mit dem Flugzeug, flog rasch wieder weg, meist nach Berlin. Manchmal kam er aber aus Gelsenkirchen, wo er herzustammen schien. Jetzt erst weiß ich, daß er aus Schlesien stammte; von einem Kohlenpott in den anderen. Immer hatte ich den Eindruck, daß seine Schwerkraft ihn aus der Luft herunterholte. Sein beweglicher Geist lebte in einem schwerfälligen Körper. Sein Vorbild war Egon Erwin Kisch, der ›rasende Reporter‹.

Unsere Sitzungen fangen meist mit einem ausgedehnten Essen bei ›Enio‹ an, dem wortgewandten Italiener; ein Restaurant an der Alster. Dort spielten wir uns in raschen Wortgefechten aufeinander ein. Nach dem Essen zog Schmieding sein Zigarettenetui hervor, bot mir eine Zigarette an, eine englische Marke. Ich vermute, daß er sich die Zigaretten rationierte. Die vier Zigaretten, die ich im letzten Jahr geraucht habe, stammten aus seinem Etui. Als wir am 13. Mai 1980 bei ›Enio‹ gegessen hatten, bot mir ein anderer eine andere Marke an; ich zog meine Hand, die nach der Gauloises-Packung greifen wollte, zurück und lehnte ab. Gleich nach meiner Rückkehr aus Hamburg schickte ich Schmieding ein Bändchen mit Kühners heiter-skurriler Lyrik, ›falls Sie zur Zeit nichts zu lachen haben sollten ...‹ Dieser Gruß hat ihn nicht mehr erreicht. Am Freitag danach, als wir gewohnheitsmäßig die ›Aspekte‹ des Zweiten Deutschen Fernsehens sehen wollten, hieß es: ›Walther Schmieding ist im Alter von 51 Jahren nach schwerer Krankheit gestorben.‹ Dann sah uns der Tote noch einmal eindringlich an. Die Augen standen mir voll Tränen. Keine üble Nachrede, an keiner Stelle. Nur Lob und Dankbarkeit und Trauer. Herodes, der den Kindermord von Bethlehem veranlaßte, der mörderisch in seiner eigenen Familie wütete, dessen Tod von allen Juden herbeigesehnt wurde, hatte befohlen: Zweitausend der vornehmsten Männer des Landes sollten, wenn er im Sterben läge, in der Rennbahn von Jericho getötet werden, damit er unter Wehklagen und Trauer stürbe... Ich schweife ab. Wie Schmieding. Er ist in unserem literarischen Beirat unersetzlich. Aber man hat ihn ersetzt, noch bevor er begraben war.

Seine Frau hat mir geschrieben. ›Er fuhr stets frohgemut zu Ihren gemeinsamen Sitzungen, und er kam – was ja wichtiger ist – auch gutgelaunt zurück, das heißt: Er hat sich in Ihrem Kreis wohl gefühlt.‹ Am Ende dieses Jahres wird er mit seinem Buch ›Aufstand der Töchter‹ in die Nekropole einziehen, er wird zwischen Schiller und Schnitzler zu stehen kommen.

Ich wurde ins PEN-Präsidium gewählt; erst bei der zweiten Sitzung wurde mir bewußt: Ich sitze auf Schmiedings Platz. Ersatzweise.

Es gibt Zuschauer und Wegschauer, Zuhörer und Weghörer, Mitläufer und Wegläufer.

Tun. Reden. Denken. Leiden. Beten. Lauter Tätigkeitsworte. Die Reihenfolge, in der ich diese Tätigkeiten ausübe, hat sich im Laufe meines Lebens mehrfach geändert. Heute würde die Anordnung lauten: denken – reden – tun – leiden – beten. Das Wort ›Schreiben‹ habe ich vergessen einzuordnen.

Je mehr der Weltraum erforscht wird, desto fremder wird er mir.

Eine Frau erzählt mir von ihrer Tochter, die immer schüchtern und ängstlich war, auch in der Schule. Eines Tages zieht die Klasse in ein anderes Klassenzimmer um, die Lehrerin tritt ein, betrachtet die neue Sitzordnung und fragt: ›Wo ist Jutta

Eisenberg?‹ Sie wurde vermißt! Die Lehrerin, von ihr insgeheim bewundert, hatte sie vermißt, kein anderes Kind, sondern Jutta Eisenberg! Ein Wendepunkt. Von da an ist das Kind gediehen.

Traum: Wir feierten ein Fest. Aber es herrschte keine Fröhlichkeit, sondern Unruhe. Wir ließen uns an einer großen Tafel nieder, einige Plätze blieben frei. Unter der Tür erschien verspätet noch eine Frau. Jemand sagte: Das ist die Russin! Sie soll sich zu uns setzen! Dann riefen wir alle: Setzen Sie sich zu uns! Die Frau blickte auf den Boden zu ihren Füßen, auch wir sahen jetzt, daß es spiegelblankes Parkett war. Sie zog sich ihre leichten Schuhe aus, kam, setzte sich neben mich. Wir gossen, von rechts und links, Sekt in ihr Glas. Als wir dann anstoßen wollten, stießen wir die Gläser so ungeschickt aneinander, daß die Gläser zersplitterten und der Sekt verschüttet wurde.

Kürzlich hat sich im Badischen folgende Begebenheit zugetragen: Ein Bauer suchte mitsamt seiner großen Familie mittags ein renommiertes Ausflugslokal auf, wählte den besten Tisch mit der besten Aussicht. Die Familie packte den Korb mit dem Vesper aus. Bierdosen wurden geöffnet, Eier gepellt, Orangen geschält; die Schalen, auch Wurstpellen, fallen auf den Fußboden, Bierdosen rollen übers Parkett. Die feinen Gäste des Restaurants sind empört, die Ober ratlos, der Geschäftsführer wird gerufen und sieht sich das Schlachtfeld an. Der Bauer erhebt sich, seine Familie ebenfalls. Man ist fertig mit dem Picknick. Man hat einen Gegenbesuch abgestattet. Am vorigen Wochenende hat sich dasselbe auf seiner besten Wiese, die am nächsten Tag gemäht werden sollte, abgespielt. Solche Begebenheiten benutzte Johann Peter Hebel für seine Kalendergeschichten.

Nachtrag zu Davos: Ich hatte mit Ostersonne und Höhensonne gerechnet. Wir lebten eine Woche lang im Schatten des Zauberbergs. Ich hätte es wissen sollen: Das Thema Lungentuberkulose, das jahrzehntelang das Grundthema meines Lebens gewesen ist, nicht leidend, sondern mitleidend, war weder zu Ende gedacht noch zu Ende gelebt. Was stieg da noch einmal auf! Wie unernst nimmt Thomas Mann die Krankheit und die Kranken. Es ist noch immer eine Krankheit zum Tode. Jedenfalls für mich.

Eines Tages werde ich feststellen, daß ich Spanien nie mit eigenen Augen gesehen habe und auch nie mehr sehen werde. Aber ich werde dann Filme gesehen haben, die in Spanien gedreht wurden, ich werde die Stierkampfbilder von Picasso kennen, ich werde das Spanien Garcia Lorcas vor Augen haben, Goya-Bilder. Szenen aus Hemingways Roman aus dem Spanischen Bürgerkrieg. Alles zusammen ergibt Spanien. Hätten meine eigenen Augen es denn besser sehen und fassen können?

Sommertage in der Großstadt. Dann sehne ich mich nach Wasserfällen, durch die das Sonnenlicht scheint. Einmal stand ich unter, nein, hinter einem solchen sprühenden Wasserfall, im Staate Tennessee, in einer grünen Höhle. Die Wassermassen stürzten sich in einen türkisblauen Tobel. Der Wasserfall hatte keinen Namen, wir nannten ihn ›Adams Fall‹. Wenn ich mir diesen Augenblick zurückrufe, was mir leicht möglich ist, verfliegt die Sehnsucht. Ich habe es ja erlebt.

Bad M., ein Tag im August. Am Nachmittag zog ein schweres Gewitter auf, das die Kurgäste in die Cafés trieb, vor allem ins Kur-Café. Fast alle Plätze waren besetzt, niemand mußte allein am Tisch sitzen, außer mir. Sah ich abweisend aus? Sah man mir an, daß ich nicht dazugehörte? Ich bin nicht gewohnt, im Café zu sitzen, fühlte mich beobachtet, unbehaglich, zog den Notizblock aus der Tasche und schrieb auf, was ich sah. Als erstes stellte ich fest, daß auf fünfzehn Frauen ein Mann kam – der Kurdirektor hat mir das Zahlenverhältnis von weiblichen und männlichen Kurgästen später bestätigt. Die Frauen, sechzig Jahre alt oder auch älter, gelocktes graues oder weißes Haar, geblümte Sommerkleider, ein leichtes Wolljäckchen über der Lehne des Sessels. Am Nebentisch unterhielt man sich über die Vorzüge von Alcantara-Kostümen und dann, übergangslos, über die Vorzüge der Feuerbestattung. Die meisten Kurgäste aßen Käsesahnetorte, vermutlich in der Hoffnung, daß es sich um Magerquark handelte. Draußen entlud sich das Gewitter, Blitz, Donner, Hagel und Sturmböen belebten die Gespräche. Heitere Gespräche, angeregt, ein wenig bemüht. Ernstlich krank schien keine der Frauen zu sein, einige leidend; die Schwerkranken bekommt man in den Cafés nicht zu Gesicht.

Wieso überleben immer die Frauen? Rheuma ist schließlich kein Frauenleiden! Warum werden Männer später pensioniert als Frauen, wenn sie doch früher sterben? Frauen sind häufiger krank als Männer, aber Männer sterben früher. Sind diese Frauen, die da im Café sitzen, noch die Hinterbliebenen des letzten Krieges? Warum gönne ich ihnen denn die weißen Locken, die Alcantara-Gespräche, die Sahnetorte und das Kurkonzert nicht, das – des Gewitters wegen – ins Kur-Café übertragen wird? Ich trinke eine weitere Tasse Kaffee. Diese Überleberinnen! schreibe ich in mein Notizbuch. Sie werden aus Gesundheitsgründen vorzeitig pensioniert und beziehen dann Jahre und Jahrzehnte lang ihre Rente oder die Rente beziehungsweise Pension ihres Mannes. Die Lebenserwartung der Frauen liegt noch immer höher als die der Männer, trotzdem werden die gesetzlichen Regelungen nicht geändert. Offenbar streben auch Frauen, die emanzipierter sind, als ich es bin, nicht nach einer Veränderung der Arbeitsjahre. Den Einwand, daß Frauen nach Eintritt ins Rentenalter noch Hausfrauenarbeit leisten, liefere ich mir selbst. Was ist mit den rheumatischen Erkrankungen der Männer? Wohmann-Gedanken. Fürchten die Männer um ihre Arbeitsplätze und beantragen aus diesem Grund keinen Kuraufenthalt? Fürchten Frauen Arbeitslosigkeit weniger, weil sie oft ja nur zusätzliche Verdienerinnen sind? Halten sie sich lieber in Kurorten auf als Männer? Haben sie ein anderes, weniger feindliches Verhältnis zu Krankheiten? Sind sie gesundheitsbewußter? Haben sie ihre Männer zu Tode gepflegt und haben nun ihrerseits niemanden, der sie pflegen könnte, und gehen deshalb zur Kur? Zum Beispiel in dieses hübsche Bad M.! Viele Kurgäste sind mit dem Wagen angereist, können Ausflüge in die benachbarten Badeorte unternehmen und dabei feststellen, daß es hier besonders schön ist. Sie geben sich Mühe, diesen kostspieligen Aufenthalt zu nutzen und zu genießen, stellen sich pünktlich und gewissenhaft zu den Behandlungen ein, nehmen wahr, was man ihnen bietet. Modeschauen für die reiferen und stärkeren Damen; Theaterspiele, Harald Juhnke wird kommen, Monika Peitsch war kürzlich erst hier; die Schaufensterdekorationen in den Wandelhallen wechseln täglich, Kunstausstellungen, und an diesem gewittrigen Augusttag ist eine Schriftstellerin zu besichtigen, die vorerst noch aus beruflichen Gründen in Kurorte fährt, am Nachmittag ankommt und am nächsten Morgen abreist.

Alles wirkt gepflegt und gewässert, kurzgehalten, die Kranken und die Blumenrabatten, die Rasenflächen. Die wirtschaftliche Seite, die Bäder-Bilanz, kommt noch hinzu.

Ich faßte den Entschluß, fortan gesund zu leben, Kurorte vorerst nicht nötig zu haben, steckte Notizblock und Stift in die Tasche und verließ das Café. Einige der Damen taten es gleichzeitig, der Regen hatte nachgelassen.

Signierstunde beim Buchhändler unter den Arkaden. Und dort löst sich die Masse, in der ich mich fremd und unbehaglich fühlte, in Einzelwesen auf. Frauen mit eigenem Schicksal, eigenen Ansichten, mit eigenen geprägten Gesichtern.

Glück? Würde man mich heute fragen: ein Sommermorgen. Wir beide sitzen im Garten, trinken unseren Tee, aus dem Haus hört man Musik, am besten ein Flötenkonzert. Jeder hat seine Morgenzeitung, in der er von Neuigkeiten aus aller Welt liest, auch von Katastrophen; angenehmes Hinauszögern, den Schreibtisch in Sicht. Aber mein Glück ist nicht vollkommen; ich habe das Gefühl, auf Kosten anderer glücklicher zu sein. Freud und Leid scheinen immer gleich auf die Welt verteilt zu sein. Irgend jemand trägt jetzt für mich mein Leid.

Unter dem Titel ›In memoriam‹ hat Hans Weigel 24 Nachrufe auf unvergessene und fast vergessene österreichische Schriftsteller herausgegeben. Als ich gelesen hatte, was er über Lilly von Sauter, Helga Pohl, Ingeborg Bachmann schreibt, dachte ich: Wäre ich eine Österreicherin, wäre ich schon tot – was hätte er dann wohl über mich geschrieben?

Als Hans Weigel siebzig wurde, habe ich versäumt, was ich jetzt nachholen will: Hans Weigel zu danken. Wir sehen uns selten, wechseln mehr Bücher als Briefe; seine Briefe sind eher Billetts, aber jedes enthält eine Pointe. ›Vor lauter Schreiben komme ich nicht zum Schreiben‹ steht auf einem der ersten, darunter: ›Mit niederösterreichischem Gruß‹, den deutschen Gruß parodierend. Zumeist steht aber ›Küß die Hände!‹ darunter. Vor kurzem schrieb er, daß er nun mit Älterwerden ein klein wenig weniger hundertprozentig sei, aber auch: ›Ich kann's nicht lassen.‹ Das Schreiben war gemeint. Ein Literat aus Passion legt nicht mit 65 und auch nicht mit 70 die Feder aus der Hand; seine Feder ist übrigens an beiden Seiten angespitzt, richtet sich nicht nur gegen andere, auch gegen sich selbst, ohne Wunden geht es nicht ab.

Nur einmal hat er mir einen ausführlichen Brief geschrieben, das ist 25 Jahre her; kurz zuvor hatte er, als einer von fünf Juroren, mir für meinen ersten Roman einen ersten Preis zuerkannt. Er fühlte der Anfängerin gegenüber Verantwortung und erteilte ihr die Ermahnung, nicht einfach so ins Blaue hineinzuschreiben, wie es offensichtlich meine Art sei. ›Das Blaue darf nur in der Mitte sein. Sie müssen, wenn Sie ernsthaft anfangen, ganz genau wissen, wohin Sie kommen wollen. Auf dem Weg können Sie sich überraschen lassen, unerwartete Aufenthalte und Nebengleise einschalten, aber das Ziel muß immer und von Anfang an präzise feststehen. Und haben Sie keine Angst davor, daß Sie jetzt »die Brückner mit dem ersten Preis« sind. Das ist Angelegenheit der Auguren. Die Leser lesen Ihr Buch nicht in soundsoviel tausend Exemplaren, sondern ein einziges Mal. Und wenn Sie Trost und Zuspruch brauchen, wenden Sie sich an mich.‹ Hätte ich diesen Brief damals besser und später wieder gelesen, dann hätte ich weniger oft ›ins Blaue hinein‹ geschrieben...

Als einmal zwei Jahre lang kein Buch von mir erschienen war, schrieb er: ›Höchste Zeit, daß Sie kommen, gegen zwei Uhr im Café Raimund, damit ich Ihnen einen Krach mache!‹

Als die Nazis 1938 in Österreich die Macht übernahmen, mußte er weichen. Er wartete den Rest der zwölf Jahre in der Schweiz ab. Er ist also nicht im Krieg gefallen und nicht im

Konzentrationslager umgekommen. Sein Überleben hat er als Verpflichtung angesehen, von nun an anderen nach Kräften zu helfen. Ein Entdecker und Förderer junger Schriftsteller. Sie durften getrost weiblichen Geschlechts sein; wenn sie hübsch waren, war's ihm recht, wenn sie aus Österreich stammten, war es ihm lieb; aber ernstlich entscheidend war: Sie mußten schreiben können.

Wer schreibt, meint zumeist die ganze Welt, landet aber, ohne es selbst wahrzunehmen, bei sich selbst. Weigel fängt zunächst einmal bei sich selbst an und hat, zur Überraschung des Lesers, am Ende die Welt im Griff. Er würde jetzt ›im Griffel‹ sagen; durch solche Pointen nimmt er einem Satz das Pathos, das Sentimentale; nur nicht den Ernst, denn ernst ist es ihm mit allem, was er schreibt.

Er hat ein Buch geschrieben, ›Das Land der Deutschen mit der Seele suchend‹. Deutschland war für ihn zeitlebens Traum und Trauma zugleich; dieses Buch ist weniger heiter, als man es von Weigel erwartet. Beschäftigt man sich mit ›Deutschland heute‹ oder ›Deutschland gestern und heute‹, wird es zwangsläufig politisch, und dann vergeht dem Schreibenden und dem Lesenden das Lachen. ›Was ist aus meinem Deutschland, meinen Deutschen geworden?‹ heißt die selbstgestellte Frage, auf die Weigel in 31 Kapiteln nach Antworten sucht, weil es *die* Antwort nicht gibt. Er fragt wie ›ein Liebhaber, dessen perfekte Geliebte sich als lasterhaft erweist‹. Auch diesmal macht die Liebe ihn nicht blind; es handelt sich eher um eine Art von Zurecht-Lieben. Er sieht, was ist, und schreibt, was sein könnte. Er ist ein Moralist und glaubt gegen seine eigene Skepsis an. Er hält Bücher für Lehrbücher. Auch dieses Buch hat er mit leichter Hand geschrieben, wie man es nur kann, wenn man vorher lange nachgedacht hat. Seine geschriebenen Schnappschüsse ergeben so etwas wie ein Gesamtbild, nicht vom häßlichen Deutschen, aber auch nicht vom schönen und wahren Deutschen.

Es fehlt ihm an Ehrfurcht vor dem Erhabenen, aber es fehlt ihm nie an Liebe zu seinem Gegenstand. Ein kritischer Liebhaber, ein liebender Kritiker. Meist trägt er zwei Brillen übereinander, eine auf der Stirn, eine auf der Nase: So trifft man ihn, lesend oder schreibend, in den Wiener Cafés an. Sollte ihm etwas heilig sein, dann ist es die Sprache, in dieser Hinsicht haßt er Schlamperei, die von ungenauem Denken herrührt. Es schreckt ihn kein großer Name, auch kein Nationalheiligtum wie Schillers ›Gesang an die Freude‹. ›Götterfunke und Fehlzündung‹ heißt sein ›Antilesebuch‹, in das er mir die Widmung schrieb: »Brückner, unterm Sternenzelt, muß ein lieber Kühner wohnen.«

Auch das ist halb im Spaß, aber nicht halb im Ernst geschrieben. Er ist ein Parodist. Aus dem Stegreif stellt er ein Heine-Gedicht her. Die Parodie hat eine seriöse Schwester, die Nachdichtung. Wir verdanken Weigel die besten Molière-Übersetzungen; ohne zu stolpern kommt er auf zwölffüßigen Alexandrinern daher.

Mit allem wendet er sich an das (Lese-)Publikum, weniger an die Kritiker, zu denen er selbst gehört. Er geht keiner Auseinandersetzung aus dem Wege, wechselt lieber die Redaktionen und Verlage. Und er ist sehr fleißig! In dem Nachruf auf Heimito von Doderer steht, was Weigel zu dessen 70. Geburtstag gesagt hatte: ›Wenn eine Biene ganz besonders fleißig ist, vergleicht man sie mit dem Doderer.‹ Das könnte auch auf ihn selber zutreffen.

Wir pflegen einzuteilen in jung und alt, arm und reich, schwarz und weiß. Wir müßten auch einteilen in: hilfsbedürftig und hilfreich. Das erste ohne unser Verschulden oder Verdienst (wie ›jung‹, ›arm‹ oder ›schwarz‹), aber das zweite müßte ebenso selbstverständlich folgen wie ›alt‹, wie ›reich‹, wie ›weiß‹.

Eine Frau, die mit einem Korb am Arm in den Wald geht, erwartungsvoll. Sie wird Glückspilze finden, denkt man, und: Sie tut's!

Bei einer Einladung sagt jemand zu mir: ›Sie sitzen fest im Sattel.‹ Ich antworte lachend: ›Aber ich kann nicht reiten! Reiten kann Kühner, er war im Krieg Chef einer Kosakenschwadron.‹ Ich sehe ihn entfernt von mir stehen: das Haar ergraut, der Bart gepflegt, er trägt jetzt meist grau, grauen

Cord, er wirkt schmal, elegant. Ich kann ihn mir nicht in einem wilden Reiterhaufen vorstellen, im Partisanenkrieg, in den russischen Wäldern. Nachts lese ich dann sein Rußland-Tagebuch, ›Nikolskoje‹, 1953 erschienen, als ich ihn noch nicht kannte. Dieser Hetman Kühner! Ein Fremder, in den ich mich während des Lesens verliebe.

In unregelmäßigen Abständen steht in meiner Kladde: Nur Ruhe! Nur keine Panik!

Meine Freundlichkeit, meine Verbindlichkeit entspringt dem Verlangen, daß man mich nicht kränken möge, daß man auch zu mir verbindlich und freundlich sein möge.

Nichts ist endgültig. Aber wo man erkannt hat, daß etwas endgültig falsch ist, da muß man kehrtmachen, Konsequenzen ziehen. Sonst stirbt man ab.

Unter Verballhornung meiner letzten beiden Romantitel ›Jauche und Levkojen‹ und ›Nirgendwo ist Poenichen‹ sagt jemand: ›Nun jauchzet und levkojet!‹, ein anderer sagt: ›verpoenicht‹ statt verpönt. Und: Ich freue mich poenichlich!

Herr v. S., über den ich schon lange schreiben will, der aber in keine Romanhandlung paßt. Als ich ihn kennenlernte, war er sechzig, ehemaliger Oberst, ›in der Wirtschaft‹ tätig, die Familie stammte ›aus dem Osten‹. Auf einem Spaziergang versuchte er mich in wenigen Sätzen davon zu überzeugen, daß die deutschen Truppen den Rußland-Feldzug hätten gewinnen können. Er sprach von Vormärschen, von Offensiven, von Brückenköpfen. Es klang nach Wehrmachtbericht.

In größerem Kreis stürzt er sich auf ein Thema wie ein Hund auf einen Knochen. Er verbeißt die anderen Gesprächspartner, bis er es ganz für sich hat; dann verliert das Thema (sein Knochen) für ihn an Wert; er läßt es liegen, zieht sich mit seiner

Pfeife in den Hinterhalt zurück, lauert auf ein neues Thema, stürzt sich darauf. Das wiederholt sich, bis alle anderen ihm gegenüber vorsichtig werden und ihren Knochen vergraben. Wenn er aufbricht, hinterläßt er bei den Zurückbleibenden das Gefühl, Langweiler zu sein.

Unbekleidete Demonstranten in Zürichs Straßen. Das Bild ging durch die Zeitungen, auch über die Bildschirme. Immerhin: Zürich! Einige der jungen Männer und Frauen halten die Hand vors Gesicht, um unerkannt zu bleiben. Früher war es bei weiblichen oder männlichen Akt-Bildern üblich, die ›Scham-Teile‹ zu bedecken. Schämt man sich heute seines Gesichts? Mein erster Gedanke angesichts der nackten Körper war: Wie unvollkommen und unschön ist der nackte Mensch, verglichen mit dem Tier, er ist nicht für die Herde, den Schwarm gedacht. So unzureichend ausgestattet, ohne Fell, ohne Gefieder. Der zweite: So, zusammengetrieben, nackt, wehrlos, so haben wir sie auf den Fotografien gesehen, die nach dem Krieg veröffentlicht wurden, so sehen wir sie heute noch in den Ausstellungsräumen der Konzentrationslager.

Auf dem Schreibtisch lag das Manuskript des ›Kokon‹. Ich war gerade an jener Stelle angelangt, wo Barbara Bertram ihrer Mutter von den obszönen Anrufen berichtet, die sie häufig erhält. Ein Mann hatte am Telefon zu ihr gesagt: ›Ich stehe hier völlig nackt!‹ Und Barbara, weltgewandt und unerschrocken, gab zurück: ›Verkühlen S' sich nicht!‹ (Sie lebt in München.) Kurz darauf läutete mein eigenes Telefon, ich nahm den Hörer ab, eine Männerstimme hauchte mir ins Ohr: ›Ich stehe hier nackt!‹ und nannte meinen Vornamen. Ich bin nicht so schlagfertig wie meine Heldinnen, ich warf nur den Hörer hin. Wieder gerät beides durcheinander, Wirklichkeit und Theater. Niemand außer mir kennt jene Stelle im Manuskript.

Es fehlt noch immer der letzte, der tödliche Akt. Hier stirbt jemand, wie er gelebt hat. Heiter und mit Anstand, vielleicht sogar mit Würde. Aber erst, wenn der Vorhang geschlossen ist. Der Tod ist nichts für Zuschauer. (Aber in meinen Notizen habe ich mich verschrieben. Statt ›Anstand‹ habe ich ›Angst‹

geschrieben, habe ›Angst‹ dick durchgestrichen und in ›Anstand‹ verbessert.)

Immer wieder erlebe ich Leute, die ständig auf ›die Deutschen‹ schimpfen, obwohl sie selbst Deutsche sind. Als ob sie sich entdeutschen wollten oder könnten.

Meine Schriftstellerlaufbahn begann damit – ich war im Marburger Kunstinstitut angestellt –, daß ich zu einem Bellini-Bild (›Frau mit Spiegel‹) eine Anekdote schrieb. Sie wurde, zusammen mit dem Bild, in einer Zeitschrift veröffentlicht. Einige Wochen später wurde ich zu Professor Richard Hamann gerufen, dem Altmeister der Kunsthistoriker, der damals noch unser Institut leitete. Er lag auf seinem Sofa, das bärtige Kinn im Kragen vergraben, und hielt das Schreiben eines holländischen Kunsthistorikers, eines Bellini-Forschers, in der Hand. Er las mir den Brief vor; der Wissenschaftler erkundigte sich darin, wo er Näheres über diese ihm bisher unbekannte Begebenheit aus Bellinis Leben erfahren könne. Er hatte meine kleine Geschichte für bare Münze genommen.

Richard Hamann blickte über seine Brille und sah mich an. ›Haben Sie sich diese Geschichte etwa aus den Fingern gesogen?‹ Vor Schrecken unfähig zu sprechen, nickte ich. Und Hamann sagte: ›Das ist gut!‹

Dabei ist es geblieben, bei der Respektlosigkeit gegenüber Fakten, Zahlen. Mir genügt, wenn es so hätte sein können – und daß man mir glaubt. Aber so scheitere ich auch. Statt ›Die Person‹ soll der Roman nun heißen: ›Das eine sein, das andere lieben‹. Der Titel wurde nicht von mir vorgeschlagen, aber ich habe meine Zustimmung gegeben. Ich bin unsicher geworden, das Schlimmste, was einem Autor geschehen kann. Keiner meiner Titel wurde akzeptiert; einige gab es bereits, sie waren geschützt. Der Roman wird mit einer Verspätung von einem halben Jahr erscheinen. Sollte es ein mißratenes Kind sein, das doppelt geliebt werden müßte und doch nicht wird? Im Embryo-Stadium, im Manuskript, wurde ihm bereits geschadet. Während ich Korrektur las, fielen mir immer neue Titel ein. ›Kassandra ist verstummt‹ oder ›Begrenztes Glück‹. Modische

Titel, ohne Spontaneität. ›Stein schleift Schere‹. Ich selbst sage noch immer ›Die Person‹, auch Kühner sagt noch manchmal ›deine Person‹.

Ich habe mich überzeugen lassen. Wo in der ersten Fassung ›ich‹ stand, steht nun ›sie‹; sie, die Schriftstellerin P. Vermutlich war diese Änderung notwendig. Im Klappentext heißt es allerdings: ›Die Schriftstellerin P. neigt dazu – darin zeigt sie Ähnlichkeit mit der Schriftstellerin Brückner –, sich in die von ihr erfundenen Figuren zu verlieben; in dieses schöne junge Geschöpf verliebt sie sich erst recht.‹ Ein Satz, der alles rückgängig macht.

Auf der Rückseite des Blattes, auf das ich diese Aufzeichnung schreibe, steht der Satz: ›Deine Ungenauigkeit im Genauen ist bewunderungswürdig.‹ Er wird – von ihrem Mann – an die Schriftstellerin P. gerichtet.

Wenn ich ›ich‹ sage, meine ich nur selten mich.

Ein Mann, leitender Ingenieur, der während der Schwangerschaften seiner Frau jedesmal auffällig produktiv wird; jedesmal eine Erfindung, ein Patent, das er anmeldet und in die Produktion nimmt. Seine Mitarbeiter beobachten zunächst die Frau des Chefs, dann ihn: Wann ist es soweit? Erhöhte Aktivität bei ihm, Passivität bei ihr.

Ich lebe zwischen Furcht und Gnade. Die Furcht verbrauche ich im Diesseits, im Jenseits muß Gnade herrschen.

Unser Freund K.K. erzählt von seinem Vater, der Pedell einer Berliner Bürgerschule gewesen ist. In den Notjahren, die im Ersten Weltkrieg anfingen und lange nicht aufhörten, hielt er in einem Verschlag Hühner. Wenn Schüler und Lehrer in den Klassenzimmern waren, öffnete der Vater die große Tür zum Schulhof und die kleine zum Hühnerhof, und dann rannten die Hühner die eine Treppe hinauf und die nächste Treppe hinunter auf den Schulhof und suchten und fraßen das weggeworfene

Schulbrot der Kinder. Auch im Krieg lag Brot herum. Rechtzeitig bevor wieder die Schüler und die Lehrer auf den Schulhof kamen, wurden die Hühner zurückgetrieben. Im Frühsommer, wenn die Glucken Küken hatten, flatterten und fielen und überstürzten sich die Küken auf den Treppenstufen ...

Traum: Ich stand im Bäckerladen und war ratlos, welche der vielen Brotsorten ich wählen sollte. Neben mir stand eine Frau; sie fragte: ›Wie teuer ist denn das Brot?‹ Als sie den Preis erfuhr, kippte sie den Inhalt ihrer Geldbörse auf den Tresen, lauter Groschen und Pfennige, und sagte lachend: ›Wie ein armer Schriftsteller!‹ Ich sagte ebenfalls lachend: ›Dann sind ja zwei Schriftsteller im Laden.‹ Gleich darauf war ich zu Hause, lag krank zu Bett. Der Bäcker trat in mein Zimmer, brachte mir ein duftendes Brot. Er sah aus wie ein Arzt, trug einen weißen Kittel, stand am Fußende meines Bettes, schüttelte mein Bettzeug, deckte mich fürsorglich zu und sagte: ›So ist es besser!‹ Ich wachte beruhigt auf: Was kann mir geschehen? Bei solchen Träumen!

In den Briefen der Paula Modersohn-Becker gelesen. Ich vergesse immer wieder, wie jung sie gestorben ist. Man selber verschwendet soviel Zeit. Zielstrebigkeit habe ich immer sehr bewundert.

Von Wiepe Bertram, die nicht mehr als ›Witwe des‹ und ›Mutter der‹ leben wollte und mit dem Leben im Genitiv Schluß gemacht hatte, habe ich die Vorliebe für Capes übernommen, unter denen ich mich verberge, Schals, in die ich mich einhülle. Um mich dann eines Tages zu entpuppen wie sie. In der Komödie ›Der Kokon‹ ist die letzte Entpuppung – oder Verpuppung? – der Tod. Ich hatte Wiepes Ehemann Bertram, den Juristen, besonders gern, deshalb ließ ich ihn mit ›Meister Bertram‹ anreden, dessen Altarbilder ich so gern betrachte.

An irgendeiner Stelle bin ich immer kaputt, oft an mehreren Stellen zugleich, trotzdem weniger labil als früher. Gestärkt, widerstandsfähiger, lebensfroher.

Ich kenne jetzt die Abgründe, die sich vor mir auftun, ich trete einen Schritt zurück, schwindelfrei bin ich nicht mehr.

Mein Gefühl für Besitz ist unterentwickelt.

Rita schreibt: ›Wir sehen uns kaum noch! Entweder habe ich Nachtdienst, oder Ulrich hat abends noch seine Kurse zu geben. Morgens im Halbschlaf: »Ade!« Abends im Halbschlaf: »Gute Nacht!« Und Bastian schläft noch oder schon wieder.‹ Auch dort scheint das Problem der berufstätigen Mutter eines Kleinkinds nicht zu lösen zu sein. Einer kommt immer zu kurz. Oder kommen alle zu kurz? Keine Nachbarskinder, mit denen Bastian spielen könnte. Die Ehepaare, die in den teuren Neubauwohnungen leben, leisten sich keine Kinder.

Sie hatten uns die Geburt ihres Kindes in Form einer ›Bekanntmachung‹ mitgeteilt, aber die Bekanntmachung war von Sebastian Tobias Kühner unterzeichnet, der das ›glückliche Kind zweier strammer Eltern‹ geworden war, Gewicht und Größe von Vater und Mutter waren ebenso angegeben wie seine eigenen. ›Ich werde mir die größte Mühe geben, die beiden nach allen Regeln der (Kinder-) Kunst zu erziehen!‹ Ein Versprechen, das dieses Kind seit mehr als zwei Jahren erfüllt.

Festliches Konzert in der Kirche St. Martin. Das Vokalensemble und sein Dirigent haben Ruf und Namen. Der Hessische Rundfunk zeichnet das Konzert auf. Geistliche, aber auch weltliche Lieder. Musik des 19. Jahrhunderts, Brahms, Mendelssohn, Schumann; Texte von Goethe, Eichendorff, Rükkert. Dann das Lied ›Herr! schicke, was du willt,/ein Liebes oder Leides, ich bin vergnügt, daß beides aus deinen Händen quillt‹ von Mörike, in der Vertonung von Max Bruch.

In der Bankreihe vor mir eine kleine, kaum wahrgenommene Störung. Eine alte Frau erleidet einen Schwächeanfall. Die Umsitzenden rücken zusammen, unsere Ärztin bahnt sich einen Weg zu der Frau, legt ihr die Beine hoch, schiebt Jacken und Mäntel, die man ihr zureicht, unter den Körper, legt sich den Kopf der Frau auf den Schoß, hält ihr die Hand, fühlt nach dem Pulsschlag. Der Chor hat unterdessen weitergesungen, das Konzert wurde ohne Störung aufgezeichnet. Die alte Frau belebte sich wieder. Eine verpaßte Todesstunde. Herr, schicke, was Du willst.

Ein ähnlicher Zwischenfall: Ich war noch ein Kind, seit kurzem erst ein Stadtkind, an größere Menschenansammlungen nicht gewöhnt. Die Kirchen waren damals noch gut besucht. Der Gottesdienst verlief wie immer. Ich hatte nichts Ungewöhnliches bemerkt. Bis dann der Pfarrer zwischen ›Vaterunser‹ und ›Segen‹ mit bewegter Stimme der Gemeinde mitteilte, daß sein Vorgänger, er nannte den Namen – den ich nicht mehr weiß –, während des Eingangsliedes einen Schwächeanfall erlitten habe und vor wenigen Minuten in der Sakristei sanft entschlafen sei. Und dann ein Aufschrei von der Empore. Dort saß die Frau des Verstorbenen. Sie hatte sich verspätet, war allein zur Kirche gegangen und hatte sich, weil sie nicht stören wollte, auf die Empore begeben, wo sie nun vom Tod ihres Mannes erfuhr. Der Tod ist Sache des Einzelnen.

›Si tacuisses, philosophus mansisses‹, hieß es im Gymnasium, wenn man eine falsche Antwort gegeben hatte. Ich hätte wohl Lust, das Gegenteil zu beweisen. ›Wenn du geredet hättest!‹ Wie oft wurde zur falschen Zeit geschwiegen, vor allem von den Frauen! Die Rede der Klytämnestra an den toten Agamemnon ist ein erster Versuch. Katharina von Bora, die Frau Luthers, hält ihm eine Gardinenpredigt. Die Magd der Lysistrate verbindet ihrer Herrin den geschwätzigen Mund und sagt ihr die Wahrheit über die Krieger. Die Gottesmutter Maria wendet sich in einem langen Gebet an Gottvater ...

Ungehaltene Reden. Besser: Reden von ungehaltenen Frauen.

Wenn ich zweifle, zu lange zweifle, verzweifle ich.

Wir sind bei einem Architekten eingeladen. Die Stockwerke seines neuen Hauses sind durch eine Wendeltreppe verbunden. Der Hausherr mahnt: ›Vorsicht! Oben trinkt man eine Flasche Wein, und wenn man unten ankommt, waren es zwei!‹ Ich erkundige mich: ›Wie fällt man eigentlich eine Wendeltreppe herunter?‹ – ›Wie eine Locke!‹

Renate v. G., Ethnologin, hält einen Vortrag über ihre Vietnam-Reise. Die Diskussion wird heftig. Die politischen Verhältnisse auf der einen und der anderen Seite kommen zur Sprache. Pro und contra. Sie soll Stellung nehmen und sagt mit Entschiedenheit: ›Ich will mich nicht zwischen Pest und Pocken entscheiden müssen!‹

Jemand erzählt mir von einem deutschen Arzt, der jetzt in Havanna lebt, gut lebt. Er züchtet Pferde. Und treibt Kinder ab.

Von Tolstoj heißt es, daß er zunächst seiner Heldin Anna Karenina mit Ablehnung gegenüberstand, er mochte sie nicht. Aber als er dann ganz in seinen Roman vertieft war, verliebte er sich in sie und schilderte sie in all ihrer Verderbtheit so, daß auch die Leser in den Bann dieser ungetreuen Anna Karenina gerieten und noch immer geraten.

Was für ein Thema: Eltern einer Effi Briest zu sein! Die ganze berühmte und bekannte Geschichte noch einmal, jetzt, in unserer Zeit und aus der Sicht von Effis Eltern, die sie erzogen haben, die ihr später Zuflucht bieten. Mit ›Das ist ein *zu* weites Feld‹ ist das nicht abzutun.

Feiertage potenzieren die Alltags-Schwierigkeiten in eine

Familie. Kindliche Quälgeister sind schlimm, alte Quälgeister sind Ungeheuer.

Kunstgeschichten III

Frau K., die Schwiegertochter der Käthe Kollwitz, erzählte... Sie, die in jungen Jahren einmal Kunstunterricht genommen hatte und dann durch die Heirat mit dem Sohn der Kollwitz in den Schatten seiner berühmten Mutter geriet, fing erst nach deren Tod, und nachdem ihre Kinder aus dem Haus waren, wieder an zu malen. Sie reiste mit dem Malzeug für einige Wochen südwärts, meist auf eine Insel, blieb vier Wochen, fuhr dann im nächsten Jahr noch einmal auf dieselbe, bereits vertraute Insel und zog für weitere Wochen auf die nächste Insel, so, als häkele sie die Inseln aneinander, eine einleuchtende Methode. Frau K. malte vor der Natur und bezog ihren Arbeitsplatz mitsamt Staffelei, Palette und den anderen Utensilien im Freien. Das erregte Aufsehen, immer wieder blieben Touristen stehen und schauten ihr über die Schulter, gaben Zeichen der Zustimmung oder Mißbilligung, beides störte sie.

Eines Tages – es war auf Elba – näherten sich Schritte, hielten dicht hinter ihr an. Es fiel kein Wort, keines der Anerkennung, keines der Ablehnung, aber atemlose, dann heftig atmende Aufmerksamkeit. Ein Kenner! Ein Kunstliebhaber!

In freudiger Erwartung drehte sie sich um und sah in das Gesicht einer bärtigen, neugierigen Ziege.

Wenn ein Gedächtnis Speck ansetzt! Speck: das Unverdaute, Nicht-Bewältigte. Das Ausgeschiedene ist vergessen, man muß seine Erinnerungen schlank halten.

Die Komödie liegt nun in der Bühnenfassung vor. ›Der Kokon oder die Verpuppung der Wiepe Bertram‹. Ein Schauplatz, zwölf Darsteller. Unter der Hand ist daraus ein Lehrstück geworden. Vielleicht interessiert sich deshalb keine der ehemals ›moralischen Anstalten‹ dafür? Wer will schon Einzelunterricht? Wer will schon mit sich selbst abrechnen und nicht mit den anderen? Leichter ist es, alles auf die Gesellschaft abzuschieben. Alle wollen schuldlos sein. Die Schuld an den eigenen Fehlern wird den Eltern zugeschoben, von Generation zu Generation. Lasten-Ausgleich.

Jemand erzählt mir eine Geschichte. Ein ›Fall‹, sagt er. Eine nach Ansicht des Arztes umweltgestörte Frau hat sich freiwillig in eine Heil- und Pflegeanstalt begeben und sich dort im großen Durchgangsschlafsaal in ein Bett gelegt, um nie mehr aufzustehen. Dort lag sie und las Bücher, eines nach dem anderen. Sie soll gesagt haben: Ich bin 63 Jahre alt, das genügt, ich bin jetzt tot für alle. Sie verleugnete sogar ihre Familie. Als ihr gemeldet wurde, ihr Mann und ihre Kinder seien gekommen und warteten im Besuchszimmer, sagte sie: Sollen sie warten! Sollen sie heimfahren! Nichts konnte sie bewegen, aufzustehen und ihre Söhne und Töchter zu sehen. Man hätte sie gern in ein Zweibett-Zimmer verlegt, aber das hätte bedeutet, sich mit einem anderen Menschen zu befassen. Das lehnte sie ab. Sie war wie ein Ofen: ausgegangen, kalt von allen Seiten.

Wer mich vor der Schalttafel stehen sieht und beobachtet, wie ich ängstlich eine herausgesprungene Sicherung hineindrücke, wird mir nicht glauben, daß ich im Krieg Fensterscheiben kitten konnte, einen Herd mit Rauchabzug gebaut habe, daß ich Kerzen gegossen habe. Frauen scheinen in einer frühen Zivilisationsstufe stehengeblieben zu sein. Wir sind für Notzeiten wie geschaffen! Unsere Fähigkeit zu überleben ist größer als die des Mannes. Wir erfinden nur das Nötige, oft nur das Nötigste, mit Sicherheit nichts Gefährliches. Die Erfindung eines Raketenantriebs ist von Frauen nicht zu erwarten, daher sind sie auch außerstande, derartige Erfindungen zu würdigen. Der Zug zum Großartigen, zum Wahnwitz, fehlt uns. Vorerst.

Was ist eigentlich besser: die langsamen, behutsamen Trennungen mit Dauerschmerz oder die brutalen Trennungen, die sauberen Schnitte?

Was wollen denn die Frauen? Jetzt beklagen sie sich darüber, daß sie für ihre arbeitslosen Männer unterhaltspflichtig sind. Alles hat seinen Preis, und den höchsten hat die Freiheit, die man für sich selbst beansprucht. Ich war lange Zeit ›unterhaltspflichtig‹, und es schien mir auch ohne Gesetz richtig so; ich war gesund, ich hatte Arbeit, und ich hatte gelobt: ›in Freud und Leid‹.

Die Mode schreibt den Frauen wieder breitere Schultern vor. Werden wir Frauen dadurch auch kräftiger, oder behandelt man uns nur, als ob wir kräftiger wären, breitschultriger?

Eine Frau, die ihren Mann in den ersten Jahren der Ehe mit ›Willdich‹ anredete; später sagte sie wie alle anderen ›Willi‹ zu ihm.

Warum forscht keiner nach, ob Frauen zuerst an Krebs erkranken und dann verlassen werden oder umgekehrt?

Wichtiger, als das Datum meines Todes zu kennen, wäre es zu wissen: wo. Die Grabstelle. ›Wer weiß wo?‹

Seine Frau heißt Meline! Sie war – wie Honig. Aber jetzt ist sie siebzig.

Man kann sehen, ob eine Frau geliebt wird oder nicht. In jeder Altersstufe.

Eine junge Frau fragt: Warum müssen Frauen denn immer ein wenig klüger sein als Männer? Wären sie's nur! Das bißchen Ur-Wissen, das ihnen in die Wiege gelegt wurde, gießt man mit dem Badewasser einer falsch verstandenen Emanzipation aus. Auch Frauen werden immer egoistischer statt verantwortungsvoller. Immer das eigene Ich. Und das Du und das Wir beiseite geschoben.

Die einen sagen: Dort bin ich schon einmal gewesen – und fahren nicht wieder hin. Die anderen sagen ebenfalls: Dort bin ich schon einmal gewesen – und reisen wieder hin. Hvar, die dalmatinische Insel.

Warum fahre ich nicht mit gutem Gewissen dorthin, wo es schön ist? Das hat man auch früher und immer getan. Meine Augen dürfen doch auswählen, was sie sehen wollen; wozu sonst die Lider?

Wir stehen auf dem Bahnsteig in Kassel, ein Kopfbahnhof. Für unseren Zug werden wenige Minuten Verspätung angesagt, aber damit ist der Anschluß an den Intercity-Zug in Bebra gefährdet, damit der Anschluß an den Schlafwagenzug in München und damit an das Schiff in Rijeka, auf dem wir Kabinen gebucht haben.

In Bebra wartet der Intercity-Zug. Wir hasten mit unserem Gepäck den langen Bahnsteig entlang, durch die Unterführung, wieder einen Bahnsteig entlang bis zu dem Wagen, in dem wir reservierte Plätze haben. Wir richten uns im Abteil auf sechs Stunden Fahrt ein. Ein Herr steht draußen auf dem Gang, winkt uns freundlich zu und geht weiter. Wir nicken und erwidern sein Lächeln. Dann nehmen wir unsere Plätze ein, aber der Zug setzt sich nicht in Bewegung. Es vergehen Minuten, plötzlich erscheint der Schaffner in der Abteiltür, deutet aufgeregt auf eine große schwarze Ledertasche, die neben uns auf dem Boden steht, und fährt uns an: ›Was machen Sie mit meiner Tasche?‹ Wir starren ihn an, dann begreifen wir und brechen in Lachen aus. Jener freundlich winkende Herr hatte uns offensichtlich behilflich sein wollen und hatte die Tasche, im Glauben, sie gehöre uns, vom Bahnsteig in den Zug gehoben und uns nachgetragen: Blankofahrscheine, Fahrpläne, Geld – das Allerheiligste des Zugschaffners. Wir erklären den Sachverhalt, der Schaffner lacht, der Zug fährt ab. Während der Fahrt steckt er mehrfach den Kopf in unser Abteil, lacht, jedesmal vertrauter.

Erinnerung: In den Jahren nach dem Krieg reisten wir – das frühere wir – viel, aber nur, weil wir keine eigene Wohnung hatten. Wir kamen einmal hier und einmal dort unter, bei Freunden, bei Verwandten. Wir benutzten einen Fahrplan, der bereits mehrere Jahre alt war, wir konnten uns nicht jedes halbe Jahr einen neuen leisten. Dann erhielt ich für mein erstes Buch einen ersten Preis, wir kauften ein Auto und brauchten keine neuen und gültigen Fahrpläne mehr.

Im Speisewagen setzt sich ein junger braunhäutiger Mann an unseren Tisch, er spricht bayrisch. Wir wechseln zwei oder drei Sätze mit ihm. Als er aufsteht und weggeht, sagt er beiläufig: ›Alles Gute!‹ Vielleicht gehört er zu jenen, deren Wünsche erhört werden, vielleicht hat er bewirkt, daß es uns auf dieser Reise so gut ergangen ist?

Es war schon dunkel. In der Nähe von Solnhofen tanzte ein Fuchs auf einem weißen Sandweg im Mondlicht. Was für ein erregendes schönes Bild! Nie hatte ich einen tanzenden Fuchs gesehen. Später, als wir jemanden danach fragten, sagte er: ›Der Fuchs hatte sicher Tollwut!‹ Und dann meinte ich, mich zu erinnern, daß das Tier sehr mager war, seine Bewegungen verzerrt. Wir hätten nicht fragen sollen.

Im Morgengrauen, von uns unbemerkt, haben wir eine weitere Grenze überschritten: keine Stangenbohnen mehr, sondern Weinstöcke und bald darauf im Morgendunst das Meer, nun schon gewohnt, kein Grund mehr, ›Thalatta‹ zu rufen.

Als wir das erste Mal in Rijeka waren und mit einem Omnibus auf der Küstenstraße bis nach Split fahren wollten, kam eine Bekannte an die Busstation, um uns ›Gute Reise‹ zu wünschen. Sie überreichte mir ein Sträußchen Zyklamen, frisch gepflückte wilde Alpenveilchen. Ich hatte wegen des Reisegepäcks keine Hand frei für Blumen, sie kamen mir ungelegen, waren mir sogar hinderlich. Ich sagte ›Oh‹, aber es klang weniger nach Freude als nach Seufzer. Dann nahmen wir unsere Plätze ein, ich steckte den Strauß in das Netz, das sich an der Rückseite des Vordersitzes befand, und da blieb es stecken bis zum Abend. Manchmal beugte sich ein Reisender zu den Blumen, atmete den Duft ein, lächelte mir zu und sagte ›dobre‹, und ich erwiderte das Lächeln. Die Blütenköpfe senkten sich, blieben aber schön, stark duftend, hinfällig: Eintagsblumen.

Unser Schiff legte erst gegen Abend ab, wir hatten mehrere Stunden Zeit, fuhren mit einem Bus nach Krk, probierten die neue große Brücke zwischen Festland und Insel aus. In einem Restaurant am Meer bestellten wir mittags Makrelen vom Grill; der Ober taxierte uns und fragte auf deutsch, ob Makrelen gut genug für uns seien und ob es nicht besser eine Zahnbrasse sein solle. Wir blieben bei der Makrele, dazu ein halber Liter Wein, dann schlenderten wir ein Stück auf der Uferpromenade, die zu dieser Stunde fast leer war. Die Hitze war uns ungewohnt, wir kehrten nach ein paar hundert Metern um und wurden Zeuge einer kleinen Katastrophe, die eben erst stattgefunden hatte. Ein großer roter Personenwagen mit deutschem Nummernschild war über die Kaimauer gekippt, der Kühler ragte noch aus dem Wasser. Eine junge Frau saß triefend naß auf einem Stuhl, mitten auf der Promenade; sie zitterte und weinte, man hatte ihr eine Decke umgehängt und gab ihr zu trinken. ›Was für ein Glück!‹ sagte jemand auf deutsch.

Wir gingen weiter. Hilfe hatten wir nicht zu bieten, wir verstanden nichts von Autos, nichts von Unfallschocks, sprachen die Landessprache nicht.

Wir setzten uns vor ein Café an ein Blechtischchen, tranken türkischen Kaffee, und ich erzählte, soweit ich mich erinnerte, eine Geschichte von Klaus Mann. Die Szene entsprach der gerade erlebten. Mittag, Hitze und ein Ausflugslokal am Meer. Ein Auto stürzt ins Wasser, die Räder ragen noch heraus. Ein junger Mann kommt zutage, aufgeregt und verzweifelt. Er lamentiert wegen des Autos. Das Auto, das ihm nicht gehört! Das Auto, das man ihm geliehen hat! Männer eilen herbei, um das Auto zu bergen. Und dann trägt einer auf seinen Armen ein junges Mädchen an Land, es war im Auto ertrunken. Die Geschichte endet: ›Er hatte Louise vergessen.‹

Inzwischen habe ich nachgelesen, die Erzählung heißt: ›Une belle Journée‹, ist vor Jahrzehnten geschrieben. Heute sitzt Louise selbst am Steuer. War es der Wagen ihres Freundes? Weinte sie deshalb? Hatte sie aus Versehen den Rückwärtsgang eingelegt? Wollte man ihren Freund rufen? Wollte man einen Bergungswagen für das Auto herbeiholen? Was hatte sich eigentlich geändert?

An Bord. Die Sonne steht schon tief. Wir mieten Liegestühle. Vor uns lehnt ein Fünfjähriger mit dem Rücken an der Reling, schlürft durch einen Strohhalm Limonade. Vater und Mutter winken ihm aus ihren Liegestühlen zu, und er ruft: ›Mir ist schön.‹

Als Reiselektüre hatte ich mir Flauberts ›Die Erziehung des Herzens‹ mitgenommen, eine lange versäumte Lektüre. Ich las: ›Am 15. September 1840 lag die »Ville-de-Montereau« gegen sechs Uhr morgens abfahrbereit und dicke Rauchwirbel ausstoßend am Quai Saint-Bernard.‹ Noch lag die ›Liburnia‹ an einem der Quais in Rijeka, es war September 1980. ›Atemlos kamen Leute gelaufen. Stückfässer, Taue und Wäschekörbe.‹ Ich ließ das Buch sinken, wandte meine Aufmerksamkeit eine Weile der ›Liburnia‹ und diesem Septembernachmittag 1980 zu und las dann weiter: ›... betrachtete durch den Morgendunst die Kirchtürme und Bauwerke, deren Namen ich nicht kannte‹, begab mich auf die Seine, sah Paris entschwinden und nicht Rijeka, kümmerte mich um den jungen, gebildeten Frédéric Moreau und seine Geld- und Herzensnöte. Auch er wählte den längsten Weg, nahm das Schiff, wie auch wir es tun, die wir uns gern dem Ziel allmählich nähern, Entfernungen auskostend. Ich las: ›Da es damals Brauch war, sich auf Reisen schäbig zu kleiden ...‹ und sah mich um: T-Shirts und verwaschene Jeans, schäbige Turnschuhe; korrekt gekleidet nur das Schiffspersonal.

Kein Harfenspieler, aber ein Gitarrespieler, der seine langen Haare über die Schulter zurückwarf, Madame Arnoux, die in einem schmalen Bändchen mit grauem Einband las. Ich las in einem Taschenbuch mit braunem Einband von Frédéric, der eifersüchtig auf das war, was die schöne Madame Arnoux las. Um mich herum wurden ›Bild-Zeitung‹, ›Spiegel‹ und ›Zeit‹ gelesen und dann auf die Schiffsplanken gebreitet, auf denen man später trank und aß, musizierte und die Nacht verbrachte ...

Vertraute Inseltage. Aber neue Erfahrungen: Wenn sich die Motorboote den kleinen Inseln nähern, weht uns der süße Honigduft der sonnenwarmen Pinien entgegen.

Die Weinlese hat begonnen. Die Bauern schenken uns die Weintrauben, die wir in den früheren Jahren entwendet haben, und beschämen uns.

Wieder liege ich im durchsonnten Schatten eines alten Ölbaums. ›Die Oliven geben ihr Bestes, wenn sie gepreßt werden.‹ Ein jüdisches Sprichwort. Der Kaiser Augustus ließ zum Zeichen seines Friedenswillens Ölbäume pflanzen. Ein Ölbaum trägt erst nach achtzig Jahren Frucht. Der Ölbaumzweig als Symbol des Friedens, rührt das daher? Der Ölbaum zieht aus dem steinigen kargen Boden Öl, das grenzt an ein Wunder.

Zum Rathaus von Hvar führt eine hohe Treppe hinauf, unter der sich ein vielbenutztes Pissoir befindet. Gleich neben dem Eingang steht ein Tisch, an dem eine Frau sitzt und Lavendel- und Rosmarinöl verkauft. Aus großen Behältern gießt sie das Öl in Flaschen und Fläschchen, wobei viel von der duftenden Flüssigkeit danebenläuft. Die Gerüche mischen sich, es überwiegt Rosmarin. Ob man der Frau diesen Platz zugewiesen hat? Eine Toilettenfrau. Toilettenwasser.

Der alte Palast des Renaissance-Dichters Petar Hektorović in Starigrad. Im zugehörigen Garten ein rechteckiger, gemauerter Fischteich, von drei Seiten vom Palast eingeschlossen. Nichts ist überflüssig in den schönen Räumen, zweckmäßiges Gerät, keine Übermöblierung wie in unseren Wohnungen, beziehbar von einem Tag zum anderen, zur Besichtigung freigegeben. An mehreren Stellen sind Worte des Dichters in Stein gehauen. ›Nihil occultum‹ – Nichts ist verborgen. Was für eine Prophezeiung für diese Insel der FKK-Strände, der Nudisten. Am ersten Tag erscheint uns der Triumph der Körper ungehörig. Brüste, Bäuche, Hinterteile. Aber nur die Weißhäutigen wirken entblößt. Wenn der Körper sich bräunt wächst ihm ein Tarnanzug, er wird schöner, er wird auch geschlechtslos.

Keine Autos. Nicht auf dem schönen Platz am Hafen, nicht auf den kilometerlangen Uferpromenaden, nicht in den Gassen der Altstadt. Fahrräder mit vierrädrigen Gepäckkarren dienen zum Transport von Koffern, Getränken, Lebensmitteln. Abends schrauben die Besitzer des Rades den Sattel ab und nehmen ihn mit ins Haus. Sicherheitsmaßnahmen.

Die hohen Palmen unter unserem Hotelfenster sind von Schwalben bevölkert, Hunderte von Schwalben im Winterquartier. Sie zwitschern in der ersten Morgendämmerung, fliegen in der Abenddämmerung mit aufgerissenen Schnäbeln rasch an den Mauern entlang und besorgen die Insektenvertilgung für das Palace-Hotel. Als der harte Nordwind einsetzt, die Bora, verschwinden alle. Auch an unseren Nerven zerrt das unbeherrschte Rascheln der Palmwedel.

Von den kleinen Inseln aus gesehen – einige davon kann man in einer halben Stunde umrunden, in wenigen Minuten durchqueren – erscheint uns die größere Insel Hvar bereits wie das Festland. ›Wir gehen an Land‹, sagen wir, wenn das Boot in Hvar anlegt. Immer zeitiger am Nachmittag fahren die Boote von den Inseln vor der Insel zurück. Auf einem der Felsen mit den weißen und gelben Quarzeinschüben sehen wir einen Knochen liegen. Da ist einer zu lange geblieben und hat das letzte Boot verpaßt...

Glück. Nicht Glück haben. Nicht Glück über etwas, sondern angereichert mit Glück, selbst Glück sein. Oder besser: Freude. Ich freue mich. Nicht auf etwas, nicht an etwas, sondern: ich bin Freude.

Wiedersehen mit der halbzerfallenen Ortschaft Melo Grablje, das wir ›unser‹ Grablje nannten. Etwas ist anders geworden, etwas hat sich verändert. Der Platz vor der Kirche, wo die alten Kastanien stehen, ist gefegt, das Innere der Kirche ebenfalls; Kerzenstümpfe auf den Mauern. Irgendwo spielt jemand Flöte. Auf einer Steintreppe, die in ein Haus führt, stehen Flaschen. Wir hören Stimmen, begegnen auf dem Rückweg jungen Leuten, die uns offensichtlich nicht gern dort sehen, die sich wie Einwohner benehmen. Später lernen wir eine junge

Frau kennen, eine Malerin, die schon seit Monaten in Melo Grablje wohnt und mehr als zwanzig Bewohner im Laufe des langen Sommers nach sich gezogen hat. Sie hat von unseren idealistischen Plänen, Grablje wieder aufzubauen und mit Freunden zu bewohnen, gelesen und hat den Plan in die Tat umgesetzt, nicht für uns, sondern für andere. Wir sind es zufrieden, der Ort verdient es. Ein kleiner Triumph für mich. Wirkungen der Literatur. Wir werden nicht wieder nach Melo Grablje gehen.

Und Tonći und Lisa in Sveti Klement auf der Insel Palmizana? Es geht ihnen gut! Jeden Mittag sind alle Tische besetzt, alle Gästezimmer sind bewohnt, die Tochter Perina ist nun ein kleines katzenäugiges Mädchen, das bald schulpflichtig wird. ›Kein zweites Kind?‹ frage ich. Lisa wehrt ab. ›Nicht von mir!‹ sagt sie.

Der Weg nach oben ist steil und beschwerlich.

Dann Budovica. Noch immer holt Iwan, der aus dem Geschlecht der Paladini stammt, morgens Touristen am Hafen ab. Ein junger Berliner Architekt, der nicht rechtzeitig abgereist ist, geht ihm seit Monaten zur Hand, löst ihn am Steuer des Bootes ab, kocht und serviert. Iwan erkennt uns, begrüßt uns und sitzt dann Stunde um Stunde mit jungen Leuten über einem Brettspiel; sie trinken, rauchen, spielen um Geld. Sein Weg geht steil bergab.

Vor zwei Jahren, als ich schon einmal über Hvar geschrieben habe, verglich ich das Schicksal der beiden gleichaltrigen Männer: ›Der eine auf dem Weg nach oben, der andere auf dem Weg nach unten, beide gleich müde und angestrengt.‹ Diesmal hat Tonći uns seine neue Stadt-Wohnung in Hvar gezeigt, Lisa hat sie modern und geschmackvoll eingerichtet, dort werden sie im Winter wohnen. Tonći ist stolz und sagt: ›Das ist Lisas Wohnung!‹ Eine Münchner Wohnung in Hvar.

Jetzt wissen wir, was es mit den Besitzverhältnissen in Jugoslawien auf sich hat: Verstaatlicht wird ein Betrieb, wenn er mehr als fünf Mitarbeiter hat. Eltern und Kinder zählen als Mitarbeiter, nur die Ehefrau nicht. Sollte sich diese Bestimmung als eine Geburtenkontrolle auswirken?

Jerolim, eine Insel, die wir sonst meiden, weil dort die Nackten so dicht nebeneinanderliegen, daß man an Zoo erinnert wird. Aber jetzt, spät im Jahr, ist auch Jerolim nicht mehr so dicht belegt. Wir sind zu viert, finden eine Bucht für uns allein, sogar Felsen, deren Formen mit den Formen des weiblichen Körpers korrespondieren. Wir richten uns ein, Sitzplätze für die Mahlzeiten, geeigneter Zugang zum Meer, wasserumspülte Grotten für die Weinflaschen, eine kleine Vorratskammer, wo Schinken, Käse und Trauben kühl bleiben.

In geringer Entfernung, durch helles Tuffgestein von uns getrennt, haust ein junger bärtiger Mann mit seinem kleinen Sohn. Wir rufen einen Gruß hinüber, wir werden tagelang Nachbarn sein. Ein Schweizer aus Genf, blondgelockt, schön gewachsen, der kleine Sohn exotisch, aber mit Namen Martin. Ein stilles, heiteres Kind, das noch nichts zu sagen hat. Nur kleine Ausrufe. Die beiden sammeln Steine, bauen Dämme, suchen Pinienzapfen. Wir nehmen das Bild ästhetisch. Wir selber reden, lachen, essen, schwimmen. Nebenan taucht eine junge Frau auf, buchstäblich: taucht auf, nimmt die Taucherbrille und die Flossen ab, hebt Martin hoch, küßt ihn, bewundert das kleine Stauwerk, in dem eine Seegurke liegt sowie ein Krebs, der sich im Krebsgang immer wieder davonmacht und immer wieder eingefangen wird. Die Attraktion der Anlage ist ein Oktopus, der sich in einer Höhle unterm Wasser zu verbergen sucht und uns manchmal aus verträumten Augen ansieht. Der kleine Privatzoo hat viele Besucher. Die junge Frau setzt nach einiger Zeit die Taucherbrille wieder auf, streift die Flossen über, ruft ›Hi‹ und springt ins Wasser. Es vergehen Stunden, sie kehrt nicht zurück. Ich rufe dem jungen Schweizer zu: ›Ihre Frau hat Sie wohl verlassen!‹ – ›Ja!‹ antwortet er. ›Schon vor zwei Monaten.‹ Er ist allein mit Martin nach Hvar gereist; die Reise war bereits für drei gebucht. ›Tagsüber geht es‹, sagt er, ›aber nachts!‹ Wir hören ihm schweigend zu. Es ist nichts dazu zu sagen. Er und seine Frau haben das indonesische Kind vor zwei Jahren adoptiert; sie hielten es für richtiger, sich um vorhandene Kinder zu kümmern, als eigene in die Welt zu setzen. ›Die Verhandlungen dauerten sehr lange‹, sagt er. Kaum war das Kind im Haus, da erkrankte seine Frau an Leukämie. Er erzählt seine Geschichte jedem, der ihn fragt, und gerät jedesmal außer Fassung. Er hebt seinen Sohn auf die

Schultern, steigt mit ihm ins Wasser, schwimmt davon, halb Christophorus, halb Delphin; er hat dieses Kind vor dem Hungertod bewahrt. Manchmal kommen junge hübsche Frauen angeschwommen, flirten mit dem Kind, flirten mit dem Vater; dann sieht man sie wieder davonschwimmen, sieht ihre gebräunten, runden Hinterteile noch lange Zeit aus dem Wasser ragen. Mittags legt er Martin zum Schlafen unter einen Strauch in den Schatten. In dieser einzigen freien Stunde schwimmt er weit hinaus, zu weit, man ist hier sonst vorsichtig, der Haie wegen. Am nächsten Tag kommt er in unsere Bucht, zeigt uns Bilder. Da waren sie noch zu dritt, man sieht der Frau die Krankheit schon an. Martin klettert hinter ihm her, läßt sich geduldig streicheln, läßt sich beschenken, er spricht französisch. ›Merci, Madame!‹ sagt er. Seine gelbliche Haut bräunt nicht, er ist blasser als wir.

Nach unserer Rückkehr packten wir Koffer und Geschichten aus. Den Freunden, die unsere Insel kennen, haben wir Steine mitgebracht. Wir hatten sie am Strand der Zwillings-Bucht gefunden; sie tragen geheimnisvolle, bedeutungsvolle Schriftzeichen, wie Keilschriften, vom Meer eingraviert. ›Neueste Nachrichten aus Hvar!‹ sagen wir.

In den Gedichten der Ingeborg Bachmann gelesen. ›Wenn einer fortgeht, muß er den Hut / mit den Muscheln, die er sommerüber / gesammelt hat, ins Meer werfen / und fahren mit wehendem Haar... Dann wird er wiederkommen. / Wann? / Frag nicht!‹

In den letzten Jahren seines Lebens berührte er kaum noch die Erde. Er war von Flughafen zu Flughafen unterwegs.

Kunstgeschichten IV

Spanien. Krieg. Vermutlich der Spanische Erbfolgekrieg, Anfang des 18. Jahrhunderts. Als die Schlacht beendet war, lagen auf dem Schlachtfeld nicht nur die Toten, sondern auch Tausende von Gitarren, mit denen die Soldaten in den Krieg gezogen waren.

Kunstgeschichten V

Frankfurt, aber das andere Frankfurt, das wir früher mit ›a. d. O.‹ von Frankfurt a.M. unterschieden, an der Oder also, in der sowjetisch besetzten Zone gelegen. 1945, ein junges Paar heiratet; man möchte den Polterabend feiern, aber die beiden besitzen kaum das Nötigste an Geschirr, geschweige denn Porzellan, das man zertrümmern könnte. Jemand weiß Rat: In den ehemaligen Arbeitsdienstbaracken am Stadtrand stehen Kisten voller Geschirr, das, vermutlich beim Verladen, kaputtgegangen ist. Mit dem Handwagen fährt man hin, holt die Kisten, und am Abend zerschmettert man die ohnedies defekten Vasen und Schalen vollends auf das Glück des jungen Paares. Man wußte nicht, daß es sich um ausgelagerte Kisten mit etruskischen Vasen aus dem preußischen Staatsbesitz handelte. Derjenige, der den Besitz betreuen sollte, hatte sich vor den anrückenden Sowjets in den Westen abgesetzt.

Traum: Ich komme zu spät zur Abfahrt eines Zuges. Er wird meinetwegen angehalten. Viehwaggons, aus deren Ritzen Stroh heraushängt, die Türen gehen auf, Soldaten stürmen auf den Bahnsteig. Sie tragen blutige Hakenkreuze auf der Brust, sie grölen. Ich laufe weg und weine, weine fassungslos.

Wenn ich krank bin, träume ich mehr als sonst. Was für ein merkwürdiges Krankheitszeichen!

Was ich selber einmal schrieb und auf Bewährung liegen ließ, finde ich jetzt bei Thomas Brasch, ›Der schöne 27. September‹: ›Ich habe keine Zeitung gelesen – ich habe keinen Stein ins Rollen gebracht –‹

Bei mir hieß es:

Ich habe den Teufel nicht an die Wand gemalt
Ich habe auch keinen Engel an die Wand gemalt
Ich habe nicht ›Klaus ist doof‹ an die Wand geschrieben
Ich habe nie ›Scheiße‹ an die Wand geschrieben
Ich habe weder Hakenkreuz noch Hammer und Sichel
gemalt
Ich hinterlasse keine Zeichen

Ich habe meinen Namen zwischen die Eisblumen der
Fensterscheiben geschrieben
Ich habe deinen Namen in den Sand geschrieben
Ich habe Häuser in den Sand gemalt
Ich habe auf Horizontlinien geschrieben

Friedhelm W., mit dem ich auf unübersichtliche Weise verwandt bin, erzählt vom Sterben seines Großvaters, an den ich mich noch erinnere, ein Vetter meines Vaters, wie ich vermute. Er war Schreinermeister und sprach Platt; es klang aber anders als das Platt in meinem Dorf, obwohl beide Dörfer in Waldeck liegen. Dieser Großvater mit den stechend blauen Augen – ›grell‹ sagen wir Waldecker – ließ eines Tages seine Kinder und deren Frauen und alle Enkel zu sich rufen. Er saß im Lehnstuhl, rief sie einzeln, dem Alter nach, beim Namen, legte jedem die Hand auf und segnete ihn. Der Arzt erklärte: ›Es kann noch lange dauern.‹ Aber er sagte: ›Ich sterbe‹ und starb.

Friedhelm erzählt von seinem Vater, ebenfalls Schreinermeister im selben Dorf, im selben Haus. Von ihm stammt der Satz: ›Meine Werkstatt und meine Söhne sind meine Lebensversicherung.‹ Auch er sprach noch Platt. Inzwischen besaß er außer der Schreinerei auch noch ein Lebensmittel- und Haushaltwarengeschäft. Er hatte drei Kinder, das jüngste davon dieser Friedhelm. Während des Zweiten Weltkrieges, als er und seine Schwester noch klein waren, wurde kurz vor Weihnachten auf einen Abschnitt der Lebensmittelkarten ein Riegel Schokolade aufgerufen. Die beiden Kinder schlichen sich in den Lagerraum des Lebensmittelgeschäftes, nahmen sich einen Riegel Schokolade und teilten ihn untereinander; sie wollten ihn später, wenn sie regulär ihre Schokolade zugeteilt bekämen, ersetzen. Beim Abendbrot, als alle mit gefalteten Händen am Tisch saßen, sagte der Vater: ›Wir können heute nicht beten, wir haben Diebe am Tisch sitzen.‹

Als der Vater einen Schlaganfall erlitt und linksseitig gelähmt im Bett lag, zu Hause und nicht etwa im nahe gelegenen Krankenhaus, hob er mit dem gesunden rechten Arm den gelähmten linken Arm hoch und sagte: ›So kann mich unser Herrgott doch nicht liegen lassen! Er muß mich gesund machen oder holen!‹ Er starb dann nach fünf Tagen.

Seine drei Kinder haben längst eigene große Familien; sie verehren den Vater noch heute, allerdings mischt sich auch Furcht in ihre Liebe. Aus der Schreinerwerkstatt ist eine holzverarbeitende Fabrik geworden; einer der Brüder leitet den technischen, der andere den kaufmännischen Betrieb, in Eintracht. Ihre Frauen führen ebenso einträchtig das Lebensmittelgeschäft weiter; sie wechseln sich wöchentlich ab. Ihre geräumigen, modernen Häuser stehen am Rand des Fabrikgeländes in Rufweite. Bei Friedhelm liegt die Familienbibel aufgeschlagen auf dem Tisch in der Diele. Jeden Morgen liest er darin. Er entschuldigt sich: Im Laufe des Tages komme er nicht zum Lesen, und abends sei er zu müde.

Als seine Tochter, fünfzehnjährig, nach einem Autounfall lange in der Klinik liegen mußte, fuhr er täglich 50 Kilometer, um sein Kind zu besuchen. In dem Acht-Betten-Zimmer lag auch ein türkisches Mädchen, das oft weinte und sich weigerte zu essen. Er brachte den ›Struwwelpeter‹ mit, zeigte der kleinen Türkin die Bilder vom Suppenkaspar, las ihr die Geschichte vor und erklärte sie ihr. Von da an las er jeden Tag dem türkischen Kind und den deutschen Kindern eine Geschichte vor. Und als er seine Tochter abholte, schenkte er jedem Kind den ›Struwwelpeter‹. Waldecksche Kalendergeschichten aus der Gegenwart.

Einmal im Jahr besuchen wir diese waldeckschen Verwandten. Ich sage dann: ›Wir nehmen ein Familienbad.‹

›Zieht euch alte Sachen an!‹ ruft Friedhelm mit lauter Stimme durchs Telefon. ›Meine Frau backt Ofenkuchen!‹ Und dann sitzen wir alle um einen langen Tisch, streichen gesalzene Butter auf die dünnen, heißen Kartoffelfladen, rollen sie auf, essen sie aus der Hand, und die geschmolzene Butter rinnt uns bis zu den Ellenbogen. Wir trinken Kaffee und Schnaps dazu, und ich sage: ›Und jetzt mußt du erzählen, wie ihr im Krieg die Schokolade –‹

Später gehen wir zum Schwimmen. Das Schwimmbad ist nur durch eine Hecke vom Obstgarten getrennt, in der Hecke befindet sich ein Schlupfloch. Wir zahlen keinen Eintritt. Das Schwimmbad wird kostenlos mit Sägemehl, einem Abfallprodukt der Firma, geheizt.

Wir unterhalten uns über den kalten Winter 1963, als die Wasserleitungen einfroren, die Rohre barsten und nachts ein Tankwagen durch die Straßen fuhr. Als wir in der Kälte Schlange standen mit Eimern und Kannen. Der Wasserhahn am Tankwagen fror ständig zu und mußte immer wieder mit einem Strohfeuer aufgetaut werden. Was für ein Gelächter! Was für ein Erzählen! Das ist ja noch gar nichts! Jeder hat da noch ganz anderes erlebt. Im Krieg und auf der Flucht und nach dem Krieg. Die Vergangenheit bekommt immer größere Dimensionen. Ein Volk von Überlebenden. Eines Tages wird man uns diese abenteuerliche Vergangenheit auch noch neiden.

Wieder ein Sommer vorbei! Wer nicht am Mittelmeer ein paar Wochen Urlaub vom deutschen Sommer nehmen konnte, fühlt sich betrogen. Es fehlt uns an Sonnenenergie. Nur wenig warme Abende, die man auf der Terrasse oder im Garten verbringen konnte. Wie viele sorgfältig geplante Ausflüge verregnet! Nur die Immerzufriedenen sagen: Aber der Grundwasserspiegel ist gestiegen! Den Wäldern wird der Regen gutgetan haben! Der Herbst kann ja noch schön werden!

Die Sorgen der Landwirte und der Weinbauern brauchen wir nicht zu teilen; wenn das Korn in der Bundesrepublik knapp wird, liefert Kanada, wenn der Wein keine Süße hat, werden wir Wein aus Italien oder Jugoslawien trinken.

Von der Bahn aus habe ich viel Lagerfrucht gesehen, Roggen, der auf dem Halm schwarz geworden ist, faulendes Heu, das noch auf den Reitern hing. Ich stamme vom Lande, ich weiß, daß ein Landwirt nicht an Subventionen, sondern an die schlechte Ernte denkt; an die Kartoffeln, die bei Regenwetter geerntet werden mußten, die sich nicht lagern lassen. Aber wir Verbraucher werden ausreichend Kartoffeln aus anderen Ländern zu essen bekommen, wir können ganz beruhigt sein.

Es ist Sonntagmorgen, und wir sitzen beim Frühstück, der Tisch sieht aus wie ein Weltmarkt im kleinen. Der Käse aus der Schweiz; der Fruchtsaft vermutlich aus Kalifornien; das Knäkkebrot aus Schweden; der Tee aus Ceylon; der Honig aus Polen. Wir erinnern uns an den Marktplatz von Dramburg, heute Drawsko. Honig von pommerschen Rapsfeldern, die damals in Blüte standen. Die Salami-Wurst stammt aus Jugoslawien; seit wir wissen, daß sich dort nur wenige Leute Salami leisten können – sie muß in reiche westliche Länder exportiert werden und Devisen bringen –, essen wir sie mit schlechtem Gewissen. Aber die Marmelade habe ich selbst gekocht! Sauerkirschen aus dem eigenen Garten, ein Schuß Jamaika-Rum hat ihr gutgetan, wir erinnern uns, wie schön der Baum im Mai geblüht hat, ein großer Blütenstrauß unmittelbar vorm Fenster. Frische Landeier, unmittelbar vom Erzeuger, an der Haustür gekauft, auch Hefekuchen, den die Bäuerin gebacken hat. Der Gedanke, wem wir das alles vorenthalten, verdunkelt den ohnehin trüben Morgen. Trotz des selbstverordneten Energiesparprogramms haben wir die Heizung eingeschaltet. Nun läuten auch noch die Glocken! In der Karlsaue beginnt gleich der Gottesdienst. Aber es ist zu naß, es ist zu kalt und die Aue durch die Erdarbeiten für die Bundesgartenschau verschandelt...

Haben wir denn nicht auch oft gefroren und gehungert? Erinnere dich, wie wir Kartoffeln stoppeln mußten! Wie wir Bucheckern gesammelt haben an naßkalten Oktobertagen! Sirup aufs trockene Brot! Aber was zählt der Hunger, den man vor dreißig Jahren gelitten hat? Heute sind wir satt und übersättigt, wünschen uns oft solch einen richtigen Hunger von damals.

Unwetterschäden, Mißernten und Bevölkerungsüberschuß. Anderswo bedeutet das noch Entbehrungen und Hunger. Stand nicht gestern erst wieder eine Kontonummer für ein Hilfsprogramm in der Zeitung? Flüchtlingselend der Vietnamesen! Boat people. Mein Überschwang schrumpft zu einem Überweisungsauftrag an die Bank zusammen. In der DDR sollen Lebensmittel wieder knapp sein, ich werde ein paar Pakete hinschicken, um mein schlechtes Gewissen zu besänftigen, gewohnheitsmäßig, und gewohnheitsmäßig dankt man mir: Geber und Nehmer sind ein wenig müde geworden.

›Gedenke der Quelle, wenn du trinkst!‹ sagen die Chinesen. Unser Wasser kommt aus dem Niestetal, vermuten wir; wir wandern dort oft. Im Kaufunger Wald. Dort wird es bald nach Kartoffelfeuern riechen, Kinder werden auf den abgeernteten Feldern ihre Drachen steigen lassen. Wieder ein Sommer vorbei. Wie viele noch? Gedenke der Quelle – sagen die Chinesen und ermahnen zur Dankbarkeit. Aber: wohin fließt das Wasser? Zu welchem Ende hin gehen wir? Da kommt man mit chinesischer Weisheit nicht aus.

Immer muß ich die Maximen meiner Roman-Figuren nachleben. Maximiliane von Quindt, die als Kind ein Flüchter war, dann ein Flüchtling wurde, die weder seßhaft wurde noch wieder zu Besitz kam, erklärte: ›Das brauchen wir nicht!‹ Das hängt mir nun an. Brauche ich einen wärmeren Mantel? Brauche ich wirklich einen neuen Herd?

Innerhalb eines halben Jahres sind zehn Todesanzeigen bei uns eingetroffen und keine einzige Geburtsanzeige. Statistisch ist das falsch.

Eine tüchtige Frau, Mitte Dreißig etwa, mit mehr Berufs- als Lebenserfahrung. Sie arbeitet als Chefsekretärin, ›geht in ihrem Beruf auf‹. Ihr Privatleben kommt zu kurz, es gibt keine Bindungen mit Männern, nicht einmal vorübergehende. Sie nimmt es hin, ebenso wie sie die öden Wochenenden und den einsamen Urlaub hinnimmt, von dem sie außer Erholung nichts erwartet. Sie wirkt blaß, unscheinbar, man vergißt sie, erinnert sich erst wieder an sie, wenn man sie auf ihrem Vorzimmerplatz sitzen sieht: zuverlässig, höflich, umsichtig. Auch ihr Name vergißt sich leicht. Seifert oder Seifried? Gelegentlich begleitet sie ihren Chef zu Kongressen, sie ist ihm unentbehrlich, er nimmt sie mit wie sein Notizbuch.

Bei einem solchen Kongreß zieht einer der Kongreßteilnehmer sie in einer Pause ins Gespräch. Sie gehen in den Parkanlagen miteinander spazieren. Die Frau kennt das Interessengebiet des Mannes aus der Korrespondenz und aus Telefongesprächen, sie geht auf ihn ein, das ist sie gewöhnt. Er lädt sie zum Abendessen ein. Sie faßt Zuneigung zu ihm. Auf dem Weg zum Hotel – beide haben getrunken – gibt er ihr zu verstehen, daß er die Nacht mit ihr verbringen möchte. Er nennt eine vierstellige Summe. Sie ist ernüchtert, weist ihn ab.

Diese Sekretärin hat mir die Geschichte selbst erzählt, wieder erinnere ich mich nicht an ihren Namen, Seifried oder Seifert?

Erich Kästner hat einmal festgestellt, daß 98 Prozent aller Kulturgüter von scheuernden, putzwütigen Weibern zerstört werden. – Zumindest diesen Vorwurf kann man den modernen Frauen nicht mehr machen.

Vor kurzem gingen Bilder durch die Zeitungen, die etwas bis dahin nie Gesehenes festhielten: 50 Körperbehinderte demonstrierten und blockierten mit ihren Rollstühlen die Fahrstühle im Münchner Justizgebäude. Anlaß gab eine 68jährige Münchnerin, die sich auf einer griechischen Insel erholen und nicht im selben Hotel wohnen wollte, in dem zur selben Zeit auch 25 Schwerbehinderte Ferien machten. Die Frau fühlte sich durch diesen Anblick um ihre Erholung betrogen. Sie konnte nicht ahnen, daß der Stein, den sie warf, eine solche Lawine der Entrüstung auslösen würde. ›Urlaub im Getto‹ hieß es und: ›Behinderte, nein danke!‹ Das schreibt und sagt sich sehr leicht. Aber wie hätte ich reagiert? Wie ein unbeteiligter Zuschauer? Oder wie ein Wegschauer? Wäre ich rasch die Hoteltreppe hinaufgestiegen, unbekümmert ins Meer hinausgeschwommen? Oder hätte ich diesen Behinderten zu etwas mehr Lebensfreude verholfen? Vermutlich hätte ich sie durch hilflose Hilfsversuche nur noch mehr behindert.

In der Nähe meines Dorfes gab es ein ›Krüppelheim‹; meine Eltern schickten mich mit kleinen Aufträgen oft dorthin. Ich sah entstellte und seltsam lallende Menschenwesen und fürchtete mich. Im Dorf gab es Schwachsinnige, die zu Hause verwahrt wurden. Ich habe als Kind nie, und auch später noch lange nicht, darüber nachgedacht, daß diese Immer-Kranken andere Ansprüche stellen könnten als die an ›Verwahrung‹, daß man sie fütterte, zu Bett brachte, sauberhielt. Krüppelheim. Siechenhaus. Klapsmühle. Man hatte früher unerschrockenere Bezeichnungen, heute benutzen wir freundliche Wörter, sprechen von ›Behinderung‹: geistig behindert, sehbehindert, hörbehindert.

Seit ich in einer Rehabilitationsklinik lange mit ›Contergan-Kindern‹, die längst keine Kinder mehr waren, mit Spastikern und Querschnittgelähmten zusammen behandelt wurde, weiß ich etwas besser Bescheid. Aber ich erschrecke noch immer, werde hilflos und benehme mich falsch. Ich lernte in jener

Klinik wieder zu stehen, zu sitzen, zu gehen. Ich machte rasche Fortschritte, die anderen machten kleine, für mich kaum wahrnehmbare.

Als ich in Kassel eine Wohnung suchte, lag eine, die mir zusagte, unmittelbar am Schulhof einer ›Sonderschule‹; auch dies ein sehr freundlich verschleierndes Wort für einen schlimmen Tatbestand. Ich hätte mich an den Anblick von Hilflosigkeit und Leid nicht gewöhnt und nicht gewöhnen wollen, sondern hilflos gelitten und mir selbst geschadet; ich mietete jene Wohnung nicht.

Ich gestehe freimütig, daß mir der Gedanke, auch Behinderte brauchten so etwas wie Ferien, nie gekommen ist. Auch ich habe immer an ›Bewahrung‹ gedacht und nicht an einen Anspruch auf Glück oder gar an sexuelles Glück! Inzwischen kenne ich die ›Behinderten-Werkstätten‹ und kenne den ›Club der Behinderten‹, in dem sie sich so frei, wie es ihre geminderten Fähigkeiten zulassen, bewegen können: Cola-Bar und Flipper und Musik-Box. Aber auch das sind ja immer noch Gettos! Erst allmählich kommen die körperlich und geistig Behinderten aus ihren Verstecken hervor. Sie demonstrieren, aber nicht etwa gegen ihr Schicksal, sondern nur aus kleinen, geringfügigen Anlässen.

Unterführungen auch für Rollstuhlfahrer; Telefonzellen, die man vom Rollstuhl aus benutzen kann; Eisenbahnabteile, in denen ihnen Reisen ermöglicht werden. Im Theater und im Konzertsaal sieht man jetzt häufiger Behinderte in ihren Rollstühlen in den Gängen sitzen. Wir anderen schauen hin, oder wir schauen weg. Unsere Ohren und Augen sind gegenüber Krankheit und Leiden und Tod abgehärtet, weil wir sie ständig auf dem Bildschirm vorgeführt bekommen. Der Kommissar als ›Chef‹ im Rollstuhl! Nur sitzen im wirklichen Leben die Kommissare nicht in Rollstühlen.

Unser Instinkt drängt uns, einen Bogen um jenes Elend zu machen, das uns jederzeit selbst widerfahren könnte. Von Sekunde zu Sekunde könnte man durch Arbeits- und Verkehrsunfälle ins andere Lager geraten. Wir haben keine Gewähr, daß nicht in unserer eigenen Familie ein Kind geboren wird, das sich ›nicht normal‹ entwickelt. Wie soll ich mich verhalten? Mitleid, heißt es, sei unerwünscht. Aber Mitleiden ist eine unserer menschlichsten Eigenschaften! ›Ganz selbstverständlich‹ sollen wir mit den anderen umgehen, aber es ist nicht selbstverständlich, daß ich gesund bin, und sie sind es nicht. Warum er? Warum nicht ich? Das frage ich mich jedesmal. Wie soll ich erkennen, wann Hilfe erwünscht und wann sie unerwünscht ist? Man wird auch mit den Gesunden Geduld haben müssen! Auch wir müssen lernen zu erkennen, wo wir mit Geldspenden helfen könnten und wo mit einem Zeitgeschenk. Mit schönen neuen Worthülsen ist es jedenfalls nicht getan.

Der Bittende erhöht den, den er um etwas bittet.

Gesagt – getan. Bei mir müßte es heißen: gesagt – geschrieben. Ich schreibe über das angemessene Verhalten der Gesunden und Normalen gegenüber Körperbehinderten und Geisteskranken. Aber ich verschweige jenen Augenblick, in dem ich solch ein Lebewesen begrüßen wollte und nicht wußte, wo ich es zu fassen bekäme, weil sich die Gliedmaßen nicht dort befanden, wo ich es gewohnt war. Ich saß auf einem normalen Stuhl zwischen 20 Rollstühlen, in denen junge Männer und Frauen saßen, lagen oder hingen. Es handelte sich um die leichteren Fälle. Solche, die eine halbe Stunde lang einer Lesung folgen konnten und wollten. Später stellten sie Fragen wie andere Zuhörer auch, und ich versuchte zu antworten wie sonst und mich ›normal‹ zu benehmen. Auf der Heimfahrt, im Taxi, verlor ich die mühsam bewahrte Fassung.

Es überrascht mich, wie unbekümmert man in Wohnungen zur Schau stellt, was man liest. Das Geschirr und die Wäsche befinden sich in geschlossenen Schränken, aber ein Blick auf die Wände im Wohnraum offenbart: Hier wird gelesen! Oder: Hier wird nicht gelesen! Und das kundige Auge sieht dann mit einem Blick: Proust-Werke, Brecht, Benn. Oder es sieht die bunten Umschläge der Angelique-Reihe, sieht Simmel. Man taxiert unwillkürlich die Besitzer. Der Weinkeller ist dann in der Regel sorgsamer sortiert.

Ein Oktobertag in München. Wir gehen im Englischen Garten spazieren, können die Geschwindigkeit der Isar nicht mithalten. Warum fließt sie so rasch durch den Englischen Garten? So hübsch bekommt sie es so bald nicht wieder.

Kunsthalle Darmstadt. Mehr als achtzig deutsche oder in Deutschland lebende Maler, Zeichner und Bildhauer stellen Kunstwerke zum Thema ›Liebe 80‹ aus, unter ihnen so bekannte Künstler wie Horst Antes, Rudolf Hausner, Horst Janssen, Paul Wunderlich. Auch Frauen sind vertreten, ihre Arbeiten unterscheiden sich aber nicht von denen der Männer. Warum auch? wird man fragen. Ich selbst finde es, auch in der Kunst, nicht gut, wenn Frauen versuchen, es den Männern gleichzutun. Im Anderssein liegt ihre Aufgabe. Zum Thema Liebe sollten sie ihren eigenen Beitrag leisten.

Was ist in der Ausstellung zu sehen? Eine Plastik nennt sich ›Begegnung‹, stellt aber die Einsamkeit zu zweien dar, Mann und Frau kehren einander den Rücken zu, nur die Hände suchen sich. Unter dem Titel ›Liebeserklärung‹ ein Plakat, auf dem ›Ich liebe meinen Nächsten wie mich selbst, ich bin mir selbst der Nächste‹ steht; daneben das Selbstbildnis des Künstlers. ›Süße Last‹ zeigt, daß der Hintern der Frau dem Mund des Mannes gleicht. Eine Plastik: der Geschlechtsakt, hinter einem Eisengitter vor einer Brandmauer vollzogen. Oder dasselbe Thema: Die Unterkörper von Mann und Frau zu einem einzigen verschmolzen, die Oberkörper auseinanderstrebend, das Gegenteil einer Umarmung. Das Material der Plastiken ist meist Kunststoff, Polyester oder Acryl. Die Darstellung hat in der Regel soviel mit Liebe zu tun wie Kunststoff mit Kunst. Ein nackter Mann, aufrecht stehend, blickt auf eine zusammengekauerte nackte Frau zu seinen Füßen: Sieger und Opfer. Eine kleine Bronzestatue, zwei Lesbierinnen darstellend, enthält Leichtigkeit und auch Poesie. Man bekommt delikat gemalte Geschlechtsteile zu sehen. Eine Janssen-Zeichnung heißt ›Selbst mit B.‹, auch ihm ist das Ich wichtiger als das Du.

Als ich vor vielen Jahren zum ersten Mal Rodins Plastik ›Der Kuß‹ sah, war ich tief ergriffen, empfand aber auch Scheu, weil mir die Darstellung eines Kusses ungehörig erschien, wenn auch sehr schön. Inzwischen wird nicht der Kuß, sondern der

Geschlechtsakt dargestellt, nichts bleibt verborgen, allenfalls die Gesichter, die ausdrucksleer sind, oft auch abgewandt. Ich erinnere mich an die mittelalterlichen Darstellungen der Vertreibung aus dem Paradies, auf denen Adam und Eva nicht ihre Gesichter verbergen, sondern die Schamteile; nur das Gesicht macht den Menschen kenntlich.

Von Klaus Staeck ist ein Plakat ausgestellt, auf dem ein Brautpaar unter rauchenden Fabrikschloten sitzt. ›Bis daß Erstickungstod euch scheidet‹ steht darüber. Eine andere Version seines gleichbleibenden Themas.

Was ist geschehen? Warum wird nichts spürbar von einem Geheimnis zu zweien? Nichts von dem Verlorensein des einen an den anderen? Alle diese Künstler verhalten sich distanziert zu dem Thema, das so alt ist wie das Menschengeschlecht. Soll hier wieder einmal ein Stück Sozialkritik geleistet werden? Wollen die Künstler beweisen, daß die Liebe ordinär und brutal und manchmal auch grotesk und komisch ist? Daß es nur mangelnde Liebe, verbrauchte Liebe gibt und letztlich doch nur Eigenliebe? Wollen sie es an Deutlichkeit den Filme-Machern gleichtun? Wollen sie sich gegen die kitschige Illustrierten-Liebe abgrenzen? Abgrenzen auch gegen die strahlend verliebten jungen Leute der Reklame-Wände? Die Folge ist, daß die Grenze zur Pornographie oft überschritten wird, vieles ist obszön, für andere Betrachter vielleicht ›delikat‹. Mit wenigen Ausnahmen wird Liebe zu brutaler Sexualität erniedrigt. Nicht nur die Augen werden verletzt, die Verletzungen gehen tiefer.

Es fehlt am Eingang der Kunsthalle das Schild: ›Liebende werden gewarnt‹.

Vor einem Jahr ist eine Sammlung moderner Liebesgedichte unter dem Titel ›Aber besoffen bin ich von dir‹ erschienen, sie ist bereits mehrmals neu aufgelegt worden, über hundert Gedichte von der Lust und der Schwierigkeit, einen anderen zu lieben. ›Besoffen‹ vom anderen, das klingt schnoddrig, vor wenigen Jahrzehnten hätte man ein solches Buch wohl noch ›Trunken vor Glück‹ genannt. Beides hätte einen vorübergehenden Zustand angedeutet. ›Sozusagen Liebe‹ heißt eine Überschrift. ›Vielleicht geht's gut, dann trennt euch ohne Wunden‹, lese ich. Keiner traut mehr den überschwenglichen Worten. Von immer und ewig ist nicht die Rede. Vorsicht ist geboten. Die Liebe ist schutzbedürftig und gefährdet, keine großen Worte mehr, kein Seufzer, keine Träne. Fünf-Minuten-Paradiese. Die Angst vor der bedingungslosen Kapitulation wird spürbar. Widerwillige Liebe. Die Gedichte sind kürzer und lakonischer geworden, nur über die unerfüllte Liebe wurde Strophe um Strophe gedichtet. ›O Mädchen, Mädchen, / Wie lieb ich dich!‹ und ›Aus meinen Tränen sprießen / Viel blühende Blumen hervor...‹

Es geht heute im Leben und in der Kunst ehrlicher, aber auch schonungsloser und auch schamloser zu, oft wird die Liebe jener Dimension beraubt, die weit über die Triebbefriedigung hinausgeht. Die Liebe hat an Geheimnis, an Heimlichkeit, verloren, an Unbekümmertheit gewonnen, sie ist weniger verlogen. Wird etwa noch immer Treue geschworen und von ›immer und ewig‹ geredet, nur eben leise? Ist die Liebe für die Kunst unbrauchbar geworden? Haben sich die Wissenschaftler des Themas angenommen? Das Buch von Erich Fromm ›Die Kunst des Liebens‹ ist in mehr als einer Million Exemplaren verkauft und wohl auch gelesen worden. ›Es gibt kaum eine Aktivität, kaum ein Unternehmen, das mit derartig ungeheuren Hoffnungen und Erwartungen begonnen wird und mit derart großer Regelmäßigkeit fehlschlägt.‹ Die Hoffnungen und Erwartungen scheinen nicht mehr darstellbar zu sein, dafür die Fehlschläge um so häufiger und um so besser. Die Kunst kapituliert vor jener Liebe, die weiterhin ›die größte‹ sein kann, die unendlich sein kann und immer und ewig, die zu zweien stattfindet, ohne Öffentlichkeit.

Das Pendel der Liebe geht hin und her, von der Poesie zur Pornographie. Ich halte für möglich, daß es nun, wo gesagt und gezeigt ist, was so lange unter Tabu stand, zurückschlägt, daß ein neues, anderes Schamgefühl entwickelt wird, daß man die tabuierten Gefühle wieder zeigen darf und daß eine neue Empfindsamkeit entsteht, von der in der Ausstellung ›Liebe 80‹ kaum etwas zu sehen war.

Die Levkojen haben einen Nachtfrost von sechs Grad unter Null unbeschadet, heiter weiterblühend, überstanden, während in anderen Gärten die leuchtenden, strotzenden Dahlien zu Boden gegangen sind.

Erkennen, wo man gebraucht und wo man mißbraucht wird.

Eine Abendveranstaltung mit dänischen Deutschlehrern. Die Diskussion, die sich an meine Lesung anschließt, wird heftiger als sonst, ich pariere mit Liebenswürdigkeit, die aber nicht erwünscht ist. Dann unterbreche ich den Monolog eines Teilnehmers, der mir vorhält, ich schriebe nicht, um die Gesellschaft zu verändern, stehe auf, packe meine Sachen zusammen und sage, was ich oft sage: ›Ich werde nie etwas schreiben, das ich nicht auch zu leben bereit wäre!‹

Wir führen ein schönes, inhaltsreiches Leben. Ich weiß das. Ich bin dankbar. Es ist nicht selbstverständlich und wird auch nicht als selbstverständlich genommen. Als unsere Nachbarin, die einige Jahre lang unsere Manuskripte ins reine geschrieben hatte, starb, ging Kühner zur Beisetzung, ich blieb zu Hause, dachte aber fortgesetzt an sie: Sie war kaum älter als wir, und sie war sehr tapfer gewesen. Seit zehn Jahren wußte sie, daß ihre Krankheit tödlich enden würde. Aber wissen wir das nicht alle? Darum gilt: ein schönes, reiches Leben, zu jeder Stunde!

Wenige Tage nach dem Tod des Schauspielers Arno Assmann schrieb mir jemand: ›Ich dachte sofort an Sie und den Fernsehfilm über Ihre »Poenichen-Romane«. Wie ein echter Freiherr von Quindt ist er seiner Frau in den Tod gefolgt. Was ist daran so schlimm? Das war doch stolz und großartig. Er wollte doch sterben!‹ Wenige Monate zuvor hatte er seinen Selbstmord gespielt, in kaum einer anderen Szene war er so überzeugend: Mein alter Quindt, der Poenichen weder tot noch lebend verlassen wollte. Es ist wie schon so oft: Als ob ich etwas herbeigeschrieben hätte.

Neuauflage meines Romans ›Die Zeit danach‹. Beim Wiederlesen bin ich überrascht darüber, was mir damals, vor zwanzig Jahren, schon alles klar war. Etwa jenes Kapitel ›Nahm den

Mantel und ging‹. Heute nennt man das ›Midlife-crisis‹. Man findet eine Bezeichnung und benutzt sie als Entschuldigung im Sinne von: così fan tutte.

Viruserkrankung. Täglich Spritzen. Ich sehe aus wie ein Fixer. Hätte mein Blutdruck höhere Werte, sagen wir 110 zu 140 (falls das günstige Werte sind), hätte ich längst die ›Göttliche Komödie‹ geschrieben. Vollblutautoren. Blutarme Bücher. Es muß Zusammenhänge geben zwischen künstlerischer Produktion und Physiologie. Wie zwischen Maschinen und Produkten.

Welche Hindernisse, bis ich zu dem komme, was ich eigentlich tun will! Korrespondenz, Buchführung, Haushalt. Auf dem Weg zum Schreibtisch verbrauche ich meine Kräfte, komme erschöpft dort an, wo es doch erst losgehen müßte. In meinen Tageslauf sind viele Widerstände eingebaut, die aber vermutlich im Energiehaushalt wichtig sind. Ich liebe es, den Tag mit Briefen zu beginnen. Impulse nach außen.

Wortarmut ist für den Schriftsteller die schlimmste aller Krankheiten. Ich merke, mehr als früher, daß man nur aus dem Überfluß schreiben kann, daß man mehr an Kraft besitzen muß als nur die Kraft für sich selbst. Ich denke an jenen Novembertag, als ich mutlos vor den vielen Mappen mit Notizen für die ›Poenichen-Bücher‹ saß. Nie würde ich das schaffen, dachte ich. Kein Satz hielt meiner Kritik mehr stand. Das ganze Unternehmen schien mir von vornherein gescheitert. Ich wollte alles vernichten. Aber wir besitzen keinen Ofen. Kühner hat die Mappen vor meinem Zerstörungswillen gerettet.

Als ich mit dem Auto in den Vereinigten Staaten von Amerika unterwegs war, tauchte eines Tages in der Ferne ein riesiges Bauwerk mit silberner Kuppel auf. Der Tempel einer unbekannten Religion? Aber unsere Straße, die schnurgerade durch die Prärie auf die Rocky Mountains zulief, führte in respektvoller Entfernung vorbei. Es gab keine Zufahrt. Wir hielten an und machten ein Foto und fuhren weiter. Tage später, als wir die Kultbauten der ›Heiligen der letzten Tage‹, der Mormonen, sahen, erinnerte ich mich an jene Kuppelbauten. Ich erkundigte mich und erfuhr: Es handelte sich um ein Atomkraftwerk. Das erste, das ich sah.

(›Ein Kraftwerk ist auch ein Tempel, nur wird das ebensowenig gesehen, wie man in einem Tempel ein Kraftwerk sieht‹, schreibt Ernst Jünger in seinem Tagebuch ›Siebzig verweht‹.)

Das, was ich ›Besitzerscham‹ nenne, hat seine Wurzeln, die ich allmählich ausgrabe und freilege. Eine der Wurzeln: Ich habe nach dem Krieg mehrmals in Schüleraufführungen den Einakter ›Das lange Weihnachtsmahl‹ von Thornton Wilder gesehen. Neunzig Weihnachtsmahle zu einem einzigen langen Mahl zusammengezogen, mit Truthahn und ›Auf die Damen!‹, dem fröhlichen Auftritt neuer junger Frauen und dem unauffälligen Abgang der Toten. Einen Satz habe ich wörtlich behalten. Lucia Bayard, die Tochter eines Predigers, sagt ihn zu ihrem Mann: ›Wirklich, Roderick, ich werde mich sehr unbehaglich fühlen, wenn es sich am Ende herausstellt, daß wir reich sind. Davor hab' ich mich seit Jahren gefürchtet.‹

Kann sein, daß ich einmal ein Buch über das Alter schreibe. Über jene ›Alten-Kommune‹, die wir schon vor Jahren mit einer Reihe von Freunden planten. Jeder sollte einbringen, was er an Besitz, vor allem an Erfahrungen und Kenntnissen, erworben hatte. Wir wollten gemeinsame Sache machen. Es sollte nicht jeder allein seiner Wege gehen, nicht jeder sein eigenes Auto fahren. Nicht jeder seine Lieblingsschallplatten allein hören, seine Lieblingsbücher unter Verschluß halten, seine Mahlzeiten allein einnehmen.

Im Alter, meinten wir – und meine ich persönlich noch immer –, müßte doch viel Liebe frei werden, die vorher durch Kinder, durch alte Eltern, auch durch Kollegen besetzt gehalten wurde.

Warum versuchen nur junge Menschen neue Lebensformen

zu verwirklichen: Kommunen, Wohngemeinschaften, die sehr oft nicht mehr als das Zweckmäßige meinen, trotzdem oder deswegen aber oft scheitern. Unsere Hausordnung sollte keine Verbote, nicht einmal Gebote enthalten, sondern: Du kannst, du darfst, wir wollen, wir werden. Bei leichten Erkrankungen sollte einer dem anderen das Frühstück ans Bett bringen. Jeder würde sein eigenes Apartment besitzen, aber es würde einen großen festlichen Raum für alle geben; die Wände voller Bücher, ein wohlgefüllter Plattenschrank. Einen Garten für alle, auch einen Gemüsegarten, wo wir nach biologischen Erkenntnissen säen und ernten würden; Sauna und Gymnastikraum, ein Trainingsrad. Eine große Küche, in der mehrere zugleich, aber für alle, kochten, gemeinsame Mahlzeiten. Da wir alle klug und einsichtig sind, würde es bei der Arbeitsaufteilung keine Schwierigkeiten geben. Wir wollten Ideale verwirklichen, nicht nur eigene materielle Vorteile anstreben. Theater- und Konzertbesuche, vielleicht könnte man gemeinsam musizieren. Die Jugendtorheiten hätten wir hinter uns; Sex würde uns nicht mehr die Köpfe verwirren. Schachspieler fänden sich zusammen. Erzähler fänden Zuhörer. Einer könnte dem anderen beim Altwerden helfen und sich helfen lassen. Gemeinsam gingen wir gegen den Alterseigensinn an und gegen die Einsamkeit des Alters. Abgänge und Zugänge.

Man will nicht mehr die Welt ändern; man weiß: Nur sich selbst kann man ändern. Man hat gelernt, zu leben und zu überleben; die Frage ›Das war nun schon alles?‹ ist abgelöst von der Frage ›Wozu?‹, ›Worauf hin?‹. Jetzt müßte man lernen, das Leben allmählich aufzugeben.

Meine Lebenspläne verwandeln sich unter der Hand zu Schreibplänen. Aber ein heiterer Roman über eine solche Alten-Kommune wäre doch denkbar. So vieles ist: zum Lachen.

Graue Regentage. Ich habe Hundertwassers Bildband ›Regentag‹ aufgeschlagen vor mich hingestellt. Das Bedürfnis nach Farbe, nach Schönheit wächst, auch das nach Liebenswürdigkeit. Bedürfnisse an die Kunst, die nur schwer zu befriedigen sind.

Kunstgeschichten VI

In Sant' Angelo d'Ischia gibt es so etwas Unerfreuliches wie einen Zahnarzt nicht. Auch in Forio, dem nächstgelegenen Städtchen, hat der ›Dentista‹ seine Praxis nicht an der Piazza – dort gibt es nur Annehmlichkeiten, Bars und Boutiquen und Friseure –, sondern in einer Nebenstraße. Als ich die steile Treppe, die zur Praxis im ersten Stock führte, hinaufging, glaubte ich mich geirrt zu haben: Musik in voller Lautstärke, als befände ich mich auf dem Weg zu einem Konservatorium. Aber schon am Fuß der Treppe hing ein Schild an der Wand, das zeigte, daß ich am richtigen Ort war, der Zahnwehkranke konnte auf einer Tafel lesen, womit er zu rechnen hatte. Unter 1000 Lire war nichts zu machen, alte Lire, versteht sich; an Sonn- und Feiertagen würde es das Doppelte kosten, bei einem Hausbesuch, je nach Entfernung, das Vielfache.

Im Wartezimmer ist es kühl, die Stühle stehen aufgereiht an den weißgekalkten Wänden. In der Mitte ein Mahagonitisch mit einer Kunststoffspitzendecke und einer Kristallvase, in der eine Chrysantheme, eine Lilie und eine Rosenknospe stehen, alle drei aus weißem Perlgarn gehäkelt. Es wird heftig geraucht, aber der Aschenbecher bleibt unbenutzt. Jeder weiß, daß es einfacher ist, den Fußboden zu fegen, als Aschenbecher zu leeren. Keine Zeitung, keine Illustrierte, keinerlei Ablenkung, auch kein Gespräch. Man konzentriert sich auf das Bevorstehende. Allerdings, einige Scherenschnitte an den Wänden: der Leidensweg eines zahnwehkranken Mannes in zehn Stationen. Außerdem zwei weitere Schilder, das eine mit den Preisen, die man bereits kennt, das andere mit den Verboten. Das Mitbringen der ›Bambini‹ beispielsweise ist strengstens untersagt.

Die Tür zum Behandlungszimmer öffnet sich: Il Dentista! Weißer Kittel, glattgekämmter Scheitel, schmales Bärtchen. Er entdeckt mich, die neue Patientin, und erstrahlt: ›Signora!‹ Er verbeugt sich, schüttelt mir die Hand. Nur Mut! Nur Geduld! Alle müssen wir leiden, er weiß es, er tut, was er kann. Er wendet sich meinem Nachbarn zu, packt ihn, als dieser zögert und mir den Vortritt lassen will, an der Schulter, schiebt ihn vor sich her. Die Gattin, die ihren Mann in dieser schweren Stunde nicht im Stich läßt, mogelt sich ebenfalls mit durch die Tür.

Wir sitzen und schweigen. Eine Fliege summt durch den Raum. Wir folgen ihr mit den Blicken. Einer steht auf, nimmt die Fliegenklatsche von der Wand, peilt die Fliege an. Ein Schlag genügt. Er ist kein Anfänger.

Was war das? Ein Schrei? Stöhnt da jemand? Und schon setzt Musik ein: Klavier, Pathétique, bester Beethoven, in einer Lautstärke, wie man sie nur im Orchestersitz haben kann. Nach drei Minuten bricht sie, mitten in einer gewaltigen Tonfolge, ab, und schon kommt der Patient zum Vorschein, hält sich die Backe, wirft uns verzweifelte und beschwörende Blicke zu.

›Signora!‹ sagt der Dentist zu mir. ›Einen Moment Geduld! Vielleicht ein Vermouth? Das beruhigt die Nerven. Unten im Restaurant?‹ Ich entschließe mich auszuharren.

Der nächste Patient wird ins Behandlungszimmer geschoben. Nach wenigen Minuten: exakter Einsatz der Pathétique. Der Schrei kommt diesmal später und bricht in ein zartes Piano ein. Wir starren entsetzt auf die Tür, hinter der der Schrei zu hören war, dann auf die Tür zum Treppenhaus, unseren Fluchtweg.

Die Glocken beginnen zu läuten. Wir blicken auf unsere Armbanduhren, dann auf das Schild: Die Sprechstunde dauert nur bis zwölf. Die Musik bricht mit dem letzten Glockenton ab, der Patient kommt, der Dentist kommt, jetzt ohne Kittel, knöpft sein Jackett zu, zupft an der Krawatte, streicht das Bärtchen. Es tut ihm leid! Er hat getan, was er konnte. Aber jetzt ist die Stunde gekommen, wo er zum Essen geht, eine Kleinigkeit, ein Espresso. Ein Stündchen vielleicht. Wer will, kann am Nachmittag wiederkommen. Dann hat er allerdings keine offizielle Sprechstunde, aber wenn es dringend ist, er ist bereit. ›Signora? Um wieviel Uhr?‹ Ich sehe auf das Schild, lese ›...außerhalb der Sprechstunden‹, taste mit der Zunge nach meinem Zahn. ›Signora!‹ sagt er. ›Mit Musik! Das beruhigt. Man hört keine Schreie, kein Stöhnen, auch nicht die Bohrmaschine. Man hört Musik! Man blickt übers Meer! Bella vista!‹ Es wird ihm ein Vergnügen sein, versichert er, legt die Hand auf meinen Arm und blickt mir tief in die Augen. Ein Vergnügen für uns beide, Signora! Er verspricht, Verdi aufzulegen. Aida! Ein größeres Versprechen kann ein Italiener gar nicht abgeben.

Männer pflanzen Bäume. Frauen nur Blumen, allenfalls Sträucher; das ›nur‹ wertet Blumen und Sträucher ab. Bäume, Sträucher und Blumen zusammen machen aber erst den Garten aus. Gottfried Benn ist die Ausnahme. In seinen Gedichten tauchen Blumen auf, Rosen noch und noch, aber auch Levkojen, Amaryllis; als Baum nur die Eberesche, der er den Herbst anlastet, was ich ebenfalls tue. Soweit ich weiß, hat er nie einen eigenen Garten besessen. Früher hätte eine junge Germanistin wohl über ›die Blumen im lyrischen Werk Gottfried Benns‹ promoviert, heute ist das kein Thema mehr.

Wie oft als Kind gespielt: ›Wir reisen nach Jerusalem, und wer kommt mit?‹ Immer kommt nur ein einziger in Jerusalem an; da stirbt der eine an Pest, der andere wird von Wegelagerern erschlagen, da kommt einer am tödlichen Fieber, einer in den Kriegswirren um. Heute stehen dafür: Bombenanschläge, Flugzeugentführungen. Aber: nichts passiert; wir steigen auf in Frankfurt, wir landen nach vier Stunden auf dem Flugplatz Ben Gurion, von 8 Grad zu 32 Grad Celsius. Ein Flug vom Abendland ins Morgenland, in den Orient: Ich orientiere mich.

Zwischendurch habe ich den Lauf der Save verfolgt, habe den Olymp gesehen und die ihm zugehörige Wolke, nur eben von oben, habe Patmos gesehen, habe Leros gesehen, habe mich erinnert... Keine Turbulenzen in den Lüften, kein Taschendiebstahl, nur sorgfältige Gepäckkontrolle und Leibesvisitation; der tastende Stab hatte an meiner Jackentasche haltgemacht. ›Was haben Sie da?‹ Ich holte eine gelbe Quitte hervor, die ich mir als letztes in meinem Garten gepflückt hatte, als Talisman. Ohne Kühner. Aber ich war auf dieser Reise nicht allein, Ursula D., eine Bekannte, reiste mit; wir kehrten als Freunde zurück.

›Jerusalem, du hochgebaute Stadt, wie gern wär' ich in dir!‹ So oft gesungen, und dann ging der Wunsch in Erfüllung. Ich bin in ihr, Tag für Tag. Das Land: grau wie Stein, grau wie Staub, die Bäume staubig, Ödland. Eine ganze Stadt aus dem Stein gebaut, auf dem sie steht, als hätte man die Steine, die man für die Fundamente aus dem Fels geschlagen hat, gleich wieder für die Mauern verwandt. Altes, Neues, Zerfallenes, immer der gleiche helle Sandstein, und sei es als Blendwerk auf dem Beton. Behauen und unbehauen. Mauern müssen schützen gegen die Sonne, den Wind und die Beschießung. Einzige Farbe: Bougainvillea und die leuchtend blauen Trichter der Zaunwinde, die sich bis hoch in die Eukalyptusbäume rankt; Verbenen in Buschhöhe, ›Wandelröschen‹, die ihre Farbe wandeln, gelb-rot, rosa-rot, weiß-gelb; Rosmarin blüht zum zweiten Mal im Jahr; die Mauern sind überwuchert von Hecken mit hellblauen geranienartigen Blüten, dem orientalischen Flachs.

›Wenn ich einmal reich bin...‹ singt Tevje, der Milchmann; ich ergänze ihn: ›...wohne ich im »King David«.‹ Auch ich wohne dort, dankbar und beschämt. ›Geh zu den Reichen, zu deinesgleichen, mir eben recht, mir eben recht...‹ Eine Karawanserei reicher jüdischer Amerikaner. Auch mich wird man für eine Jüdin halten. Auf den Schildern, die die Hotelangestellten, das Glöckchen läutend, herumtragen, stehen die Namen, nicht amerikanisiert, sondern deutsch: ›Mr. Hirsch‹, ›Mrs. Grünbaum‹, ›Mr. Rosenthal‹. Ihre Sehnsucht nach Israel ist in wenigen Tagen gestillt, wird aber in einiger Zeit wieder nachwachsen, nach Israel auswandern werden sie nicht, das geschieht nur aus Not oder Idealismus, nicht der Geschäfte wegen. Ich denke, sie kommen, um in Jerusalem ihre Namen unter denen der Stifter all der Memorials zu lesen, ›Aaron and Esther Baum from Chicago‹, ›Samuel and Sarah Hirschfeld from Denver‹... Hin und wieder lesen wir den Namen ›Dr. Axel Springer‹; andere deutsche Namen lese ich nicht, was mich verwundert.

Das Wasser, das hier doch kostbar ist, fließt verschwenderisch aus den Hähnen des Hotels. Immer meine ich, daß ich wegnehme. Ich zahle mit Shekel, kaufe mich frei, will wiedergutmachen, was nicht wiedergutzumachen ist. Manchmal wird mir bewußt, daß ich mir die Zähne mit Wasser aus dem Jordan putze und daß ich mir die Füße mit Jordanwasser wasche. Nach jeder Rückkehr wasche ich mir die staubigen Füße. Der Boden und die Wände des Swimming-pools sind blau-weiß gekachelt, zweitönig, nichts, was man später einmal ausgraben und ausstellen wird. Auf dem klaren, gekühlten Wasser treiben ein paar gelbe Blätter und mahnen: Diese Tage sind geschenkte Sommertage, die dir nicht zustehen. Im Kidron-Tal, heißt es, wird sich die Auferstehung der Toten vollziehen, Friedhof an Friedhof an den Hängen, wo diejenigen liegen, die näher daran sein wollen; ein Seil wird dann das Tal überspannen, und – von zwei Engeln geleitet – wird man darüber schreiten oder abstürzen. Mehrmals denke ich, daß das Seil im Hotel ›King David‹ endet, in den tiefen Sesseln der großen Halle mit der geschmückten Kassettendecke und dem Blick auf die Mauern der Altstadt.

›Es möge wohlgehen denen, die dich lieben‹, lese ich im 122. Psalm. Die Mauern der Altstadt vor Augen, lese ich diese Zeile mit Inbrunst; das Psalmodieren am Morgen ist selbstverständlich, tröstlich und erbauend. Gestärkt gehe ich zum israelisch-amerikanischen Frühstück mit geräuchertem Lachs, Räucheraal, marinierten Fischen, Oliven und Croissants und den Ausrufern, ›Mrs. Esther König!‹, ›Mr. Abraham Glück!‹, ›Mrs. Rosenzweig!‹ Warum fürchte ich mich nicht? Getrost verlasse ich morgens das bergende Hotel, durchquere das Himontal, gehe durchs Jaffator oder steige zum Berg Zion auf; die Luft ist leicht und trocken, der Himmel ist hell, mittags stehen sieben Sonnen am Himmel. Meine Anwesenheit freut niemanden, aber auch niemand scheint mich zu hassen; auch nicht die Inhaber der kleinen Kramläden, die aus Deutschland kommen und die deutsch mit mir sprechen. Die jungen weiblichen Soldaten mit den nackten, braungebrannten Armen tragen ihre Maschinenpistolen wie Handtaschen unterm Arm. Tochter Zion, freue dich! Um nach Jerusalem reisen zu dürfen, hätte man vorher lange Entbehrungen auf sich nehmen müssen, hätte die Seele vorausschicken müssen. An der Klagemauer sehen wir von ferne zu, wie andere beten, haben nichts zu klagen, hätten aber zu danken. Wer dem gesprochenen Wort nicht traut, schiebt einen Zettel zwischen die Mauerritzen. Wie würde ich, wenn ich vor der Mauer stünde, meine Bitten schriftlich vorbringen? Wie würde ich mit Gott schriftlich verkehren? Bettelnde kleine Araberjungen umdrängen uns wie Fliegen; wir wehren sie ab mit Worten und Gesten, schlagen nach ihren zugreifenden Händen, sie laufen hinter uns her und rufen: ›You are rich, we are poor!‹ Sie haben ja recht, recht haben sie! Wir geben den bettelnden uralten Frauen, die halb oder ganz verschleiert an den Hauswänden hocken, einen Schein; zum Dank legen sie die Hand an die Schläfe. Plötzliche

Erkenntnis in den Gassen der Altstadt von Jerusalem: Hilf dem anderen, dann hilft dir Gott. Nicht: Hilf dir selbst, dann –.

Fünfzig Schritte bis zum Grab des Herodes, in welchem es grabesdunkel ist; ich taste mich vor, folge einem Lichtstrahl, bin allein, schlage mit dem Kopf an einen Stein und lerne, mich tiefer zu bücken. Rundgänge durch die Jahrtausende; eben noch Moses, dann schon Christus, dann Mohammed, dann Ben Gurion. In Jericho die ersten menschlichen Ansiedlungen, die es auf der Welt gibt, Jahrtausende alt. Fahrt durch das Land. Duft nach Olivenholz, Duft nach frisch gebackenen Oblaten, nahe bei einem der zahlreichen Klöster. Am Rande der Fruchtgärten frisch gepreßter Saft von Orangen und Pampelmusen – vor Ort. Schöner Augenblick: die Mündung des Jordans in den See Genezareth; hohe Eukalyptusbäume bis hin zum Wasser, tiefes Grün, schattiges Wasser, Wellen, aus denen Sonnenlichter springen, Fischer legen Netze aus, wie damals … In der Wüste: armselige Beduinenzelte, hin und wieder Kamele. Ziegen und Schafe weiden nebeneinander, weiden dürres Gras, graues stachliges Buschwerk. Am Straßenrand Wracks zerschossener Panzer, wie Mahnmale: Täuscht euch nicht, laßt euch nicht durch Air-condition und Selbstbedienungsläden täuschen, es herrscht hier kein Friede. Und außer Sonne bietet dieses Land nichts von selber; alles übrige ist Mühsal, die Baumwoll- und Tabakfelder, die Berieselungsanlagen. Es ist leicht, hier jemanden in die Wüste zu schicken. Aber die Olive gibt ihr Bestes, wenn sie gepreßt wird. Es dunkelt rasch und früh, der Halbmond steht schon hoch über Jordanien, jenseits des Jordans, überm Gebirge. Die Hunde treiben die Tiere zusammen. Und hüteten des Nachts ihre Herden …

Und irgendwann Kraniche im hohen Bogen, die in den feuchten, sumpfigen Ufern des Jordans niedergehen. Welche Freude! Immer machen Vögel mich glücklich. Ich erkenne Wiepsterte, mager vom weiten Flug, womöglich aus Holstein kommend. Ich sehe den schönen Wiedehopf, der hier den Winter verbringt. Und höre den Bulbul. Immer sind es die Vögel, die mir ein Land vertraut machen. Und es sind auch die Glocken. In Bethlehem dämmerte es in den Tälern, die Abendglocke erklang, rührte ans Herz, eine cis-Glocke, wie in der Kirche, neben der mein Elternhaus stand. Mitten im

Oktober wird hier von Bethlehem gesprochen! Wieder fahren wir im Dunkeln zurück, fahren durch ›dieselbige Gegend‹, auf der die Hirten des Nachts ihre Herden hüteten und noch immer hüten; sie werden sich fürchten vor Überfällen, kein Engel wird ihnen erscheinen, der sagt: Gehet hin!

Der Mond über den Mauern von Jerusalem. Wem gehört er? Der goldene Halbmond den Arabern, der silberne Vollmond den Juden, sie müssen ja, unfreiwillig, alles teilen. In unserem Pfarrgarten gab es im Herbst den geheimnisvollen Strauch, den wir Judastaler nannten. Wie ein Judastaler steht der silberne Mond über Jerusalem. Ein später, sonniger Herbsttag fällt mir ein, ein Sonntagnachmittag im Park von Wilhelmshöhe bei Kassel, auf einer Parkbank sitzt eine Diakonisse, unansehnliches Strauchwerk neben sich, sie zupft die Deckblätter ab, die dunklen Samen fallen heraus, der lichte schöne Judastaler wird sichtbar; sie sitzt, als zupfe sie Scharpie, sie wird die Sträuße am Abend ihren Patienten bringen, die Freude, die sie bereiten wird, strahlt jetzt schon aus ihren Augen...

Aber wir sitzen in Jerusalem, trinken Wein vom Berg Carmel, während der Mond Zedern und Zypressen durchquert. Eine Idylle. Der Bulbul ruft vom Berg Zion. In gemeinsamer Erinnerungsarbeit finden wir die Zeilen aus dem ›West-östlichen Diwan‹: ›Zwar in diesem Duft und Garten / Tönet Bulbul ganze Nächte.‹ Am dunklen Himmel strahlt ein Licht auf und erhellt den Berg Zion, dann ein zweites, während das erste verlöscht, dann drei Lichter auf einmal. Es ist sehr schön und sehr unheimlich, es weckt Erinnerungen an die Kriegsjahre, an die feindlichen Luftangriffe, als Positionslichter über den Städten gesetzt wurden. Hier sind es Leuchtkugeln, die irgendwo über der Wüste stehen. Was spielt sich dort ab? Es wird nicht in der ›Jerusalem Post‹ stehen, aber wir haben gelesen: Am Tag zuvor ist eine Bombe in der Altstadt explodiert, es hat eine Anzahl Verletzter gegeben.

Eine Woche lang Halsentzündung, dann Grippe und Fieber. Ein israelischer Arzt wird gerufen, er kommt in mein Hotelzimmer; es ist Sabbat, er bestellt per Telefon Penicillin bei einer Apotheke; diese läßt es durch einen Taxifahrer bringen (Heilung am Sabbat!). Miriam, die alte jüdische Zimmerfrau, mit der ich nur ›Schalom‹ und ein Lächeln tauschen kann, schiebt einen Zettel unter der Zimmertür durch – sie hat etwas

Unverständliches darauf geschrieben –, bezieht mir ein weiteres Kopfkissen, alles am Sabbat, wo Christus keinen Aussätzigen heilen durfte.

Erkenntnis: Die Juden müssen nur ihre Gesetze einhalten, müssen nur gesetzestreu sein. Auch die Katholiken haben ihre guten Werke; nur wir Protestanten müssen glauben, Glauben als Arbeit.

Dieser Glaube hat es hier schwer. Jesus am Ölberg? Der Garten Gethsemane mit den Blumenrabatten und den Kieswegen und den Händlern jenseits der Mauern ... Ach, selig sind, die sehen und doch glauben! Das Land ist jüdisch und ist arabisch, christlich ist es nicht, auch wenn man es an einigen historischen Stätten durch Kirchen und Devotionalienstände zu beweisen versucht, durch Engel und Kamele aus Olivenholz, durch Kruzifixe und Krippen. ›Dies ist nicht mein Land‹, sagt Lea Fleischmann in ihrem gleichnamigen Buch und meint die Bundesrepublik Deutschland. Ich sage von Israel: Dies ist nicht mein Land und meine damit das ›Heilige Land‹, das ›Gelobte Land‹, in das ich als Kind hineingewachsen bin. Emmaus – Jesus geht mit seinen Jüngern durch ein Kornfeld, das hatte ich zeitlebens deutlich vor Augen –, dieses Emmaus liegt nahe bei Jerusalem, ich erkannte nichts. Ich las als Kind vom Hauptmann von Kapernaum, glaubte alles, sah alles deutlich vor mir, kam hin, sah mich um und glaubte nichts. Immer wieder das Gefühl: Im Land der Juden und der Araber war Jesus von Nazareth eine vorübergehende Erscheinung; das Christentum ist nicht von Jerusalem ausgegangen, sondern von Rom.

Wir entfernten uns – gesprächsweise – immer wieder von der Terrasse des ›King David‹, wo wir die Abende verbrachten. ›Habe ich Ihnen schon erzählt ...‹ Und dann berichtete ich Ursula D. von meiner ersten Griechenlandreise, 1958. Jerusalem vor Augen, beschwor ich Sparta, wo wir unsere Koffer im Hotel abgegeben hatten und gleich zu einer ausführlichen Besichtigung des Ausgrabungsgeländes aufgebrochen waren. Ich sonderte mich ab, legte mich auf eine Mauer, hörte die Stimme des Archäologen, sah den Sonnenuntergang, sah die ersten Sterne, roch das Harz der Pinien: einer der stillen glücklichen Augenblicke jener Reise. Die Dunkelheit fiel herab, Stille. Was ich vorher genossen hatte, entsetzte mich

Ich war allein. Drunten in Sparta die ersten Lichter, ich erkannte die Richtung, einen Weg fand ich nicht, rutschte in die grasbewachsenen Kuhlen des Ausgrabungsgeländes ab, kletterte hinauf, ging ein Stück, rutschte wieder ab und geriet dann in eine Herde von Ziegen. Sie stießen mit ihren Köpfen nach mir, wollten mich aus der Herde drängen, der Hund verbellte mich, die Glocken der Tiere bimmelten, ihr Fell war stumpf vom Talg, sie stießen mich, leckten mich. Ich fand dann einen Weg, der nach Sparta hineinführte, verirrte mich in den Straßen, die im Planquadrat angelegt waren, erinnerte mich nicht an den Namen des Hotels. ›Menelaos‹? ›Minotauros‹? Ich fragte, aber es gab das Hotel nicht, man verstand mich nicht. Ich ging weiter, traf auf einige Reiseteilnehmer, die vor einem Kafeneion saßen; sie fragten, ob ich nicht bei ihnen Platz nehmen wolle. Ich setzte mich, bestellte einen Uzo; jemand fragte, in welchem Hotel ich wohne, ich antwortete lachend: ›Keine Ahnung.‹ Jemand wußte es, meine Knie zitterten, meine Hand konnte das Glas nicht halten. ›Was haben Sie diesmal erlebt?‹ Man verspottete mich, weil ich mich willentlich und unwillentlich absonderte und dann beim Wein meine Abenteuer erzählte, die man mir vermutlich nie glaubte.

Wem werde ich später an welchem Ort von dieser Reise erzählen, die Orte austauschend...

Wie leicht fiel es mir in Jerusalem, mit ›Schalom‹ zu grüßen! Ein Wunsch, der sich nirgendwo zu erfüllen scheint. Bei uns wünscht man sich nur ›Guten Tag‹, das ist schon viel, die Schweden sagen ›Hej du!‹, andernorts sagt man: ›Grüß Gott.‹

Ich sah viele orthodoxe Juden, sie lasen – stehend, gehend, sitzend, auch im Flugzeug – in den alten Schriften. Ich habe keine Frauen in alten Schriften lesen sehen, als seien die Frauen Analphabetinnen.

Ich habe in Jerusalem eine junge deutsche Frau kennengelernt, die seit zehn Jahren in einem Heim für Behinderte arbeitet. Aktion Sühnezeichen. Sie wirkt heiter, ruhig, strahlt Freude aus. Jemand zeigte mir dort einen idiotischen Mann, vierzig Jahre, vielleicht auch älter, als Kind war er in Auschwitz, man hatte medizinische Versuche an ihm angestellt, die er überlebt hat. Später stand ich weinend auf der Straße, die junge Frau, die mich begleitet hatte, sagte: ›Im Hebräischen hat man dasselbe Wort für die Quelle und für die Augen.‹ Bei allen Körperbehinderten und Geistesgestörten, die wir sahen, vermutete ich: Überlebende aus deutschen KZs. Aber viele waren zu jung, auch der Sechs-Tage-Krieg und der Jom-Kippur-Krieg haben Krüppel hinterlassen. In Israel gäbe es viele Wundertaten und Heilungen zu tun...

Ich kehrte, die gelbe Quitte in der Tasche, aus Israel zurück. Nicht aus dem Heiligen Land. Hätte ich noch den ›West-östlichen Diwan‹ mitnehmen sollen? ›Gottes ist der Orient! Gottes ist der Okzident! Nord- und südliches Gelände / ruht im Frieden seiner Hände...‹

Paula L. schreibt: ›...Ist Ihnen denn an keinem Ort Chaim begegnet? Ein Israeli, meist befindet er sich auf Reisen, aber manchmal auch in seinem Kibbuz. In einer sternenhellen Nacht, als er Wache hatte, hörte er plötzlich Rufe. Man zeigte ihm einen Mann, der durch die Wüste streifte und ein Gewehr bei sich trug. Der Mann blieb nicht stehen, als man ihn anrief. Alle Gewehrläufe richteten sich auf ihn. Aber Chaim befahl den Männern, zu warten und nicht zu schießen. Er ging auf den Bewaffneten zu. Es war ein Engländer, der ein Fernrohr bei sich trug, um die Sterne zu beobachten. Chaim nahm ihn mit in sein Haus. Dort stellten sie zwei Stühle auf einen Tisch vorm Fenster, setzten sich nebeneinander und blickten abwechselnd durch das Fernrohr. Nach zwei Stunden hatten sie den Saturn entdeckt. Das sei ein großes Erlebnis gewesen, sagt Chaim, den Saturn und seine hellen Ringe zu sehen. Manchmal taucht Chaim auch bei uns auf, er besucht Menschen in England, in Deutschland, in Polen, er bringt sie wieder in Gang, so nennt er das, tröstet sie, macht ihnen Mut, eilt zum nächsten. Ich kenne eine junge schwermütige Frau, die auch zu jenen gehört, die er wieder in Gang bringt. Er erinnert mich an einen Jongleur im Zirkus, der eine Reihe von Stöcken auf einen Tisch gestellt hat, auf jedem Stock dreht sich ein Teller, und der Jongleur eilt von einem zum anderen, bringt die Teller wieder in Schwung, läßt sie rotieren. »Wenn er mich losläßt«, sagte diese junge Frau, »falle ich und springe in tausend Stücke wie so ein Teller«...‹

Ach – der Mond! Derselbe Mond, der mir vor vier Wochen über die Mauern von Jerusalem stieg, überm Jaffator auftauchte, hinterm Berg Zion verschwand. Nichts Treueres als dieser wandelbare Mond.

Altsein scheint mir weniger schwer zu ertragen als Altern.

Bei Nietzsche: Man bricht sich selten das Bein, solange man im Leben mühsam aufwärts steigt, aber wenn man anfängt, es sich leichtzumachen und die bequemen Wege wählt...

Bevor ich in das unruhige Israel reiste, erneuerte ich mein Testament. Weil es bereits ein anderes, ein altes, gab, schrieb ich auf den Umschlag: ›Neues Testament‹, las es, lachte und zerriß meine vorläufige letztwillige Verfügung. Ich kann mir gesetzliche Erbfolgen und Erbauseinandersetzungen nicht vorstellen. Hinterlassenschaften. Ich habe nie etwas geerbt. Über das Haus, das meine Eltern gebaut hatten – ›vom Mund abgespart‹, wie man so sagt, ›um die Zukunft ihrer Töchter zu sichern‹ –, hat Hitler anders entschieden.

Unser Freund Helmut Lang aus Köln, den wir ›Till‹ nennen, ein Maler, mit dem wir zusammen ein Buch planen: ›Mal mir ein Haus!‹ Als Kinderbuch gedacht, aber eher ein Buch für kunstsinnige Eltern. Er taucht als ›Adam L.‹ in meinen ›Überlebensgeschichten‹ auf. Seine Biographie habe ich ›Ein Fest für die Augen‹ genannt; Till Lang verlangt von einem Bild, daß es ein Fest für die Augen sei. Sein Vater ist inzwischen gestorben, seine Mutter lebt noch, er hat stillschweigend ihre Pflege übernommen. Sonntags ruft er bei uns an und erzählt eine Geschichte; meist sind es Heiligen-Geschichten, er ist ein Fachmann für abgelegene Heilige. Von weit her wird er angerufen und um Auskunft gebeten. Er besitzt ein Buch, in dem er nachschlägt; keiner seiner Freunde erwirbt das Buch, auch wir nicht, alle rufen wir bei ihm an, um seine Kommentare zu hören. Diesmal geht es um die Heilige Apollonia. ›Schutzpatronin gegen Zahnweh!‹ sagt er. ›Sie stammt aus Alexandria! Sie trägt einen Zahn und eine Zange als Attribute! Aber ich glaube, es ist eher die Schutzpatronin der Zahnärzte‹, ergänzt er, ›denen geht es doch sehr gut!‹ Und dann erzählt er von einer Kölner Zahnärztin, die sich ein altes Feuerwehrhaus im Bergischen Land gekauft hat. Sein Freund, ein Architekt, soll es ihr ausbauen. ›Ein Turm mit drei Stockwerken! Oben, wo früher der Brandwächter gesessen hat, wo er geblasen hat, wenn ein Brand ausgebrochen war, da will sie ein Glasfenster haben, mit der Heiligen Apollonia drin. Ein Spritzenhaus! Lebensgroß die Apollonia, aber der Zahn überlebensgroß, die Zange ebenfalls überlebensgroß! Möge es den Zahnärzten wohlergehen, damit sie Spritzenhäuser kaufen und Architekten beschäftigen können und auch Künstler ...‹

In Originalgröße stehen die Entwürfe in seinem Atelier. Der Kunstglaser, mit dem er schon lange zusammenarbeitet, kommt zu ihm, bespricht mit ihm die Einzelheiten; der Architekt wird das Einsetzen des Fensters beaufsichtigen, er selbst wird es an Ort und Stelle nie sehen, man wird es für ihn fotografieren. Er verläßt das Haus und den schönen Garten nur noch, um ein paar Einkäufe zu machen.

Über einen längeren Zeitraum hinweg habe ich mit einem gewissen Michael Briefe gewechselt. Seine Pflegeeltern waren früh gestorben; in Paris lebte seine Mutter, die er aber kaum kannte. Immer hatte man ihn ermahnt: ›Leiser, Michael, leiser!‹ Erst war es das Radio gewesen, später eine Hi-Fi-Anlage, die er sich selbst erspart und selbst installiert hatte. Der Briefwechsel war mir wichtig, war auch ihm wichtig. Mir kam der Gedanke an eine Veröffentlichung. Briefe eines Siebzehn-/Achtzehnjährigen an eine fünfzigjährige Schriftstellerin, der eine fragend, der andere antwortend. Der Briefwechsel wurde von dem Augenblick an, in dem er absichtsvoll geführt wurde, unergiebig. Falsch gestellte Fragen. Falsche, nichtssagende Antworten. Der Briefwechsel ist bald darauf versickert. Michael machte spät und mit schlechtem Notendurchschnitt das Abitur, er bekam keinen Studienplatz, bekam auch keine Lehrstelle, er wäre gern Buchhändler geworden. Jetzt ›jobbt‹ er. Er hat sich seinen größten Wunsch erfüllt: eine

Baßgeige. Das geplante Buch, ein ›Jugendbuch‹, hatte ›Leiser, Michael, leiser!‹ heißen sollen. Der Titel stimmt noch.

Es fing so schön an in Wien: Ich ging in der Kärntnertorstraße in eine Buchhandlung, um mir einen Stadtplan zu kaufen. Während ich mir einen geeigneten aussuchte, rief der Buchhändler durch den Laden: ›Stellen Sie doch mal die Brückner ins Schaufenster!‹ Ich drehte mich um, er schaute mich verblüfft an und lachte.

Herr F., der meinen zweitägigen Aufenthalt in Wien ein wenig organisieren sollte, beantwortete meine Fragen, Presse, Rundfunk, Buchhandel betreffend, mit: ›Bittschön, Gnädigste, wollen S' sich dem aussetzen? Was soll's? Ich hätt' schon was arrangieren können, aber ich bitt' Sie!‹ Am zweiten Tag taten seine Sätze ihre Wirkung, ich lag morgens im Bett, es regnete. Was soll's, dachte ich. Soll ich mich dem aussetzen? Wien verlor an Glanz. Aber ich habe, mit dem Blick auf den Stephansdom, sehr gut mit Herrn F. zu Mittag gespeist.

Mit Hans Weigel sollte ich mich beim Österreichischen Rundfunk treffen, er hatte noch zu tun, ich wartete in einem Schneideraum. Auf dem Fußboden lag ein Berg abgespulter Magnetophon-Bänder. Ohne daß ich gefragt hätte, sagte die Cutterin: ›Qualtinger war hier!‹ Einige Minuten später hatte ich selber eine Aufnahme, Stegreif-Gespräch. Den Abfallhaufen vor Augen, versprach ich mich kein einziges Mal. Wiederholungen waren nicht nötig.

Der Radiowecker im Hotel, der mir die Zeit anzeigen sollte und der mich nachts mit Musik unterhielt, schaltete sich um Mitternacht ohne mein Zutun ein und weckte mich mit: ›Einigkeit und Recht und Freiheit‹. Ich fand den Knopf nicht, mit dem ich den Apparat hätte abschalten können, saß aufrecht im Bett und hörte erschreckt, aber mit großer Aufmerksamkeit das Deutschlandlied zu Ende, dann zog ich das Kabel aus der Wand. Seit dem Zusammenbruch des ›Dritten Reiches‹ habe ich weder die erste noch die dritte Strophe je wieder gesungen, singen müssen.

Auf der mehrwöchigen Lese-Reise wurde ich von heftigem Husten geplagt. Aber sobald ich lesen mußte, hörte ich auf zu husten. Wenn im Saal ein Zuhörer anhaltend und störend hustete, habe ich meine Hustendragées an ihn weiterreichen lassen; das muß so erschreckend gewirkt haben, daß der Husten verstummte, noch bevor die Dragées den Betreffenden erreicht hatten. Wenn man mich fragte: ›Wo haben Sie sich denn so sehr erkältet?‹, antwortete ich: ›Der Husten stammt aus dem Heiligen Land! Aus der Gegend von Jericho, aber vielleicht auch aus Kapernaum.‹ Nachdem mir bewußt geworden war, woher er stammte, welche Erinnerungen sich damit verbanden, wurde es spürbar besser.

Während des anschließenden Gesprächs sagt jemand: ›Das hat man Sie sicher schon hundertmal gefragt‹ und entschuldigt sich dafür, daß er wissen möchte, ob es dieses Poenichen wirklich gibt. Ich sage: ›Sie haben mir diese Frage noch nicht gestellt‹ und erteile die gewünschte Antwort. Nur selten stellt sich das Gefühl der Wiederholung ein; immer habe ich ein neues Gegenüber, habe bei jeder Autoren-Lesung andere Zuhörer; dabei ändert sich offenbar auch der Text, den ich lese.

Eine Hamburger Vorort-Buchhandlung, nicht weit von Brokdorf. Der gemietete Saal ist gut besetzt, der elegante und gewandte Buchhändler hat noch wenig Erfahrung mit Autoren-Lesungen; er führt mich ein, ist ein wenig befangen, will es heiter und auch galant machen, vorzustellen brauche er die Autorin wohl nicht, sagt er, geboren sei sie neunzehnhundert –. Er zögert. Will mein wahres Alter nicht preisgeben, macht eine vage Handbewegung und lächelt liebenswürdig, was hinten im Saal niemand sehen oder hören kann. Als ich dann rasch die Stufen zur Bühne hinaufsteige, höre ich, wie jemand laut sagt: ›Ist sie denn wirklich schon achtzig?‹ – Das Publikum lacht, ich lache. Aber wie lange lache ich noch über Bemerkungen, die mein Alter betreffen?

Wenn man mich nach meinen weiteren literarischen Plänen fragt, antworte ich, daß im nächsten Jahr eine Art Tagebuch erscheinen wird. Und während ich das sage, setze ich, unhörbar und nur für mich bestimmt, hinzu: So Gott will.

Oft wäre mir statt des gutgeführten Gästebuchs ein gutgeführtes Hotel lieber, ein Hotel, in dem Staub gewischt wird, die Nachttischlampe brennt, der Abfluß des Waschbeckens in

Ordnung ist. Trotzdem schreibe ich bereitwillig ein paar artige Sätze unter andere begeisterte Eintragungen, den Aufenthalt in diesem Hotel, in dieser Stadt betreffend.

Bevor ich mich ins Goldene Buch des Veranstalters eintrage, blättere ich zurück, lese mit Neid die geistreichen Formulierungen anderer Autoren und Autorinnen, betrachte die Fotos, sehe mir die Illustrationen an, die da mit leichter Hand beim Wein hergestellt wurden. Alle scheinen überall beste Erfahrungen gemacht zu haben, volle Säle, ein aufmerksames Publikum, ein lobenswerter Veranstalter. Kein Mißerfolg schlägt zu Buche. In Eutin bei Glatteis und Regen, in einem halbleeren Veranstaltungsraum, schrieb ich unten auf eine weiße Seite in das Renommierbuch: ›Ich lernte Eutin von seiner leersten Seite kennen.‹

Auf der Fahrt nach Hamburg saß auf einem der Fensterplätze des Großraumwagens eine junge Frau. Unter der kürbisfarbenen Kutte trug sie ein weißes bodenlanges Baumwollkleid; wenn sie die Beine übereinanderschlug, sah man die ausgefransten alten Jeans, dazu die üblichen Turnschuhe. Sie schrieb pausenlos aus einem handgeschriebenen dicken Buch mit der Hand in ein anderes dickes Buch, griff, zwischendurch, ohne hinzusehen, in eine Plastiktüte, die sie als einziges Gepäckstück bei sich trug, nahm Erdnußkerne heraus und stopfte sie sich in den Mund, kaute und trank mitgebrachten Tee aus einer Plastikflasche. Sie blickte nicht hoch, als der Schaffner die Fahrkarte sehen wollte, kramte nur in ihrem Beutel und hielt Fahrschein und Zuschlagkarte hin.

Eine Nomadin in einem Intercity-Zug, Erster Klasse.

Was sind das für Menschen, die in der Bahn lieber rückwärts fahren und nicht voraussehen wollen? Ich gehöre auch dazu.

In Karlsruhe sitze ich nach der Veranstaltung mit Dr. Z. zusammen. Wir haben uns nicht gesehen, seit wir in Marburg Kunstgeschichte studierten. Ich versuche, meinen Lebensabriß auf die gleiche Kürze zu bringen wie er; er ist bei der Kunstwissenschaft geblieben. ›Die paar Jahre schaffe ich noch‹, sagt er. Ich sehe ihn fragend an. Was meint er damit? Wir sind gleichaltrig. Will er noch ein paar Jahre im Museum schaffen?

Jemand aus der Runde, der zugehört hat, mischt sich ein und

sagt: In Württemberg ›schafft‹ man. Aber wir sind hier in Baden! Im Badischen benutzt man das Tätigkeitswort ›schaffen‹ wie ›hinkriegen‹ oder ›vorbeigehen lassen‹. Ist dieser Ausdruck im Zusammenhang mit einer so schönen Sache wie der Kunst angebracht?

Als ich in Wiesbaden ein Kapitel aus dem Roman ›Der Kokon‹ vorlas, versprach ich mich, merkte es aber nur am Lachen des Publikums. Ich fragte später eine Zuhörerin, was ich denn eigentlich gesagt habe. Im Buch steht, daß Wiepe Bertram ihren verstorbenen Mann nie als ihren ›alleinigen Besitz‹ betrachtet habe. Ich aber hatte ›alleinigen Besitzer‹ gesagt. So ist das bei uns: mein Besitzer, nicht mein Besitz.

Immer noch November, jetzt Ruhrgebiet. Signierstunde. Ich werde von dem Veranstalter, einem Buchhändler, am Hotel abgeholt und ins ›Geschenkland‹ gefahren, das wie ein großer Wanderzirkus zwischen den Städten für einige Wochen aufgeschlagen worden ist. Auch der Buchhändler hat einen großen Stand dort. Wer in dem Zelt seinen Einkaufsgelüsten frönen will, muß Eintritt zahlen. Das riesige Zelt ist mit waldgrünem Teppichboden ausgelegt, der sich gewellt hat. Das Publikum bleibt aus. Die Kinder laufen auf Rollschuhen durch die breiten Gänge, machen vor mir halt, fragen mich, warum ich hier sitze; ich frage mich das auch. Plötzlich tauchen ferngesteuerte Spielzeugpanzer neben mir auf, fahren vorbei oder machen kehrt. In der Nähe findet eine Modenschau statt, ohne Publikum, auch an dem Bierausschank einer Brauerei, den ich beobachten kann, bleibt es leer. Hinter mir noch die Plakate von Harald Juhnke an der Wand, auch der Tisch, auf dem ich einige Male meinen Namen schreibe, mit Harald-Juhnke-Plakaten ausgelegt. Eine ausgestellte Schriftstellerin, die niemand sehen will.

Ich verliere meine Identität.

Eine Kleinstadt am Main, die ich bisher nicht kannte. Am Nachmittag, als es schon dämmerte, schlenderte ich durch die Straßen: viel altes Fachwerk, schöne Wirtshausschilder; erst beim zweiten Vorübergehen sah ich, daß sie an den Bürohäusern von Sparkassen und Bausparkassen hingen. In der autofreien Hauptstraße zählte ich drei Apotheken und eine Buchhandlung, was mich nachdenklich stimmte.

Nach der Veranstaltung brachte ich meine Beobachtung zur Sprache. Der Buchhändler hatte großzügig einen Kreis von Lesern zu Wein und warmem Käsekuchen eingeladen. Er berichtete von anderen Autorenabenden, wer alles dagewesen sei, und was er jeweils dafür habe zahlen müssen, für Kempowski zum Beispiel und demnächst für den Bergsteiger Reinhold Messner; dann werde die Aula der Gesamtschule allerdings nicht ausreichen, man werde die Stadthalle – oder war es die Sporthalle? – nehmen. Ich bin dann immer ein wenig beschämt. Abschließend stellte der Buchhändler befriedigt fest: ›Ich kann mir jeden Autor leisten!‹ Die Tatsachen geben ihm recht, die beschämenden Tatsachen des Marktes, der Käuflichkeit. Als ob man solche Vorhaben wie Lesungen nur über den Preis regeln könnte!

In einem der Presseberichte, die man mir später zugeschickt hat, steht, daß ich auf die Fragen, die an mich als Frau gerichtet worden waren, als Schriftstellerin geantwortet habe.

Ich fuhr mit der Bahn durch den Spessart, draußen war es neblig trüb. Ich saß allein im Abteil und betrachtete die Bilder eines Spessart-Buches, das man mir als Geschenk überreicht hatte. Manchmal blickte ich aus dem Fenster, sah zwar nur den Bahndamm und das Herbstlaub, hatte aber trotzdem das intensive Gefühl, im Spessart zu sein, den Spessart kennenzulernen. Diesen Eindruck hätte mir das Buch nicht vermittelt, wenn ich es zu Hause betrachtet hätte.

Eutin, abends nach 23 Uhr 30. Sirenenheulen. Vom Fenster meines Hotelzimmers aus sehe ich, daß aus einem etwa 100 Meter entfernt stehenden Haus dicker Rauch aufsteigt. Dann das Martinshorn. Aber niemand nimmt Anteil. Niemand läuft auf die Straße, um zu sehen, was los ist, ob man helfen müßte. Es bleibt ruhig. Ich lege mich wieder hin, ich bin hier nicht zuständig. Ich denke lange an mein Dorf. Wenn es dort brannte, läuteten die Kirchenglocken, liefen die Männer zum Spritzenhaus, wo die Feuerspritze stand, liefen die Frauen mit Eimern zum Bach, bildeten lange Wasserketten zur Brandstelle. Es brannte oft; der Blitz schlug in die Ställe, in den Scheunen entzündete sich nasses Heu. Das Vieh wurde aus den

Ställen getrieben, Frauen und Kinder weinten, und immer war es Nacht, wenn es brannte. Als ich zwei Jahre alt war, brannte die Scheune unseres Nachbarn, meine Mutter hatte mich auf die Fensterbank gestellt, sie konnte mich kaum bändigen, so sehr begeisterte mich das Feuer. Das erzählte sie oft.

Als ich in der neuen Bahnhofshalle in Nürnberg stand und den Schirm aus der Tasche holte, sagte jemand: ›Es fängt am regnen an!‹ Ich hörte fränkische Mundart! Und ich erinnerte mich an jenen Februartag 1951, als ich nach Nürnberg gereist war, um mich in einer Redaktion vorzustellen. Was für ein Tag! Die gelben Trümmernarzissen blühten schon, die Sonne wärmte, und ich ging glücklich durch die zerstörte Stadt, suchte nach einem Postamt, um ein Telegramm aufzugeben. ›Ich habe einen Vertrag!‹ Ich sollte monatlich 350.– Deutsche Mark bekommen!

Was machte es, daß ich keine Erfahrungen im Umbruch hatte, ich würde es lernen! Ich hatte schon so vieles lernen müssen, was ich vorher nicht beherrscht hatte.

Diese erste Begeisterung wurde bald zunichte, aber ich leugne nicht: Ich habe dort gelernt, selbständig den Umbruch einer Zeitschrift zu machen, ich wurde ›umbruchsicher‹, wie man es nennt; ich habe gelernt, mich rasch über mir unbekannte Dinge zu informieren; ich habe sogar gelernt, über Tatbestände zu berichten, über die ich nichts wußte. Mein Aufsatz über den Schwarzwald, den ich in völliger Unkenntnis geschrieben habe, trifft zu, das kann ich, nachdem ich den Schwarzwald durchwandert habe, beurteilen. Der Aufenthalt in Nürnberg endete schon bald, endete im Streit; ich verließ die Stadt, ohne zu wissen, wohin; ich habe nie wieder einen Anstellungsvertrag geschlossen. Aber diesen Frühlingstag habe ich nicht vergessen, habe ihn der Stadt auch nicht vergessen.

St.Sebald, St. Lorenz, Frauenkirche – diese herrlichen gotischen Kirchen! Sorgsam wieder aufgebaut, damals waren sie ›weitgehend zerstört‹, das weiß ich, aber wie ›weitgehend‹, das sehe ich erst heute anhand der Fotografien, auf denen Zerstörung und Wiederaufbau dokumentiert sind. Die Bilder treffen mich ins Herz. Und zum ersten Mal begreife ich, daß jemand die Neutronenbombe erfinden mußte, weil Kunst zerstörbar ist und nicht nachwächst wie der Mensch. Auf einer der Fotografien ist Christus als Schmerzensmann zu sehen; er steht noch – oder wieder – an einem der Eckpfeiler der Vierung. Ein Sonnenstrahl trifft ihn. Er hat nicht die Maße des Menschen, ist auch nicht überlebens-, sondern unterlebensgroß. Die Arme gebrochen, hilflos; aber je länger ich ihn ansehe, desto deutlicher erkenne ich: die Stärke der Schwachen. Irgendwo lief ein Band ab, das ›Paternoster‹ und das ›Ave Maria‹ wurden vorgebetet, die Frauen – es befanden sich nur Frauen in der Kirche –, die verstreut im Kirchenschiff saßen, fielen in die Gebete ein. Ungezählte ›Ave Marias‹. ›Jetzt und in der Stunde unseres Todes.‹ Mein Blick wanderte besorgt an den Plastiken und Bildern entlang und an den betenden Frauen. Aber die Kostbarkeiten der Kirchen sind am sichersten im Schutz der Beter.

In diesen vier Wochen, in denen ich unterwegs war wie ein Handlungsreisender in Sachen Literatur, hast du mich an jedem Morgen, wo ich auch war, angerufen und mir guten Morgen gesagt, mir gute Reise gewünscht. Als hieltest du mich an einem beliebig dehnbaren Seil.

Kunstgeschichten VII

Sulzbach-Rosenberg, das liegt schon fast am Ende der Welt, aber es gibt dort ein kleines Literatur-Archiv, und es gibt Leute dort, die sich etwas einfallen lassen und mit ihren Einfällen die Schriftsteller anlocken. Nach der Lesung sitzen wir in einem Bierlokal am langen Tisch, darauf steht ein verhüllter Gegenstand. Umständlich wird mir erklärt, daß man in Bayern nicht ›Liter‹ sage, sondern ›Maß‹ und daß man darum nicht unbedingt ›Literatur‹ sagen müsse, sondern auch das Wort ›Maßatur‹ benutzen könne, und darum würde jedem Literaten, der nach Sulzbach-Rosenberg komme, eine ›Maß‹ überreicht, aber nun nicht etwa ein gewöhnlicher Bierkrug mit Namen und Datum, sondern man habe in meinen Büchern nach einem Anfangssatz gesucht, der sich eigne, auf einem Bierkrug zu stehen, man habe ihn auch gefunden, eine der ›Überlebensgeschichten‹ beginne mit: ›Hören Sie doch nicht auf‹ (das steht nun oben rund um den Rand des Kruges wasser- und trinkfest geschrieben, und dann gehe der Satz weiter, was am unteren Rand des Kruges steht:) ›das, was die Leute sagen.‹

Der Bierkrug trägt die Nummer vier, steht in unserem Kuriositäten-Kabinett und erinnert mich an Sulzbach-Rosenberg und sein ›Maßatur-Archiv‹; Andenkquitäten.

Paula L.: ›... Eine Scheidung ist an und für sich noch nicht so endgültig. Beide sind ja noch dieselben, nur eben geschieden. Erst wenn ein Teil des auseinandergefallenen Ganzen abermals heiratet, ist die Scheidung endgültig vollzogen. Bella hat sich sehnsüchtig ein Kind gewünscht, aber sie meinte, es müsse erst ein Nest da sein. Das ist das Erbteil ihres ordentlichen, normalen Vaters, der auch immer »Nest« gesagt hat, als ob wir Frauen Vögel wären, die brüten. Bella träumt plötzlich von einer Groß-Familie. Merkwürdig. Wir hätten das gekonnt, mein Mann und ich. Das Kind kriegt nun eine andere. Manchmal sagt Bella: »In meinem Alter« und »niemand auf der Welt hat auf mich gewartet«. Sie möchte weg von ihren Apparaten. Überall sind Schächte, aus denen es kalt herauszieht. Wie ich mich verhalte? Ich lache oft. Mutter lacht, sagen dann alle beruhigt. Wenn Mutter lacht, kann es ja nicht schlimm sein. Aber am vorigen Sonntagmorgen hat mein Mann gesagt: »Gehst du mal wieder zur Kirche? Dann könnte ich doch mitkommen.« Da werden sie geguckt haben, unsere Nachbarn. Man sieht jemandem an, wohin er geht. Und als der Segen gesprochen wurde, »Der Herr lasse sein Angesicht leuchten über Euch...«, das waren wir beide! Der gemeinsame Kirchgang, das war früher einmal das Übliche und ist jetzt das Besondere. So habe ich es empfunden. Wissen Sie denn überhaupt, daß Sie eine gute Ehe gestiftet haben? Ohne Sie –? Ohne Ihre Hilfssätze? Ihre Lehrbücher –?‹

›... Bella hat ihre Schildkröten zum Tierarzt gebracht. Nun sind sie tot. Nun muß sie für niemanden mehr sorgen. Und die Mutter? »Ich – in meinem Alter!« das sagt auch sie. »Ich sehe aus wie von Picasso! Wie hieß doch die Periode, als er den Frauen dicke Zehen und Beine gemalt hat? Das steigt nun immer höher, bis zum Herzen. Wenn es da angekommen ist, dann bin ich tot.« Und: »Überall läuft mir das Wasser 'raus, aus den offenen Beinen, aus den Augen, aus dem Mund, bloß nicht mehr da, wo es rauslaufen soll.« Sie haben einmal von einer todkranken Heldin geschrieben: »Wir lassen sie jetzt besser allein.« Vorhang zu. Die Leser und die Zuschauer werden Ihnen die Diskretion gedankt haben. Als ich vor 15 Jahren krank war, sehr krank war – darüber werde ich Ihnen niemals schreiben, das kann man keinem zumuten –, aber damals habe ich jene Freude kennengelernt, daß es mir nicht so schlecht ging wie der Patientin in Zimmer zehn ...‹

›... Noch immer liefern die Söhne mir ihre Hosen zum Waschen und Flicken ab. Ich habe mich im Flicken von Jeans sehr vervollkommnet. Aber mein Mann hat plötzlich seine Hosen zum Schneider gebracht, der sie kürzen soll und mit Stoßband versehen, was doch immer ich getan habe. Glauben Sie mir, es ist eine Liebeserklärung! Wissen Sie überhaupt, daß wir, mein Mann und ich, in dieselbe Schule gegangen sind? Ich kam immer zu spät. Er, der Junge aus dem Nachbarhaus, ging immer pünktlich weg. Im Winter hatte das den Vorteil, daß ich in seine Fußstapfen treten konnte, wenn frischer Schnee lag. Wir haben uns dann gar nicht immer so gut vertragen auf unserem gemeinsamen Lebensweg. Aber jetzt –! Wie Ihre alten Quindts! »Einer Ehe muß man Zeit lassen!« ...‹

›... Unser Weihnachten? Wir fuhren zu meiner Mutter. Sie saß geputzt und geschmückt in ihrem Rollstuhl. Ganz rührend! Das Bett tadellos gemacht. Viele bunte Kissen auf der rosa Rosendecke. Das wird Stunden gedauert haben. Allein das Anziehen: mit zwei Holzzangen. Als ich noch ein Kind war, da dauerte bei ihr ein Vollbad drei Stunden. Jetzt muß sie einen Körperteil nach dem anderen waschen. Sie duftet nach 4711, seit ich sie kenne. Immer erinnert sie mich an die Scarlett. Aber: Wie alt ist Scarlett geworden? Wie ist sie alt geworden? Mutter spielte uns ihre Komödie vor: Es ist alles in Ordnung! Das seht ihr doch, das sieht doch jeder! Es wird schon so weitergehen. Laßt mich hierbleiben! Ich denke jetzt oft mit Bewunderung an sie. Ihr Wille trägt sie. Wir müssen das respektieren. Dann die Rückfahrt! Im Winter, bei Dunkelheit setzt sich mein Mann nicht mehr so gern hinters Steuer. Aber ich, ich setze mich ohne Sorge neben ihn, obwohl ich doch weiß, daß er gar nicht viel sieht. Wenn wir zu zweit sind – ohne Sorge! ...‹

›... Das Lebensblut, die Kraft, die ich einst von ihr, der Mutter, empfing, läuft längst wieder zurück in ihre Adern, per Telefonkabel. Man bekommt nichts, nichts geschenkt im Leben, was es uns nicht wieder nimmt. Und das, was man am liebsten hätte, gibt es einem nie. Fürchten Sie sich denn nicht? Niemals? Sie Inhaberin des Glücks! Unser Mittags- und Nachmittagskaffeetisch war immer ein Kriegsschauplatz, auf dem scharf geschossen wird. Weihnachten! Familientreff! Alle Heiligen, steht uns bei, segnet unsere Mahlzeiten! Als in der Dämmerung die Kerzen am Baum brannten, breitete mein Mann seine Kriegserinnerungen aus, das tut er immer, wenn die Stimmung gemütlich wird oder gemütlich zu werden droht. Und dann wird ihm die Bundesrepublik zur Raketenbasis der Amerikaner gegen die Russen. Er prophezeit einen fürchterlichen Weltuntergang, und schon liegt Bella tränend auf der Couch, ich will sie trösten, aber sie springt auf, stürzt zur Haustür, den Mantel überm Arm und schreit: »Ich freue mich so auf den nächsten Krieg!« Und weg ist sie. Zwei Stunden später schicke ich den Vater ans Telefon...‹

›...Ich fasse mich heute kurz. Gestern rief Bella an. Sie rief wirklich! Sie rief: »Ich bin glücklich! Hörst du? Ich bin glücklich.« Ich sagte: »Ja, das kann man hören.« – »Ich will dir nur meine neue Telefonnummer durchgeben. Ich bin jetzt bei Thomas.« Ich fragte: »Wer ist Thomas?« – »Ach!« ruft sie. »Er ist einsneunzig groß! Er ist nicht verheiratet! Er ist nicht mal geschieden! Er muß nirgendwo Alimente zahlen! Er ist nicht arbeitslos! Er hat einen richtigen Beruf, in dem er zufrieden ist. Wir haben einen Bausparvertrag abgeschlossen, wir wollen das Haus ausbauen.« – »Welches Haus?« frage ich. »Woher kennst du ihn? Seit wann?« – »Frag doch nicht!« Und dann sagt sie mit ganz feierlicher Stimme: »Er ist in der Neujahrsnacht in mein Leben getreten.« Dann macht sie eine lange Pause, damit ich das auch ja ermesse, und sagt: »Ich meine, er ist in das Zimmer getreten, in dem wir Silvester gefeiert haben. Und gleich darauf hat es in dem alten Fachwerkhaus geknirscht, und alles hat gebebt! Wegen des Erdbebens! Seitdem kennen wir uns schon hundert Jahre.« Das wollte ich Ihnen nur schnell mitteilen. Und jetzt zittere ich und bebe ebenfalls. Mein Kind! Mein schönes Kind ist glücklich. Und das haben nicht Sie erfunden! Sie haben immer nur gesagt – wie Ihr alter Quindt –, das wird auch wieder...‹

›...Mutter sagte am Telefon: »Hier warten alle darauf, daß ich mich endlich davonmache. Wer würde mich hier denn noch vermissen? Doch niemand!« Sie legte eine Pause ein und wartete darauf, daß ich, ihre einzige Tochter, antworten würde: »Doch, Mutter, ich würde dich vermissen.« Aber ich habe nie lügen können. Ich habe den Satz nicht über die Lippen gebracht. Das hätte ich doch wenigstens für sie tun können. Ach! Ich werde sie vermissen, das weiß ich jetzt schon. Es gibt ja nicht nur die »holde Gewöhnung«, es gibt auch die unholde. Sie half nie jemandem, wissen Sie. Sie läßt sich jetzt von niemandem helfen. Sie bleibt sich treu. Das muß man doch bewundern...‹

›...Alle Kinder sind mit dem Auto unterwegs, die Straßen sind spiegelglatt. Bei solchem Wetter ist Bella schon einmal auf einem Sturzacker gelandet. Jedesmal klettert sie ungebrochen aus dem Wrack. Sie betet nicht und ist in keiner Kirche. Vielleicht hat Gott aus diesem Grunde ein besonderes Auge auf sie? Sie grollt ihm, weil seine Welt voller Kriege und Hunger und Krankheit ist. Sie anerkennt ihn nicht als den Allmächtigen. Wie sagen Sie –? »Schlimm ist...« Mein Mann zeigt mir an meinem Körper, wo's ihm weh tut vom Rheuma, und ich markiere auf seinem Rücken meine Schmerzzone – Zärtlichkeiten des alternden Ehepaares. Ich habe zu meinen Kindern gesagt: »Wenn ich jetzt plötzlich sterben müßte, würde mich tiefer Schmerz erfüllen über all die ungelesenen Bücher, die ich zurücklasse.« – »Nec spe, nec metu«, sagt mein Mann. Weder mit Hoffnung noch mit Furcht. Also: Nichts Gutes erhoffend, nichts Schlimmes befürchtend. Das genügt doch, in unserem Alter. Meinen Sie nicht auch?...‹

Die Rose von Jericho
ist eine Wüstenpflanze. Wo sie Wasser
findet, wurzelt sie, faltet sich auf,
wird grün. Versiegt das Wasser, löst
sie sich, ballt sich zur Faust, wird
grau und leicht. Der Wüstenwind packt
sie und fegt sie kilometerweit.
Findet sie Wasser, tut sie sich auf,
wird grün. Manchmal bleibt sie irgendwo
liegen, Jahre, Jahrzehnte, Jahrhunderte
lang, unsterblich.

Josef, als er mit Maria und dem
Kind nach Ägypten floh, nahm die Rose
als Wegzeichen: wo er sie fand,
war Wasser.
Im Schwarzwald legen die Bauern sie
zwischen die Doppelfenster, sie schützt
Haus und Stall vor bösen Geistern,
vor Ungeziefer, vor Krankheit.
Wo man ihr Wasser gibt, wurzelt sie,
wird grün, erblüht in wenigen Stunden.
Ungeduldige geben ihr warmes Wasser, dann
grünt sie rascher, aber sie wird
vergänglich wie andere Pflanzen.
Vielleicht hat der Wüstenwind
diese Rose durch das Heilige Land
gefegt, zur Zeit, als Cyrenius
Landpfleger war in Syrien.

Als Kind habe ich die Buchseiten, auf denen das ›Märchen von einem, der auszog, das Fürchten zu lernen‹ stand, rasch überblättert, um nur ja keines der Bilder und keines der Worte zu erkennen; so sehr habe ich mich gefürchtet. Ich hätte das Fürchten auch ohne dieses Grimmsche Märchen gelernt! Warum gibt es kein Märchen von einem, der auszog, das Freuen zu lernen? Freude, sich freuen an etwas, lernt man soviel schwerer; viele lernen es nie oder verlernen es im Laufe des Lebens. Sie sagen am Ende: Mir ist das Lachen vergangen!

Man hat uns unsere ›Unfähigkeit zu trauern‹ immer wieder vorgehalten. Aber manchmal denke ich, daß unsere Unfähigkeit zur Freude noch größer ist. Woran liegt das? Abend für Abend führt man uns im Werbe-Fernsehen doch vor: Mach dir eine Freude! Verwöhn dich selbst! Gönnen Sie sich etwas Gutes! Man nennt uns die Gegenstände mit Namen, die uns mit Sicherheit freuen werden, man braucht nur hinzugehen, um sie sich zu kaufen. Demnach wäre Freude käuflich. Unser Mißvergnügen beim Anschauen solcher Sendungen rührt wohl daher, daß wir die Freude nur uns allein bereiten sollen. Freude ist aber von ihrem Wesen her nicht selbstsüchtig. Sie braucht Gemeinsamkeit. Traurig sein kann man notfalls allein. Mit seiner Trauer wird man allein oder ›mit Gottes Hilfe‹ fertig. Zur Freude braucht man jemanden, der sich neidlos mitfreut. Die Psychologen haben herausgefunden, daß Neid die Antriebskraft unseres wirtschaftlichen Erfolgs sei. Wir neiden dem anderen, was er besitzt, und versuchen, mit ihm Schritt zu halten.

Vergiftet etwa Neid unsere Fähigkeit zur Mit-Freude? Wandelt sich Freude in Schaden-Freude, wenn dem anderen ein Mißgeschick widerfährt? Je wohlhabender wir werden, desto neidischer werden wir auch. Besitz läßt sich steigern und ansammeln. Es gibt Besitzer-Freude, das weiß ich, aber diese Freude meine ich nicht; die Freude, die ich meine, läßt sich nicht horten. Ich meine auch nicht Abwechslung und Zerstreuung. Aber welche Form der Freude meine ich überhaupt?

Beethovens ›Neunte Symphonie‹ endet mit dem gewaltigen Chor ›Freude, schöner Götterfunken ...‹. Es gibt wohl keinen, den nicht ein Schauer überläuft, wenn er hört: ›Brüder – überm Sternenzelt / muß ein lieber Vater wohnen.‹ Schiller schrieb diese Ode aus Dank für eine gewährte Gastfreundschaft in Dresden. Im ›Song of Joy‹ hat man Schillers Worte und Beethovens Melodie wieder aufgegriffen und verjazzt. Die Freude wäre demnach ein Funke? Und Funken haben es an sich, überzuspringen. Er geht aus von dem, der eine Freude bereiten will, zum anderen, der erfreut wird, springt weiter und springt zurück. Funken von einem Pol zum anderen. So ähnlich wird physikalisch Strom erzeugt, Energie freigesetzt. Eine solche Kraft stelle ich mir vor, wenn ich an Freude denke: Freude wird zu Lebenskraft und Lebensmut.

Im ›Vaterunser‹, unserem großen christlichen Gebet, steht die Bitte: ›Unser tägliches Brot gib uns heute!‹ Eine Gebetszeile, die uns – zur Zeit – nicht betrifft. Unter der Überschrift ›Wer nicht arbeitet, soll auch nicht essen‹ stand kürzlich in einer großen Tageszeitung ein Wirtschaftskommentar, der das Mißverhältnis darlegte, das in unserem Land zwischen Arbeiten und Essen besteht. Ein Bibelwort als Überschrift im Wirtschaftsteil einer Zeitung! Papst Johannes Paul II. hat an dieses christliche Gebot bei seinem Besuch in der Bundesrepublik erinnert. Vor uns liegen aus Anlaß der Geburt des Jesus von Nazareth vier bezahlte Tage, an denen wir nicht zu arbeiten brauchen, aber um so mehr und besser essen werden.

Als ich vor einigen Wochen durch die Altstadt von Jerusalem ging, liefen Araberjungen hinter mir her und riefen: ›You are rich, we are poor!‹ Immer wieder, immer andere. Ich werde das nie vergessen. Sie hatten recht. Ich habe mich geschämt. Unser ›tägliches Brot‹, so versichern uns die Politiker, ist gesichert, unser tägliches Benzin, unser tägliches Heizöl zumindest noch für einige Jahre. Woran es uns aber heute schon fehlt, ist Freude. Wir sollten um unsere tägliche Freude bitten. Heute morgen kam mit der Post der Brief einer Achtzigjährigen; sie schreibt: ›Ich lag, recht unzufrieden mit mir und der Welt, an Grippe erkrankt und wünschte mir eine rechte Freude, als Ihr Brief kam und diesen Wunsch erfüllte.‹ Das hat schon genügt: ein paar Worte der Anteilnahme, die Frage nach dem Ergehen, und schon schickt sie mir Freude zurück.

Freude heißt: Freude bereiten. Freude kommt nicht von ungefähr, selten fällt sie uns in den Schoß. Nicht um die Freude, die uns widerfährt, sollten wir bitten, sondern darum, daß es uns gelingt, einem anderen Menschen eine Freude zu machen, wenn möglich, an jedem Tag.

Es genügt nicht, ›fröhliche Weihnachten‹ zu wünschen! Wir müssen zu dieser Fröhlichkeit beitragen, dann wird die Freude, die wir bereiten, zu uns zurückkommen, als ein ›schöner Götterfunken‹.

Manchmal bleibt jemand vor einem Bild, das in unserem Flur hängt, stehen und fragt überrascht: ›Von wem ist das? Ein wenig wie Paul Klee?‹ Ich antworte: ›Das ist meine Klagemauer.‹ Damit muß man sich zufriedengeben. Dieses Bild malte W. B. und schickte es mir nach unserer Scheidung. Eine Mauer aus ungleichen Steinen, helle und dunkle; in manchen steht ein Datum. In den hellen Steinen die guten Tage, der Tag, an dem wir uns kennenlernten, der Tag der Verlobung, der Hochzeit – und in den dunklen Steinen die schlechten Tage, Trennung, Scheidung. Ich stehe manchmal davor und kenne die Bedeutung der Tage nicht mehr.

Nur von fern sah ich die Klagemauer in Jerusalem, zu der Frauen keinen Zutritt haben.

Kunstgeschichten VIII

Wir saßen in der Weinstube ›St. Elisabeth‹, benannt nach der Statue der Heiligen Elisabeth, die in einer Nische an der Hausecke steht, zwei oder drei Meter über der Straße, wie durch ein Wunder bei der Zerstörung der Stadt im Krieg unversehrt geblieben. Unser Freund Hermann K., der seine Kindheit in Kassel verbracht hatte, erzählte, wie er als Junge mit anderen Kindern in dieser Straße Ball gespielt habe, und eines Tages sei der Ball hinter der Statue der Heiligen Elisabeth, unerreichbar, liegengeblieben.

Dann kam Hermann K., inzwischen Studienrat geworden, nach dem Krieg, also nach fast einem halben Jahrhundert, wieder nach Kassel und streifte – er war ein Stadtgänger, liebte Städte – durch die Altstadt, die noch in Trümmern lag, auch das Haus mit der Statue der Heiligen Elisabeth. Die Mauerecke mit der Statue stand unversehrt. Und da fiel ihm der Ball ein. Er kletterte auf die Trümmer, die meterhoch lagen, griff hinter die Statue und holte seinen Ball hervor.

Jemand, der seine Weihnachtsgeschenke mit den Worten ›Du kannst es ja umtauschen!‹ überreicht. Als er sich ein Haus gebaut hatte, sagte er: ›Notfalls kann ich es ja verkaufen.‹ Als er heiratete, sagte er: ›Schlimmstenfalls läßt man sich scheiden...‹

Alles wiederholt sich, diesmal liegst du C 3; das erste Zimmer rechts, wenn man aus dem Fahrstuhl kommt.

Jemand sagt: ›Er liegt in Nummer 257. Zwei und fünf sind sieben. Zweimal die Sieben!‹ Als wir deine Utensilien in die Nachttischschubladen räumten, saß auf deinem Kopfkissen ein Marienkäfer. Im Dezember! Er flog uns als Glückskäfer davon. Eine Freundin schickte dir vierblättrigen Klee, er wuchs, trieb immer neue Blätter; ich weiß, wie leicht er welkt und eingeht. Ich hätte es nicht riskiert, dir Glücksklee mitzubringen, diesmal nicht. Ich bin nicht abergläubisch. Aber jedes dieser kleinen Zeichen freute mich.

Man hat ihn mir enteignet; für nichts mehr zuständig, nicht für die glattgezogenen Laken, die Bekömmlichkeit des Essens, das gelüftete Zimmer, die Wäsche. Ein Teil des Darms muß entfernt werden. Man hat dich vor der Operation fünf Tage und fünf Nächte lang gereinigt; erst noch Astronautenkost, dann künstliche Ernährung, bis du ganz ›rein‹ warst. Reinen Herzens! Reinen Gewissens! Wir lachten noch manchmal. Du wurdest immer durchscheinender, vergeistigter. Was zu sagen war, war gesagt: Ich bin nicht mit einundzwanzig Jahren im Krieg gefallen. Ich habe nahezu sechzig Jahre lang gelebt, und oft habe ich gern gelebt. Wir hatten fünfzehn gute Jahre miteinander.

Die Todesfurcht wird geringer, je näher man dem Tod ist.

Wenn es dämmrig wurde, zündete ich Kerzen an. Bevor ich ging, stellte ich die Blumen auf den Gang. Und ich strickte, strickte um dein Leben, daß der Faden nicht riß, wie eine Norne saß ich stumm neben deinem Bett. Manchmal suchte mich dein Blick, fand mich, ruhte auf mir. Erst Tage nach der Operation konntest du ein wenig lächeln.

Wir haben ein neues Datum: vorher – nachher.

In der Heiligen Nacht blies ein Mann auf dem Flur Posaune. Daß er falsch spielte, rührte ans Herz. ›...zwei Engel sind hereingetreten, kein Auge hat sie kommen seh'n...‹ Alles stand mir wieder vor Augen: das Pfarrhaus, die Kirche, meine Mutter, die das Krippenspiel einstudiert hatte, die Engelsflügel, die in den alten Futterkästen auf dem Dachboden aufbewahrt wurden. Ich sang Choräle für dich und für mich. Oft wußte ich nicht, ob du schliefst oder wach warst. Dein Körper war mir an keiner Stelle zugänglich, Kanüle, Schläuche, Behälter, die anzurühren ich mich fürchtete. Ich legte meine Hand auf deinen linken Fuß, die Gummistrümpfe (drohender Thrombose wegen) ließen die Zehen frei. Alles war technisch und künstlich geregelt. Einmal bist du nachts, von Schmerzmitteln betäubt, aufgestanden, hast dich von all den Schläuchen losgerissen, aber dann doch die rettende Klingel gefunden. Von da an zeichnete ein Monitor deinen Herzschlag auf.

Oft bin ich den weiten Weg nach Hause zu Fuß gegangen, aus Furcht, jemand könnte mich in der Straßenbahn anreden. Ich sang vor mich hin, das tue ich oft, aber noch nie hatte ich jene Stelle aus dem ›Deutschen Requiem‹ von Brahms gesungen, die du damals, als wir uns noch wenig kannten, oft gesungen hast: ›Herr, lehre doch mich, daß ein Ende mit mir haben muß, und mein Leben ein Ziel hat, und ich davon muß.‹

Zu Hause blieb die Weihnachtspost und die Neujahrspost ungeöffnet liegen, manchmal riß ich Briefumschläge auf, las dann doch nicht, wußte schließlich nicht mehr, wer mir was geschickt hatte, dieses Psalm-Wort zum Beispiel: ›Du tust kund den Weg zum Leben: vor dir ist Freude die Fülle und liebliches Wesen zu deiner Rechten ewiglich.‹ Wie hätte ich das nicht als ein weiteres Zeichen nehmen sollen!

Ich habe in diesen Wochen eine neue Erfahrung gemacht. Es ist besser, wenn man zwei Lasten zu tragen hat als nur eine, die mich zu Boden gezogen hätte. Ich trug an zwei Lasten. Ich stamme vom Lande, immer hängen zwei Eimer am Joch, und je ruhiger man geht, desto weniger Wasser schwappt über. Ich schrieb einer Verwandten, deren Mann ebenfalls krank lag: ›Jede ernste Krankheit ist eine Lektion im Sterben, auch für den, der am Bettrand liegt.‹ ›Liegt‹, ich hatte liegt geschrieben und nicht sitzt, sie sagte es mir am Telefon. Ich war sterbensmüde, schlief wenig.

Und diese Paula L. schrieb: ›Ach – wissen Sie! Als man mir mein jüngstes Kind nach geglückter Operation wieder in die Arme legte: neugeboren! So viele schimpfen auf die Ärzte, aber seit damals, als der Arzt zu mir sagte: »Da haben Sie ihn wieder!«, seitdem weiß ich, daß Ärzte große Künstler sind. Ich rufe Ihnen zu: »Fürchtet Euch nie!« Oder darf man die Worte der Engel nicht korrigieren?‹

Ich trat auf die Minute pünktlich in sein Zimmer, ich ging pünktlich wieder. Er brauchte dieses ruhige Gleichmaß. Sein Zimmer füllte sich mit Blumen. Wenn ich kam, standen alle Sträuße nebeneinander auf einem einzigen Tisch, und es sah nach Aufbahrung aus; dann verteilte ich die Sträuße in dem großen Raum, in dem sonst zwei Betten stehen; dem alten Quindt ist es zu danken, daß du allein liegen konntest, er übernimmt die Kosten. Q.z.a.

Paula L. hat mir als Weihnachtsgabe ein Heft geschickt, in das sie die Quindt-Essenzen des alten Quindt und die Maximen der Maximiliane Quindt eingetragen hat. Ich lese dir daraus vor, und wir kehren zusammen nach Poenichen zurück, in eine uns beiden vertraute Welt, in der nichts Unvorhergesehenes mehr passieren kann.

Wir haben nie darüber gesprochen, nur damit du es weißt: Kein Zinksarg! Keine Eiche, nichts Stabiles. Etwas, das rasch zerfällt. ›Vom Fleisch fallen‹, sagt man in meinem Dorf. Leicht werden, dann könnte man mich in einen Sarg legen, aus Reisstroh geflochten wie die leichten Koffer, mit denen meine Eltern gereist sind.

Dreimal am Tag, auch an den Weihnachtstagen, Silvester, Neujahr, kam der Chefarzt, der dich operiert hat; dann verließ ich das Zimmer wie ein Besucher. Ein fester Händedruck und ein fester Satz für die Ehefrau. In der Heiligen Nacht hat er dir die Magensonde, die durch die Nase führte und die dich am meisten quälte, eigenhändig entfernt. Ich habe weder aus meiner Bewunderung noch aus meiner Dankbarkeit ein Hehl gemacht; die Freunde, denen ich von der Kunst des Arztes berichtete, vermuten, daß ich nun den Roman eines Chirurgen schreiben werde. An einem der Weihnachtstage wurde im Radio die ›Walküre‹ übertragen, Freunde hatten dir das mitgeteilt. Du sagst: ›Lieber lasse ich mich noch einmal operieren!‹ Zwei Tage später sagst du: ›Entschuldige mich bei ihnen und bei Wagner!‹ Plötzlich, als ich noch nicht damit gerechnet hatte, läßt man dich aufstehen, löst die Kanüle, stöpselt sie ab. Du stehst auf eigenen Beinen! Dann gehen wir eines Tages auf dem Klinikflur hin und zurück, dann zweimal, dann empfängst du mich im Sessel sitzend und sagst: ›Ich bin nun nicht mehr mit dem »Roten Kreuz« verbunden!‹ Keine Zuleitungen mehr, keine Ableitungen mehr. Du bekommst zu trinken; dann ein Hafersüppchen. Das Lob gilt von nun an nicht mehr dem Arzt, sondern dem Patienten. Die langen Wollstrümpfe, für unsere Wanderungen vorgesehen, sind fertig, sie sind ungleich geraten, aber durch kleine rote Kreuze, die ich an den Rand gestickt habe, als zusammengehörig kenntlich.

Du erzählst mir vom Schicksal des Krankenpflegers, der aus Rumänien stammt, ›Siebenbürgen‹, wie er noch immer sagt, aus Hermannstadt, das ich als Sibiu kenne. Vor sieben Jahren ist er nach Deutschland gekommen; in ›der alten Heimat‹ hatten seine Eltern eine eigene Molkerei, die enteignet worden ist. Zuerst hat er als Aushilfskraft in einem Krankenhaus gearbeitet, dann hat er sich zum Krankenpfleger ausbilden lassen. Er ist froh über seinen Beruf, und die, die er pflegt, können auch froh sein. Eine der Frauen, die das Zimmer saubermachen, stammt aus der Ukraine, sie hat einen Letten geheiratet und ist vor kurzem als Spätaussiedlerin mit ihren beiden Kindern nach Deutschland gekommen, er, der Lette, ist dort geblieben. Einer der Ärzte ist Syrer. Ganz andere Menschen stehen dir jetzt nahe. Ein Stockwerk höher befindet sich der Landeplatz des Hubschraubers, der die Verletzten abliefert, das Geräusch, das du zunächst nur als Störung empfunden hast, erschreckt dich jetzt, du denkst wieder an andere, die eingeliefert und in den Operationssaal gebracht werden.

Dann hole ich dich nach Hause. Alles zum ersten Mal. Zum ersten Mal wieder Schuhe an den Füßen! Zum ersten Mal wieder feste Nahrung. Zum ersten Mal bis an den Briefkasten. Der erste Schluck Wein. Du hörst Musik, du liest, du telefonierst, und du schreibst.

›Schonen‹ heißt die neue Lebensform. Kontrolluntersuchungen unser Zeitmaß.

Ich fürchte deinen Tod
mehr als den eigenen. Wohin
gehst du? Wirst du wiederkehren,
wirst du sagen:
Da bin ich, da
hast du mich wieder?
Gibst du mir Wegzeichen,
Treffpunkte? Wirst
du als letztes sagen:
Komm bald –

Wir werden beide auf neue Weise lebendig, angefüllt mit Leben, jetzt, wo es bedroht ist, rücken wir näher zusammen, einer gibt dem anderen Kraft.

Jo Hebsaker, der Jugendbuchverleger, empfiehlt Tucholsky als Bettlektüre. ›»Der Zerstreute«. Kennen Sie das?‹ fragt er. ›Ein mehrfach Operierter erzählt, wo seine Organteile in den verschiedensten Kliniken geblieben seien. Gott fragt ihn: »Und wo ist dein Humor geblieben?« Ich vermute, daß man den Herrn Pummerer nicht danach wird fragen müssen. Mit anderen Worten: Das Lachen wird ihm doch nicht vergangen sein?‹

Das Haus lebt wieder, ich lebe wieder. Vorhin konnte man uns durchs Viertel gehen sehen, wir kamen vom Weinhändler, jeder eine Flasche Rotwein unterm Arm.

Auf einem unserer ersten Spaziergänge bliebst du vor einer Parkbank stehen, faßtest fester nach meinem Arm und sagtest: ›Auf dieser Bank habe ich immer gesessen, wenn ich aus dem Krankenhaus kam, als du operiert wurdest, bevor ich in unser Haus zurückkehrte, wo du nicht warst.‹ Das hatte ich vergessen, daß damals die Ärztin sagte: Am besten, man macht eine große Operation, das hat alles schon aufeinander übergegriffen. Ich weiß schon nicht mehr, was alles! Ich räumte die Schubladen auf, regelte meinen Nachlaß. Und dann war es ein kleiner Eingriff, nach wenigen Tagen war ich wieder zu Hause. Was sind das für falsche Propheten, die uns ungefragt in Ängste versetzen –.

Mitte März fuhren wir nach Garmisch, um uns eine Woche lang zu erholen und zu erproben, wie leistungsfähig wir wieder sind. Der Eilzug von München nach Garmisch war gut besetzt, du hast mir den einzigen freien Sitzplatz überlassen, standest mit dem Gepäck auf der Plattform. Als der Schaffner die Fahrkarten kontrollieren wollte, reichte ich ihm beide und sagte: ›Mein Mann steht draußen.‹ Er schob die Fahrscheine in seine Lochzange und sagte: ›Das ist ja wunderbar!‹ – ›So wunderbar ist es nicht, daß er stehen muß‹, entgegnete ich. Und da sagte er: ›Aber es ist doch wunderbar, daß er da ist!‹ – ›Ja‹, sagte ich, ›ja, das ist wunderbar!‹ und lachte dem Engel, der die Gestalt eines bayrischen Zugschaffners angenommen hatte, ins Gesicht.

Das sagt sich so: N. verlor im Krieg sein Bein. Es müßte heißen: sein Bein wurde von Granatsplittern zerfetzt, im Feldlazarett amputiert, dann Krücken. Schließlich die erste, schlecht passende Prothese, nach weiteren Operationen ein technisch nahezu vollkommenes kostspieliges Bein, weitgehend aus Leder.

Die Familie macht Ferien am Atlantik. N. schnallt am Strand sein Bein ab, legt es, mit dem Badetuch abgedeckt, in den Sand und hüpft zum Wasser; er ist ein guter Schwimmer.

Hoher Wellengang. Eine Welle bekommt das Bein zu fassen und nimmt es mit hinaus aufs Meer. Der Eigentümer sieht, wie es davonschwimmt, erreichen kann er es nicht, aber der Seenotrettungsdienst rettet es.

Inzwischen ist N. gestorben, nicht an der Kriegsverletzung, sondern am Herzinfarkt oder vielleicht doch an der Kriegsverletzung, die ihn physisch und psychisch zusätzlich angestrengt hat. Wenn unsere Freundin Irene N. die Geschichte von der wunderbaren Rettung des Beines erzählt, lachen wir, müssen wir lachen. Ihr Mann ist in der Klinik gestorben, daher verblieb das Bein zu Hause, blieb unbegraben, machte zwei Umzüge mit, stand lange Zeit noch herum, als wär's ein Stück von ihm.

29. Januar 1981. Abendnachrichten, Wetterbericht, Reisewetterbericht, dann der erste Teil einer Dokumentation über ›Flucht und Vertreibung‹. Wir haben den Film als zwei Überlebende des Krieges gesehen, die sich fragen: Warum sind wir davongekommen? Wir haben uns auch gefragt: Wer schaltet jetzt das Gerät ab?

Wir sahen, wie auf Aussiedlung Evakuierung, auf Flucht Vertreibung folgte. Stationen eines verschuldeten Krieges, Bilder des Grauens: feindliche Tiefflieger bombardieren die Flüchtlingstrecks auf dem gefrorenen Haff! Worte des Grauens: erfrorene Säuglinge, in die Ostsee geworfen. Vergewaltigung, Wahnsinn, Tod. Die Netzhaut unserer Augen ist abgehärtet, man zeigt uns Bilder, die man uns früher nicht zugemutet hätte: die Scheiterhaufen der Toten von Dresden. Viele Bilder werde ich wieder vergessen – das Bild des Jungen, der, ein Bündel auf dem Rücken, allein durch die Trümmer davongeht, ein Such-Kind für später, wird mein Gedächtnis archivieren. Auch jene Frau aus Dresden, eine Augenzeugin, damals ein neunjähriges Mädchen, die erzählt, wie sie ihren Wellensittich zu retten versuchte, als alles brannte, und ihn in ein nasses Tuch wickelte. Sie verliert die Fassung und ist doch erst am Anfang ihrer Schreckensgeschichte. Und dann jener Mann, der mit ruhigem Gesicht von seinen Abenteuern berichtet, auch er bei Kriegsende noch ein Kind: Mit einer Gruppe von Flüchtlingen hat er in den pommerschen Wäldern gehaust, monatelang; sie haben herumirrende Schweine eingefangen und geschlachtet, haben in Hütten aus Ästen und Zweigen gelebt, und plötzlich sagt er: ›Nachts haben wir gebetet.‹

Eine Stunde lang, dann ging ohne Pause das Programm mit

›Alles oder nichts‹ weiter. Wir schalteten das Gerät ab, unsere Erinnerungen nicht: Mein Mann im Treck der Kriegsgefangenen durch das zerstörte Warschau, Richtung Osten. Ich, ausgebombt in Kassel, Totalschaden.

Wir saßen im Warmen, tranken Rotwein; an Schlaf war nicht zu denken.

Vor genau einer Woche sahen wir im Fernsehen die glorreiche Rückkehr der amerikanischen Botschaftsangehörigen, die man in Teheran nahezu anderthalb Jahre als Geiseln festgehalten hatte. Staatsoberhäupter, Reporter aus aller Welt; Ärzte und Psychologen, die die Freigelassenen behutsam untersuchen und betreuen. Konfettiregen in New York, die Freiheitsstatue angestrahlt... Wer hat die deutschen Soldaten, die nach mehrjähriger Gefangenschaft abgezehrt und krank aus Rußland zurückkehrten, auf ihre körperlichen, geistigen oder seelischen Schäden hin untersucht? Heimkehrer – was für ein schönes und idyllisches Wort! Sie kehrten in zerstörte Städte zurück, niemand hat sie umjubelt. Ich vergleiche Unvergleichbares. Ich weiß das. Aber ich habe auch diese Bilder noch vor Augen und werde sie nie vergessen.

Der erste Teil des Filmes heißt ›Inferno‹ (wie der erste Teil von Dantes ›Göttlicher Komödie‹). Bei Dante folgt das reinigende ›Fegefeuer‹ und als letztes ›das Paradies‹. Wir, die dem Inferno des Kriegsendes entkommen sind, haben uns damals vor der großen Abrechnung, dem Fegefeuer, gefürchtet, das dann als Nürnberger Prozeß, Spruchkammerverfahren und Lastenausgleich anders als erwartet über uns gekommen ist; aber wir haben auch geglaubt, daß am Ende ein ›Paradies‹ auf uns wartete, das Frieden heißen würde...

Was haben wir, die Überlebenden, falsch gemacht, daß es nach einer solchen Sendung ›mit den Beatles in die Endrunde‹ geht?

Man befürchtet, daß der Film revanchistische Gefühle wekken wird. Aber was da gezeigt wurde, gehört doch nur mit in dieses große Schreckensbild, von dem auch ›Holocaust‹ nur ein Ausschnitt war. Die Generationen nach uns haben das Recht auf Information, auf die ganze Wahrheit.

›Europa war ein Schlachthaus‹, schreibt Günther Rühle in der ›Frankfurter Allgemeinen Zeitung‹.

Paula L. schreibt dazu: ›Ach, wissen Sie! Ich denke da an meine mecklenburgische Großmutter. Hitlerjungen lagen mit Panzerfäusten im Hinterhalt, und dafür steckten die Russen das Dorf an allen vier Ecken in Brand. Die Großmutter hatte meinem Vater, neunzigjährig war sie damals, geschrieben: »So lange möchte ich noch leben, um zu wissen, wie der Krieg ausgeht.« Und als alles brannte, hat ihre Tochter gesagt: »Jetzt weißt du, wie's ausgegangen ist, Mudding.«‹

Maximiliane wurde, wenn sie tröstend das baldige Ende des Krieges oder der Flucht voraussagte, von ihrem ältesten Sohn, den sie Mosche nannte, oft gefragt: ›Versprichst du uns das?‹ Wir haben das übernommen. Kühner zitiert in schwierigen Situationen den alten Quindt und sagt: ›Das wird auch wieder!‹ Und ich frage: ›Versprichst du mir das?‹

›Ja, fürchten dürfen Sie sich nicht!‹ sagte Albert Einstein zu Elisabeth Bergner. ›Diese alltäglichen Worte‹, schreibt sie, ›hatten plötzlich eine ganz andere Bedeutung, eine viel größere. Sie hatten gar nichts mehr zu tun mit irgendeiner persönlichen Angelegenheit. Sie waren ein wissenschaftliches Universalprinzip, ein elftes Gebot: Du sollst dich nicht fürchten!‹

Jahre zurück. Wir waren zu dritt in Positano. Anfang November, stille Tage, die man dort die Martins-Tage nennt. Der Dritte war unser Freund Johannes Rüber, der schon oft in Positano gewesen war. Heute kam ein Brief von ihm. ›Positano!‹ schreibt er. ›Gestern hörte und sah ich ein Interview mit Patricia Highsmith, ein faszinierendes Gesicht, eine interessante Hand, beim Tippen eher die Hand einer Pianistin. Sie berichtete, wie sie in den frühen fünfziger Jahren in Positano morgens um sechs aus dem Hotelfenster blickte und mehrmals einen jungen Mann, der aussah wie ein amerikanischer Student, am Strand in Gedanken versunken hin- und hergehen sah. Was tut so ein abendländischer Mensch, ein Jüngling, morgens um sechs auf den Strandkieseln, habe sie gedacht und aus dieser Frage heraus einen Roman geschrieben. Die Figur darin heißt Ripley.‹

›Wie hätte ich mich‹, schreibt Johannes Rüber weiter, ›bei diesen Worten nicht selber morgens um sechs, wie ich es oft tat, am Strand von Positano hin- und hergehen sehen sollen, wartend auf das Öffnen des Kirchenportals zur Frühmesse, nachdem ich die Nacht durchzecht hatte, irgendwo. Natürlich war ich es nicht, die Highsmith wird doch hoffentlich versucht haben, diesen jungen Mann kennenzulernen. Ich schrieb zu jener Zeit »Das verdorbene Paradies«, meine Heimkehr aus dem Reich des platonischen Eros.‹

Wir waren auf den Spuren des Piero della Francesca durch Italien gereist und bis Positano gelangt, das Positano unseres Freundes. Später schrieb ich über die Reise einen Bericht in Versen, nannte ihn ›Positano vergessen‹. Die Blätter liegen in der Schublade.

So saß ich schon einmal
auf einem Stein
die Arme um die Knie geschlungen
den Kopf gesenkt und
einer hielt mich fest im Bild
auf einem anderen Stein
an einem anderen Meer
ein anderer machte das Bild
von einem anderen Ich.

›...Möglichkeiten‹, schreibt Paula L., ›das scheint Ihr persönliches Lieblingswort zu sein.‹ Sie schreibt dann weiter: ›Ich habe ganz ausführlich von Ihnen, die ich doch nie gesehen habe, geträumt. Sie sagten zu mir: »Sie wundern sich, mich so klein vorzufinden, aber das bin ich jedesmal, wenn ich ein Buch geschrieben habe. Am schnellsten würde ich bei Sonnenschein, im Sand liegend, wachsen, aber das wird nicht gehen.« Jetzt, wieder erwacht, frage ich: Warum geht das nicht? Warum liegen Sie jetzt nicht auf einer Ihrer Inseln in der Sonne und wachsen?‹

Wie ist das denn, wenn man mit einem ›Pummerer‹ zusammen lebt, fragt man mich. Als Beispiel berichte ich: ›Wenn ich rufe:

»Bist du im Badezimmer?«, dann kann es sein, daß er zurückruft: »Nein, du?«‹

In meinem Elternhaus galt Bescheidenheit als eine Tugend; noch heute habe ich ein unbehagliches Gefühl, wenn ich mir beides, sowohl Butter als auch Honig, auf mein Brötchen streiche. Als ich aus dem Einflußbereich meiner Eltern in den des Staates geriet, habe ich dann gelernt, was Bescheidenheit aus Zwang und Not bedeutet; sie ist mir dank meiner preußisch-pietistischen Erziehung leichter gefallen als anderen. Aber jene langen Jahre, in denen man mir alles zugeteilt hat – die Quadratmeter Wohnraum, die Kilowattmenge Strom, die Menge an Gas, die Kohlen, das tägliche Brot –, sind unvergessen. Nach der Zerstörung meines Elternhauses konnte ich fünf Jahre lang meinen gesamten Besitz in einem einzigen Koffer unterbringen. Objektiv schwere Jahre, subjektiv reiche Jahre, in denen ich gelernt habe abzuschätzen, was man braucht und was man nicht braucht. Als ich eines Tages ein eigenes Bügeleisen besaß und jemand mich fragte, ob er es sich ausleihen könne, sind mir Tränen in die Augen geschossen: Zum ersten Mal besaß ich selbst etwas, mit dem ich jemandem aushelfen konnte. Zu jenem Bügeleisen sind im Laufe der Jahre viele Geräte hinzugekommen, die mir die Hausarbeit erleichtern, die ich bisher unbedenklich benutzt habe, die Zeit einsparten. Mit einiger Verspätung, verursacht durch meine Erziehung und bedingt durch meinen Beruf, besitze auch ich inzwischen einen beachtlichen Maschinenpark, von der Waschmaschine bis zum Geschirrspülautomaten. Ich bin ein Verbraucher geworden und habe festgestellt, daß ich die Neigung zum Verschwender in mir habe wie die meisten Menschen.

Bis ich beschloß, mein Verhalten grundlegend zu ändern, den ungenutzten Überschuß an eigener Energie einzusetzen und lieber freiwillig als gezwungen zu sparen. Energie heißt ja ursprünglich ›Arbeitskraft eines Körpers; (Tat)kraft; Nachdruck‹. Weder von Elektrizität noch von Erdgas, Heizöl oder Benzin ist die Rede, sondern ausschließlich von der menschlichen Tatkraft. Ich muß also, wenn ich Fremdenergie einsparen will, meine eigene Energie einsetzen und meinen Hang zu Bequemlichkeit und Verschwendung bekämpfen.

Jahrelang war ich davon überzeugt, daß mein niedriger Blutdruck morgens nur durch heißes und kaltes Duschen belebt werden könne. Inzwischen erreiche ich auf andere Weise eine bessere Wirkung: Ich bürste mich von Kopf bis Fuß, wasche mich kalt ab, tue also nichts anderes, als Fremdenergie durch eigene Energie zu ersetzen. In der Hoffnung, daß der Staat bei der nächsten Veranlagung zur Einkommensteuer unseren guten Willen und unsere Unkosten seinen Versprechungen gemäß berücksichtigen wird, haben wir in unseren Arbeitszimmern gutisolierte Fenster einsetzen und unterm Dach einen Wärmeschutz anbringen lassen. Wenn es mir kühl wird, drehe ich nicht den Heizkörper weiter auf, sondern ziehe mir eine Jacke über. Die Räume, in denen wir uns nicht aufhalten, werden nicht geheizt, sie werden auch nicht unnötig beleuchtet. Ich halte möglichst die Türen geschlossen. Gebrauchte Gläser räume ich nicht in den Spülautomaten, sondern spüle sie rasch ab, die Hände wasche ich mir unter kaltem Wasser; Eiweiß schlage ich neuerdings nicht mit dem Mixer, sondern von Hand: Es wird rascher steif, als ich vermutet hatte. Für jeden Ratschlag, wie man Fremdenergie sparen kann, bin ich dankbar. Den Spülautomaten nicht ständig zu benutzen befriedigt mich zur Zeit ebenso sehr, wie es mich befriedigt hat, ihn ein- und auszuräumen, nachdem wir ihn angeschafft hatten; die Waschmaschine wird nur in Betrieb gesetzt, wenn sie wirklich voll ausgenutzt ist. Meine völlige Abhängigkeit von der Technik hat mich ohnedies immer beunruhigt; ich habe mich jetzt ein wenig unabhängiger gemacht und spüre dabei so etwas wie Lustzuwachs. Ich vermute, daß auch anderen Menschen der Satz ›Das können wir uns doch leisten‹ nicht angenehm in den Ohren klingt. Vieles können wir uns nämlich nicht mehr leisten! Aber anstatt wie ein unbedachter Verschwender und Wegwerfer zu leben, könnte man vielleicht unter veränderten Einsichten ein fröhlicher Genießer des Wohlstands werden.

Ob aus dem Satz ›Freude am Fahren/Freude am Sparen‹, den man auf der Automobil-Ausstellung in Frankfurt hören konnte, so etwas wie ein Leitsatz oder ein Wahlspruch wird, ist noch ungewiß. Andere Länder haben ein Tempo-Limit für den Straßenverkehr eingeführt; die Wohltat, mit 90 Kilometer pro Stunde durch ein Land zu reisen, habe ich im letzten Sommer in

Schweden erfahren. Die Geschwindigkeitsbegrenzung bedeutet für den Autofahrer ja nicht nur Einsparung von Fremdenergie, sondern auch eigener Energie. Wenn ein unverbesserlicher Schnellfahrer an uns vorbeirast, frage ich mich, was er sich dabei denkt. Kommt es ihm auf die paar Mark nicht an, die er mehr ausgibt für Benzin? Kann er sich höhere Treibstoffkosten leisten? Die Reichen verschwenden, die weniger Reichen sparen? Bestimmt wirklich nur das Geld und nicht die Vernunft das Verhalten eines mündigen Bürgers?

Mein reicher Onkel soll zu seinem Chauffeur gesagt haben: ›Zeit ist Geld, fahr langsam, Otto, die Leute sollen sehen, daß wir Geld haben!‹ Wir überlegen zur Zeit, ob wir uns Fahrräder anschaffen sollen, weniger zur Energieersparnis als zur Kräftigung der eigenen Energien. Vorerst gehen wir meist zu Fuß.

Die amerikanische Agentin war bei mir; Besprechungen über die Titel der beiden ›Poenichen-Romane‹. Der Vorschlag der Übersetzerin: ›Close your eyes and think of home‹. Aber da gibt es im Englischen und auch im Deutschen einen Ratschlag, den man früher den Bräuten vor der Hochzeitsnacht erteilte: ›Schließ die Augen und denk ans Vaterland!‹ Gelächter. Einigung auf: ›Flight of cranes‹. Flug der Kraniche, aber auch Flucht der Kraniche. ›Nie wieder Kraniche‹, steht auf der ersten Seite. Übersetzt man ›Jauche‹ ins Amerikanische, heißt es ›Spülicht‹ und ›Gully‹, kein Wort für Jauche. Farmer und Rancher verwenden Kunstdünger, keinen natürlichen Dünger.

Wenn ich – meist in heiterem Ton – von meinen 13 erlernten oder ausgeübten Berufen spreche, vergesse ich immer, den Beruf einer Arbeitslosen zu erwähnen. Einmal in der Woche ging ich zum Arbeitsamt in Marburg, um mir meine Arbeitslosenunterstützung abzuholen. Ich befand mich dort, auf den Korridoren, wo man wartend stand, in bester, meist akademischer Gesellschaft. Bei Schade & Füllgrabe gab es Wurstabfall zu kaufen, auch dort befand ich mich in bester, meist akademischer Gesellschaft. Jenes Jahr der ›Arbeitslosigkeit‹ hat sich mir nicht eingeprägt, weil ich weiterhin am Kunstinstitut arbeitete, nur eben ohne Einkünfte.

Kunstgeschichten IX

Kühner erzählt von Erlebnissen aus russischer Kriegsgefangenschaft: ›Es war in einem Lager bei Brest-Litowsk. Rund vierzigtausend deutsche Kriegsgefangene waren eingesetzt, am Bahnhof Kriegsbeute von deutschen in russische Güterzüge umzuladen. Die Bahngleise haben bekanntlich in Rußland eine breitere Spur als im übrigen Europa, und Brest-Litowsk ist ein Grenzort. Aber das russische Bahnnetz ist nicht so dicht wie das mitteleuropäische. Es gab auch weniger Eisenbahnwaggons in Rußland und somit weniger Laderaum. Deshalb staute sich in Brest-Litowsk das Beutegut, zumal die Russen versuchten, bis zu einem bestimmten Tag möglichst viel Beute aus Deutschland herauszuschaffen. Denn von diesem Zeitpunkt an – ich glaube, es war der 1. Oktober 1945 – sollte die Kriegsbeute auf die Reparationen angerechnet werden. Längst waren die Lagerhallen und Güterschuppen überfüllt. Das Beutegut mußte zu beiden Seiten des Bahnkörpers im Freien abgestellt werden. So standen Bücherkisten, Nähmaschinen und vor allem Klaviere und Konzertflügel zu Hunderten auf Wiesen und Äckern, wochen- und monatelang, in Regen und Schnee – ein phantastisches Bild, fast unwirklich, auch ein bißchen großartig!

An höherer sowjetischer Stelle hatte man Einsehen. Sollten, bevor das alles im Winter verrottete, die Frauen von Brest-Litowsk sich Nähmaschinen holen, sollten die sowjetischen Offiziere sich Klaviere oder Flügel in ihre Wohnungen stellen. Und es wimmelte von sowjetischen Offizieren am Ort. Vierzigtausend deutsche Kriegsgefangene bedurften einer entsprechend großen Bewachung und Verwaltung. Außerdem entspricht in der sowjetischen Armee der niederste Offiziersrang, also der des Leutnants, dem eines deutschen Feldwebels.

Die Kriegsgefangenen profitierten von dieser Einsicht. Sie nahmen beim Abladen die Schiffchen aus den Nähmaschinen, und eine Nähmaschine ohne Schiffchen ist zu nichts nütze. Also handelten sie bei den Frauen, die sich Nähmaschinen geholt hatten, die Schiffchen heimlich wieder gegen Brot ein. Auch ich sollte meinen Nutzen aus jener Anweisung ziehen. Eines Tages wurde in unserem Lager gefragt: »Wer kann Klavier spielen?« Ich witterte eine Abwechslung, ein warmes Quartier und eine angenehme Beschäftigung. Und das Klavierspielen hatte ich immerhin bis zur Reife der Meisterklasse gelernt. Ich meldete mich also und wurde – für schwere Arbeiten war ich wegen einer Verwundung sowieso nicht einsatzfähig – einem russischen Oberleutnant überantwortet, der am Lagertor mit einem Panjewägelchen und zwei bewaffneten Rotarmisten wartete. In deren Geleit zog ich durch die Stadt, hinaus zum Bahngelände, wo sich das Feld der schweigenden Klaviere und Konzertflügel erstreckte, alles weiß verschneit. Ich solle ihm ein Klavier aussuchen, sagte der Oberleutnant, und bei ihm zu Hause in Ordnung bringen. Es müsse ein Klavier sein, sagte er, für einen Flügel sei seine Wohnung zu klein. Wenn das Klavier wieder hergestellt sei, dann solle ich ihm und seinen Gästen ein Johann-Strauß-Konzert geben. Johann-Strauß-Walzer sind in Rußland sehr beliebt.

Ich ging also prüfend auf aufgeweichten Pfaden zwischen den Klavieren und Flügeln dahin und blieb schließlich vor einem Klavier stehen. »Das wollen wir nehmen!« sagte ich. Es gab keinen triftigen Grund dafür, weshalb ich gerade dieses und kein anderes auswählte – die Furniere hatten sich wie bei allen übrigen gelöst, der Deckel war gequollen und nicht zu öffnen –, aber es stand irgendeine Firma darauf, die in mir Heimatgefühle weckte, ich glaube: »Haug, Mannheim«.

Wir luden zu viert, der Oberleutnant, die zwei Rotarmisten und ich, das Klavier auf den Panjewagen, und das Pferdchen zog ihn, gefolgt von uns, durch den ganzen Ort bis zum anderen Ende. Dort wohnte der Offizier mit seiner Halbfrau in einem kleinen Holzhaus. Wir luden das Klavier ab, stellten es in der Wohnung auf, und ich erhielt zunächst, mit den beiden Bewohnern am selben Tisch sitzend, eine Suppe. Das gab mir den Gedanken ein, die Tätigkeit des Klavierstimmens auszudehnen, schon um den Zeitpunkt jenes »Johann-Strauß-Konzerts« möglichst weit hinauszuzögern. Denn ich bin ein auf Bach oder Beethoven eingeschworener Klassiker und kannte Johann-Strauß-Walzer nur vom gelegentlichen Hören. Eine Frist war mir nicht gesetzt worden, und Zeit spielt in Rußland ohnedies nicht dieselbe Rolle wie bei uns. Sie ist dort länger.

Zunächst einmal stemmte ich den Klavierdeckel sowie die Vorderwand des Gehäuses auf, dann nahm ich das gesamte Tasten- und Hammerwerk heraus und schichtete die einzelnen

Teile zum Trocknen in einer Zimmerecke aufeinander, in der Nähe des Ofens, doch auch wieder nicht allzu nahe, damit das Holz nicht riß. Übrigens stellte ich befriedigt fest, daß nur eine einzige Saite gesprungen war, allerdings eine der Baßsaiten, und bei diesen gibt es ja keine weitere gleichgestimmte Saite. Der betreffende Ton fehlte also.

Nach ein paar Tagen solle man mich wieder abholen, sagte ich. Das geschah auch. Einer der beiden Rotarmisten holte mich mit aufgepflanztem Bajonett am Lagertor ab und führte mich an den Ortsrand, zu dem Haus des Oberleutnants. Dort begann nun für mich eine angenehme Zeit: morgendliche Eskorte, Beschäftigung mit einem Musikinstrument, eine warme Unterkunft und mittägliche Suppe am Tisch des Offiziers. Seine Halbfrau steckte mir bisweilen heimlich ein Stück Brot zu.

Ich setzte also zunächst in tage-, nein wochenlanger Arbeit die Mechanik wieder in den Kasten ein, brachte sie, so gut es ging, in Ordnung und begann dann, in noch längerem Atem, das Klavier zu stimmen. Ich verfüge nicht über das absolute Gehör, und eine Stimmgabel stand natürlich nicht zur Verfügung, aber ich kann immerhin ein Klavier so weit bringen, daß es in sich stimmt. Und da ich mit keinem anderen Instrument zusammen spielen sollte, genügte dies ja.

So sehr ich ihn immer weiter vor mir herschob, es näherte sich schließlich doch jener Tag, an dem das Klavier – bis auf die eine gerissene Saite – wieder in Ordnung gebracht und gestimmt war und wo ich, der »Deutsche«, Walzer von Johann Strauß spielen sollte. Zu diesem Anlaß hatte der Oberleutnant eine Menge Leute geladen, Offiziere und Nachbarn. Sie saßen oder standen dichtgedrängt in einem kleinen Raum, selbst draußen im Hof. Ich war sehr aufgeregt und voller Angst. Der ganze Aufwand und die wochenlang gespendete Suppe mußte sich ja lohnen. Ich durfte nicht enttäuschen. Ich mußte die in mich gesetzte Erwartung erfüllen.

Zum Glück hatte mir der Oberleutnant vorher einen Wodka eingegossen, ein ganzes Wasserglas voll, wie es in Rußland üblich ist. Das enthemmte mich gegenüber Bach und Beethoven, aber auch gegenüber Johann Strauß. Ich setzte mich also an das Pianoforte, rückte den Stuhl zurecht, hob die Hände und ließ sie auf die Tastatur fallen. Und siehe da: Es ging, ging jedenfalls besser, als ich es mir je hätte träumen lassen. Meine Angst war unbegründet gewesen. Über Tonika, Dominante und Subdominante spielte ich, in einer Mischung aus Not und hemmungsloser Lust, Dreivierteltaktmusik, selbsterfundene, was das Publikum für Johann Strauß nahm – so genau kannte man wohl seine Melodien nicht. Ich wechselte auch nach anderen Tonarten, vor allem nach Moll, das die Russen besonders lieben. Dabei vermied ich möglichst solche Tonarten, in denen vorzugsweise der fehlende Ton vorkam. Zwischendurch ließ ich auch Johann-Strauß-Melodien einfließen, soweit ich sie vom Hören kannte, der Wahrhaftigkeit willen und für den Fall, daß sich doch irgendein Kenner unter den Anwesenden befinden sollte. Jedenfalls spielte ich ohne Pause eine geschlagene Stunde lang Walzer und erntete damit so großen Beifall, daß ich das Konzert am nächsten Tag wiederholen mußte.

Leider war mit diesem Konzert jene annehmliche Zeit im Hause des russischen Oberleutnants zu Ende, die mittägliche Suppe am Tisch meiner Feinde, das zusätzliche Brot, das mir die Halbfrau zusteckte, die Arbeit an dem Pianoforte aus Mannheim und das erfolgreiche Konzert: mein »musikalisches Opfer«.‹

Jemand schickt mir den Prospekt und die Kostprobe einer Fleischpastete. Keine Wildpastete (wie in meinem Roman von den Quindts), aber immerhin: ›Quindtsche Leberpastete‹. So ist das also: Das Leben hält sich an die Literatur! Immer wieder Tage, an denen ich denke: Das Leben ist ein Levkojengarten. Bald darauf wieder Tage, die mich vom Gegenteil überzeugen.

Die Konjunktion von Jupiter und Saturn, die als ›die größte‹ bezeichnet wird, kommt zustande, wenn der raschere Jupiter von Westen her den langsameren Saturn in geringem Abstand überholt; Jupiter verfolgt den Saturn. Dieser ›Tanz der Planeten‹ wird im Juni noch einmal und dann erst wieder im Jahr 2238 n. Chr. zu sehen sein, jene Konstellation der Planeten, die vor nahezu zweitausend Jahren Anlaß zum biblischen Bericht vom Stern von Bethlehem gegeben hat, der Stern der Weisen.

Gestern nacht, als man den ›Tanz der Planeten‹ hätte sehen können, träumte ich, daß wir mit Freunden auf einem Berg standen und, wo wir auch hinblickten, die schönsten Landschaften sahen; sie wechselten ständig, und wir riefen uns immer wieder zu: ›Seht doch!‹ – ›Hier!‹ – ›Dort!‹ Als ich aufwachte, war es Morgen, ich hatte den Stern der Weisen nicht gesehen, erinnerte mich aber sofort an jene Stelle aus den ›Wahlverwandtschaften‹, die ich Kühner am Abend vorgelesen hatte. (Wo von einem Dritten, dem Hauptmann, Charlottens Gartenanlage kritisiert wird.) Da heißt es: ›Es ist ihr wie allen denen, die sich nur aus Liebhaberei mit solchen Dingen beschäftigen, mehr daran gelegen, daß sie etwas tue, als daß etwas getan werde. Man tastet an der Natur, man hat Vorliebe für dieses oder jenes Pflänzchen; man wagt nicht, dieses oder jenes Hindernis wegzuräumen, man ist nicht kühn genug, etwas aufzuopfern; man kann sich voraus nicht vorstellen, was entstehen soll, man probiert, es gerät, es mißrät, man verändert, verändert vielleicht, was man lassen sollte, und so bleibt es zuletzt immer ein Stückwerk, das gefällt und anregt, aber nicht befriedigt.‹

Pfarrer i. R., das kann heißen: im Ruhestand, in Reichweite, in Rufweite.

Was ist das für ein ›in‹, das heute eine so große Rolle spielt? In meinem Wörterbuch aus dem Jahr 1929 findet es sich nicht, könnte allenfalls eine Abwandlung von ›to be in‹ (zu Hause sein) bedeuten, das an ›to be or not to be‹ des Hamlet erinnert und das wir spottend in ›Dabeisein ist alles‹ umgewandelt haben. Damit komme ich wohl dem heute gebräuchlichen In-Sein schon näher.

In dem Schwimmbad, das ich gelegentlich aufsuche, gibt es eine Gegenstromanlage. Wie Fischschwärme drängeln sich die Schwimmer davor, strampeln sich ab, einige erreichen triumphierend die Düse, verstopfen sie für Sekunden mit der Hand oder dem Fuß und setzen sie außer Betrieb. Mich treibt der

Gegenstrom rasch ab, oft bis an die entgegengesetzte Bassinwand. Meine Widerstandskraft ist nicht groß. Ich schwimme nicht gegen den Strom.

Beim Schreiben hat der die raschen Erfolge, der schreibt, was gerade ›dran‹ ist, und der im rechten Augenblick politisches Engagement zeigt oder die gerade gefragte ›Arbeitswelt‹ zum Thema nimmt oder Dialektstücke schreibt, die im Augenblick gut ›ankommen‹. Aber es gibt Leser, die nicht lesen wollen, was alle lesen; ihre Zahl ist größer, als man vermutet. Als die CDU zu einer Arbeitstagung mit dem Thema ›Politik und Literatur‹ nach Berlin einlud, sagten die meisten Literaten ab, weil sie meinten, es sich nicht leisten zu können, als ›rechts‹ eingestuft zu werden. Bedeutet denn teilnehmen schon zustimmen?

Ich bewege mich im Niemandsland zwischen den Parteien, aber ich setze manchmal meinen Namen unter einen Aufruf, wenn er mir sozial oder liberal erscheint, in den meisten Fällen sage ich aber: Ich bin ein Schreiber, kein Unterschreiber.

›In‹ oder ›nicht in‹, das ist die Frage. Die Strömung und die Gegenströmung. Ich bin kein Mitmacher, ich bin kein Gegner. Ich gehöre zu jener Generation, die Uniformen tragen mußte; ich trug keine, aber ich kann mich trotzdem keiner Verdienste im Widerstand gegen den Nationalsozialismus rühmen. Damit will ich nicht mehr sagen, als daß es mich überrascht, wenn alles, was jung ist und sich jung gibt, heute Jeans trägt, eine Weltuniform. Jeans sind eine Lebensauffassung, konnte man bei Plenzdorf, dem Autor der ›Neuen Leiden des jungen W.‹, erfahren. Dann müßten alle Jeansträger unbekümmerte, draufgängerische Individualisten sein. Aber die meisten scheinen mit 18 Jahren bereits das Rentenanpassungsgesetz im Kopf zu haben. Die verwegenen Abenteuer finden auf dem Bildschirm und auf der Litfaßsäule bei der Reklame für Camel-Zigaretten statt. Eine Coca-Cola-Welt der fröhlichen Nichtstuer. Meine Generation wurde zu einem Drittel ausgerottet; von der heutigen sagt man, sie sei ›überflüssig‹. Ich wurde – nicht von den Eltern – zu kritikloser Hingabe und Begeisterung für den Staat und die einzige Partei erzogen. Ich war nicht begeistert; ich stand beiseite; vielleicht habe ich meine Begeisterungsfähigkeit gerettet? Die Generation nach mir wurde zu Kritik, Skepsis, Zweifel angehalten gegenüber Eltern, Lehrern, Staat. Immer gegen etwas, nie für etwas. Skepsis statt Begeisterung; Mißtrauen statt Vertrauen; Unmut statt Mut. Und nun wehrt sich diese Generation gegen Leistungsdenken, Konsumzwang, den Bau von Atomkraftwerken. Zumeist Proteste ohne Konsequenz. Denken-Reden-Tun stehen nur selten im Zusammenhang. Jemand, der den Motor seines Autos unnötig laufen läßt, dabei die Luft verschmutzt und Energie verbraucht, aber protestierend nach Gorleben oder Brokdorf zieht, verärgert mich. Ebenso wie jemand, der eine 60-Watt-Birne stundenlang unnötig brennen läßt. Der Verbrauch sei minimal? Und wenn 60 Millionen Einwohner je eine 60-Watt-Birne stundenlang unnötig brennen lassen? Das läßt sich ausrechnen. Aber wir rechnen nicht mit dem Kopf, sondern mit Elektronenrechnern; seither können wir uns nichts mehr vorstellen. Wir machen den Fehler der zu großen Zahl. Zu den wenigen Lehrsätzen, die mir zeitlebens genutzt haben, gehört: ›Danach darf man nicht fragen, ob es sich lohnt!‹ Es ist die Umkehrung des Vielbenutzten: ›Das ist nicht drin.‹

In den ›Poenichen-Romanen‹ fragt ein Siebenjähriger seine Mutter: ›Was ist wichtig?‹ Die Mutter überlegt, sagt dann: ›Mut ist wichtig. Und Geduld.‹ Das kleine Mutter-Kind-Gespräch endet mit dem Satz der Mutter: ›Das ist wichtig, daß man auch noch etwas sieht, wenn man die Augen schließt.‹ Erinnerungsvermögen und Vorstellungsvermögen sind gemeint.

Wenn heute die Rentabilität eines Arbeitsplatzes ausgerechnet wird, wird zugleich die Rentabilität eines Menschen ausgerechnet. Ich halte das für sachlich richtig, aber für unmenschlich. Wenn der taxierte Mensch seinerseits Ansprüche stellt, ist das eine begreifbare Reaktion. Mehr Lohn, mehr Freizeit, Weihnachtsgeld und Krankengeld ... Er will haben, wenn er so wenig Gelegenheit hat zu sein.

Ich frage mich oft, was ich tun würde, wenn ich noch einmal zwanzig Jahre alt wäre und Entscheidungen treffen müßte. Ich würde es nicht wissen, so wenig wie damals. Von meinem 16. bis zu meinem 24. Lebensjahr nahm mir der Staat die Entscheidungen in Form von ›Führer-Befehlen‹ ab. Mit den Berichten über meine 13 Berufe kann ich eine Gesellschaft Abende lang unterhalten und erheitern; zum Lachen war es nicht. Mit 32 Jahren saß ich dann am eigenen Schreibtisch und schrieb meine eigenen Bücher. Seither hatte ich gute und weniger gute und auch schlechte Jahre. Mit Sicherheit und andauerndem Erfolg rechne ich nicht. Krankheit, Alter, Schreibunfähigkeit beziehe ich in meine Pläne ein; der Rest ist Gottvertrauen, ohne das es nicht geht. Ich zahle die Jahresprämien für Brandversicherung und Unfallversicherung, gegen die kleineren Schäden verwahre ich mich; Weihnachtsgeld und Urlaubsgeld habe ich nie kennengelernt, das Rentenanpassungsgesetz betrifft mich nicht.

Ich stelle keine Ansprüche an diesen Staat, ich bitte mir nur aus, daß er mich in Ruhe läßt. Wenn ich sage, ›ich bin unabhängig‹, meine ich damit, daß ich weitgehend unabhängig von Ansprüchen bin. Ich leiste es mir, kein Auto zu fahren, leiste es mir, in einem kleinen unscheinbaren Haus zu leben und in den Ferien – den Rucksack auf dem Rücken – zu wandern. Ich lebe ohne Tiefkühltruhe, ich trage keine Jeans, ich trage keinen Nerz. Ich bin eher kenntlich an dem, was ich nicht besitze, als an dem, was ich besitze.

Vor kurzem hat mir ein siebzigjähriger Freund geschrieben: ›Ich habe nie etwas gewagt und nie etwas gewonnen.‹ Jetzt ist er tot.

Wäre ich zwanzig Jahre alt, wäre mir, vermutlich, das Rentenanpassungsgesetz unbekannt. Ich hoffe, daß ich keine Aufstiegschancen im Sinn hätte, aber mich für eine wichtige und große Idee begeistern ließe. Daß jemand mich liebte, der nicht in den Krieg ziehen müßte, sondern auf Zeit oder Ewigkeit, gebunden oder ungebunden, mit mir leben und durch die Welt reisen möchte. Ich würde weniger Angst haben wollen als damals.

Im Fernsehen ein langer Film über Ingeborg Bachmann. Alle, die einmal mit ihr zu tun hatten, traten auf. Sie hatte eine Vorliebe für bedeutende Männer, das gehörte zu ihrem Ehrgeiz. Alle Zeugen ihres Lebens sagten aus, Hans Werner Henze, Max Frisch, Walter Höllerer, Reinhard Baumgart, Martin Walser. Alle waren sich einig: ein faszinierendes Geschöpf, begabt, ehrgeizig. Sie wollte die Größte sein, man konnte nicht mit ihr leben.

Der Film befriedigte die Neugier der Zuschauer, auch

meine, unzulässige Neugier. Das Leben nicht mehr in Briefen deutlich gemacht, sondern in Bildern, mit einer Kamera, die kein Mitleid kennt, keine Diskretion, die alles sichtbar macht. Von der erregten Stimme der Bachmann geht noch dieselbe Erregung aus wie vor Jahren.

Garmisch-Partenkirchen. Die Wolken hängen tief und sondern Schnee ab, dann Regen, von Stunde zu Stunde wird es trüber. Wir sitzen bei Lampenlicht im Hotelzimmer und schreiben Ansichtskarten, die alle Winterherrlichkeiten der Alpen auf einmal zeigen: tiefblauer Himmel, Sonnenschein, der den Neuschnee tausendfach glitzern läßt, Alpspitz und Zugspitze, der Vordergrund noch schöner als der schöne Hintergrund. Wir schreiben: ›Leider waren wir nicht zugegen, als der Fotograf dieses Bild von Garmisch gemacht hat.‹ In Gummistiefeln und unter Regenschirmen wagen wir uns bis zum Briefkasten, sitzen eine Stunde im ›Wildschütz‹, trinken dunkles Doppelbockbier, das uns schläfrig machen soll, und hören, wie am Nebentisch ein Tourist sagt, daß alle Ansichtskarten von der Kurverwaltung zensiert würden, ungünstige Ansichten von Garmisch würden nicht durchgelassen...

Und während wir schliefen, hatten sich alle schwarzen Wolken in weißen Schnee aufgelöst, in der Frühe stand die Sonne strahlend am tiefblauen Himmel. So blieb es drei Tage lang. Nachts zog der volle Mond vom Waxberg übers Wettersteingebirge in Richtung Alpspitz, die Sterne formierten sich überm Tal der Loisach zu den gewohnten Bildern, am schönsten die Sterne des Orion, einer vom anderen nicht wissend, dem großen Plan gehorchend.

›Erhabene Bergwelt‹, sagen wir, machen uns lustig über uns, weil uns die Berge pathetisch werden lassen. Dabei haben sie unser Lob nicht nötig, stehen ungerührt. Seit die anmutigen Gondelbahnen durch Großkabinenbahnen ersetzt werden, bin ich weniger sicher, ob die Berge auch unbeschadet bleiben. Wenn wir nach dreistündigem Steigen müde, erhitzt und befriedigt an einer Berggaststätte ankommen – der Duft von Leberknödelsuppe kündigt sie schon von weitem an – und um die Hausecke biegen, liegen dort die Gondelfahrer schweigend in Dreier-Reihen, haben, überwältigt von der Schönheit des

Ausblicks, die Augen geschlossen und, ihrerseits Einblicke gewährend, die Blusen geöffnet.

Bergstationen und Masten von Liften und Kabinenbahnen anstelle von Kapellen und Marteln. Markierte schnurgerade Loipen neben den anmutigen Windungen der Bäche. Wir stellen unsere Betrachtungen darüber an, lassen uns dazu auf den Holzbänken nieder, mit dem Blick ins Tal, manche der Bänke mit schindelgedecktem Dach, für längere Pausen, Regenpausen vermutlich, gedacht.

Am Riessersee blühen die Leberblümchen. In jedem Jahr sind es andere ›Frühlingsboten‹: in Davos waren es die blassen weißen Krokusse am braunen Wiesenhang, ein anderes Mal die Luftballons auf dem Hochwasser treibenden Rhein, die Bachstelze auf dem Stausee der Möhnetalsperre, die das Eis aufhackte. Und diesmal: die Leberblümchen am Rand des Riessersees.

Rückkehr nach Kassel. Aus schweflig-gelbem Himmel fällt Hagel, Regenfluten, die wir im Taxi abwarten. Und dann bildet sich ein prächtiger Regenbogen, nimmt unser Haus in seinen flüchtigen Schutz.

Mit Worten das Leben haltbar machen – dieser Wunsch stammt aus dem gleichen Bedürfnis, aus dem andere Frauen Erdbeermarmelade kochen, Himbeeren einfrieren.

›Moderne Zeiten‹, ein utopischer Film, vor Jahrzehnten gedreht. Charlie Chaplin in einer Maschinenhalle. Er arbeitet am Fließband, wozu er natürlich nicht taugt; später soll er eine monströse Maschine reparieren, wozu er ebenfalls nicht imstande ist, er vermag nur, ihre Funktion zu stören. Er bringt sie zum Stillstand, indem er selbst in ihr Getriebe gerät. Im Kampf zwischen Mensch und Maschine siegt zwangsläufig die Maschine. Charlie Chaplin wird entlassen, eine Arbeitslosenunterstützung erhält er natürlich nicht.

Maschinen haben gegenüber dem Menschen erhebliche, gar nicht zu übersehende Vorteile. Sie bekommen keine Kinder und beziehen darum auch kein Schwangerschaftsgeld. Sie arbeiten bei Frost und Regen, und wenn sie nicht eingesetzt werden können, beziehen sie trotzdem kein Schlechtwettergeld. Sie verlangen kein 13. Monatsgehalt, keinen bezahlten und keinen unbezahlten Urlaub. Geht eine Maschine vorzeitig kaputt, hat ihr Besitzer Anspruch auf Einlösung der Garantie; ist die Frist abgelaufen, kann er die Maschine reparieren oder zum Schrott werfen lassen, auch das wird ihm keine Klage beim Arbeitsgericht eintragen, Lohn wird er nicht weiterzahlen müssen, keine Rente. Manchmal kommt es mir vor, als seien die Ingenieure darauf angesetzt, den Arbeiter durch Maschinen zu ersetzen. Systematisch werden Arbeitslose maschinell hergestellt.

Unternehmer, ob privat oder staatlich, müssen zumindest kostendeckend, wenn nicht mit Gewinn arbeiten. Hierzu benötigen sie funktionierende Maschinen, außerdem gesunde, leistungsfähige und leistungswillige Arbeiter und keine Sozialfälle. Die Versuchung, einen alten Arbeiter durch eine neue Maschine zu ersetzen, ist groß, ihr erliegt mancher Arbeitgeber, weniger aus Unmenschlichkeit als aus betriebswirtschaftlichen Erwägungen. Er wird einem Arbeiter, dessen Arbeitsausfall hoch ist, nahelegen, sich verrenten zu lassen. ›Altes Eisen‹, der Ausdruck fällt einem ein, und so fühlt sich der Betroffene, zum alten Eisen geworfen. Mehr als die Konkurrenz durch jüngere Arbeitskräfte muß der Arbeiter heute die Konkurrenz durch Maschinen fürchten.

Bisher ist diese Entwicklung in der Literatur noch nicht weit gediehen, aber man experimentiert mit Computer-Lyrik, stellt Computer-Übersetzungen aus fremden Sprachen her. Als der Großverleger Reinhard Mohn (Bertelsmann) die Automatisierung seiner Verlage weitgehend abgeschlossen hatte, sagte er, was er jetzt brauche, seien Maschinen, die Leser herstellten. Schriftsteller, die Gedichte und Romane schrieben, würde es immer und preiswert geben. Alter und Krankheit der Schriftsteller sind nicht zu berücksichtigen, sie sind freiberuflich tätig, sie arbeiten ohne soziales Netz. Letzteres hat Mohn allerdings nicht erwähnt.

Mir geht es nicht um Rentabilität und Lohnerhöhung, ich meine etwas Irrationales, etwas, das mit Humanität und Verantwortlichkeit zu tun hat. Aber nun nicht etwa eine einseitige, sondern eine von beiden Seiten geübte, in der beide Seiten Pflichten haben, auch gegenüber dem Staat. Ludwig XIV.

konnte noch sagen: ›L'Etat c'est moi!‹ Aber das hat sich geändert. Der Staat sind wir! Ein Staat kann nur funktionieren, wenn alle seine Teile funktionieren. Und schon benutze ich ein Wort, das man eigentlich nur auf Maschinen anwendet. Ein Mensch müßte doch immer etwas besser sein als seine Produkte! Maschinen haben im allgemeinen eine kürzere Lebensdauer als der Mensch; man spricht ja wirklich von ›Lebensdauer‹ und ›Ermüdungserscheinungen‹ auch in der Technik.

Ich spiele mein Spiel weiter: Eine Maschine trinkt keinen Alkohol; sie ruiniert sich nicht durch übermäßiges Rauchen, sie setzt sich keinen mutwilligen Verkehrsunfällen aus, sie ist pünktlich, sie ist keinen Stimmungen unterworfen. Wenn sie trotzdem nicht funktioniert, steckt meistens menschliches Versagen dahinter.

Die Überlegenheit einer Maschine ist augenfällig; nur moralisch sollte ihr der Mensch überlegen sein, er sollte wissen, was er tut und warum er es tut. Seine geistige Überlegenheit wendet er aber bisher auf die Weiterentwicklung von Maschinen an, zur Weiterbildung seines Ich tut er im allgemeinen wenig, da schiebt er die Verantwortung – für Arbeitsplatz, Wohnraum, Altersversorgung – gern dem Staat zu.

Beim Menschen wird die Lebensdauer künstlich, das heißt, medizinisch, verlängert, bei Maschinen wird sie künstlich verkürzt. Auch der Verbraucher weiß längst, daß, beispielsweise, Glühlampen mit unbegrenzter Lebensdauer herzustellen wären, maschenfeste Damenstrümpfe. Gegenstände für den täglichen Bedarf, von der Waschmaschine bis zum Auto, werden nicht für den Gebrauch, sondern für den Verbrauch hergestellt. Auch der Laie überlegt, ob da nicht Material und Energien auf unzulässige Weise verschwendet werden, wie er ja auch überlegt, ob es zulässig ist, daß Arbeitszeit verkürzt wird, damit mehr Zeit für Schwarzarbeit bleibt. Der demokratische Staat macht seinen Bürgern die kleinen Betrügereien sehr leicht. Und dieser Bürger, der doch, im Vergleich zur Maschine, Verantwortung zu tragen hätte, nutzt das soziale Angebot des Staates bis zum Bankrott des Staates aus.

Die technischen Utopien des Chaplin-Films ›Moderne Zeiten‹ sind weitgehend Wirklichkeit geworden. Vor dreißig Jahren lachte ich noch darüber, heute ist mir das Lachen vergangen. Wenn man mir mit dem Einwand kommt: Die

Dinge liegen viel komplizierter, dann sage ich: Dann wird es Zeit, sie zu vereinfachen!

Der Computer, der die Arbeitslosenrente ausrechnet und auszahlt, das ist keine Karikatur, das ist anderswo schon Wirklichkeit geworden. Wie grotesk das ist, nehmen wir kaum noch wahr.

Kunstgeschichten X

Kühner erzählt: ›In unserem Lager war auch ein Kriegsgefangener aus dem Erzgebirge, der das Handwerk des Geigenbaus gelernt hatte. Das brachte uns auf den Gedanken, von ihm einige Instrumente herstellen zu lassen und ein Trio oder Quartett zu gründen. Die sowjetischen Lageroffiziere unterstützten diesen Plan, sie hatten festgestellt, wie erfolgreich unsere Kulturgruppe arbeitete. Und Musik war ja in jedem Fall ideologisch unverdächtig. So bekam also jener Geigenbauer – er hat mich übrigens vor einiger Zeit in Kassel besucht – den Auftrag, Geigen und Violoncellos herzustellen, für uns und für die sowjetischen Offiziere beziehungsweise deren Kinder. Ich wurde ihm auf eigenen Wunsch als Gehilfe zugeteilt. Die Maße der Instrumente hatte er in etwa im Kopf. Das erforderliche Holz gab es natürlich nicht, etwa Ahornholz für die Böden und für die Zargen oder gar Ebenholz für Griffbrett und Wirbel. Das mußte durch gewöhnliches Hartholz, Eiche oder Buche, ersetzt werden. Einzig das Fichtenholz für die Decke stand uns – haufenweise! – zur Verfügung. Es entstammte den Verschalungsbrettern der Lastkraftwagen, die von den Vereinigten Staaten an die verbündete Sowjetunion geliefert wurden. Am Güterbahnhof lagen diese Bretter – haufenweise! – herum, auch einige Latten aus Buchenholz, aus denen ich Stege und Geigenhälse schnitzte. Das besorgte ich mit einem Blechstreifen, den wir an Steinen zugefeilt hatten. Messer besaßen wir nicht, ja, hätten sie gar nicht besitzen dürfen, sie hätten als Waffe benutzt werden können. Natürlich war das Holz auch nicht trocken genug. Früher oder später würde es reißen, sagte mein Meister, hoffentlich erst, wenn wir aus der Kriegsgefangenschaft entlassen seien. Für die Saiten gaben uns die deutschen Ärzte des Lagerlazaretts Operationsdärme, Katzendärme, für die E-Saite verwandten wir die Stahlader aus ehemaligen deutschen Wehrmachtsfernsprechkabeln.

Am schwierigsten war es, wegen des Roßhaarbezugs, Geigenbögen herzustellen. Deutsche Kriegsgefangene, die tagsüber auf landwirtschaftlichen Kolchosen arbeiteten, schnitten für uns heimlich den Pferden Haare aus den Schwänzen, sie erhielten dafür unsere Tabakzuteilung. Da die Pferde in Rußland kleiner sind als gewöhnlich, sind entsprechend auch ihre Schwänze kürzer, und so mußten wir die Geigenbögen kürzer als normal anfertigen. Gefärbt wurden die Instrumente mit dem Saft gekochter Zwiebeln, lackiert mit gewöhnlichem Autolack. Da uns Literatur nicht zur Verfügung stand, verfertigte ich gleichzeitig für die künftigen Lagerkonzerte Gedichte – der Beginn meiner Schriftstellerlaufbahn! Diese lyrischen Produkte mußten vorher zur Zensur vorgelegt werden. »Der Sonne rotgebrämter Schleier« beispielsweise erweckte Mißtrauen – es hätte sich um eine verkappte ironische Anspielung auf die »Rote Armee« handeln können; es mußte in »goldgebrämter Schleier« umgewandelt werden.

Unter den Kriegsgefangenen fand sich einer, der Geige, und einer, der Cello spielen konnte, die andere Geige spielte der Geigenbauer selbst; Noten wurden durch die Zivilbevölkerung beschafft. Und so fand eines Abends im Lager das erste Konzert auf selbstgefertigten Instrumenten statt, Gedichte, umrahmt von Sonaten eines Streichtrios. Die ganze Veranstaltung geriet vorzüglich, es war überhaupt alles fast vollkommen, nur nicht für das Auge: Wegen der kurzen Geigenbögen mußten die Musiker sich sichtlich mühen, das heißt, mußten auffallend rasch streichen.‹

Paula L. schreibt: ›Von nun an schweige ich über das mühsame Leben der Mutter. Ihr Leben ist so nackt geworden, daß sie uns schutzbedürftiger geworden ist. Alles, was uns früher zum Ärgernis wurde, ist abgefallen. Ich brauche nun nicht mehr zu sagen: »Man muß auch lieben, was nicht lieb ist«, sondern ich liebe das, was aus ihr wurde in der Plage und Not des unbarmherzigen Alters. Ihr Wesen verpuppt sich nun. Sie streift alles Überflüssige ab. Sie ist nur noch eine uralte Frau, die sich jeden Morgen wieder erhebt und den Kampf mit dem Überleben um einen weiteren Tag aufnimmt. Ich bewundere sie. Sie wird nie mehr aus ihrem Dahintreiben herausgefischt und an Bord geholt. Sie weiß das alles, und wir wissen das. Sehen Sie sich bitte noch einmal ihr Bild an, so war sie, als sie jung war. Eine Krankenschwester im Krieg, zwischen Soldaten, jemand hat einen Primeltopf vor ihr auf den Tisch gestellt. Ihre Jugend sah aus, wie meine Jugend aussah, wie Ihre Jugend aussah. Das war sie auch: diese Schwester im Ersten Weltkrieg. Ich fange nun an, ihr Bild zu retuschieren ...‹

Premiere im Staatstheater, große Oper: ›Boris Godunow‹. Im letzten Akt marschieren die Polen in Rußland ein (16./17. Jahrh.), und während wir das sehen und hören, könnte es sein, daß die Russen gerade in Polen einmarschieren ...

Vorhin fuhr ein Junge auf Rollschuhen am Haus vorbei, trank mit dem Strohhalm Saft aus einer Dose und zog seinen Dackel, der vergnügt den Schwanz hochgestellt hatte, an der Leine hinter sich her.

Es wird Frühling!

Es gibt für unsere Situation nach 1945 keinen passenderen Satz als den Titel des Theaterstücks von Thornton Wilder: ›Wir sind noch einmal davongekommen‹. Wir hatten überlebt, gegen jede Wahrscheinlichkeit. Ende eines Krieges, einer Diktatur. Alles verloren, alles gewonnen.

Diese Nachkriegsjahre sind in meiner Erinnerung chaotisch-exotisch ... Hunger, den man in Vortragssälen, Kirchen, Auditorien, Kellertheatern stillte; wir haben uns warm getanzt, wenn wir froren; wir haben aber auch Kartoffeln und Holz mitgehen lassen, wir stahlen das Nötigste, Lebensnotwendige, wie die Zigeuner, die ja nur stehlen, was sie für den Augenblick benötigen. Wir wurden Weltbürger mit niedrigen Mitgliedsnummern. Nazi-Literatur verschwand, die ›Giftschränke‹ in den Bibliotheken wurden geöffnet, wir lernten zu unterscheiden, ich las und las, mein Heißhunger war eher geistig-seelischer als leiblicher Art.

Dieses Neue, Andere, war unbekannt wie das Jenseits: Freiheit, Leben in Freiheit, die wir aber zunächst nur in kleinen

Dosen zugeteilt bekamen, stundenweise, von einer Ausgangssperre zur nächsten, auch räumlich waren wir durch Zonengrenzen beengt.

Wir hatten Großartiges erwartet, aber es gab Flickwerk, wir schneiderten die Uniformen des ›Dritten Reiches‹ um in Zivilkleidung; in den Care-Paketen, die aus den USA geschickt wurden, befanden sich kleine Dosen für unseren großen Hunger; Tagesrationen, winzige Mengen Erdnußbutter, kleine Mengen Eipulver. Man behandelte uns wie Unmündige, wie Kinder, die man gängeln mußte. Unsere Begeisterung, die mit unserer Demütigung einherging, wurde gedämpft, wir sollten auf kleinem Feuer kochen.

Das haben wir dann auch getan. Wir haben wieder aufgebaut, statt aufzubauen, wir stellten Altes wieder her, der Mut zu Neuem ging uns verloren oder wurde erstickt in Lastenausgleichs- und Entnazifizierungsverfahren, Schuld und Unschuld, Forderungen und Ansprüchen. Wir wollten vorwärts blicken, und man hat uns immer wieder umgedreht – wie man kleine Hunde mit der Nase in ihre Notdurft steckt, um sie stubenrein zu machen. Wir wurden stubenreine Bürger...

Was undenkbar gewesen war: Eines Tages redete man von Wiederbewaffnung, von ›Allgemeiner Wehrpflicht‹. Und es war kaum ein Jahrzehnt seit Ende des Krieges vergangen. Wilson hatte nach dem Ersten Weltkrieg ›vom letzten aller Kriege‹ gesprochen, er hatte sich geirrt. Daß meine Generation sich nach dem Zweiten Weltkrieg wieder irrte und nicht vom ›letzten Krieg‹, sondern vom ›zweiten Weltkrieg‹ sprach, der ja die Möglichkeit eines dritten einschließt, war und ist unfaßlich.

Und schon kamen die Krisen, denen man nur noch Vornamen zu geben brauchte. Ungarnkrise, Suezkrise. Das eine Mal lagen die Krisenherde weit entfernt, das andere Mal lagen sie nahe, zwischen Kuba und Korea. Wir haben uns an die Temperaturschwankungen innerhalb des kalten Krieges gewöhnt, minus 1 Grad bis minus 50 Grad. Meine Generation weiß, daß man bei minus 50 Grad noch überleben kann, aber wissen wir auch, bei welcher Temperatur der Brennpunkt liegt?

Welche Erwartungen, die wir an uns und an die Welt stellten! An die Welt, die unseren guten Willen doch erkennen mußte!

Aber irgendwann wurden aus unseren Erwartungen Ansprüche. Ansprüche auf Wiedergutmachung. Zurück wollten wir nicht blicken, nach vorn blicken sollten wir nicht, und dabei haben wir aus dem Blick verloren, was wir einmal angestrebt hatten: Einigkeit und Recht und Freiheit, darüber reden wir nicht mehr, dafür tun wir wenig, gelegentlich läßt man die dritte Strophe des Deutschlandliedes nach Feierstunden singen.

Wer gibt den Kriegen ihre Namen
Punischer Krieg
Sechs-Tage-Krieg
siebenjähriger
dreißigjähriger
hundertjähriger Krieg
der Krieg der Rosen
und die kalten Kriege

Einen einzigen Schuß habe ich abgegeben, das wird genügen.

Im Krieg, als ich Angehörige der Deutschen Wehrmacht wurde und in einer Geheimregistratur arbeitete, hätte ich Kleinkaliberschießen lernen müssen; ein entsprechender Befehl lag vor. Ich habe mich geweigert, ohne dadurch in Schwierigkeiten zu kommen. Als wir vor einiger Zeit in privatem Kreis ein ›Schützenfest‹ feierten, für alle im Sternbild des Schützen Geborenen, wurde ein Preisschießen mit dem Luftgewehr veranstaltet. Kühner wollte mir zeigen, wie ich das Gewehr zu halten hätte. Ich schob ihn beiseite. Ich schieße nur symbolisch! Und traf ins Schwarze. Ich wurde Schützenkönigin.

Da warnt man mich vor einem Menschen, unmittelbar bevor er das Zimmer betritt. Vor seinem ›Zauber‹, vor der ›Faszination‹, die von ihm ausgehe. Aber: ›Er wird Sie unweigerlich enttäuschen!‹ Soll man um einer möglichen Enttäuschung willen auf eine kurzfristige Verzauberung verzichten? Was bliebe dann? Ein Schild mit der Aufschrift: ›Vorsicht!‹ oder ›Auf eigene Gefahr‹. Aber dieses Schild könnte man an jeder Tür und an jeder Brust anbringen. Ein Mensch enttäuscht manchmal und manche, aber das besagt nicht, daß er immer und alle enttäuscht.

Aus der Zeitung habe ich erfahren, daß Herbert D. ›nach schwerer Krankheit‹ gestorben ist. Im Alter von 74 Jahren. Als ich siebzehn war, gehörte er zu meinen ›Bewerbern‹. Ich zog ihn bei meinen Lebensplänen nicht in die engere Wahl, hielt ihn mir allenfalls ›in Reserve‹ und entschied mich dann, nach drei Jahren Kriegseinsatz, nicht zu heiraten, sondern wieder zur Schule zu gehen. Er war damals genau doppelt so alt wie ich. Der Altersunterschied ist inzwischen geschrumpft.

Ich habe einige Lebensläufe verfolgt, die ich möglicherweise geteilt hätte. Dieser Herbert D. bot Sicherheit; man konnte sich auf ihn verlassen. Er kam heil aus dem Krieg zurück, was wohl auch mit seiner Verläßlichkeit zusammenhing. Als ich ihn nach Jahrzehnten wiedersah, dachte ich wieder: Sicherheit. Ein angesehener Mann in einer angesehenen Stellung. Nach der Pensionierung: im Aufsichtsrat, Schatzmeister wohltätiger Organisationen. Ich weiß, daß ich hin und wieder gedacht habe: Wenn ich ihn geheiratet hätte –. Aber: Ich habe nicht. Sicherheit habe ich nie erwartet und nie beansprucht.

Constanze schickt aus München den Farbdruck eines Bildes aus der Alten Pinakothek, Murillos ›Melonen- und Traubenesser‹. Sie hat eine gedruckte Beschreibung des Bildes beigelegt, unter den sachlichen Informationen steht in ihrer Handschrift ›Leihgabe: Otto Heinrich Kühner‹. Im Begleitbrief schreibt sie: ›Ein solcher Ehrentag verdient auch ein besonderes Geschenk: Darum übereigne ich Dir ein Bild, dessen jugendliche Frische und Gedankenverlorenheit mir passend erscheinen. Es gehört nun Dir. Wann immer Du nach München kommst, kannst Du es Dir anschauen. In der Alten Pinakothek muß es freilich hängen bleiben, aber das macht den Besitz nur wertvoller! Damit Du es Dir aber immer vergegenwärtigen kannst, sende ich Dir einen farbigen Druck . . .‹

Der Computer meiner Bank adressiert seine Briefe an mich mit ›Christin Brückner‹; es fehlt nur ein ›e‹, trotzdem erhalte ich jedesmal, wenn ich ›Christin‹ lese, einen leichten, elektrisierenden Schlag.

Joffel Rackower schreibt in seinem ›Gespräch mit Gott‹ (als die letzten Häuser des Warschauer Gettos schon brannten): ›Das sind meine letzten Worte an dich, zorniger Gott: »Es wird dir nicht gelingen! Du hast alles getan, damit ich nicht an dich glaube, damit ich an dir verzweifle. Ich aber sterbe im felsenfesten Glauben an dich.«‹

Ich habe keine vergleichbare Situation erlebt, aber ich kann mir auch keine vorstellen, in der ich an Gott zweifeln würde.

›Maximiliane von Quindt begriff nicht, daß man sagen konnte: Der Mann besitzt die Frau. Nach ihrer Ansicht war es umgekehrt. Die Frau besaß den Mann, hatte Macht über ihn, weil sie besaß, was er nicht besaß: einen Schoß. Sie dachte in so einfachen Begriffen wie: Schoß.‹

Diese Eintragung aus der schwarzen Kladde ist in dem Roman nicht verwendet worden, vielleicht vergessen oder auch weggelassen, weil dem Leser, wie ich annahm, die Heldin inzwischen so vertraut war, daß er ihre Einstellung zu Männern kannte. In dem Fernseh-Film wurde Maximiliane von einer mir bis dahin noch unbekannten Schauspielerin dargestellt. Ich gewöhnte mich an sie, fand sie in vielen Szenen sehr beeindrukkend. ›Aber sie ist doch keine Baronesse, sondern der Typ einer Inspektorstochter!‹ sagten einige Adlige aus dem Osten; ich habe sie dann immer in Schutz genommen. ›Das war das »Pommersche« an ihr, sie war ein Stück Natur.‹

Später habe ich dann Ulrike Bliefert häufiger auf dem Bildschirm gesehen, in der Verfilmung eines Hauptmann-Dramas und dann in einem Film, der nach einem authentischen Bericht gedreht worden war: ›Der Vogel auf dem Leim‹. Ulrike Bliefert als West-Berliner Strichmädchen, herzhaft-ordinär, dicklich, genauso glaubwürdig wie als Maximiliane von Quindt. Ich ertappte mich dabei, daß ich dachte: Wie konnte sie so herunterkommen! Als wäre sie durch eine Filmrolle nun für immer geprägt. Möglich wäre es. Ich halte mich, wo und wann es nur geht, an das, was möglich wäre.

Paula L. schreibt, ihre Ehe betreffend: ›... Er, mein Eigentümer, ist krank, er muß fest zu Bett liegen, er hat Schmerzen. Nichts hilft, keine Spritze, kein Zäpfchen, keine Tabletten. Er bekommt Beruhigungsmittel, wir schlucken nun alle Beruhigungsmittel. Auch Bella und natürlich auch ich. Wir haben beim Frühstück darüber diskutiert, ob sich die Welt nicht dadurch friedlich lenken ließe, daß man alle Menschen Beruhigungsmittel einnehmen ließe, zwangsweise. Keine Aggressionen mehr, keine Ehescheidungen mehr, keine unglücklichen Kinder, keine Kriege, keine Selbstmorde... Ich habe dann vorgeschlagen, daß man statt der Pille zur Empfängnisverhütung besser eine gegen die Lust einnähme, dagegen hätte dann nicht einmal der Papst etwas einzuwenden, im Gegenteil. Außerdem wäre die allein pillenschluckende Frau dann nicht mehr verantwortlich zu machen, weil auch der Mann mitschlucken würde.

Wenn mein Mann krank ist, dann leite ich gewissermaßen die Firma, nehme Telefongespräche entgegen, gebe Antworten auf Rückfragen weiter. Mein Ansehen wächst dann, über mich hinaus.

Manchmal spielen wir beide (seit wir wieder allein sind, ein kinderloses Ehepaar) unsere »Als-ob-Spiele«. Dann bekommt er zum Abendessen eine große knusprige Bratwurst, so eine Extrawurst für Männer, und ich drücke mir Kartoffeln in das Bratfett und löffle Kefir dazu. Dann fragt er: »Warum tust du das?« Und ich antworte: »Weil ich eine arme Malerin bin. Ich habe diese Woche noch kein einziges Bild verkauft und muß mich einschränken.« Und dann sagt er: »Für eine arme Malerin wohnst du aber ganz komfortabel.« Und dann ich: »Merkst du nicht, daß ich auf einer Apfelsinenkiste sitze und friere?«

So hört sich das an. Ich trinke aus zwei Bechern. Aus dem feineren der Kunst und aus dem einfachen, bürgerlichen. Ich wäre sicher eine arme Malerin geworden, wenn er mich nicht geheiratet hätte. Ich bin geheiratet worden, es ist anders als bei Ihnen...‹

Wieder werden neue Fotos benötigt. Ein Bild nutzt sich ab, wenn es zu oft verwendet wird. Bei einer meiner Lesungen, in Göttingen, hatte man auf jeden Stuhl ein Foto gelegt, in Postkartengröße. Als das Publikum den Saal verließ, entstand Gedränge. Ein Foto lag auf dem Boden, ich trat mir selbst ins Gesicht, bückte mich, um mich vor weiteren Fußtritten zu bewahren.

Nehmt die Bilder weg
Ich bin nicht mehr die
die ihr meint
ich bin heute

Traum: Ich stand an einem Hafen, umringt von vielen Menschen; ihre halbnackten Körper waren, ohne daß sie sich davor ekelten, von weißen Maden und Würmern bedeckt, die eilig und zu Tausenden über die blasse Haut liefen. Mich überfiel Grauen und Ekel, obwohl ich selbst nicht befallen war. Die Leute liefen auf die Boote zu, die an der Hafenmauer festgemacht waren, und sprangen von den Booten aus ins Wasser. Sie retteten sich auf ganz einfache Weise vor den Parasiten: Sie spülten sie ab und gingen, so wie sie sich vorher nicht geekelt hatten, ohne sich zu freuen, wieder an Land.

Ich, der Zuschauer, stand allein am Kai, blickte über die Hafenmauer: kein Schiff mehr in Sicht, Unrat schwappte ekelerregend gegen die Mauern.

Hausbesetzungen, Hausinstandsetzungen, Wohnraumbeschaffung... Einer der Gründe für die Wohnraumnot scheint zu sein: Jugendliche verlassen das Elternhaus in der Regel mit 18 Jahren; auch wenn sie den Wohnort nicht wechseln, machen sie sich selbständig, wollen aber nicht in ›Untermiete‹ wohnen, sondern beanspruchen eine eigene Wohnung. Das ist neu, darauf müßte sich die Wohnungswirtschaft einstellen. Wenn ich mich in der Nachbarschaft umsehe: Da wohnte gegenüber bisher eine Familie mit vier Kindern; die Kinder haben sich inzwischen selbständig gemacht, der Mann ist gestorben; statt sechs Personen eine Person. Aus dem Einfamilienhaus wurde ein Einpersonenhaus. Zwei Häuser weiter wohnten zunächst vier Generationen: Urgroßvater, Großeltern, Eltern, ein Kind, inzwischen wohnen nur noch die Großeltern dort, statt sechs Personen nur noch zwei. In unserem Haus wohnten vor 15 Jahren noch sechs Personen, jetzt wohnen wir zu zweit darin. Häuser, die für Familien mit Kindern gebaut wurden, werden nach absehbarer Zeit von dem Ehepaar oder dem übriggebliebenen Teil eines Paares bewohnt. Und die Lebenserwartung des Menschen ist gestiegen! Keiner käme auf den Gedanken, den freigewordenen Wohnraum zu vermieten; man würde, so fürchtet der Betreffende, daraus nicht auf Einsicht in eine allgemeine Wohnungsnotlage schließen, sondern auf eine persönliche.

Aus den Vereinigten Staaten hört man, daß Jugendliche, weil ihnen die eigene Haushaltsführung (Miete, Heizöl, Elektrizität etc.) zu kostspielig wird, ins Elternhaus zurückkehren, allein oder mit ihrem Partner, auch mit einem Kind, und wie man liest, soll sich die Pause, die im Familienleben eingetreten war, günstig auf das erneute Zusammenleben auswirken.

Kuratoriumssitzung der Paul-Dierichs-Stiftung. In stundenlangen Gesprächen sind die Preisträger ermittelt und der Verlauf der festlichen Preisverleihung besprochen worden. Streicher oder Bläser? Klassische Musik oder doch einmal Dixieland? Wer spricht die Grußworte, wer überreicht die Preise? Bleibt die Frage nach dem Festredner. Vorgeschlagen wird ein namhafter Mann, Mitte Siebzig, er lebt in Paris. Manès Sperber. Ich kenne ein Kinderbild dieses Mannes. Er hat darauf die Augen eines alten weisen Mannes. Und ich kenne ein Altersbild von ihm, darauf hat er die Augen eines Kindes. Ich frage: ›Wird er zu diesem Anlaß kommen wollen?‹ Der Geschäftsführer des Kuratoriums erklärt: ›Das wird eine Preisfrage sein.‹ Ich erhebe heftigen Einspruch. Was wird diesem angesehenen Mann unterstellt? ›Er ist nicht käuflich! Wenn seine Gesundheit angegriffen ist, wird er nicht kommen. Wenn er unsere Sache für wichtig genug hält, wird er kommen. Wenn wir auf der Geldbasis mit ihm verhandeln, wird er nicht mit sich reden lassen!‹

Die anderen Kuratoriumsmitglieder sehen mich überrascht an. Warum ist sie so aufgebracht? Alles ist doch eine Frage des Geldes! Man versucht, mich zu beschwichtigen, aber ich will mich nicht beschwichtigen lassen.

Spiel im Freundeskreis. Man muß eine Spirale in die Luft zeichnen. Die meisten fangen mit einem großen Kreis an, der immer kleiner wird und von ihnen fortführt; sie schließen die Spirale über ihrem Kopf. Ich war die einzige, die eine Spirale zeichnete, die sich in der Luft öffnet, weit über mir.

Der weiteste Sprung: der über den eigenen Schatten.

Heute in der ›Frankfurter Allgemeinen Zeitung‹ eine abfällige Besprechung meines Romans ›Das eine sein, das andere lieben‹. Wo liegt beim Kritiker der Antrieb zum Schreiben? Thomas Mann, der gerade mit seinem Alterswerk oft angegriffen wurde, legte sich, wenn ihn eine mißfällige Kritik getroffen hatte, zu Bett; andere lesen, um sich zu schonen, keine Kritiken. Verdorbene Tage, an denen man nicht weiterschreiben kann. Anerkennende Kritiken können abfällige nicht wiedergutmachen. Wer kritisiert die Kritiker? Aber: ein Buch muß etwas aushalten können, es muß stärker sein als sein Hersteller.

Vor Jahren schrieb ich eine Erzählung, deren Kern einer Zeitungsnotiz entstammte. Ein Mann hatte einer Schaufensterpuppe die Kleider seiner Frau, die verreist war, angezogen, die Puppe in seinem Auto auf freies Feld befördert und dort verbrannt. Ich hatte die Geschichte ›Die Untat des Jochen Fauling‹ genannt. Sie wurde durch eine literarische Agentur vertrieben, wurde mehrmals gedruckt, aber alle Redakteure änderten den Titel, weil ihnen nicht aufgegangen war, daß eine Untat auch darin bestehen kann, daß man etwas nicht tut. Sie schrieben gedankenlos: ›Das Verbrechen des Jochen Fauling‹ oder Ähnliches.

Paula L. schreibt: ›...gestern wollte ich nur einen Brief an Sie einwerfen, und dann ging ich weiter und weiter – es war Schneeluft –, um meinen Kopf gründlich auszulüften. Merkwürdig: noch nie hatte ich die dritte Richtung erforscht. Wenn man unsere Straße nach links geht, immer weiter, mündet sie auf unserem Friedhof. Geht man nach rechts, immer geradeaus, kommt man unweigerlich auf den Friedhof des Nachbardorfes. Und gestern bin ich nun nach Westen gegangen, über eine neue Straßenbrücke hinweg, hinauf auf die Höhen. Da schritt ich frei und glücklich aus – in der Ferne sah ich den Betrieb meines Mannes! –, kam durch fremdes Gebiet, wir fahren ja immer mit dem Auto, wie Sie wissen, und endlich ein weit offenes Tor: der schönste Friedhof, den ich jemals sah, hoch überm Tal gelegen! Und wie still lagen sie alle unter ihrem grünen Gewölbe. Ich kam dann auch ganz still zurück...‹

Tagebucheintragung einer Tagebucheintragung Ernst Jüngers über eine Tagebucheintragung des Léon Bloy, das Führen von Tagebüchern betreffend: ›»Bei Tagebüchern bildet nicht das Absonderliche und Ungewöhnliche den eigentlichen Reiz..., sondern die Schilderung des einfachen alltäglichen Verlaufs, der festen Regel, die das Leben gewonnen hat.«‹

Aber: Ernst Jünger ist nach Afrika und nach Australien gereist und läßt seine Leser an dem ›Absonderlichen‹ und ›Ungewöhnlichen‹ teilhaben.

Er erspart mir die Reisen nach Hongkong oder nach Afrika.

Telefonische Anfrage einer Redaktion: ›Wir planen eine Reihe unter dem Titel »Woran glauben Sie?« Zum Beispiel an die Freundschaft, nicht religiös!‹ Für diesmal sage ich: ›Nein!‹, obwohl ich dazu etwas zu sagen hätte. Beispielsweise, daß im Deutschen ein so bedeutsames Wort wie ›glauben‹ – ›Ich glaube an eine göttliche Weltordnung‹ – auch im Sinne von ›Ich glaube, der Zug geht gegen zwölf Uhr‹ verwendet wird. Vermutung. Unsichere Meinung.

In einem anderen Falle werde ich gebeten, die Einleitung zu einer Sammlung von Weihnachtsliedern zu schreiben; in einer

Anwandlung allzugroßer Bereitwilligkeit oder Nachgiebigkeit, die von Schwäche zeugt, sage ich: ›Ja.‹

Man fragt – alles am Telefon –, ob ich das Drehbuch zu einem Fernsehfilm über Kassel, die Stadt, in der ich lebe, schreiben will, mit allen Vollmachten, eine halbe Stunde, Sonntagnachmittagsprogramm. In der Regel fügt man hinzu, um mich zu ermutigen: ›Peter Härtling hat zugesagt!‹ Das ist auch jemand, der nicht nein sagen kann. Noch bin ich gefragt, noch sage ich oft ja. Eines Tages wird man mich nicht mehr fragen. Ich will dann nicht bedauern, nein gesagt zu haben.

›Am siebten Tage sollst du ruhn‹, heißt es in der Bibel. Inzwischen ›ruhn‹ die meisten Menschen nicht nur am siebten, sondern auch am sechsten Tag der Woche. 45-Stunden-Woche, dann 42-Stunden-Woche, 40-Stunden-Woche, demnächst die 35-Stunden-Woche. Ein Countdown mit dem utopischen Ziel 0.

Immer weniger Arbeitsstunden, immer mehr Urlaubstage, immer früheres Rentenalter. Für diejenigen, die so denken und rechnen, muß doch Arbeit eigentlich etwas Lästiges sein, etwas, das man so rasch wie möglich hinter sich bringen sollte. Etwas Negatives also. Warum ist das so? War das immer so? Bis ins 18. Jahrhundert wurde auf Bauernhöfen oder in kleinen Handwerksbetrieben gearbeitet, Arbeitsplatz und Wohnstätte, beides in einem; Herstellung und Vertrieb einer Ware ließen sich leicht überschauen. Nachdem durch Technisierung und Automatisierung immer größere Fabrikationsstätten entstanden waren, wohnte man nicht mehr dort, wo man arbeitete. Man ging zur Arbeit, man fuhr zur Arbeit; die Entfernung zwischen Wohnung und Arbeitsplatz wuchs immer mehr, nicht nur räumlich. Heute wird die Anfahrt zur Arbeitsstätte nach Kilometern berechnet und bewertet.

Über die sich vertiefende Kluft zwischen Lebens- und Arbeitswelt wird oft geschrieben und immer wird gefolgert: Die Arbeitszeit muß verkürzt werden. Aber stimmt das mit den wahren Bedürfnissen des Menschen wirklich überein? Aus Pflichterfüllung und Nützlichsein zieht er doch einen großen Teil seiner Daseinsberechtigung und seines Lebenssinns! Das Wort ›Pflicht‹ steht heute unter Tabu. Warum eigentlich?

Seine Pflicht tun, das sieht für jeden anders aus. Es ist wichtig, daß Zeitungen gedruckt und ausgetragen werden; wichtig, daß Brot gebacken und verkauft wird; wichtig, daß Autoersatzteile hergestellt und montiert werden. Ich halte auch meine Arbeit für wichtig. Es müssen Bücher geschrieben werden, das ist wichtig für die, die Bücher herstellen, ausleihen, und die, die Bücher lesen. Wir alle ziehen Befriedigung aus unserer Tätigkeit, die in irgendeiner Form nützlich für andere ist. Arbeit ist mehr als Arbeitslohn! Man nimmt uns, gewollt oder ungewollt, die Freude an unserer Arbeit und das Gefühl unserer Wichtigkeit. Ein pflichtbewußter, arbeitsamer Mensch hat nicht mehr jenes Ansehen, das er früher einmal besaß. Ich frage mich: Will man uns wirklich zu fleißigen Verbrauchern, fröhlichen Freizeitmenschen und rüstigen Rentnern umerziehen? Arbeit ist nicht alles, das weiß ich, aber das Wochenende ist nicht wichtiger als die Arbeitswoche, das Rentenalter kann nicht unser Lebensziel sein.

Es befriedigt mich, einen Kuchen selbst zu backen. Aber lohnt sich das? Eine gefährliche Frage, es steckt wieder das Wort ›Lohn‹ darin. Ich stricke manchmal Wanderstrümpfe für meinen Mann, es macht mir Spaß und freut ihn. Ich bin nicht gern untätig. Vermutlich leide ich unter ›Aktionszwang‹, wie es die Psychologen nennen; nur: Ich leide gar nicht darunter! Soll ich über ›Sinnentleerung‹ nachdenken, wenn ich in derselben Zeit einen Kuchen backen kann?

Ich habe einen idealen selbstgewählten Arbeitsplatz, und dafür bin ich dankbar. Das haben nicht alle, und es wäre utopisch, wenn man für möglich hielte, daß jeder Mensch den ihm gemäßen Arbeitsplatz finden könnte, aber diese Utopie müßte das Ziel sein: gute Arbeitsbedingungen, gutes Betriebsklima, Chancen zur Weiterbildung.

Ich werde nicht die einzige sein, der es unheimlich wird, wenn man für immer kürzere Arbeitszeit immer denselben Lohn, und möglichst Jahr für Jahr mehr, erhält. Man erniedrigt den Menschen, wenn man ihm nur materielle Bedürfnisse und Ansprüche unterstellt und nicht an sein Pflichtbewußtsein appelliert. Ich schreibe, was mir zu schreiben wichtig ist, und bin gekränkt, wenn man mir unterstellt, daß günstige Verträge und die Höhe meiner Einkünfte mir wichtiger seien. Wichtig ist, daß ich in einem Land lebe, in dem ich, ohne zensiert zu werden, schreiben kann, und daß ich weiß, es wird gelesen, was ich schreibe. Meine persönliche Einstellung läßt sich auf andere Berufe übertragen. Ein Lehrer arbeitet nicht nur für die Erhöhung seines Gehalts und die Verkürzung seiner Unterrichtsstunden, und ein Sänger singt nicht nur für seine Gage. Wenn die Mülleute am Mittwochmorgen unsere Mülleimer leeren, dann können sie von der Wichtigkeit ihrer Arbeit überzeugt sein; wie es aussieht, wenn Müllarbeiter streiken, kennen wir von Bildberichten aus New York. Bei den Lohnverhandlungen, die jetzt wieder im Gange sind, wird dem Arbeiter unterstellt, daß er nicht weiter denken kann als bis zur fünf- oder siebenprozentigen Lohnerhöhung und den vermehrten Urlaubstagen und daß er die Gefährdung seines Arbeitsplatzes nicht wahrnimmt.

Es wird viel von Mitbestimmung und Mitbeteiligung geredet und geschrieben, aber gleichzeitig wird der Arbeiter zu einem bloßen Lohnempfänger entwürdigt, der gute und schlechte wirtschaftliche Konjunktur nicht überschauen kann, keine höheren Ziele kennt und mit dessen Einsicht und Pflichterfüllung man nicht rechnen kann.

Declan K. – Amerikaner irischer Abstammung – wurde bei einer ›Anhörung‹ vor dem Konvent der Gesamthochschule Kassel nach seiner Haltung im nordirischen Konflikt gefragt, man wollte wohl hören, daß er sich gegen den Bürgerkrieg wendet. Er hielt es nicht für sinnvoll, darauf einzugehen, aber gab zu bedenken: Ob nicht vielleicht zwischen 1933 und 1939 ein Bürgerkrieg in Deutschland besser gewesen wäre als der Weltkrieg danach. Ein Gedanke, der einem hätte kommen können...

›Ist das denn wirklich so wichtig?‹ fragte ich ihn während eines Disputs. Declan K. überlegte, sah mich an, sagte dann: ›Nothing to write home about‹ und lachte. Es gibt keine entsprechende Redensart im Deutschen: Kein Grund, deshalb nach Hause zu schreiben.

Er erzählt von einem Freund, ebenfalls Ire, der die Spitze der Strümpfe, die er sich kauft, abschneidet, weil es dann keine Löcher an den Fersen gibt.

Nachtrag zum Thema Arbeitszeitverkürzung. Karl Marx ersehnte eine Welt, in der die Arbeit zu einer Art Spiel geworden sei. Für Kinder läßt sich diese Sehnsucht erfüllen: spielend lernen, lernend spielen, wenigstens für den Anfang.

Kunstgeschichten XI

Kühner erzählt: ›Es wurde uns deutschen Kriegsgefangenen – inzwischen in einem Lager in Minsk – gestattet, ja nahegelegt, eine Kulturgruppe zu gründen. Man baute auf die Zusammenhänge zwischen Geist und Körper beziehungsweise Seele und Körper. In der Freizeit mußte die Seele Nahrung erhalten, damit der Körper mehr leistete.

Ich war bei den Gründern dieser Gruppe. Wir begannen mit einem Handpuppentheater, einem Kasperltheater. Ein Schausteller, der vor dem Krieg mit seinem Kasperltheater in Sachsen von Jahrmarkt zu Jahrmarkt gezogen war, war der maßgebliche Mann. Unter seiner Anleitung stellten wir, vornehmlich aus Lappen und Stoffresten, die üblichen Puppen her, Kasper, Grete, Teufel, des Teufels Großmutter, Krokodil und so weiter, und zimmerten ein großes Theatergehäuse. Und dann saßen sie also, die Kriegsgefangenen, ausgewachsene Männer und Familienväter, geistig zurückgefallen auf das Niveau von Kindern, vor dem Kasperltheater auf der Erde und antworteten auf die Frage des Kaspers, ob sie denn auch alle da seien, mit einem lauten ›Ja‹.

Die Stücke, die wir selbst erfunden hatten, mußten wir, bevor wir sie spielten, der Zensur vorlegen. Das war natürlich sehr schwierig. Kasperlstücke müssen ja vornehmlich aus dem Stegreif gespielt werden. Außerdem kannten wir das eingefleischte Mißtrauen der Russen gegenüber den Deutschen und mußten alles vermeiden, was wie eine Anspielung auf russische Mißstände wirken konnte, vor allem auf Mißstände im Lager selber. Kasper durfte nicht allzu schlau und überlegen sein, kein Deutscher. Und kein Rassist: er durfte keinen Neger an der Nase herumführen.

Später gründeten wir eine Schauspielgruppe und spielten Schillers »Wilhelm Tell«. Der zuständige sowjetische Offizier hatte das Stück selber vorgeschlagen. Wir hätten dies natürlich nicht gewagt, vor allem nicht wegen jener Kernszene im zweiten Akt, dem berühmten »Rütli-Schwur«, mit seinen Gedanken von »Freiheit« und »Gewaltherrschaft«. Aber der Offizier schien bei Freiheit nur die Freiheit vom Tyrannen zu meinen, von Geßler nämlich, in welchem er Hitler sah. Wir übten das Stück also ein. Alle weiblichen Rollen, Gertrud, Hedwig und Berta, mußten von einer einzigen Frau gespielt werden, einer deutschen Flugkapitänin, die in Gefangenschaft geraten und bei uns im Lager untergebracht war. Meine erste dramaturgische Aufgabe: das Schauspiel so einzurichten, daß diese einzige Frau jeweils Gelegenheit hatte, sich für ihre nächste Rolle umzukleiden.

So scholl es also eines Tages, zwischen Stacheldrahtzäunen, Wachttürmen und bewaffneten Rotarmisten, vor den im Sande kauernden, kahlgeschorenen Kriegsgefangenen über den Lagerplatz:

»Wir wollen frei sein, wie die Väter waren.
Eher den Tod, als in der Knechtschaft leben!«

Das einzige an Freiheit war, daß die Aufführung unter freiem Himmel stattfand.‹

Mein Vater stand am Sonntagmorgen um halb acht vor den Betten seiner Töchter und sagte: ›Ihr werdet euch noch um euren ganzen Verstand schlafen!‹ Diese Besorgnis wirkt bis heute: Es wäre mir leid um jeden Morgen, den ich verschlafe.

Hohe Anforderungen an das Wetter darf man hierzulande nicht stellen, aber wenn ein Morgen im Mai gerät, dann kann er sich sehen lassen. Im Gärtchen blüht der Flieder, blüht der Goldregen hoch überm Dach. Wir stellen den Frühstückstisch unter den blühenden Kirschbaum. Die Nachbarn sind bereits am Samstag dorthin gefahren, wo es ihrer Meinung nach schöner ist; sie nutzen das arbeitsfreie Wochenende. Vogelgesang, Glockengeläut und durchs offene Fenster ein Hornkonzert. Keine Morgenzeitung und darum auch keine Flugzeugkatastrophe zu Toast und weichem Ei. Keine Bilder von hungernden Kindern in Kambodscha, wenn wir den Honig auf die Butter träufeln. Was man nicht vor Augen hat, vergißt und verdrängt sich leichter. ›Sieh an, die Bienen! So früh schon bei der Arbeit!‹

Wann Sonntag ist, bestimmen wir. Unsere Freiheit auskostend, setzen wir uns an die Schreibtische und begeben uns für einige Stunden auf die Schauplätze unserer Bücher. Kein Briefträger. Kein Paketbote. Kein Telefon. Niemand klingelt an der Haustür und will die Messer des Rasenmähers schleifen. Erst nach dem Mittagessen kommen die Anrufe: ›Wollen wir ein Boot mieten und auf der Fulda rudern?‹ – ›Was haltet ihr von einem Picknick auf dem Dörnberg?‹ – ›Im Park Wilhelmshöhe blüht der Rhododendron!‹ – ›Schloß Wilhelmsthal?‹ – ›Schlößchen Schönfeld?‹ – ›Kommt ihr mit in die Oper? Don Carlos! Von del Monaco inszeniert! Woldemar Nelsson dirigiert selbst!‹

Es fehlt uns nicht an Natur und nicht an Kultur, auch nicht an Freunden, die beides mit uns teilen möchten. Für diesmal entscheiden wir uns für eine Wanderung im Kaufunger Wald. Wir sind Beifahrer, eine aussterbende Menschenart, gehegt und verwöhnt, zur Mitfahrt eingeladen.

Unter den maigrünen Buchen blüht der Waldmeister! Ein Specht! Niemand begegnet uns. Keine anstrengenden Steigungen. Berg und Tal gehen sanft ineinander über. Die Landschaft ist hessisch-harmlos.

Angenehm ermüdet, kehren wir rechtzeitig zum Sonnenuntergang zurück: das dauert Stunden! In wärmende Plaids gehüllt, sitzen wir auf der Terrasse der Freunde, essen trockene nordhessische Wurst, trinken trockenen südhessischen Wein. Die Sonne verschwindet hinterm Habichtswald; der Herkules, Kassels Wahrzeichen, erstrahlt im rötlichen Licht; wenig später erstrahlt er in grünem künstlichen Licht. Nebel steigen auf, Dunkelheit senkt sich herab, nur über der Stadt schimmert der Himmel hell.

Unser Freund blickt auf die Uhr. Er muß am nächsten Morgen früh aufstehen, um in seinen Betrieb zu fahren. ›Ihr habt es gut!‹ sagt er.

Er hat recht! Wir haben einen Sonntagsberuf. Wir tun alltags, was andere Leute sonntags tun: lesen, schreiben. Der Theaterbesuch und das Stück im Fernsehen gehört zum Alltag, und wenn wir durch den Maienwald wandern, schreiben wir anschließend darüber...

Paula L. schreibt: ›... ungefähr vor neun Jahren fragten Sie bei mir an, ob ich das Gedicht der Else Lasker-Schüler kenne: »Ich suche allerorten eine Stadt, die einen Engel vor den Toren hat –«. Ich bin überzeugt, schrieben Sie, daß es Engel gibt, sie laufen unerkannt zwischen uns herum, manchmal trifft uns ihr Blick. Ein Wink, ein Wort – dann sind sie vorüber und nicht mehr wiederzuerkennen. Und einige Jahre später schickten Sie mir einen strenggeflügelten Engel und schrieben dazu: »Dieser Engel bewachte eine alte Wandererherberge in Basel, er bewacht sie wohl noch immer. Näher kam ich ihm nicht, er steht hoch oben an einer Hausecke. Ich komme den Engeln ja nie ganz nahe.« Und nun der Engel mit dem Alphorn vom Freiburger Münster, den Sie nachts vom Hotelbett aus sehen konnten. Wie streng und ordentlich erschienen Sie mir auf dem Bildschirm, ernst und gesammelt. Ich sah Sie ganz greifbar fern. Wenn Sie für kurze Augenblicke die Augen hoben, erkannte ich die Traurigkeit und die Erschöpfung.

Das ist recht, daß Sie die Talk-Show abgelehnt haben. Als Kind habe ich in der Schule ein Gedicht gelernt, das fing an: »Vor allem eins, mein Kind, sei treu und wahr –!« Später geht es dann weiter: »Sprich Ja und Nein und dreh und deutle nicht –« Ich glaube, Sie deuteln noch zu oft...‹

›... Dieser erstaunliche Mann, der unsere Tochter liebt! Bella brachte ihn uns gestern. Als er dann mit ihr wegging, wünschte er uns noch »Viel Spaß zum Abend«, und wir beide sagten höflich: »Danke, ebenfalls!«, und dann lachte dieser Mann schon wieder, denn er hatte ja seinen Spaß fest im Arm. Als wir einen Augenblick allein waren, sagte Bella zu mir: »Er erschießt mich, wenn ich nicht bei ihm bleibe!« Und ich habe ihr gesagt, daß das auch einmal jemand zu mir gesagt habe. Da war sie sehr erstaunt und hat nachgefragt. »– und?« sagt sie und wirft ihr Haar zurück. Ich sagte: »Weißt du, als ich dann ging, sagte er: ›Jetzt bist du nicht glücklich genug, aber wenn ich weiß, du bist wirklich glücklich, dann komme ich und schieße dich tot.‹« Da hat sie kleine Augen gemacht und mich prüfend angesehen. Schließlich lebe ich ja immer noch. Sie hat ihre Fluchtburg geräumt, sie ist zu ihm gezogen. Sie lebt so schnell, wissen Sie. Als Mutter wird man da schwindlig...‹

In Stuttgart, nach der Veranstaltung, den Levkojenstrauß bereits im Arm. Der Buchhändler reicht mir sein Gästebuch und fragt, ob ich wohl noch einmal signieren würde. Ermüdet und angestrengt hole ich den Stift wieder aus der Tasche und sage: ›Natürlich resigniere ich.‹ Signieren – resignieren. Der Kritiker der Veranstaltung beschreibt mich mit den Adjektiven ›klug, distinguiert und sehr mütterlich‹. Widerstand steigt in mir auf. Das nicht! Mütterlich steht mir als Beschreibung nicht zu.

Bundesgartenschau in Kassel, vereinfacht: ›Buga 81‹. Man hat uns Dauerkarten geschenkt, um uns für den Verlust unseres Parks zu entschädigen. Man kann jetzt mit einer kleinen Bahn hindurchfahren, man kann alle 100 Meter Eis kaufen, Würstchen essen, Blumentöpfe gewinnen. Alles ist käuflich geworden. Wir fühlen uns enteignet, machen unseren gewohnten Spaziergang spät, als letzte drehen wir uns durch die Türen.

Himmelfahrtstag. ›Dichter an der Buche‹ (der Bundesgartenschau). Viele hundert Zuhörer. Kinder hängen in den Zweigen der alten Buche wie Früchte. Kühner und ich lesen, was wir über unseren ständigen Wohnsitz im Laufe der Jahre geschrieben haben, Freundliches. Er liest außerdem aus dem Bändchen ›Blühender Unsinn‹, skurrile Gedichte über Pflanzen. Heiterkeit, Beifall.

›Habe ich Wurzeln geschlagen in dieser Stadt? frage ich mich. Ich bin kein Baum. Ich könnte diese Stadt verlassen, aber ich will es nicht. Wir sind schon einmal über den Wehlheider Friedhof gegangen, ein Spaziergang, nichts weiter, aber wir überlegen nun doch: Möchten wir hier begraben sein?‹ Ich klappe das Merian-Heft über Kassel zu. Hinterher trat ein Herr ans Podium, sah uns beide an und fragte: ›Nun? Wollen Sie hier begraben sein?‹ Er verlangte eine Antwort, aber ich stelle immer nur Fragen.

CIP-Kurztitelaufnahme der Deutschen Bibliothek

Brückner, Christine:
Mein schwarzes Sofa : Aufzeichnungen /
Christine Brückner. – Berlin ; Frankfurt/M. ;
Wien : Ullstein, 1981.
ISBN 3-550-06467-5